▶ 交通运输类“十三五”创新教材

▶ 中华人民共和国内河船舶船员适任考试培训教材

船舶管理

（驾驶专业二、三类）

中国海事服务中心组织编审

主编 ◎ 谢世平

大连海事大学出版社

图书在版编目(CIP)数据

船舶管理：驾驶专业二、三类 / 谢世平主编. —
大连：大连海事大学出版社，2020.12(2024.3 重印)
中华人民共和国内河船舶船员适任考试培训教材
ISBN 978-7-5632-4009-8

Ⅰ. ①船…　Ⅱ. ①谢…　Ⅲ. ①船舶管理—技术培训—
教材　Ⅳ. ①U692

中国版本图书馆 CIP 数据核字(2020)第 243954 号

大连海事大学出版社出版

地址：大连市黄浦路523号　邮编：116026　电话：0411-84729665(营销部)　84729480(总编室)

http://press.dlmu.edu.cn　E-mail:dmupress@ dlmu.edu.cn

大连永盛印业有限公司印装　　大连海事大学出版社发行

2020 年 12 月第 1 版　　2024 年 3 月第 5 次印刷

幅面尺寸：184 mm×260 mm　　印张：21.75　　字数：533 千

出版人：刘明凯

责任编辑：杨　森　　责任校对：董洪英

封面设计：解瑶瑶　　版式设计：解瑶瑶

ISBN 978-7-5632-4009-8　　定价：61.00 元

中华人民共和国内河船舶船员适任考试培训教材
编委会

前 言

根据《内河船舶船员适任培训和考试大纲（2019版）》，中国海事服务中心组织在内河船舶运输领域有着丰富教学和培训经验的专家在2016年培训教材的基础上重新编写了“中华人民共和国内河船舶船员适任考试培训教材”，并组织实践经验丰富的海事管理机构专家和船公司的指导船长、轮机长对教材进行了审定。

在本套教材编写前，中国海事服务中心组织参编专家对内河船舶运输现状进行了广泛的调研和深入的讨论，确保教材内容符合船上实际，反映最新航运技术和与航运相关的最新法律、法规、规范与标准，并在表达方式上通俗易懂，符合内河船舶船员业务学习和技能培训的需要。

本系列教材分驾驶专业和轮机专业两类：驾驶专业包括《船舶操纵》《船舶值班与避碰》《船舶引航》《船舶管理（驾驶专业一类）》《船舶操纵与引航（二、三类）》《船舶管理（驾驶专业二、三类）》；轮机专业包括《主推进动力装置》《船舶辅机》《船舶电气设备》《船舶管理（轮机专业一类）》《船舶机械设备操作与管理（二、三类）》《船舶电气设备操作与管理（二、三类）》《船舶管理（轮机专业二、三类）》。

《船舶管理（驾驶专业二、三类）》由重庆交通大学谢世平主编，重庆海事局司太生、中国海事服务中心王希行主审。重庆交通大学鲍学欣、谢楚雄、刘克勤、谭显坤，武汉航海职业技术学院张映文，河北航海学院季晔参与了本书的编写。全书由谢世平负责统稿。

《船舶管理（驾驶专业二、三类）》全书内容共分八篇：第一篇船舶常识，第二篇船舶结构、管系与船舶稳性，第三篇船舶货运基础，第四篇船员安全与环保意识，第五篇海事法规，第六篇船舶应变部署与船舶应急处置，第七篇船舶维护与修理，第八篇轮机基础。本书适用于内河船舶驾驶专业二、三类证书船员适任考试培训，也可供航运企业内部培训使用，还可作为大中专院校船舶驾驶专业或同类专业的教学参考书。

本教材编写过程中得到了各海事机构、航运院校、船员培训机构、航运企业等相关单位的关心和大力支持，特致谢意！由于时间仓促，书中难免存在错误和疏漏，欢迎广大读者和专家批评指正。

中国海事服务中心

2020年7月

目　录

第一篇　船舶常识

第二篇　船体结构、管系与船舶稳性

第三篇　船舶货运基础

第四篇　船员安全与环保意识

第五篇　海事法规

第六篇　船舶应变部署与船舶应急处置

第七篇　船舶维护与修理

第八篇　轮机基础

第一篇 船舶常识

第一章 船舶种类与特点

内河运输不仅是我国交通运输的重要组成部分，而且在国内运输总量中占有很高的比重，具有其他运输方式无法替代的特殊地位和重要作用。近年来，作为水上运输工具的内河船舶得到了迅速发展，对船舶管理人员和驾驶人员的知识与技能水平提出了新的要求。内河驾驶人员必须关注船舶发展动向，适时掌握船舶种类与特点、船舶基本组成与标志、船舶主尺度与吨位等常识，夯实船舶安全营运的基础。

水上运输的快速发展，对船舶结构、设备、用途、航行区域等提出了更高的要求，促进了船舶种类不断增加。各种不同种类的船舶极大地满足了内河运输的个性化要求，从而提高了船舶营运性能和安全保障。

第一节 船舶分类目的与方法

船舶分类是认识船舶和管理船舶的重要手段。明确船舶分类的目的与方法有助于船员从不同的侧面针对日常管理的不同要求科学认识船舶，在船舶营运过程中提高船舶管理水平。

一、船舶分类目的

（一）便于船舶设计和建造时选择最佳方案

船舶设计和建造部门，可根据不同的用途和需要来分别设计、建造船舶，保证船舶的适用性和经济性。这是提高船舶营运性能和经济效益的基础条件。

（二）提高船舶管理的科学性和有效性

船舶使用和管理部门，可根据各种船舶的不同性能和特点，合理地使用船舶，科学地管理船舶，以便充分发挥船舶的经济效益和社会效益。

（三）方便船员认识和操纵船舶

对于驾驶船舶的人员来说，可根据不同类型船舶的外貌特征进行快速的判断，联想其性能特点，为驾驶员采取恰当的驾驶方法和正确的避让措施提供依据。

二、船舶分类方法

近年来随着内河航道等级的不断提高，内河船舶的种类和规模都得到了前所未有的发展，目前采用的船舶分类方法主要有以下几种。

（一）按用途分类

内河水域航行的船舶按其用途，一般可分为运输船舶、港务船舶、工程船舶、渔业船舶、农用船舶、公务船舶等。

（二）按航行区域分类

内河船舶按航行区域，一般可分为库湖船舶（多为封闭水域）、江河船舶（开放水域）。

（三）按有无自航能力分类

内河船舶按有无自航能力，可分为机动船和非机动船。

（四）按推进动力型式分类

内河船舶按推进动力型式，可分为内燃机船、汽轮机船、电力推进船、LNG动力船、帆船、机帆船和人力船等。

（五）按推进器形式分类

内河船舶按推进器形式，可分为螺旋桨船、平旋推进器船、喷水推进船、喷气推进船和空气螺旋桨船等。

（六）按建造材料分类

内河船舶按建造材料不同，可分为钢质船、木质船、水泥质船、铝合金船和玻璃钢船等。

第二节 主要运输船舶的特点

营运船舶一般按船舶的用途进行分类管理。下面仅以运输船舶为重点，介绍内河营运船舶的主要特点。

运输船舶是专门从事水上客货运输的船舶，主要包括客船和货船。客船按其主要的技术特点分为普通客船、旅游船、客滚船、客渡船、客货船、交通船、高速客船等。货船按其主要的技术特点分为干货船（杂货船、散货船）、液货船（油船、液体化学品船、液化气体船）、冷藏船、集装箱船、滚装船、拖（顶）船和驳船等。此外，运输船还包括特种船舶和其他船舶。

一、客船

根据《内河船舶检验技术规则》的分类要求，我国内河客船主要有普通客船、旅游船、游览船、客滚船、客渡船、车客渡船等六类，下面就常见内河客船的特点进行简单介绍。

(一)普通客船

如图1-1-1所示，普通客船是用于运送旅客及其携带行李的船舶。对兼载运少量货物和邮件的客船也称为客货船。由于客船一般都定班期定航线航行，故又称为客班船。普通客船和客货船的主要特点体现在以下几个方面。

1.上层建筑发达,甲板层数多

内河客运航线分布于受季风等不良气象条件影响很小的遮蔽航区，因风对其稳性等性能影响较小，允许船舶构建相对丰满的上层建筑。同时，客运船舶需要通过上层建筑的空间结构布置旅客和船员舱室。

2.供旅客起居的舱室、生活设施要求完善

随着社会经济快速发展和人民生活水平的不断提升，个人出行和普通商务旅行对客船舱室结构和生活设施的要求不断升级，服务乘客的品质旅行亦是普通客船和客货船追求的目标。

3.客船的稳性、抗沉性和快速性要求比货船高

内河普通客船和客货船除具备良好的稳性保障外，一般为二舱制船舶，而且平均航速可维持在20~30 km/h，快速客船可达30~35 km/h以上。

图1-1-1　普通客船

（二）旅游船

随着旅游业的快速发展，为了满足国内外游客的需要，以长江航区为代表的内河航区投入了大量旅游客船作为旅游运力。如图1-1-2所示，旅游船除具备普通客船基本特点外，还具备一些新的特点：

（1）船舶大型化比重更高，重视主船体和上层建筑特色外观布置。

（2）对船舶的操纵性和安全性提出了更高的要求，如侧推器等操纵设备的广泛配置。

（3）生活与服务设施引入了星级化标准，讲究豪华舒适，条件优越，不仅设置有生活、娱乐、健身等设施（如游泳池、健身房、多功能厅、酒吧等），而且建有游船商业街，极大地满足了多元化水上旅游需求。

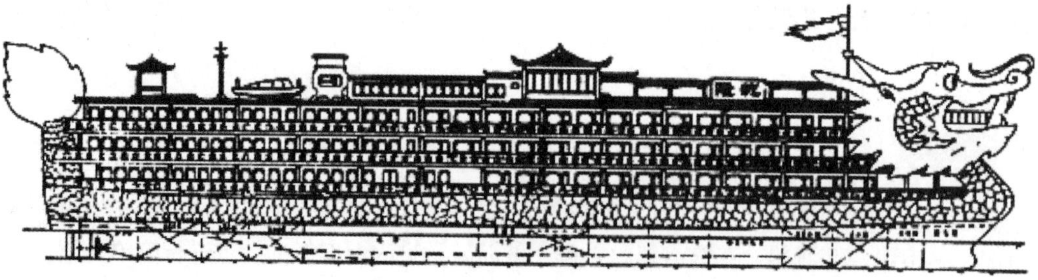

图1-1-2　160客位内河游船

（三）客滚船

如图1-1-3所示，内河客滚船是指具有滚装货物处所或舱壁甲板上下可用于装载机动车辆，并配置有车辆驾驶进出和乘客进出通道的客船。其特点将在后文滚装船特点中一并介绍。

图1-1-3　客滚船

（四）客渡船

如图1-1-4所示，客渡船是指航行于江河、湖泊等内河水域的运输船舶，主要用于载运旅客、货物、车辆渡过江河、湖泊。客渡船是一种短程运输船舶，它历史悠久，对满足人民群众日常生活与工作出行发挥着重要作用。

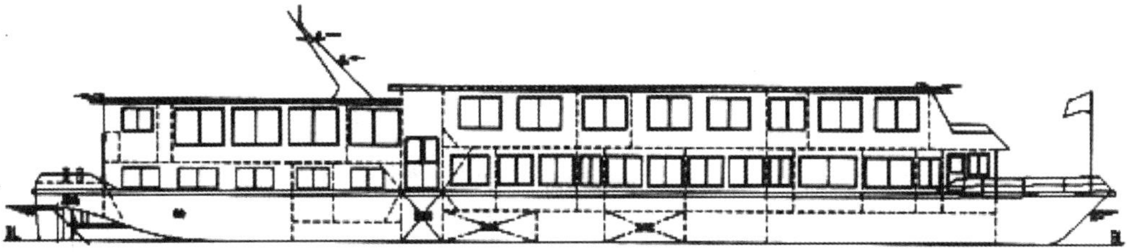

图 1-1-4 客渡船

内河客渡船具有以下特点：

（1）船体结构与设备简单，船体轻巧，生活设备很少。

（2）有宽大的舱室和甲板，便于提高旅客和货物的装载量。

（3）具有良好的操纵性，一般有两套动力装置，用双螺旋桨推进，操纵性好，可以方便地停靠码头、上下旅客、装卸货物。

（4）船体宽大，具有良好的稳性，可采用双体船船型。

（5）救生衣等个人安全设备配备齐全。

二、货船

(一)杂货船

如图 1-1-5 所示，杂货船又称普通货船，是专运包装、桶装和成箱、成捆等件杂货的船舶。内河杂货船的特点可归纳为以下几个方面：

（1）杂货船货舱具有较大的容积，并有适当的分舱及分层，以利于积载时分隔货物。

（2）为了防止碰损货物和船体，货舱侧壁有木质护肋设施，即舱内护板等。

（3）设在露天甲板上的货舱口都配有水密货舱盖，以防舷外水或雨水进入舱内，造成货损。

（4）杂货船都配有甲板起货设备，可自行完成装卸货作业。

图 1-1-5 杂货船

(二)集装箱船

如图 1-1-6 所示，集装箱船是运输集装箱货物的船舶。内河集装箱船主要有大中型集装箱船、自航驳、甲板驳、大舱口驳等，也有小型集装箱船。内河集装箱运输方式有各型集装箱运输、自航驳运输、驳船队运输和自航驳顶推船队运输等多种形式。

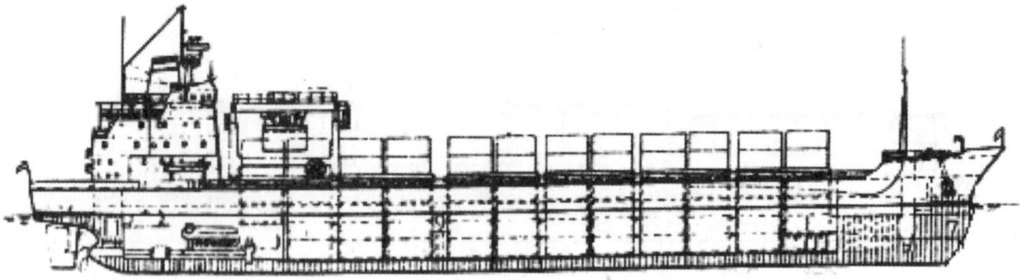

图1-1-6　集装箱船

内河小型集装箱船主要有以下一些特点：

（1）船型较瘦，方形系数较小，多带有艏楼和艉甲板室。

（2）船体为单层连续甲板，双层底，双层抗扭结构船壳。

（3）甲板具有大型货舱开口，大多不设起重设备。

图1-1-7为集装箱船箱位结构示意图，其主要优点是：装卸效率高，船舶周转速度快，货损、货差少，能实现水陆空联运和“门到门”运输，提高了经济效益。

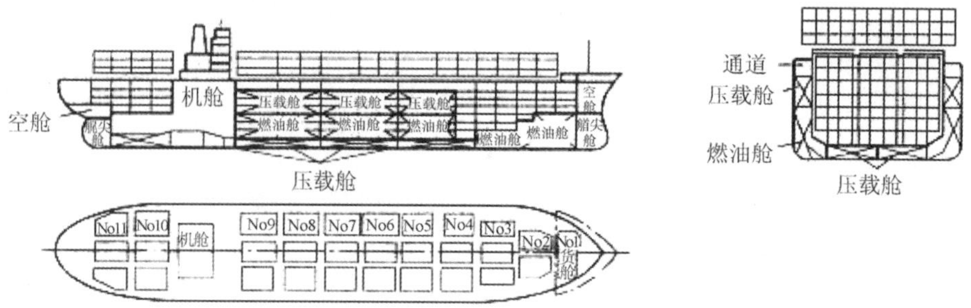

图1-1-7　集装箱船装载示意图

(三)滚装船

如图1-1-8所示，滚装船是把集装箱或货物连同带轮子的底盘或装货的托盘作为一个货物单元，用牵引拖带车或叉式装卸车搬运直接进出货舱的船舶。内河滚装船根据运输对象分为商品车滚装船（简称“轻滚”）和载重汽车滚装船（简称“重滚”）。滚装船的主要特点有：

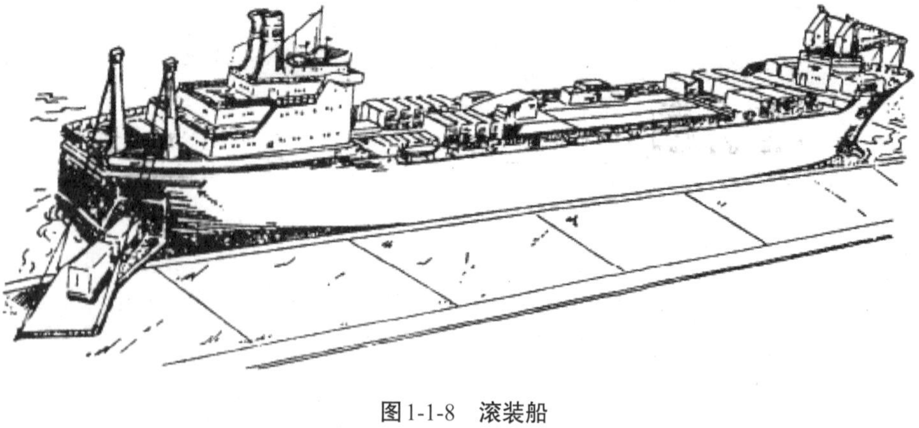

图1-1-8　滚装船

（1）具有较大的型深，货舱内不设横舱壁。

（2）轻滚船按其尺度的不同设有2~6层分舱甲板，重滚船一般为单层载货甲板。

（3）滚装船一般为艉机型，上甲板不设货舱口和起货机械。

（4）利用设置在船舶首尾的艏门、艉门和船体中部的侧门跳板与码头连接。

（5）轻滚船货舱内还设置有内跳板和升降平台，以便安置和移动货物。

（6）轻滚船和重滚船必须按运输对象的特点配置系固设备。

(四)散货船

如图1-1-9所示，内河散货船一般是指干散货船，即用来专门运输粉状、粒状和块状散装货物的船舶。常见的散货船包括矿砂船、运煤船、散粮船、散装水泥船等。散货船的主要特点有：

（1）散货船一般为单甲板、艉机型船，设有较大的货舱口，以便装卸。

（2）在特定港口间进行专线运输的散货船，一般依靠港口码头的专门设备如抓斗、气动机械等进行装卸作业，船上可不设起货设备。

（3）为防止散装货物因船舶摇荡产生移动而降低稳性，其船体构造应做特殊的考虑，如在货舱内设置特殊的防止散货移动的纵隔板设备。

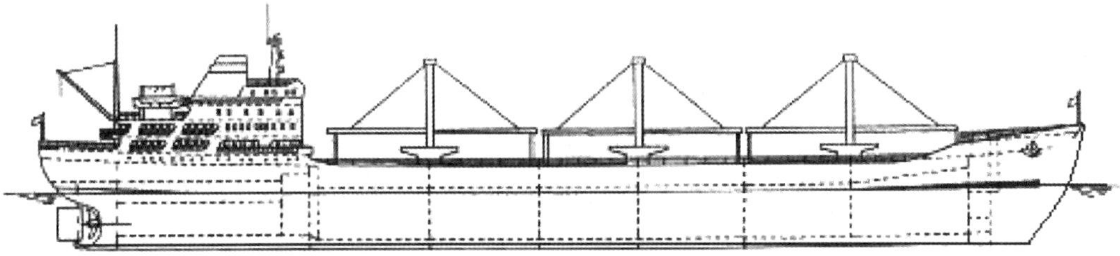

图1-1-9 散货船

(五)油船

内河油运船舶通常分为油船（单船运输）和油驳船（船队运输），是专门承运散装油类货物的船舶。油船（如图1-1-10所示）的主要特点有：

（1）油船多为艉机型、单甲板。

（2）油舱由纵横舱壁分隔为若干个独立舱，以增加强度，减少自由液面的影响。

（3）油的装卸由管系和油泵进行。

（4）油驳船为非机动船，由拖船组队进行船队运输，拖船亦称为油拖。

（5）由于石油及其制品易挥发、易燃，因而对防火和消防设备有特殊的要求。

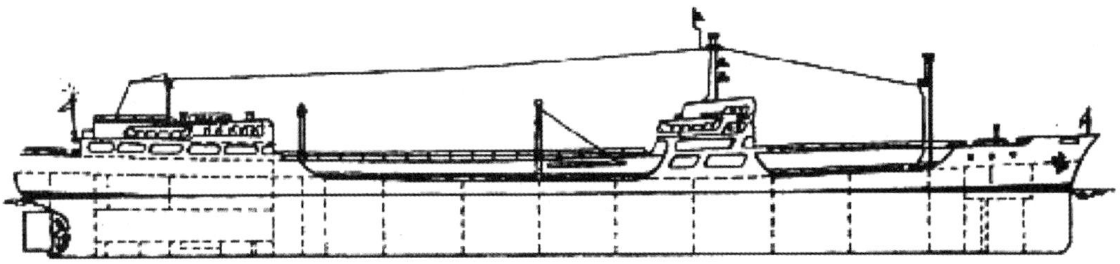

图1-1-10 油船

（六）液化气体船

液化气体船是运输液化石油气或液化天然气的船舶。运输时，将石油气或天然气经低温或高压处理，使之变成液态。专门散装运输液化石油气的船舶称为液化石油气船，简称为LPG船（如图1-1-11所示）；专门散装运输液化天然气的船舶称为液化天然气船，简称为LNG船（如图1-1-12所示）。

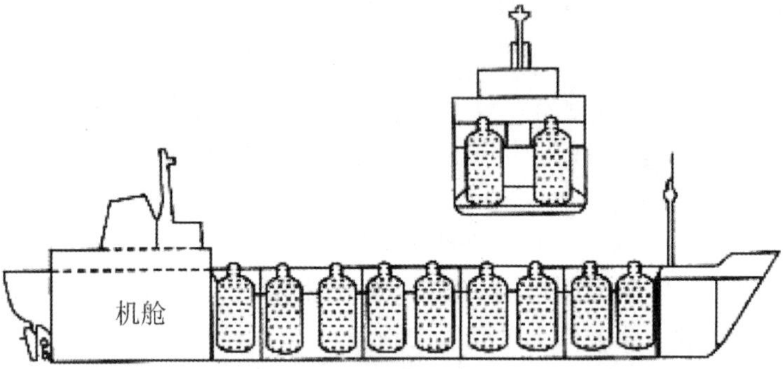

图1-1-11　液化石油气船（LPG）

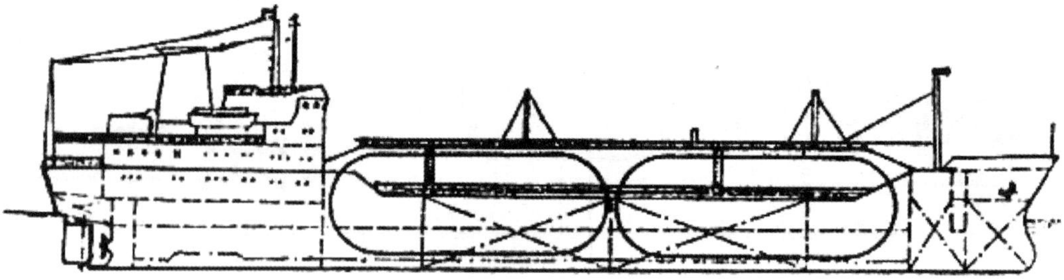

图1-1-12　液化天然气船（LNG）

（1）液化气体船按所装运的液化气体的液化方式可分为以下三种：

①压力式液化气体船。它将加压液化气体装载于耐高压的液舱中，在常温下运输。中小型船舶一般采用压力式，其货舱为球形或圆柱形耐压容器。

②低温式液化气体船。它在常压下把气体冷却至沸点以下使其液化进行运输（如液化天然气），货舱结构、采用的材料和隔热装置必须满足在极低温度条件下的运输要求。其货舱结构形状为球形和棱柱形。

③低温压力式液化气体船。这种船在一定压力下使气体冷却液化来进行运输，是压力式和低温式两种液化方式的折中方案。

（2）液化气体船的主要特点：

①机舱和船员舱设在艉部，艏部有艏楼结构。

②货舱区结构特殊，有整体液货舱、薄膜液货舱、半薄膜液货舱、独立液货舱、内部绝热液货舱五种，其中独立液货舱和薄膜液货舱最为常用。

③液化气船属高技术、高附加值船，造价高。

（七）冷藏船

内河冷藏船是将肉、鱼或水果等时鲜食品以冻结或维持于低温的状态进行运输的船舶。冷藏船按货物的不同，可分为运肉船、运鱼船、水果运输船等。冷藏船的主要特点有：

（1）船上有制冷装置，使冷藏舱适应不同货种的要求维持在不同的低温状态。

（2）货舱舱口比较小，甲板层数较多。

（3）主机功率较大，船舶快速性好。

（4）受货源限制，吨位一般不大。

目前，冷藏集装箱不断普及，正在逐步冷藏船运输被替代。

(八)拖(顶)船

内河船队运输曾经得到全面发展，一度成为内河货物运输的主体。如图 1-1-13 所示，拖船和顶（推）船是专用于拖曳或顶推其他船只（如驳船）或浮体（如木排等）的船舶。其按用途分为运输拖（顶）船、港作拖（顶）船和救助拖（顶）船等。拖（顶）船的主要特点如下：

（1）拖船具有拖曳设备和较大功率的主机，拖钩多置于接近船中的部位开展拖带作业；拖船如配置必要系缆亦可通过“软顶”实施顶推作业。

（2）顶船首部装有顶推设备，主要以顶推作业的方式参与运输过程；顶船如配置必要系缆设备亦可实施拖带作业。

（3）船型较小，但主机功率较大。

（4）为了增加拖带（顶推）力，常装有导管螺旋桨。

拖船和顶船在使用时并没有严格的区分，拖船可用来顶推驳船队，推船也可用于吊拖驳船队。

（a）拖船

（b）顶（推）船

图 1-1-13　内河拖船和顶（推）船

(九)驳船

如图 1-1-14 所示，驳船是指没有自航能力、需要依靠拖船（顶船）带动的船舶。其按用途可分为客驳、货驳、泥驳、石驳等；按船型可分为普通驳、分节驳等。

图 1-1-14　内河甲板驳船

内河驳船的主要特点有：

（1）载货（客）量大、吃水浅、设备简单，船上通常不设置装卸设备。

（2）驳船一般为非机动船，本身没有推进装置（少数有推进器的驳船称为机动驳）。

（3）驳船与拖船或推船组成驳船船队，可以航行于狭窄航道和浅水航道，并可按运输货物的种类而随时编组，适应内河各港口货物运输的需要。

三、特种船舶

内河特种船舶通常是指船舶推进、航行方式，船舶主体结构等方面具备特殊性能与常规船舶有较大区别的一类船舶。下面以水翼船、气垫船和双体船等为代表对内河特种船舶做简单介绍。

(一)水翼船

如图1-1-15所示，水翼船是指船底安装水翼，高速航行时利用水翼产生的升力使船体部分地或全部离水面的船舶。水翼船在停泊或以低速航行时与普通排水型船一样，也靠浮力支承。水翼船的主要特点有：

（1）随着航速的增加，作用在水翼上的水动力逐渐加大，最后可将除水翼、臂架、推进器和舵以外的整个船体升离水面，即翼升状态。

（2）船舶处于翼升状态时，湿面积大为减小，船的兴波几乎消失，总阻力大幅度下降。

（3）水翼船的航速高，可比普通排水型船高出好几倍，一般可达70 ~ 120 km/h。

（4）为尽量减轻自重，水翼船的船体通常用铝合金，水翼用高强度合金钢制造，并利用轻型柴油机或燃气轮机作为主机。

（5）水翼船一般采用水螺旋桨、喷水推进器或空气螺旋桨等推进装置。

（6）与普通排水型船相比，水翼船的虽造价较高，但有着航速高、兴波小的优点。

水翼船适于在内河、湖泊和沿海作高速客船、交通船、巡逻船使用。

图1-1-15　水翼船

(二)气垫船

如图1-1-16所示，气垫船是指航行时利用高于大气压的空气在船体与支承表面（水面或地面）间形成气垫使部分或全部船体脱离支承表面的船舶。气垫船按产生和维持气垫的方式，可分为全垫升气垫船和侧壁气垫船两种。气垫船的主要特点有：

（1）气垫船多用轻合金材料制成，船上装有鼓风机和轻型柴油机或燃气轮机等产生气垫和驱动船舶前进的动力装置，并有空气螺旋桨或水螺旋桨、喷水推进器等推进设备。

（2）由鼓风机产生的高压空气，通过管道送入船底空腔的气室内形成气垫托起船体，并由发动机驱动推进设备（如螺旋桨）使船体贴近支承表面航行。

（3）气垫船的航行阻力很小，可使航速提高到110～150 km/h。

目前，内河气垫船多用作高速客船、交通船、货船和渡船，尤其适于在内河急流、险滩和沼泽地使用。

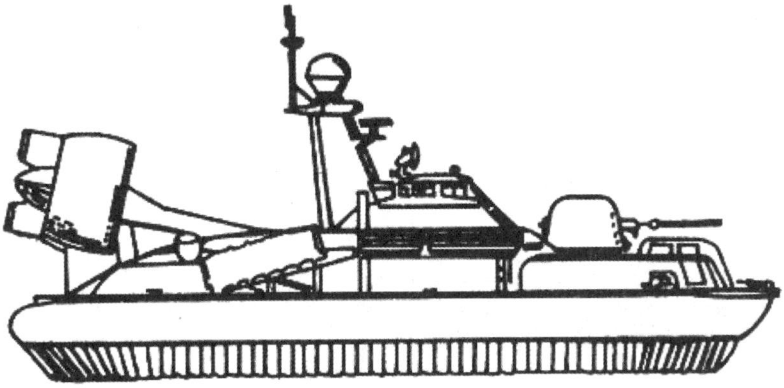

图1-1-16　气垫船

（三）双体船

如图1-1-17所示，双体船是指在两个分离的船体上部用强力构架连成一个整体的船舶。双体船的每个单体称为片体，两个片体各设一部主机和一个推进器，航行时同时转动。连接两个片体的强力构架称为连接桥，上设舱室。双体船可分为普通双体船和小水线面双体船。双体船的主要特点有：

（1）甲板面积大、稳性好、操纵灵活。

（2）如果两个片体设计、布置得当，可减小兴波和兴波阻力。

（3）小水线面双体船受波浪扰动小，拥有优良的耐波性，能平稳执行水上作业。

（4）船体结构比较复杂，自重较大，载重量变化使吃水变化比较敏感，配套设备及控制系统复杂，造价较高。

双体船一般用于中小型内河客船、渡船、甲板货船、推船、浮油回收船和炸礁船等。

图1-1-17　双体船

四、辅助船舶

内河辅助船舶不直接参加运输生产，而是为运输生产服务。内河辅助船舶中，常见的包括以下几种：

（一）航标船

如图1-1-18所示，航标船是指用于航道建设、敷设航标、维护航道、测量水深的工作船。全船漆成白色，并绘有专用航道艇标志。

图1-1-18　内河航标维护艇

（二）挖泥船

挖泥船是指在内河航区用于疏浚航道、港口，使航道和港口水域维持一定的维护水深的船舶。挖泥船能挖掘河底的泥土、沙砾并开展水上、水下作业。挖泥船可以分为非自航式、自航式、自航自载式等多种类型。挖泥作业的方式有抓斗式、链斗式、吸扬式、耙吸式、绞吸式等。图1-1-19所示为耙吸式挖泥船，图1-1-20所示为绞吸式挖泥船。

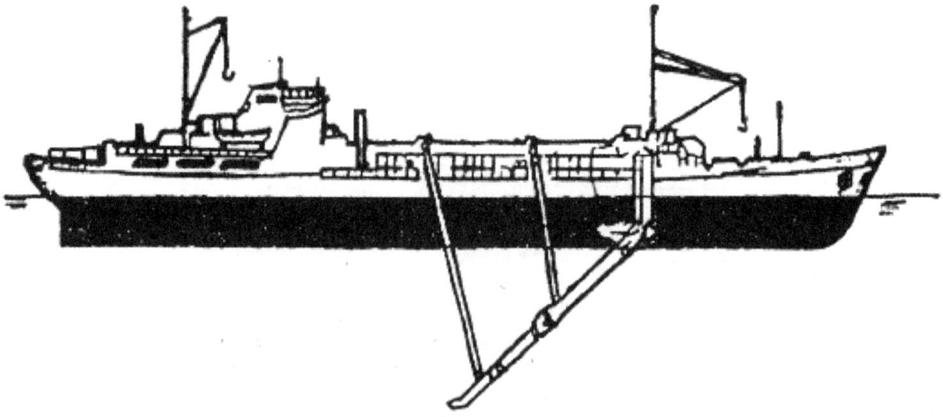

图1-1-19　耙吸式挖泥船

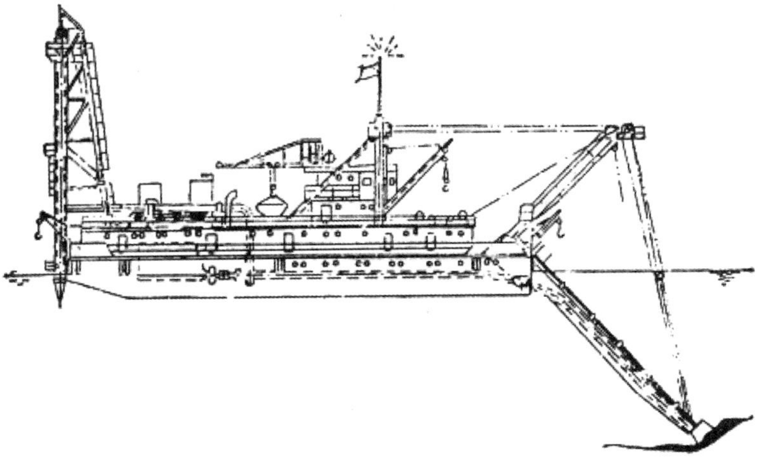

图 1-1-20 绞吸式挖泥船

(三)起重船

如图 1-1-21 所示，起重船又称浮吊，是设有起重设备并专门从事水上起重作业的工程船。起重船按其起重设备类型的不同可分为转机式、定机式和固定变幅式等。为了保证浮吊的稳性，船上还设有平衡水舱和水泵等专用设备。

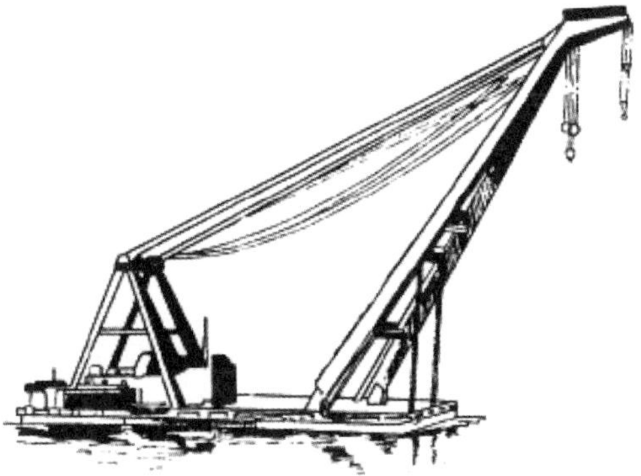

图 1-1-21 固定式起重船

(四)绞滩船

绞滩船是锚泊于内河急流、险滩河段，专门绞曳上行船舶过滩的工作船。内河绞滩船设有大功率绞车及钢缆等绞曳设备。

(五)供油船

供油船是指在港内用于供应运输船舶燃油的船舶。内河供油船有自航船和油驳，它们都有油泵和完善的输油管系以方便供油作业，消防设备配置完善。

(六)供水船

供水船是为港内停泊的运输船舶供应清水的船舶。内河供水船有自航式和水驳两种，装有水泵和供水管系以供泵水之用。

(七)浮船坞

浮船坞是能浮于水面用来修造船舶的水上工程建筑物，它是由左、右两侧坞墙和底部箱形结构组成的凹形建筑。需要抬船时，可往底部水舱注水，使船坞下沉至一定深度，然后将待修的船舶拖入坞内，定好船位，用坞内的强力水泵将水舱内的水排出，于是船坞渐渐浮起，使待修船舶全部搁在墩木上，直至坞底出水为止。它可以根据工作需要用拖船拖移位置。

浮船坞除了修造船外，还可以兼打捞沉船，运送深水船舶通过浅水航道。浮船坞上设有系缆、锚泊、起重、动力和照明等设备和生活设施，如再配备金属加工和焊接等工场，就能成为一个独立的施工单位。目前，浮船坞正向大型化方向发展。图1-1-22所示为内河常见的双墙式浮船坞。

图1-1-22　双墙式浮船坞

第二章

船舶各部位名称

船舶由船体和各种配套设施与设备所组成。本章就当前内河船舶主船体各主要部位、舱室名称及上层建筑进行简单介绍。

第一节 船体各主要部位、舱室名称

一、船体部位名称

内河船舶虽有大小和航线之分，但其结构的主要部分大同小异。从船体结构来看，以上甲板为界，船体由主船体和上层建筑两部分所组成。主船体亦称为船舶主体，它通常是指强力甲板（或主甲板、上甲板）及其以下的船体，由甲板、外板和骨架组成的水密空心结构。

船体主要部位与舱室名称如图1-2-1所示，总体来说，船体是一个在船中附近比较丰满，而向艏和艉逐渐瘦削的流线型体。船体表面应尽可能光顺，以减少航行时的船体阻力。反映船体几何形状的一些名词术语有：

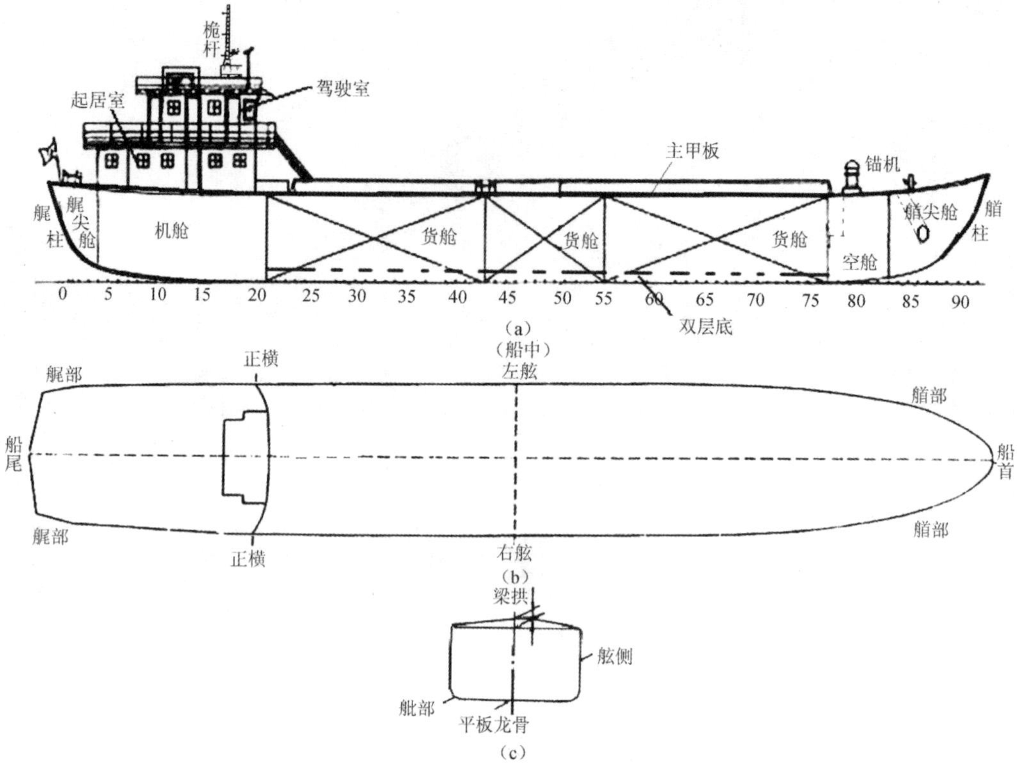

图1-2-1　船体主要部位、舱室名称示意图

甲板线——甲板边线和甲板中线的统称。甲板边线是甲板型表面与外板的交线；甲板中线是甲板型表面与中线面的交线。

舷弧——甲板边线向艏、艉逐渐昂翘的纵向曲度。在艏垂线处的舷弧称为艏舷弧；在艉垂线处的舷弧称为艉舷弧，其值一般较艏舷弧小。

脊弧——甲板中线向艏、艉昂翘的纵向曲度。

梁拱——甲板的横向拱度，也就是甲板中线比其左、右两舷的甲板边线的高出值。

甲板的舷弧和梁拱有利于减少甲板上浪，使甲板上的水自艏、艉流向船中，且自甲板中线流向两舷，便于排出舷外。

龙骨线——船体型表面的底部与中线面的交线。

平行中体——在船中前后有一段横剖面形状与中横剖面相同的船体。在船中前的船体称为前体；在船中后的船体称为后体。

舭部——船底和船舷之间的连接部分。

在图1-2-1（a）中，位于船首轮廓线向前倾斜的构件叫艏柱；位于船尾轮廓线的构件叫艉柱。位于主船体最上层的艏艉统长甲板叫上甲板。上甲板自船中向艏、艉逐渐翘起形成舷弧。上甲板以下的甲板统称为下（层）甲板。自上而下分别称为二甲板、三甲板等。位于船体最下层的部分称为船底。只有一层船底板的称为单层底，有两层船底板的称为双层底。沿船长方向将主船体内空间分隔成若干舱室的竖壁称横舱壁。它通常是不透水的，称为水密横舱壁（船舶抗沉性是通过主船体横向水密分舱来实现的）。其中最前端的水密横舱壁称为防撞舱壁，又称艏尖舱舱壁。

如图1-2-1（b）所示，船的前端称为船首，习惯上称船头，船的后端称为船尾，中间部分称为船中。船首弯曲部分称为艏部，船尾弯曲部分称为艉部。

经过船首、船尾，将船体分成左、右对称两部分的直线叫艏艉线或纵中线。从船尾向船首看，艏艉线的左边叫左舷，右边叫右舷。向着船首的方向叫前方；向着船尾的方向叫后方。在最大船宽处垂直于艏艉线的方向叫正横。

在图1-2-1（c）中，两侧直立部分叫舷侧，位于船底中心线的船底板叫平板龙骨。舷侧与船底交汇处的圆弧部分叫舭部。甲板在中间拱起的高度叫梁拱。

二、主要舱室名称

主船体内部通常设置包括艏尖舱、艉尖舱、机舱、货舱、双层底舱等主要舱室结构。

（一）艏尖舱与艉尖舱

主船体最前端尖削部位的舱室称为艏尖舱；最后端的称为艉尖舱。艏、艉尖舱通常用作淡水舱或压载水舱。

（二）机舱

机舱是安装主机、辅机、锅炉等设备的舱室。机舱在船中部的称为中机型船，又称三岛式船。在船尾部的称为艉机型船。在船中偏后的称为中艉机型船。

（三）货舱

货舱是用于装载货物的舱室。货舱和机舱由垂直于艏艉线的水密舱壁分隔而成。普通货船的货舱还常用下层甲板分隔成上、下两部分，上边的称为甲板间舱，下边的称为底舱门。

（四）双层底舱

双层底舱是位于双层底内部的舱室，通常用作压载水舱、燃油舱。

第二节 上层建筑主要部位名称

上层建筑是船体上甲板以上的各种围蔽遮蔽物的统称，主要包括船楼和甲板室。

一、船楼

在上甲板上，由一舷伸至另一舷的或其侧壁板离船舷侧板向内不大于船宽4%的围蔽建筑物，称为船楼，包括艏楼、艉楼和桥楼。

（一）艏楼

位于船体艏部的上层建筑，称为艏楼。艏楼的长度一般为船长L（通常以L表示船长）的10%左右。超过25%L的艏楼称为长艏楼。艏楼一般只设一层，其作用是减少船舶艏部上浪，改善船舶航行条件。艏楼内的舱室可作为贮藏室，内部空间分成物料间、油漆间等，其顶层甲板称为艏楼甲板。

(二)艉楼

位于船体艉部的上层建筑，称为艉楼。当艉楼的长度超过25%L时，称为长艉楼。艉楼的作用是减少船尾上浪，保护机舱，并可布置船员住舱及其他舱室，其顶层甲板称为艉楼甲板。

(三)桥楼

位于船体中部的上层建筑，称为桥楼。桥楼的长度大于15%L，且不小于本身高度6倍的桥楼，称为长桥楼。桥楼主要用来布置驾驶室和船员起居室，由若干层甲板分隔而成，是船员日常工作、生活及活动的场所。桥楼根据其功能不同通常分布有驾驶甲板、艇甲板、罗经甲板、起居甲板等，其中罗经甲板是桥楼上露天的最高一层甲板，俗称猴岛。艉机型船舶通常将桥楼与艉楼合并在一起。

二、甲板室

设置于主船体之上，两侧壁至舷边距离大于4%B（B为船宽）的围蔽建筑物称为甲板室。

上层建筑的结构与主船体内相应的板架类似，由围壁板、甲板、横梁、肋骨、甲板纵桁和围壁扶强材等构件组成。最常见的是围在桅柱周围的甲板室，称为桅室或桅屋；它的上面通常布置起货机，称为起货平台。

上层建筑用于布置船员或旅客工作、生活舱室及各种装置、设备。对于载客量较大的客运船舶，上层建筑十分发达。根据其所处的位置、长度、型式及支持情况，上层建筑不同程度地参与总纵弯曲，如位于船体中部且较长的上层建筑所受弯曲应力较大。由于船体纵向弯曲的影响，上层建筑两端与甲板连接处承受较大的水平切力，容易产生应力集中，应予加强。船舶航行时，上层建筑根据长度和部位，对强度有不同的要求，通常有强力结构和轻型结构两种。

第三章

船舶主要尺度

船舶是一个空间几何体，船体呈多重曲面形态，它在空间所占的位置就如其他规则几何体一样，由某些尺度来表征，这些尺度称为船舶主要尺度。

船舶主要尺度是表示船体外形大小的尺度，即船体的长、宽、深及吃水等。它是根据船舶规范和船舶在营运中使用上的要求定义的。

第一节 船舶主要尺度及其用途

船舶尺度根据用途不同，可分为最大尺度、船型尺度和登记尺度三种，如图 1-3-1 所示。

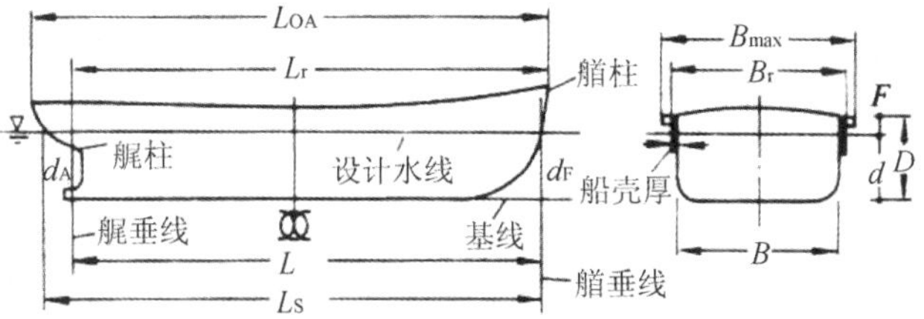

图 1-3-1 船型尺度示意图

一、最大尺度

最大尺度又称全部尺度或周界尺度，是船舶靠离码头，系离浮筒，进出港，通过桥梁和架空电缆，进出船闸和船坞以及弯、窄、浅航道航行时安全操纵或避让的依据。最大尺度包括：

(一)总长L_{OA}

总长系指船体（包括艏、艉升高甲板）及上层建筑的船首最前端与船尾最后端之间的水平距离（金属材料外板的船舶计至内表面，纤维增强塑料等非金属材料外板的船舶计至外表面），不包括艏、艉两端的突出物（如舷伸甲板、护舷材、舷墙、顶推装置、舷外挂机及其安装支架、假艏、假艉、活动突出物等）。

(二)最大船长 L_E

最大船长系指船首最前端与船尾最后端之间的水平距离，包括外板和船首、尾两端结构性突出物（如舷伸甲板、护舷材、舷墙、假艏、假艉、顶推装置等）在内，活动突出物（如跳板、起重吊臂、输送装置等）根据航行状态的情况计量。

(三)最大船宽B_{max}

最大船宽又称全宽，它是包括外板和永久性固定突出物（如护舷材、水翼等）在内的垂直于中线面的船舶最大水平距离。

对于两舷无永久性固定突出物的船舶，如木质、水泥、玻璃钢等材质的船舶，最大宽度等于型宽，钢质船舶的最大宽度与型宽相差两舷外板的厚度。最大宽度是船舶实际宽度。

(四)最大高度H_{max}

最大高度是指从船底平板龙骨的下缘垂直量至船舶固定建筑物（包括固定的桅、烟囱等在内的任何构件）最高点的距离。船员通常称最大船高为连桅高度。

在内河船舶操纵与避让中，常常会用到船舶净空高度和眠桅高度。净空高度即船舶在水面上的最大高度（通常为船舶空载水线以上的最大高度）；眠桅高度即船舶主桅倒放后的船舶最大净空高度。

二、船型尺度

钢质船舶船体外板的内表面称为船体的型表面。船型尺度是从船体型表面量取的尺度。在船舶航行性能计算中（如浮性、稳性等计算）和一些主要的船舶图纸上，均使用和标注这种尺度，因此它也称为计算尺度或理论尺度。船型尺度包括：

(一)船长L

船长系指沿满载水线自艏柱前缘量至舵柱后缘的长度；无艏柱船舶，自船体侧投影面前缘与满载水线的交点量起（金属材料外板的船舶为内表面，纤维增强塑料等非金属材料外板的船舶为外表面）；无舵柱船舶，量至舵杆中心线，若舵杆位于船体侧投影面外面，则量至船体侧投影面后缘与满载水线的交点（金属材料外板的船舶为内表面，纤维增强塑料等非金属材料外板的船舶为外表面）；但均应不大于满载水线长度，亦不小于满载水线长度的96%。无舵船舶（如设有全回转推进器的船舶）的船长取满载水线长度。

满载水线（L_S）长度系指满载水线面的前、后两端之间的水平距离（金属材料外板的船舶为内表面，纤维增强塑料等非金属材料外板的船舶为外表面）。

（二）船宽B

船宽即型宽，系指在船舶最宽处两舷舷侧板内表面（对纤维增强塑料等非金属外板的船舶为外表面）之间的水平距离，舷伸甲板和护舷材等突出物不计入。

（三）型深D

型深系指在船长中点处沿舷侧自平板龙骨上表面（对纤维增强塑料等非金属外板的船舶为下表面）量至干舷甲板下表面的垂直距离；甲板转角为圆弧形的船舶，量至干舷甲板下表面的延伸线与舷侧板内表面（对纤维增强塑料等非金属外板的船舶为外表面）延伸线的交点。

（四）型吃水d

型吃水是指在船长中点处，由平板龙骨上缘量至设计水线的垂直距离。在艏垂线处量得的型吃水称为艏吃水，用d_F表示；在艉垂线处量得的型吃水称为艉吃水，用d_A表示。按下式计算出的吃水称为平均吃水，用d_m表示，亦即船长中点处的吃水。

$$d_m = \frac{d_F + d_A}{2}$$

（五）干舷F

干舷是指在船长中点处，沿舷侧自设计水线量至上层连续甲板（干舷甲板）边线的垂直距离，即型深与吃水的差值，可用公式 $F=D-d$ 近似得到，仅相差一个干舷甲板的厚度。

在实际工作中，通常用垂线间长、型宽、型深表示船体外形的大小。这三个尺度称为船舶主尺度，一般写成下面的形式：

$$\text{主尺度}=\text{型长}L_{pp}\times\text{型宽}B\times\text{型深}D$$

三、登记尺度

登记尺度是《内河船舶吨位丈量规范》中定义的船舶尺度，这种尺度主要用于登记船舶、丈量与计算船舶吨位。

（一）登记长度L_r

登记长度是指量自龙骨板上缘的最小型深85%处水线长度的96%，或沿该水线从艏柱前缘量至上舵杆中心线的长度，取两者中较大者。

对于内河船舶，登记长度通常称为量吨甲板长度，系指量吨甲板型线艏、艉两端点之间的最大水平长度。如量吨甲板有台阶，则取其低者，并作延伸线进行计量，具体如图1-3-2所示。内河船舶量吨甲板系指相邻满载水线以上的第一层全通甲板。

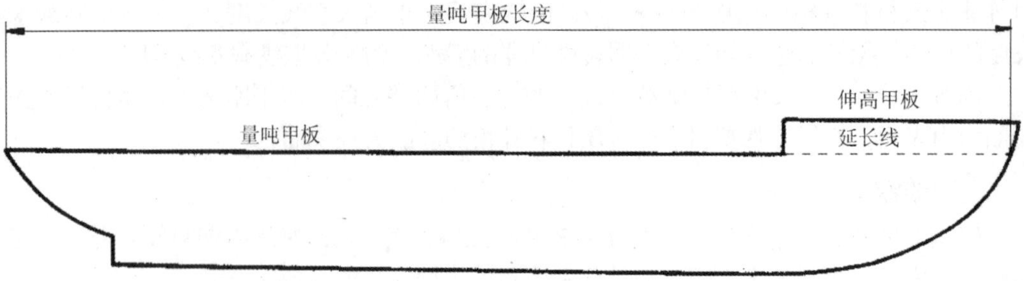

图 1-3-2　船舶登记尺度的量取

（二）登记宽度 B

登记宽度是指在图 1-3-1 中无中点处的最大宽度。对金属外板的船舶，应量至两舷外板的内表面；对非金属外板的船舶，则量至两舷外板的外表面。

内河船舶登记宽度采用船舶中剖面型线的最大宽度。

（三）登记深度 D

登记深度也叫登深，是指图 1-3-1 中无中点船舷处从平板龙骨上表面量至上甲板下表面的垂直距离。具有圆弧形舷边的船舶，登记深度量至甲板型线和船舷外板型线相交之点。

当上甲板为台阶型甲板并且其升高部分延伸超过决定登深的一点时，登深应量至较低部分甲板与升高部分相平行的延伸线。

确定内河船舶登记深度时，对金属外板的船舶，系指在中横剖面处，从平板龙骨板上表面量至量吨甲板在船舷处的下表面的垂直距离；对非金属外板的船舶，此垂直距离应包括船底板的厚度。

第二节　船型尺度、最大尺度和登记尺度的比较

从图 1-3-1 和图 1-3-2 的图示表述中可以明确看出船型尺度、最大尺度和登记尺度的不同规定与各自用途，下面通过表 1-3-1 对其主要区别进行比较说明。

表 1-3-1　船型尺度、最大尺度和登记尺度比较表

比较项目	最大尺度	船型尺度	登记尺度
作用	船舶靠离码头、过桥梁、进出船闸以及狭水道航行	用于计算船舶稳性、吃水差、干舷高度、阻力和船体系数等	主管机关登记船舶、丈量和计算船舶总吨位及净吨位
长度	从船首最前端至船尾最后端	是指沿设计夏季载重线，由艏柱前缘量至舵柱后缘的长度	龙骨板上缘的最小型深 85%处水线总长的 96%，或沿该水线从艏柱前缘量至上舵杆中心线的长度，两者取大值

续表

比较项目	最大尺度	船型尺度	登记尺度
宽度	是指包括船舶外板和永久性固定突出物在内并垂直于纵中线面的最大横向水平距离	由一舷的肋骨外缘量至另一舷的肋骨外缘之间的横向水平距离	金属外板的船舶，其宽度是在船长中点处量到两舷的肋骨型线；对其他材料外板的船舶，其宽度是在船长中点处量到船体外表面
高度	是指自平板龙骨下缘至船舶最高桅顶间的垂直距离	是指在船长中点处，沿船舷由平板龙骨上缘量至上层连续甲板（上甲板）横梁上缘的垂直距离	是指从龙骨上缘量至船舷处上甲板下缘的垂直距离

第三节 船舶主要尺度比

为表示主尺度对船舶性能的影响，排除船舶尺度大小不同的干扰，可用船型尺度各参数之间的比值，来进一步说明船体的几何特征。因此，船舶主要尺度比是表示船体几何形状特征的重要参数。下面列举与船舶航行性能关系密切的几个主要尺度比来加以说明。

一、长宽比 *L/B*

长宽比是指垂线间长与型宽的比值，主要影响船舶的快速性和航向稳定性。长宽比越大，船体越瘦长，其快速性和航向稳定性越好，但港内操纵不灵活。

二、型深吃水比 *D/d*

型深吃水比是指型深与型吃水的比值，主要影响船舶抗沉性与船舶稳性。型深吃水比大，则干舷高、储备浮力大、抗沉性好，但船舱容积增大、重心升高，将导致船舶稳性下降。

三、船宽吃水比 *B/d*

船宽吃水比是指船宽与型吃水的比值，主要影响船舶初稳性、耐波性和快速性。船宽吃水比大，船体相对宽度大，船舶初稳性高度增大，但船舶固有的横摇周期变小，耐波性变差，航行阻力增加进而影响船舶快速性。

四、船长吃水比 *L/d*

船长吃水比是指垂线间长与型吃水的比值，主要影响船舶操纵性。船长吃水比大，船舶操纵回转性变差。

五、船长型深比 *L/D*

船长型深比是指垂线间长与型深的比值，主要影响船体强度。船长型深比大，对船体强度不利。

第四章

船舶吨位

船舶吨位是表示船舶内部容积或载重量大小的数值以及统计船舶保有量的综合数。

船舶吨位的度量方法有容积吨和重量吨两种。

第一节 容积吨

容积吨是根据《内河船舶吨位丈量规范》的规定，丈量并计算得到的船舶内部容积。它没有单位，也不是通常意义上的重量“吨”的力学概念，而是一个船体内部空间几何的概念。容积吨一般与港口收费有关，因此它与运输船舶的营运成本有很大关系。容积吨分为总吨位与净吨位。

一、总吨位

总吨位计量除“免除处所”以外的船舶所有“围蔽处所”的总容积。

(一)总吨位的计算

船舶的总吨位（GT）按下式求得：

$$GT=K_1V$$

式中：K_1——系数，按下式计算或按系数表选取：

$$K_1 = 0.23+0.016\lg V$$

V——按规范规定丈量所得的船舶总容积，m^3。V按下式计算：

$$V= V_1+ V_2+ V_3+ V_4$$

V_1——量吨甲板以下所有围蔽处所的型容积，m^3。

V_2——量吨甲板以上所有围蔽处所的型容积，m^3。

V_3——应计入的量吨甲板以上固定载客的开敞处所的型容积，m^3（应计入的固定载客的开敞处所，系指在量吨甲板上，上面有固定顶盖，周围有安全栏杆，且用于固定载客的处所）。

V_4——应计入的量吨甲板以上固定载货的开敞处所的型容积，m^3（应计入的固定载货的开敞处所，系指含汽车渡船、半舱船的甲板货船在量吨甲板上固定装载甲板货物的处所，以及无舱盖的货舱口处所）。

船舶吨位丈量以米为计算单位，在计算中采用的量度应取至厘米。计算所得的吨位数值只取整数，不用小数点以后的数值。

(二)总吨位的作用

（1）国家和船公司统计船舶运力规模和比较船舶大小的依据。

（2）划分船舶等级，对船舶进行技术管理和设备要求的依据。

（3）船舶登记、检验和丈量等收费的依据。

（4）计算船舶造价、买卖及租赁费用的依据。

（5）计算船舶保险费用和海事赔偿费用的依据。

（6）决定船舶配员要求的依据。

（7）计算船舶净吨位的依据。

二、净吨位

净吨位表示按规范丈量确定的船舶有效容积。通俗地讲，就是从船舶丈量总容积中减去船员舱室、机舱处所等非营运容积而得到的有效容积。

(一)净吨位的计算

船舶净吨位（NT）按下式求得：

$$NT= K_2 GT$$

式中：GT——按丈量计算所得的总吨位；

K_2——与船舶种类有关的吨位系数。

(二)净吨位的作用

净吨位是计算税金（吨税）、港务费、停泊费、引航费、过闸费、拖船费、进坞费等的依据。

第二节 重量吨

船舶的重量吨用于表示船舶重量和载重能力，以“吨”（公吨）为计量单位。重量吨有排水量和载重量之分。

一、排水量

船舶在静水中自由漂浮并保持静态平衡后，船体水线以下的入水体积所排开水的重量称为排水量，等于该吃水时船舶的总重量。船舶重量除船舶本身的重量外，还随船上装载旅客和货物重量的变化而变化，排水量也随船舶装载客/货数量的变化而变化。所以船舶排水量又可分为满载排水量、空船排水量、空载排水量和装载排水量四种。

(一)满载排水量

满载排水量是指船舶满载，即船舶在装足货物、旅客、燃油、润滑油、淡水、备品、物料及核定船员与行李使船舶吃水达到相关航区载重线时的排水量。满载排水量包括船舶常数在内，可从船舶资料中查得。

船舶常数是船舶经过一段时间营运后的空船重量与新船出厂时（或船舶大修后）的空船重量（或空船排水量，一般在船舶资料中给出）的差值。船舶常数通过船舶实际水尺计重的空船重量与船舶出厂时的理论计算（非水尺计重）空船重量的差值计算求得。船舶常数受环境影响，在每个航次都有变化，其计算结果与船方提供的存油数量、其他船用物料有关。

(二)空船排水量

空船排水量即空船重量，是指船舶装备齐全可正常航行但没有装载旅客、货物、燃油、润滑油、压载水、淡水、锅炉给水和易耗物料、船员及行李物品时的排水量。空船排水量可通过船舶倾斜试验的方法求得，船舶资料中都备有新船出厂时的空船排水量。

(三)空载排水量

空载排水量即满载排水量减去载货量（包括货物、旅客及其行李）时的排水量，是空船重量加上燃油、滑油、淡水、粮食及其他给养品的重量。空载排水量因燃料、滑油、淡水、粮食及其他给养物品的保有数量不同又分为出港和到港两种状态。

(四)装载排水量

装载排水量又称实际装载排水量，是指除空船、满载以外船舶具体航次载货后实际的排水量。其值为对应装载状态下空船、货物、航次储备量以及压载水等重量的总和。

二、载重量

船舶载重量表示船舶在营运过程中能够使用的载重能力，可分为总载重量和净载重量。

(一)总载重量DW

总载重量是指船舶吃水达到某一水线时所装载的最大重量，包括旅客、货物、燃料、润滑油、淡水、各种储备、物料和船员及行李等重量的总和。总载重量、排水量以及空船排水量之间存在下述关系：

总载重量=装载排水量−空船排水量

总载重量的值随船舶排水量或吃水的不同而异。船舶资料中提供对应于不同载重线的船舶总载重量值，用来表示船舶使用某一载重线时所允许的最大装载量。例如，A级航区载重线所对应的总载重量等于A级航区满载排水量与空船排水量的差值。

(二)净载重量NDW

净载重量是船舶具体航次所能装载旅客、货物的最大重量，即从船舶对应于相应航次的最大总载重量中减去船舶航行期间需要储备的燃料、淡水、其他储备物品的重量以及船舶常数的重量。

第五章

船舶主要标志

船体外面有各种标志，如载重线标志、吃水标志、船名和船籍港标志、烟囱标志、侧推器标志、暗车标志、分舱标志以及顶推位置标志等。本章仅介绍船舶吃水标志和船舶载重线标志两个船舶主要标志的作用和识读方法。

第一节 船舶吃水标志

船舶吃水标志也叫水尺标志，是表示船舶实际吃水的永久性标志。它勘划在船首、船尾及船中两侧船壳上，俗称六面水尺。

一、吃水标志的作用和识读方法

（一）吃水标志的作用

1.了解船舶浮性

船舶吃水是一项重要的浮性指标，驾驶员必须掌握船舶重量的改变及舷外水密度的改变对船舶吃水的影响。

2.掌握船舶漂浮状态

装、卸货物均会改变船舶的浮态及吃水。当装运货物时，船舶吃水会增加，卸除货物时，船舶吃水则会减少。同时，“装”或“卸”的位置不同，会造成艏、艉吃水的不同，或造成左、右舷吃水的不同。

3.了解船体浮力变化

随着航运的发展，内河船入海、海船进江已是常见的了。这些船舶经常航行于不同水质、不同密度的水域中。水密度的不同，必将引起船舶吃水的变化。海水和淡水的密度是不同的。标准海水密度ρ_s=1.025 t/m^3，标准淡水密度ρ_0=1.000 t/m^3。

由于排水量不变，海水密度大，海水排水体积就小，船舶在海水中吃水较小；淡水密度小，淡水排水体积就大，船舶在淡水中吃水较大。因此，船舶由海水进入淡水，吃水会增加；船舶由淡水进入海水，吃水会减小。

4.实际水尺计重

船舶常通过船舶实际水尺计重船舶重量及其重量的变化，如船舶出厂时通过水尺计重计算空船重量等。

（二）吃水标志的勘划与识读

船舶在营运中，必须随时掌握实际吃水及其变化。因此，正确识读船舶吃水标志非常重要。图1-5-1所示为内河船舶吃水标志标记方法和在船体六处的勘划位置要求。

（1）在船长中点两舷勘划吃水标志时，应在离载重线圆环中心向左600 mm处，具体要求如图1-5-1所示。

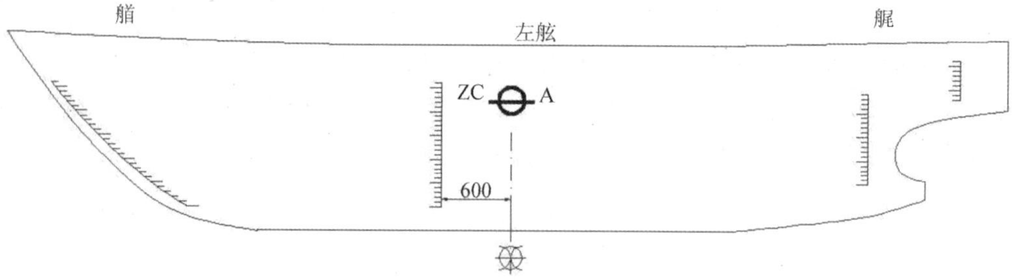

(a)

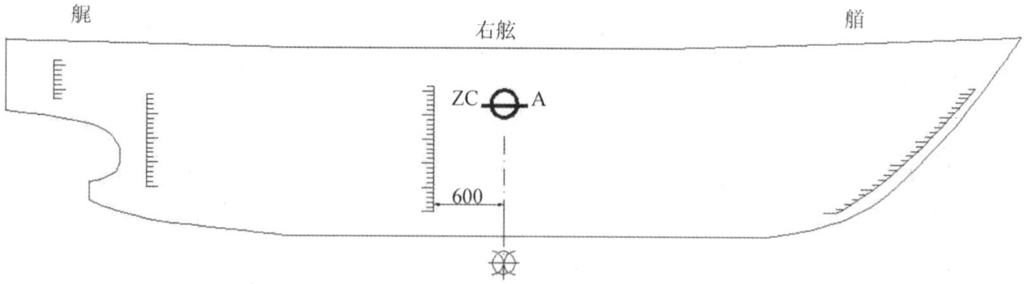

(b)

图1-5-1　水尺标志勘划位置示意图（单位：mm）

（2）吃水应从龙骨板底缘量起，至少从实际空船吃水下面0.2 m处绘起；当空船吃水为0.6 m时，吃水标志至少应从0.4 m处绘起，但必须保证空船时（包括纵倾情况）能正确表明实际的吃水。

（3）水尺数字及标线尺寸如图1-5-2所示，线粗为20 mm，字高为100 mm，字宽为60 mm。

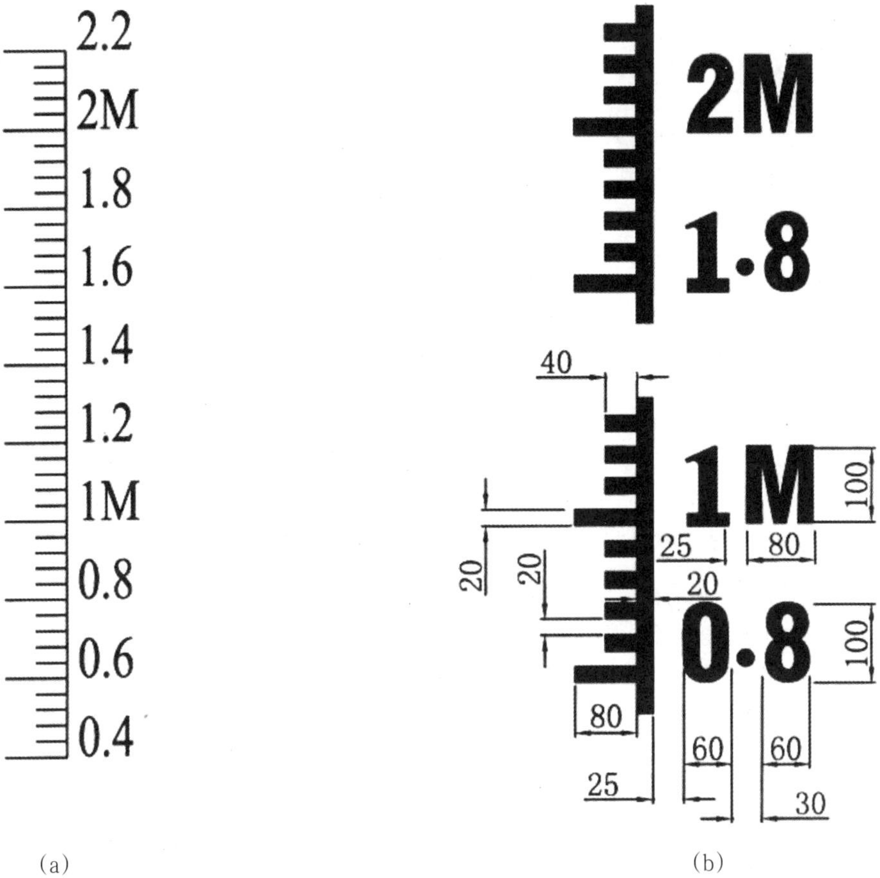

图1-5-2 水尺标志

（4）吃水达到吃水标志数字下缘时，即表明为该数字所示的吃水。

（5）艏、艉吃水标志应尽可能勘划在艏、艉垂线处，当勘划有困难时，可根据实际情况平行引伸勘划成阶状，艉部可加焊一扁钢，将水尺勘划在扁钢上或舵叶后缘适当位置。

（6）观测船舶吃水时，根据实际水线在数字和标尺中的位置，按比例取其读数。有波浪时，应取其最高及最低时读数的平均值。

例如，在公制水尺识读实例中，当水面处于“0.8”字体的下边缘时，吃水为0.8 m；当水面位于“0.8”字体一半处时，吃水是0.85 m；当水面处于“0.8”字体的上边缘时，吃水为0.9 m。

目前，有些新型船舶安装了吃水指示系统，如吹气式遥测系统、浮子式遥测系统和超声波探测式遥测系统等，可以在驾驶室直接读取六面吃水的读数。

第二节 ◉ 船舶载重线标志

为确定船舶干舷，保证船舶具有足够的储备浮力和航行安全，内河船舶检验部门根据船舶的尺度和结构强度，为每艘船舶勘定了船舶在不同航区的最小干舷，并用载重线标志的形式勘划在船中的两舷外侧，以限制船舶的装载量。

一、载重线标志的作用

船舶在航行、停泊和作业中，不可避免地会受到各种外力的作用。特别是在风浪中航行更会导致船舶吃水发生急剧变化，为确保船舶安全，必须强制规定船舶的储备浮力标准。图1-5-3为船舶储备浮力、干舷及吃水的关系示意图。

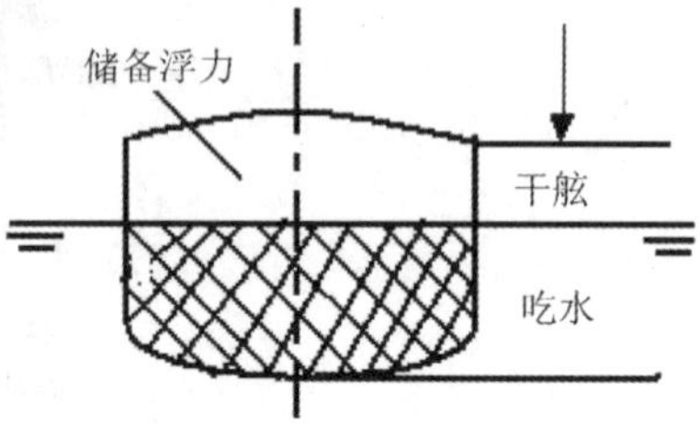

图1-5-3　船舶储备浮力、干舷及吃水的关系示意图

在日常船舶安全与营运管理中，船舶载重线标志的具体作用体现在以下几个方面：

（一）确定船舶干舷高度，保证船舶具有足够的储备浮力

船体内水线以上的水密容积都可称为储备浮力。其大小可用干舷的尺度来衡量。干舷越大，则船舶的储备浮力越大。储备浮力的实际大小与船舶大小、类型、航区和航行季节等因素有关。内河船的储备浮力为其满载排水量的10%～15%，油船因其本身的特点，其储备浮力比一般干货船小。

（二）核定船舶适航航区的满载水线

船舶载重线标志是指船舶在不同航区的最大吃水标志。它是在保证船舶水上航行安全的情况下所规定的船舶安全装载极限。

（三）反映船舶的适航条件

为了保证船舶在各种不同条件下安全航行，同时又最大限度地利用船舶的装载能力，就需要根据不同条件规定各类船舶在不同航区、航段和不同风浪条件下的适航要求。船舶主管机关通过在船体上勘划载重线标志来核准船舶的适航要求。

二、载重线标志的内容和识别方法

内河船舶的载重线标志由甲板线、载重线圈及各载重线组成，如图1-5-4所示。

（一）甲板线

甲板线为一长300 mm、宽25 mm的水平线，勘划于船中处两舷外板的外侧，其上边缘一般应经过干舷甲板上表面向外延伸与船壳板外表面之交点。如果干舷甲板经过相应的修正，甲板线也可以参照船上某一固定点来绘定。

（二）载重线圈

载重线圈由一个外径为250 mm、线宽为25 mm的圆圈和与圆圈相交的一条水平线段组成。水平线段长400 mm、宽25 mm，其上缘通过圆环的中心。圆圈中心位于船长中点，其至甲板线上缘的垂直距离等于所核定的船舶主要航区的干舷。在圆圈的左侧绘有字

母“CS”（或“ZC”），如图1-5-4所示表示勘定干舷的主管机关是中国船级社（或中华人民共和国船舶检验局）。在圆圈右侧绘有字母“A”等，表示船舶的主要航区的级别代号。

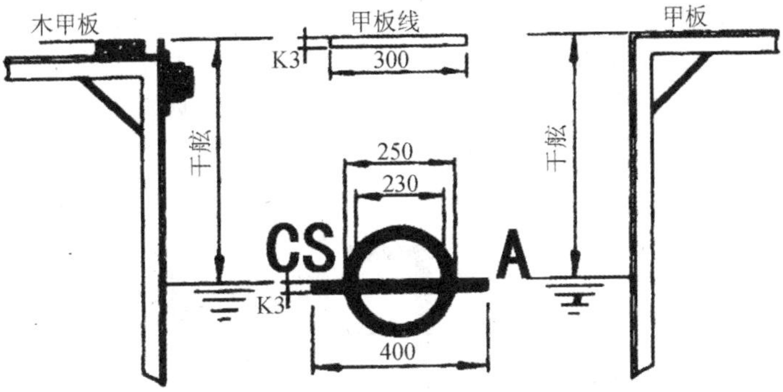

图1-5-4 载重线标志

（三）载重线

1.单航区适航船舶载重线勘划

如果船舶仅有一个航区，则载重线圈上的水平线段即为载重线，如图1-5-5所示。

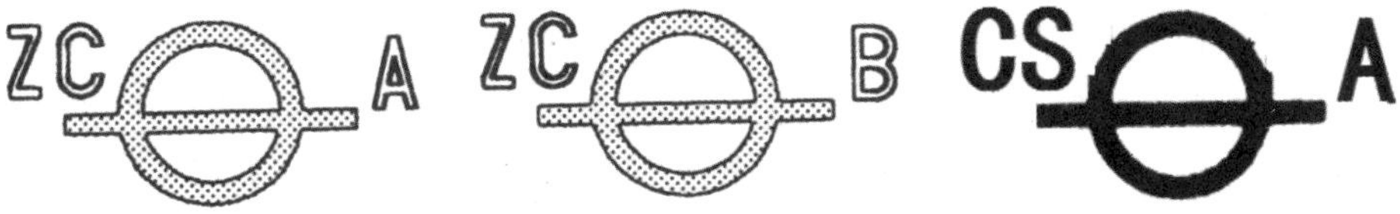

图1-5-5 A级和B级航区的载重线圈

2.多航区适航船舶载重线勘划

如船舶适航于数级航区或航段，则在载重线圈的右端向上或向下画一垂直线，由此垂直线分别向右引出一条水平线段，以表示其他各级航区相应的载重线，如图1-5-6所示。若船舶实际勘划的数级航区或航段的干舷相同，则用相应航区的字母并列表示，如图1-5-7所示。

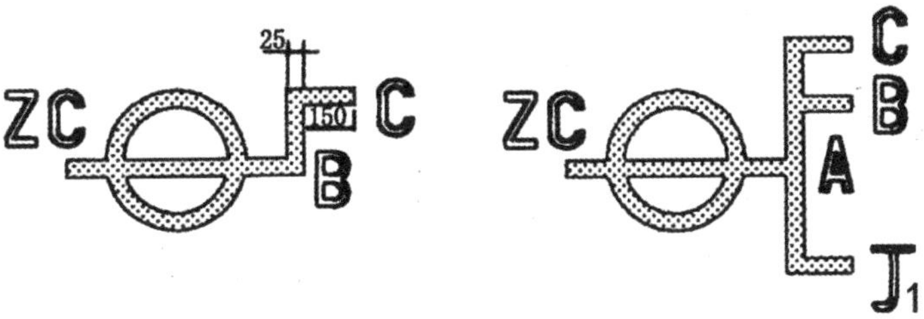

图1-5-6 数级航区的载重线标志

图1-5-7 数级航区干舷相同时船舶的载重线标志

（四）附加载重线标志

内河船舶勘划附加载重线时，其附加载重线标志如图1-5-8所示。附加载重线由载重线标志的右端向下（或向上）画一宽25 mm的垂直直线，再由此垂直直线分别向右引长

150 mm、宽25 mm的水平线，以表示其他各级航区（航段）的附加载重线。

《内河船舶法定检验技术规则》对内河船舶勘划附加载重线标志做出了具体规定：

（1）对内河集散两用船，因载运集装箱和干散货时的装载情况存在较大差异，应按集装箱船勘划载重线标志和载重线，按干散货船勘划附加载重线。

（2）对内河工程船，因航行（避风）状态和作业状态同样存在差异，亦可先勘划航行（避风）时的载重线标志和载重线，再勘划作业时的附加载重线。

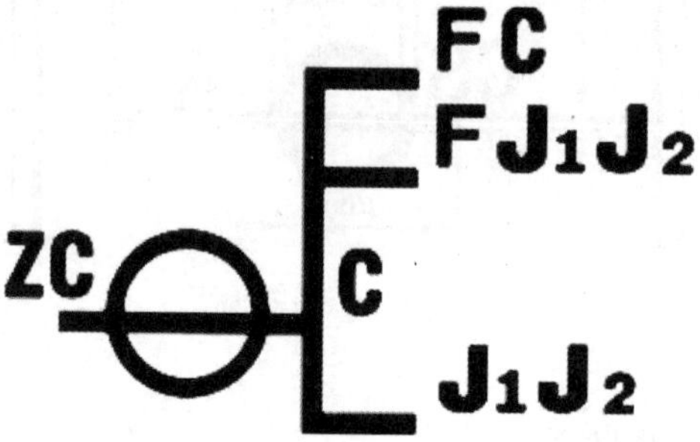

图1-5-8　船舶附加载重线标志

内河船舶载重线标志中，各附加载重线均以线段上边缘为准。附加载重线标注的符号由字母“F”和航区（航段）字母组成。标“FA”的线段，表示A级航区附加载重线；标“FB”的线段，表示B级航区附加载重线；标“FC”的线段，表示C级航区附加载重线；标“FJ_1”的线段，表示J_1级航段附加载重线；标“FJ_2”的线段，表示J_2级航段附加载重线。

第二篇 船体结构、管系与船舶稳性

第六章 船用钢材及连接方法

船舶驾驶人员了解船体结构与船舶稳性对于驾驶和管理船舶至关重要。本篇将从驾驶人员的视角，介绍船体结构和材料的名称、船舶稳性的概念及稳性的影响因素。

现代内河船舶主要为钢质船舶，船舶驾驶人员了解船用钢材及其连接方法，对于有效维护和保养起重要作用。

第一节 船体结构用钢材

《钢质内河船舶入级与建造规范》（以下简称《规范》）对船体结构用钢材的等级和类型等都有详细规定。正确地选择船体结构钢材是保证船体强度的前提条件。

一、钢材的等级

船体结构用钢材按其化学成分、机械性能和冶炼方法分为两大类共10个等级。

(一)一般强度船体结构钢

一般强度船体结构钢亦称船用碳素钢。其按性能自低向高排列，共有A、B、D、E4个等级。A级为沸腾钢，B级为镇静钢，D级和E级为全镇静细晶粒钢。沸腾钢和镇静钢是以冶炼方法不同而划分的。前者利用钢水的沸腾翻滚来脱氧，钢的晶粒粗、强度低，成本也低；后者在钢水中加入一定量微量元素，冷却时表面不沸腾，得到的钢材晶粒细、气泡少、强度高。目前，这类钢材在中小型船舶修造中广泛采用。

(二)高强度船体结构钢

高强度船体结构钢亦称船用低合金钢。其按强度和缺口冲击韧性分为6个等级，《规范》中有详细规定。这类钢材的强度高于船用碳素钢，具有良好的可焊性和耐腐蚀性，目前主要用于大型远洋船舶，可以减小构件尺寸、减轻船体重量。

此外，还有不锈钢和耐低温钢等类型。前者主要用于散装液体化学品船的货舱结构；后者常用于冷冻式液化气船的货舱结构。

二、钢材的类型

(一)钢板与型钢

钢板与型钢是船体结构用的主要钢材。钢板主要用于船壳板、甲板板和分舱隔板，其厚度一般为6~40 mm，宽度为1 200~3 000 mm，长度为6 000~14 000 mm。型钢主要用于船体骨架以支撑船壳板等，一般由轧钢厂滚轧成型。型钢是标准件，按其剖面形状分，有扁钢、球扁钢、角钢和槽钢等，如图2-6-1所示。

(a)扁钢　(b)球扁钢　(c)不等边角钢　(d)等边角钢　(e)槽钢

图2-6-1　船体结构常用型钢

(二)铸钢与锻钢

铸钢是用钢水在砂模中浇铸成型的钢件。船体艏柱、艉柱、系缆桩等常采用铸钢件。锻钢是红热钢坯经过反复锤炼而成型的钢件。锻钢件的性能一般优于铸钢件，但受加工工艺的限制，不适于制作结构复杂的构件。形状简单的轴、舵杆等常采用锻钢件。

上述所有类型、等级的船体结构钢材均应由船级社认可的钢厂生产，合格产品盖有船级社的印记。

第二节　船体构件的连接方法

船体构件连接方法的选择涉及船体结构的连续性和船体强度的稳定性，必须按规范和船体强度的保障要求合理选择。

一、铆接

早期的钢质海船用铆接方法建造。先在构件上钻孔，再将烧红的铆钉插入两连接件叠放的铆钉孔中，并将伸出部分用铆钉枪打成钉头。铆钉冷却后收缩，将构件拉紧密合，如图2-6-2所示。这种方法的优点是构件若产生裂纹不易穿过铆接缝，但其缺点是劳动效率低、连接强度差。

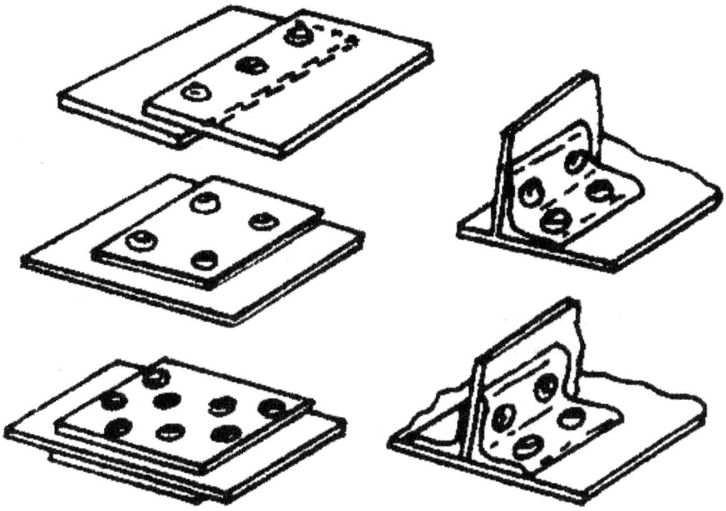

图2-6-2　铆接形式

二、焊接

焊接是现代船舶修造的基本方法。

(一)焊接方法分类

在钢铁加工工业中，焊接方法有上百种之多，在修造船中采用的主要属熔化焊，即对构件连接处用局部加热方法，使之达到或接近液态而熔合，冷却后凝为一体。

1.电焊

以电弧作加热源的称为电弧焊，简称电焊。电焊的工作效率高、使用方便，在修造船中用得最多。

2.气焊

以乙炔气和氧气燃烧作加热源的称为气焊。气焊多用于薄板焊接和铸钢件的修补，在修造船中也常使用。

此外，还有电渣焊、CO_2气体保护焊等，也在修造船中的某些场合使用。

(二)焊缝形式

船体结构中最常见的焊缝形式是对接焊缝和角焊缝，还有塞焊缝，具体如图2-6-3所示。

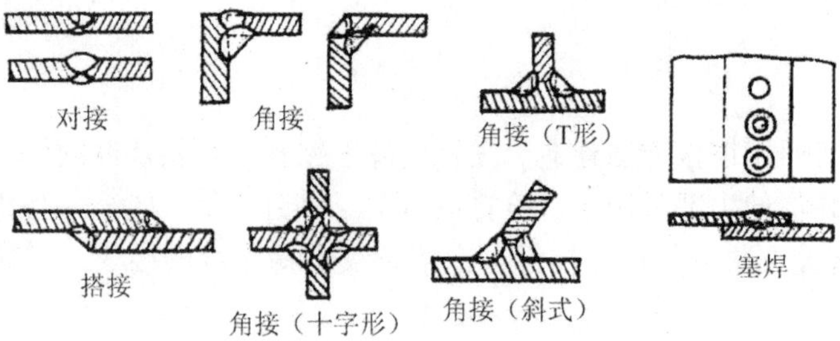

图2-6-3　焊缝形式

对接焊缝常用于两块钢板的拼接。对于厚度较大的钢板，为了保证焊缝充分焊透，需要在接缝处开坡口，如图2-6-4所示。

角焊缝是指角接接头、搭接接头、T形接头和斜接接头的焊缝，常用于相互交叉构件的连接。

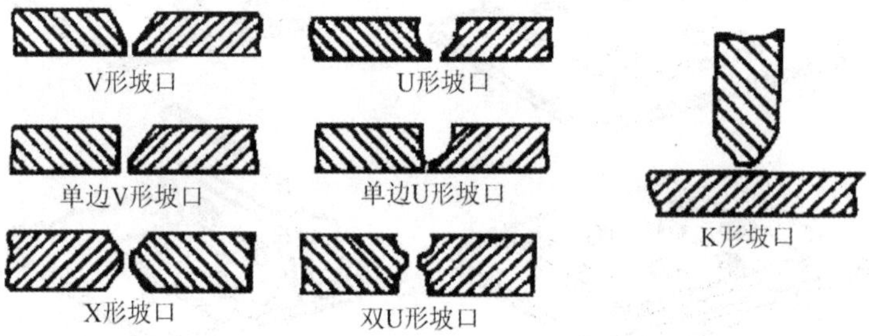

图2-6-4　坡口形式

塞焊缝是在连接构件的其中一个上开有一系列圆孔或长孔，然后用电焊填满或焊接，常用于两构件搭接或复板加强。

(三)焊接的特点

焊接的优点是连接强度高、水（油）密性好、施工方便、结构重量较小、焊缝表面较光顺，缺点是在焊缝处存在剩余应力，易产生裂纹。航行中如果发现裂纹，作为应急措施，可在裂纹端部钻一圆孔以阻止其蔓延。

(四)焊缝检查

焊缝检查首先进行外观检查，常见的外部缺陷有表面不规整，存在气孔、裂纹等；再用超声波等无损探伤检查，常见的内部缺陷有未焊透，夹渣，存在气孔、裂纹等。质量检查不合格的焊缝应修补后重新检查。

第七章

船体结构名称

船体结构通常分为主船体和上层建筑两部分。主船体系指主甲板以下部分的水密空心结构，主要由船底结构、船侧结构、甲板结构、艏端结构与艉端结构组成。在这个水密空心结构内用水平与垂直的隔板分隔成许多舱室。其中水平隔板称为甲板，垂直隔板称为舱壁；以船宽方向装置的舱壁称为横舱壁，沿船长方向装置的舱壁称为纵舱壁。本章重点介绍主船体结构名称。

第一节 船体骨架型式

船体结构由保持水密的外板、甲板板和支持它们的骨架构成。船体骨架又由纵横交错的型材（或称构件）组成。根据船体骨架中型材排列方式，船体结构可分为横骨架式、纵骨架式和混合骨架式三种。

一、横骨架式船体结构

横骨架式船体结构是在上甲板、船底和舷侧结构中，横向构件数目多、排列密，而纵向构件数目少、排列疏的船体结构，如图2-7-1所示。

这种结构从木船结构演变而来，是在造船中应用最早的一种结构。其特点是：

（1）横向强度和局部强度好。

（2）结构简单，容易建造。

（3）舱容利用率高。横向构件数目多，不需要很大尺寸，因而占据舱内空间较少。

（4）空船重量大。船体总纵强度主要靠纵向构件和船壳板、甲板板来保证。由于纵向构件数目少，因此必须增加船壳板的厚度来补偿，结果增加了船体重量。

对总纵强度要求不是很高的中小型船舶常采用横骨架式船体结构。

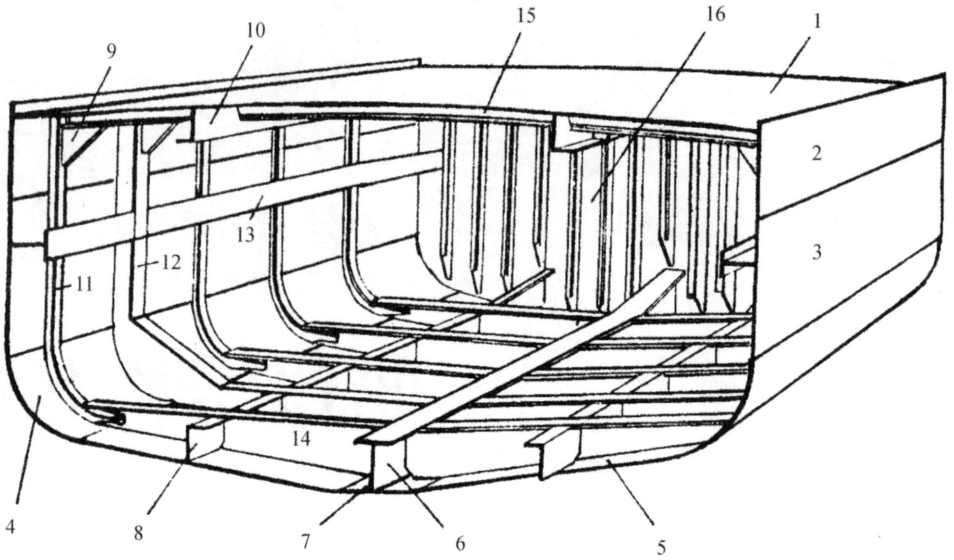

图2-7-1　横骨架式船体结构

1—甲板板；2—舷顶列板；3—舷侧板；4—舭列板；5—船底板；6—中内龙骨；7—平板龙骨；8—旁内龙骨；9—梁肘板；10—甲板纵桁；11—肋骨；12—强肋骨；13—舷侧纵桁；14—肋板；15—横梁；16—横舱壁

二、纵骨架式船体结构

纵骨架式船体结构是在上甲板、船底和舷侧结构中，纵向构件数目多、排列密，而横向构件数目少、排列疏的船体结构，如图2-7-2所示。

纵骨架式船体结构的特点是：

（1）总纵强度大。

（2）结构复杂。小尺寸的纵向构件数目多，焊接工作量大。

（3）舱容利用率低。船体结构的横向强度主要靠少数横向构件来保证，因而尺寸很大，占据舱容较多。

（4）空船重量小。因为船壳板和甲板板可以做得薄些，所以结构重量减小。

这种形式的船体结构通常在大型油船和矿砂船上采用。

三、混合骨架式船体结构

混合骨架式船体结构是指在上甲板和船底采用纵骨架式结构，而在舷侧采用横骨架式结构，如图2-7-3所示。从船体各部位受力特点来看，这种结构是合理的。它具有以下特点：

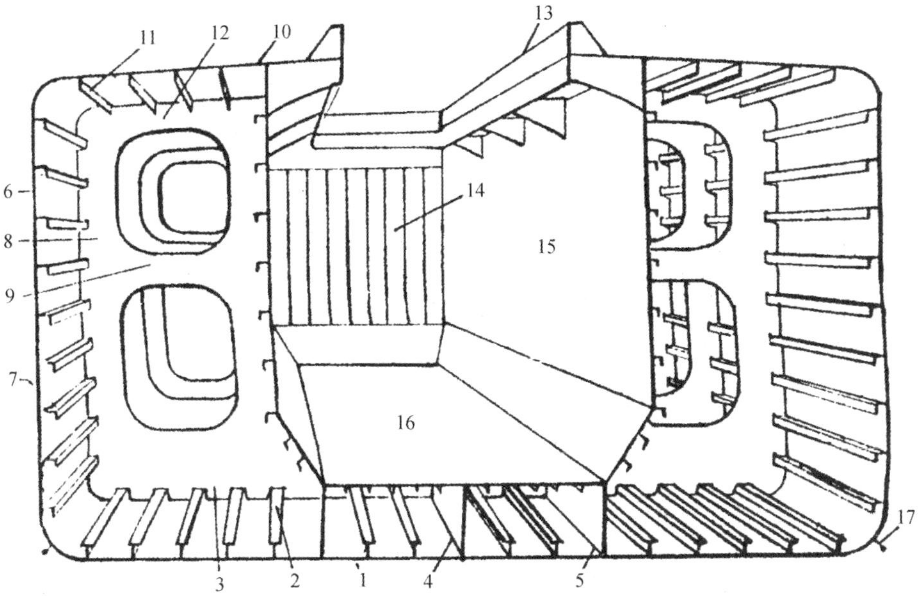

图2-7-2 纵骨架式船体结构

1—船底板；2—船底纵骨；3—肋板；4—中桁材；5—旁桁材；6—舷顶列板；7—舷侧纵骨；8—强肋骨；9—撑杆；10—甲板；11—甲板纵骨；12—强横梁；13—舱口围板；14—横舱壁；15—纵舱壁；16—内底板；17—舭龙骨

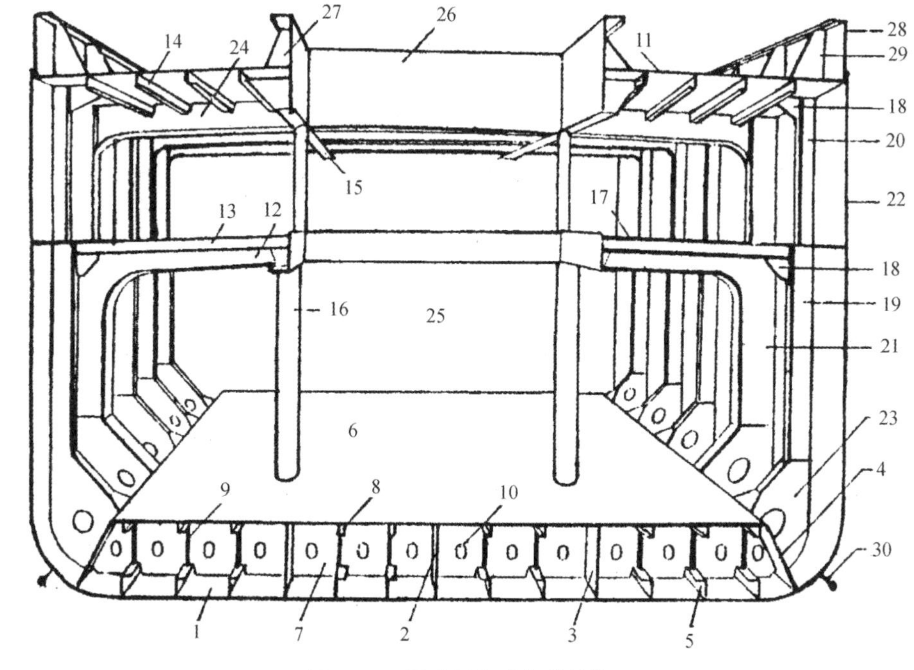

图2-7-3 混合骨架式船体结构

1—船底板；2—中纵桁；3—旁纵桁；4—内底边板；5—船底纵骨；6—内底板；7—实肋板；8—内底纵骨；9—加强筋；10—人孔；11—上甲板；12—舱口端梁；13—横梁；14—甲板纵骨；15—甲板纵桁；16—支柱；17—二层甲板；18—梁肘板；19—船舱肋骨；20—甲板间肋骨；21—强肋骨；22—舷侧列板；23—舭肘板；24—舱口端梁；25—横舱壁；26，27—舱口围板；27—舱口围板；28—肘板；29—舷墙扶强材；30—舭龙骨

（1）既满足总纵强度的要求，又有较好的横向强度。

（2）结构较为简单，建造也较容易。

（3）舱容利用率较高。因为舱内突出的大型构件少，所以不妨碍舱容及货物的装卸。

（4）舷侧与甲板、船底的交接处，结构连接性不太好。舷侧的横向构件多，而甲板、船底的横向构件少，因此，舷侧上有部分横向构件不能与甲板和船底的横向构件组成横向框架。

混合骨架式船体结构在大中型干散货船中广泛采用。

第二节 外板和甲板板

一、外板

外板又叫船壳板，包括舷侧板和船底板，其基本组成单位是列板。

（一）列板的概念

外板由一块块钢板对接而成，钢板的长边沿船长方向布置，长边与长边相接叫边接，其焊缝叫边接缝；短边与短边相接叫端，其焊缝叫端接缝。如图2-7-4所示。

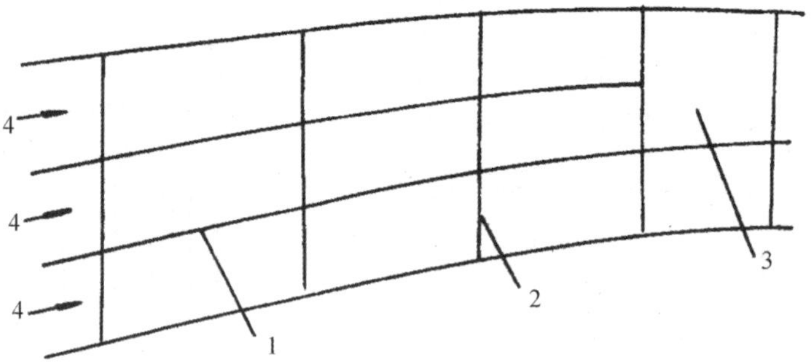

图2-7-4 接缝与列板

1—边接缝；2—端接缝；3—并板；4—列板

许多块钢板依次端接后就成为一长条板，称为列板。若干列板组成外板，这样既减少船长方向焊缝的数目，又可根据船体上下位置的受力情况来调整列板的厚度。

（二）列板名称

外板根据所处的位置，分为平板龙骨、船底列板、舭列板、舷侧列板和舷顶列板，如图2-7-5所示。在艏、艉部，由于船体瘦削，某两列板会合并为一列板，这个列板称为并板，如图2-7-4所示。

（三）外板的厚度分布

（1）沿船长方向：总纵弯矩在船中附近为最大值，向两端逐渐减至零。因此，外板在船中0.4L（L为船长）范围内厚度最大，艏、艉两端逐渐减薄。

（2）横剖面方向：平板龙骨位于船底中心线处，参与总纵弯曲，承受坞墩反力等，要求厚度比相邻船底列板的大2 mm，宽度沿船长方向保持不变。舷顶列板距总纵弯曲中性轴远，承受总纵弯矩作用较大，因而厚度也大。其余从船底列板向上的各个列板，随着水压力减小而逐渐减薄。

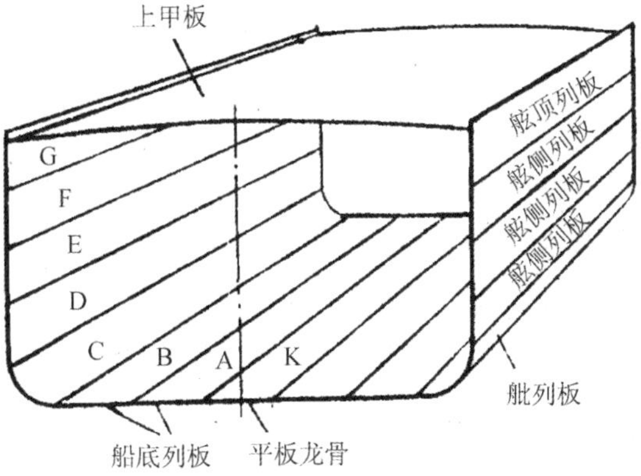

图2-7-5　列板的名称

二、甲板板

（一）甲板板的布置

船体从舱口边至舷边的甲板板，钢板的长边沿船长方向布置，这些通常是艏艉连接的，以加强船体总纵强度。在舱口之间及艏、艉端的甲板，因不参与总纵弯曲且面积狭窄，可以将钢板横向布置，如图2-7-6所示。

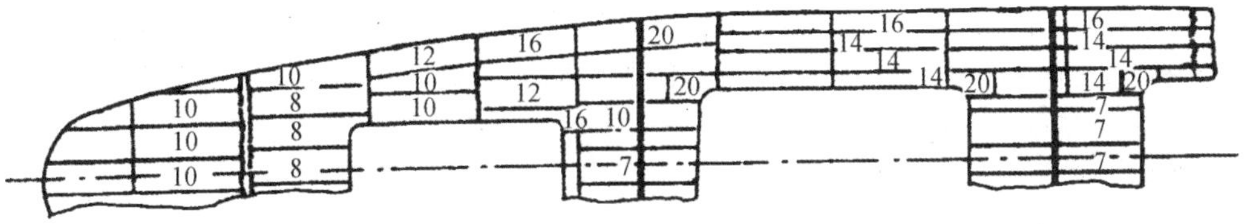

图2-7-6　甲板板厚度分布

（二）甲板板的厚度分布

（1）沿船长方向：船中0.4*L*范围内受总纵弯矩作用最大，因此该区域甲板板的厚度最大，向艏、艉两端逐渐减薄。

（2）沿船宽方向：上甲板沿着舷边的一列板称为甲板边板。它艏艉连续，既参与总纵弯曲，又受船体横向变形力的作用，并且容易被甲板积水腐蚀，因而厚度最大。

在舱口之间的甲板板，由于被舱口切断，不参与总纵弯曲，其厚度较其他甲板板薄。如果货舱内有多层甲板，对总纵强度作用最大的甲板称为强力甲板。对大多数船来说，上甲板就是强力甲板。它的厚度应是各层甲板中最厚的。

第三节　船底结构

船底结构是船体的基础。它参与总纵弯曲，承受水的压力、机器设备和货物的重力，进坞时又承受坐墩反力等。因此，船底结构是保证船体总纵强度、横向强度和船底局部强度的重要结构。

船底结构有双层底结构和单层底结构两种类型，按骨架排列方式又可分为横骨架式和纵骨架式两种形式。

一、双层底结构

双层底结构是指由船底板、内底板及其骨架围成的水密空间结构，设置在防撞舱壁和艉尖舱舱壁之间。它的作用是增加船体的总纵强度和船底的局部强度；可作为燃油舱、滑油舱和淡水舱；它提高了船舶的抗沉性，一旦船底外板破损，内底板仍能阻止水流进入舱内；对于液货船，它还提高了船体抗泄漏能力；作为压载水舱，能调节船舶的吃水和纵横倾，改善船舶的航行性能。

双层底结构中的主要构件如图2-7-7所示。

（一）纵向构件

1.中桁材

中桁材位于船底中心线，是连接平板龙骨和内底板的纵向连续构件。它承受总纵弯矩、坞墩反力及其他外力，是双层底结构中的重要构件，在船中0.75*L*范围内不许开孔。

2.旁桁材

旁桁材是位于中桁材两侧对称布置的纵向构件，与船底板和内底板相连，上面可以开减轻孔、气孔和流水孔。

3.箱形中桁材

箱形中桁材是指位于船底中心线两侧对称布置的纵桁，与内、外底板组成水密空心结构，如图2-7-8所示。它一般从机舱前壁设置到防撞舱壁，用于集中布置舱底各种管路，故又称管隧。其宽度不超过2 m。

4.纵骨

纵骨是仅在纵骨架式结构中设置的纵向构件，一般由尺寸较小的不等边角钢做成。其中位于船底板上的纵骨称为船底纵骨，位于内底板上的称为内底纵骨。它们是保证船体总纵强度的重要构件。

（二）横向构件

1.水密肋板

水密肋板是双层底结构中能保持水密的横向构件。它将双层底舱沿船长方向分隔成若干互不相通的舱室。一般在水密横舱壁下均设有水密肋板。

2.实肋板

实肋板又称主肋板，是非水密横向构件，上面可以开减轻孔、气孔和流水孔。在需要对船底加强的部位，如机舱、锅炉座下、推力轴承座下等，每一个肋位均应设实肋板。其他部位也应按规范规定，每隔几个肋位设一道实肋板。实肋板结构如图2-7-9所示。

3.组合肋板

组合肋板是在两道实肋板之间的若干个肋位上设置的横向构件，由一些水平的和竖向的简易构件组成，又叫框架肋板。它多见于横骨架式双层底结构中，如图2-7-10所示。

4.轻型肋板

横骨架式双层底在不设置实肋板的肋位上，可设置轻型肋板代替组合肋板。轻型肋板的结构如图2-7-11所示。其厚度与实肋板相同，但允许有较大的减轻孔。与组合肋板相比，轻型肋板施工方便。

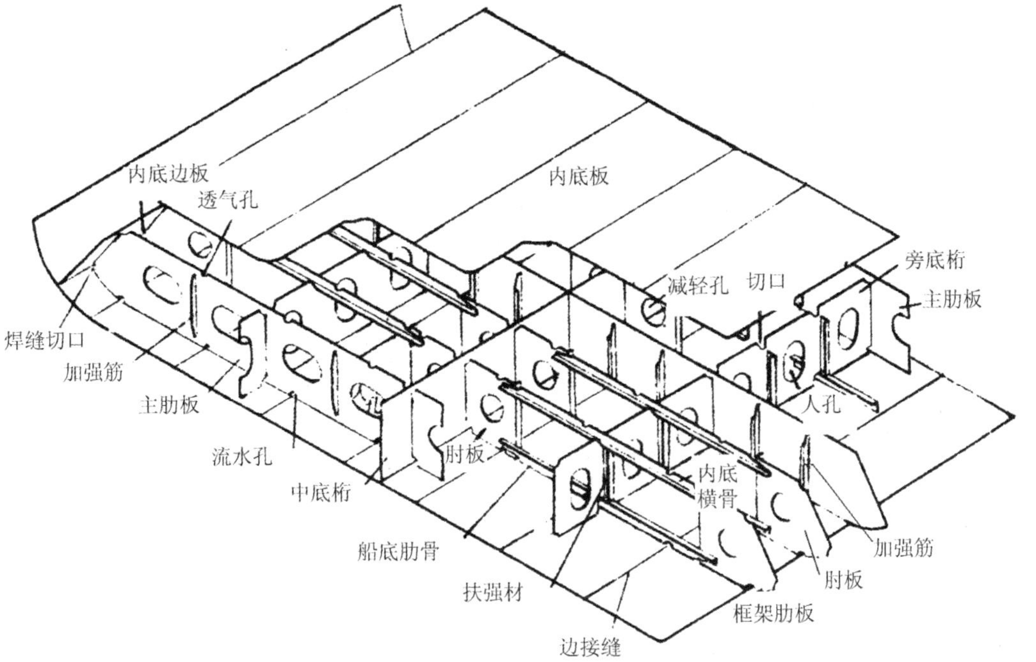

(a)横骨架式双层底结构

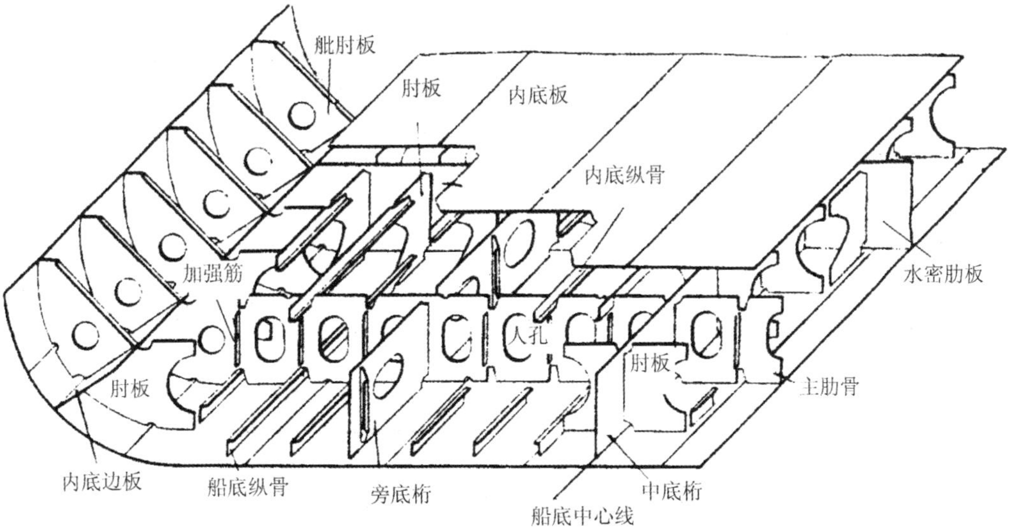

(b)纵骨架式双层底结构

图2-7-7　双层底结构

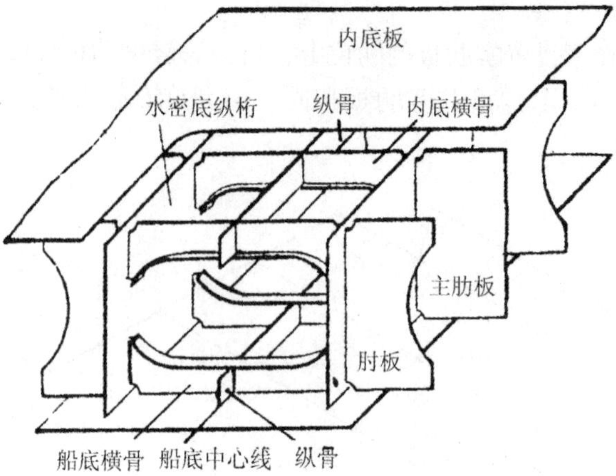

图2-7-8　箱形中桁材结构

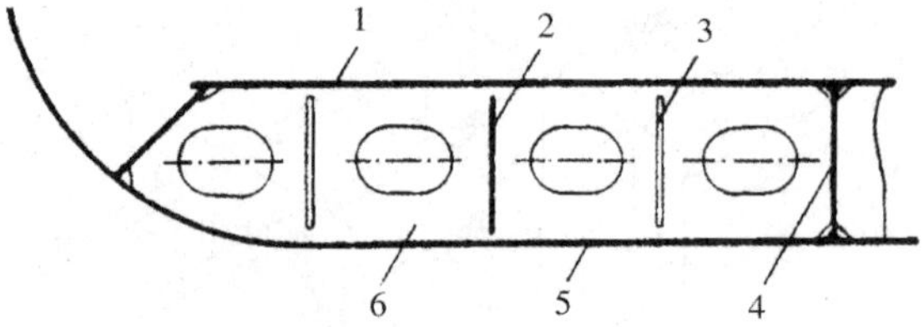

图2-7-9　实肋板结构

1—内底板；2—旁桁材；3—加强筋；4—中桁材；5—船底板；6—实肋板

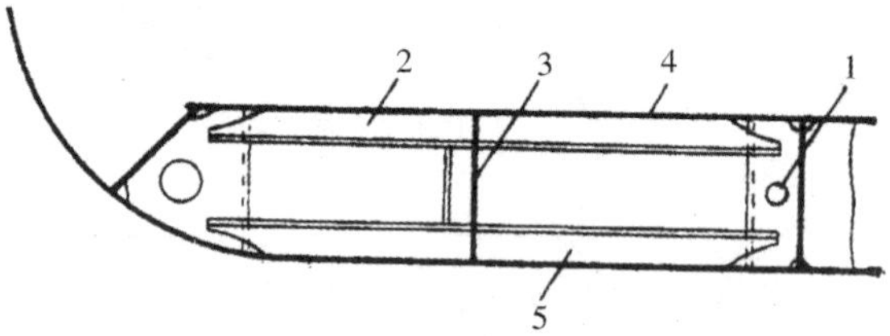

图2-7-10　组合肋板结构

1—肘板；2—内底骨材；3—旁桁材；4—内底板；5—底骨材

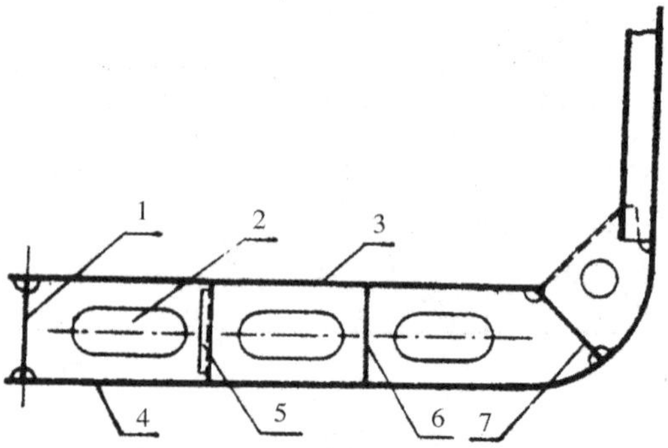

图2-7-11　轻型肋板结构

1—中桁材；2—减轻孔；3—内底板；4—船底板；5—加强筋；6—旁桁材；7—内底边板

5.舭肘板

舭肘板是船底肋板与舷侧横向构件（肋骨）的连接板。在混合骨架式船体结构中，它也是舷侧一部分肋骨内底边板的连接板，如图2-7-7所示。舭肘板的作用是保证横向强度和舭部局部强度。

（三）内底板与内底边板

内底板是双层底上面的水密铺板。钢板的长边沿船长方向布置，在每一双层舱的内底板上，设有呈对角线布置的人孔，以便人员进去检修，如图2-7-12所示。人孔上设有水密盖，封盖时应对角来回逐渐扭紧螺母。

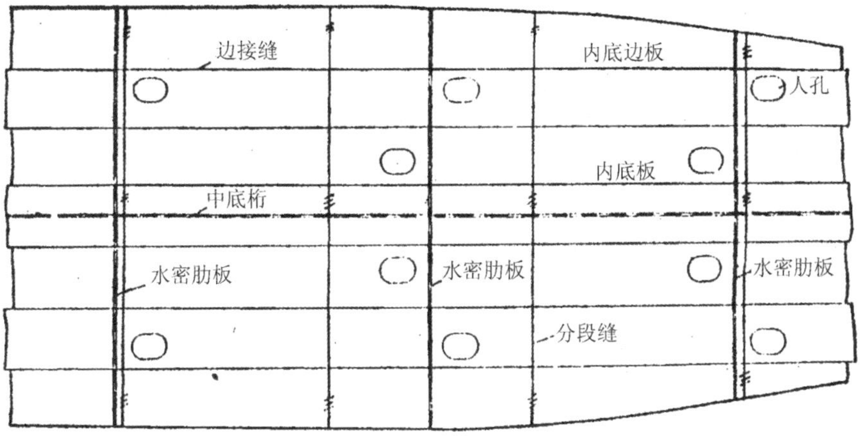

图2-7-12　内底板的布置

位于内底板边缘与舭列板相连的一列板称为内底边板。它有下倾式、上倾式、水平式和折曲式四种形式，如图2-7-13所示。普通货船多采用下倾式，内底边板与舭列板组成污水沟。接近艏艉端或在客船上，一般采用水平式，舱内平坦，强度较好。散货船采用上倾式，以利装卸作业。折曲式强度好，用于经常航行于有浅滩水域的船舶。

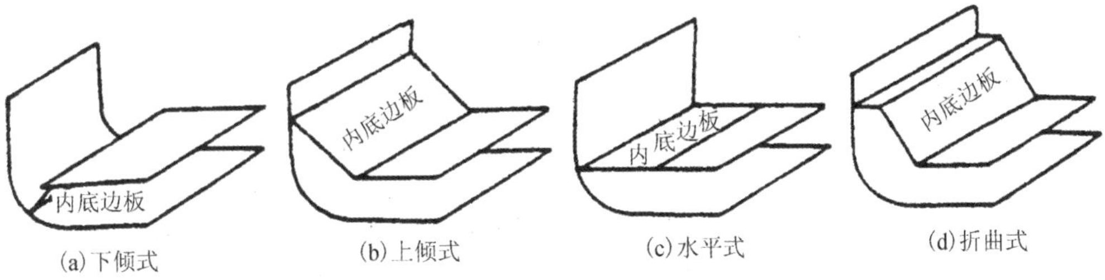

图2-7-13　内底边板的类型

二、单层船底结构

横骨架式单底结构的特点是结构简单、建造方便，但抗沉性差，目前主要用于小型船舶上。其主要构件有中内龙骨、旁内龙骨和肋板，如图2-7-1所示。

纵骨架式单底结构目前仅见于老式油船上，结构较为简单，但防泄漏能力差。其主要构件有中内龙骨、旁内龙骨、船底纵骨和肋板，如图2-7-14所示。

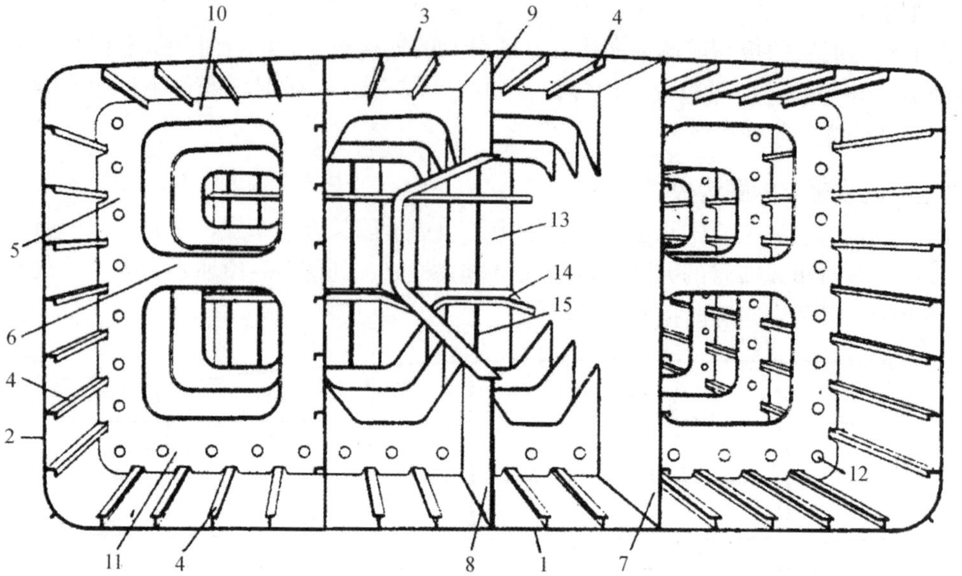

图2-7-14　纵骨架式单底结构图

1—船底板；2—舷侧列板；3—甲板；4—纵骨；5—强肋骨；6—撑杆；7—纵舱壁；8—中内龙骨；9—甲板纵桁；10—强横梁；11—肋板；12—流水孔；13—横舱壁；14—水平桁；15—垂直扶强材

三、舭龙骨与船底塞

（一）舭龙骨

舭龙骨是设在船中附近的舭部外侧，沿着水流方向的一块长条板，长度为1/4~1/3船长，其作用是减轻船舶横摇。在横剖面方向，舭龙骨近似垂直于舭列板，其外缘不能超过船底基线和舷侧线所围成的区域，以免靠离码头时碰损，如图2-7-15所示。

舭龙骨不参与总纵弯曲，一般不将其直接焊在舭部外板上，而用一块覆板垫在中间。

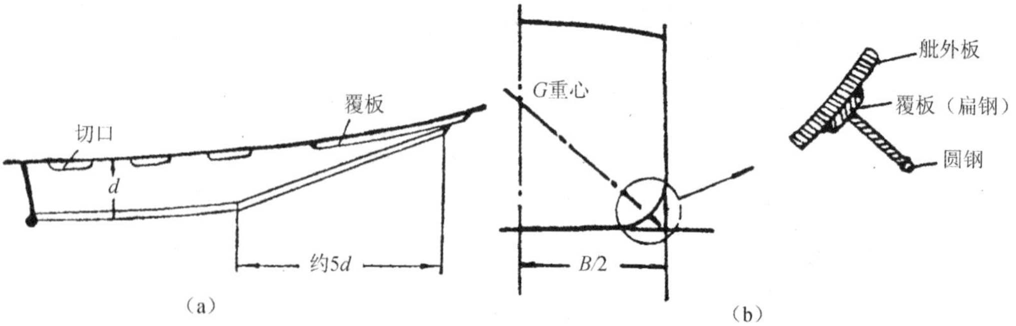

图2-7-15　舭龙骨结构

（二）船底塞

为了在坞修时排出船内积水，在每一双层底舱和单层底舱内应设置一个船底塞。通常它设置在中桁材或中内龙骨两侧（但不得开在平板龙骨上），距每一分舱后部的水密肋板的一挡肋距处。如果过于靠近舱壁，则进坞时易被坞墩堵塞。艏、艉尖舱的船底塞设在填塞水泥层的上方。由于船底塞开孔不大，故一般在外板上不予加强。

如图2-7-16所示为船底塞的结构。为了防止腐蚀及脱落，出坞前应在船底塞外面用水泥将其涂封成一个半球形的水泥包。

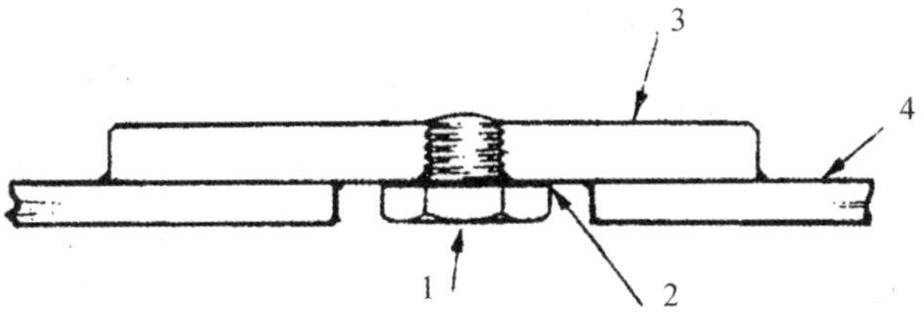

图2-7-16 船底塞

1—黄铜或不锈钢底塞；2—金属垫圈；3—垫板；4—船底板

第四节 甲板结构

甲板结构受总纵弯曲的拉、压作用，受货物、设备重力和波浪冲击力等外力作用，是保证船体总纵强度和船体上部水密的重要结构。甲板结构中的主要构件有：

一、纵向构件

（一）甲板纵桁

它是甲板结构中沿舱口两边和甲板中心线布置的纵向构件，由尺寸较大的T型组合材做成。其作用是承受总纵弯矩作用，增加舱口处的强度。

（二）甲板纵骨

它是仅在纵骨架式甲板结构（见图2-7-17）中采用的纵向构件，由尺寸较小的不等边角钢做成。其主要作用是保证船舶总纵强度和甲板的稳定性。

二、横向构件

甲板结构中的横向构件统称为横梁。横梁按其位置和尺寸大小分为：

（一）普通横梁

普通横梁是仅在横骨架式甲板结构（见图2-7-18）中采用的横向构件，由尺寸较小的不等边角钢做成。它的两舷端用梁肘板与舷侧横向构件（肋骨）相连，并与船底肋板一起组成横向框架，保证船体横向强度。

（二）半梁

半梁是横骨架式甲板结构中被舱口截断的横梁。其舷端以梁肘板与肋骨相连，另一端焊在舱口围板上。

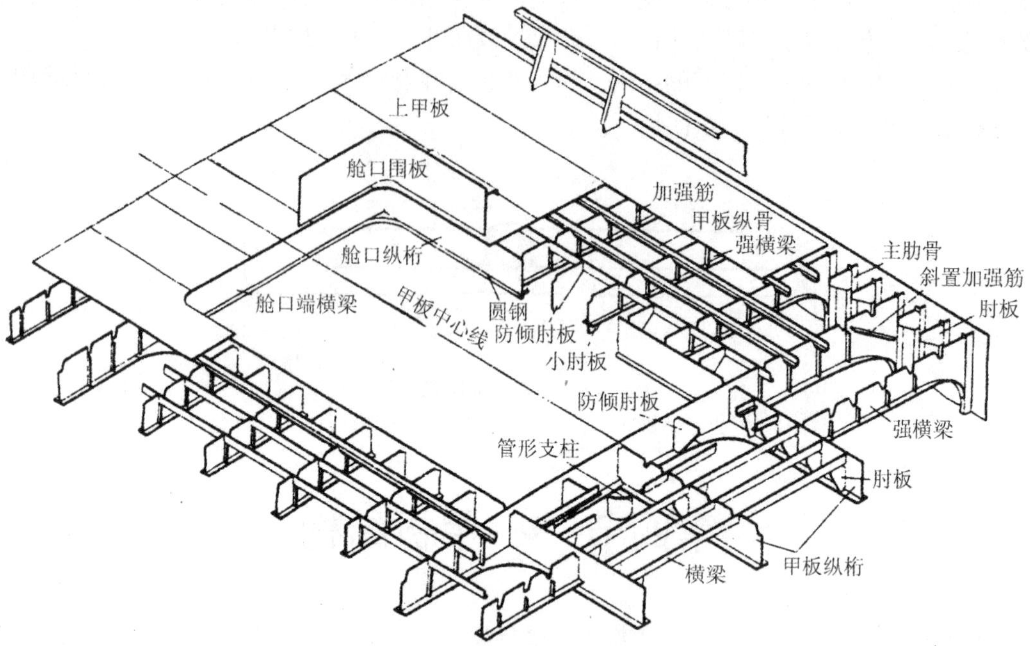

图2-7-17　纵骨架式甲板结构

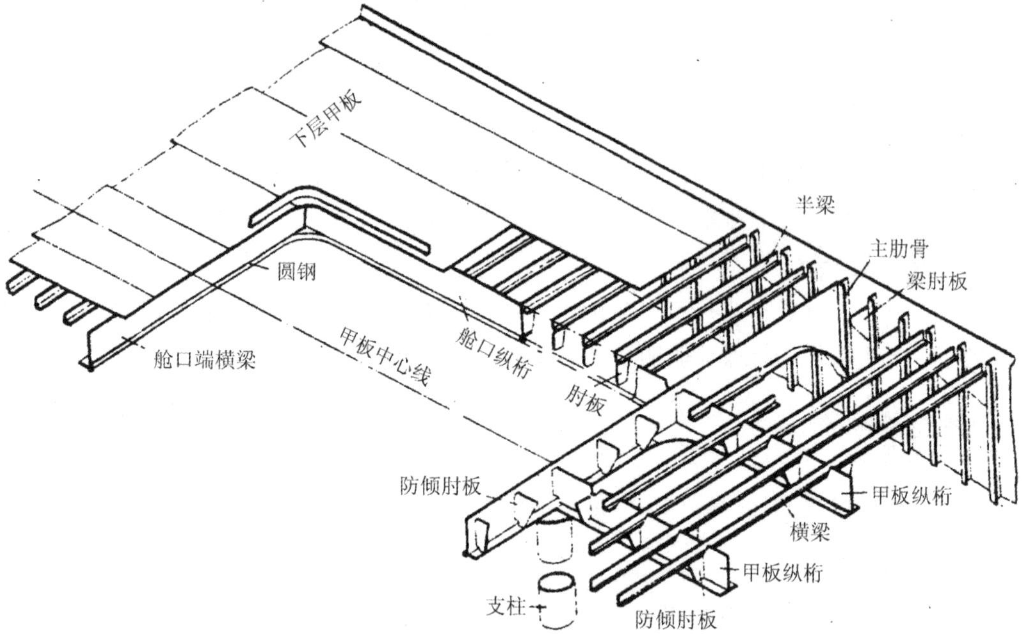

图2-7-18　横骨架式甲板结构

（三）舱口端梁

舱口端梁是位于舱口前、后两端的横梁，由尺寸较大的T型组合材做成。其主要作用是加强舱口处的强度。

（四）强横梁

强横梁是仅在纵骨架式甲板结构中采用的横向构件，由尺寸较大的T型组合材或折边钢板做成。其作用是支持甲板纵骨，保证横向强度。

三、舱口围板

舱口围板是设置在舱口四周与甲板垂直的钢板，如图2-7-19所示。其作用是增加舱口处的强度，防止水流灌入舱内，保障作业人员安全。在干舷甲板上，舱口围板的高度不小于600 mm。

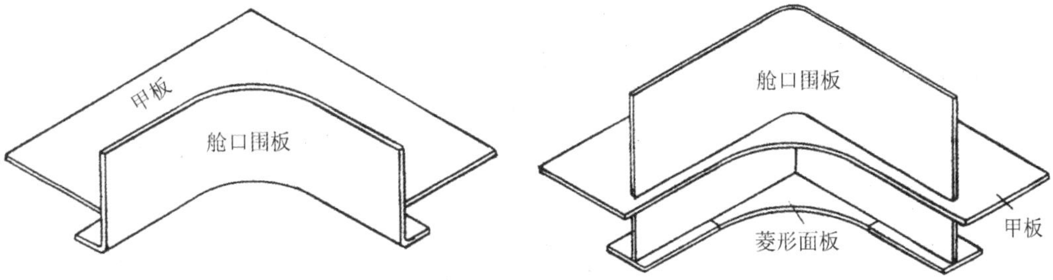

图2-7-19　舱口角隅处围板

四、支柱

支柱是船舱内的竖向构件，由钢管或工字钢等做成。其作用是支撑甲板骨架，保持船体的竖向形状。

货舱内支柱的数目应尽可能少，以免妨碍装卸货物。通常用四根支柱设置在舱口的四角或用两根支柱设置在舱口端梁的中点，支柱的下端应支在船底纵桁与肋板的交叉点上。如果有下层甲板，则上、下支柱应处于同一条垂线上，如图2-7-20（a）所示。有的船舶货舱为了装运大件货物，采用悬壁梁结构代替支柱，如图2-7-20（b）所示。

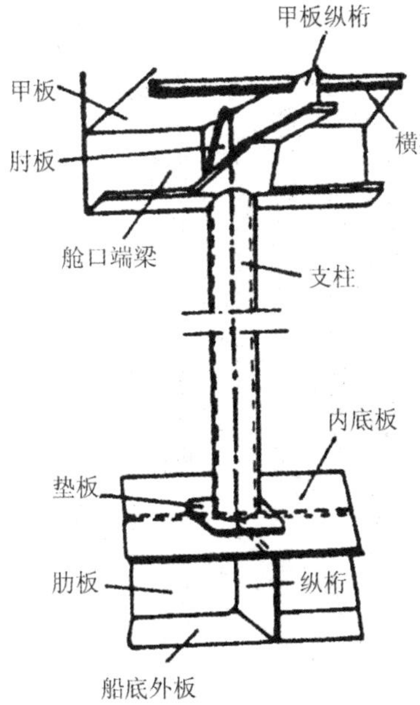

（a）支柱结构

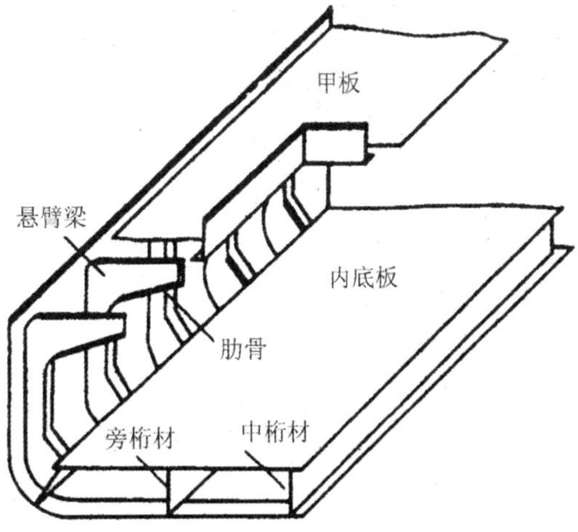

（b）悬臂梁结构

图2-7-20　舱内支柱结构与悬壁梁结构

第五节 舷侧结构

舷侧结构主要承受水的压力、波浪冲击力、甲板货物及设备的重力等，是保证船舶横向强度和侧壁水密的重要结构。舷侧结构中的主要构件有横向构件、纵向构件、舷边和舷墙。

一、横向构件

舷侧结构中的横向构件统称为肋骨。其按所在位置和尺寸大小分为主肋骨、甲板间肋骨、中间肋骨、强肋骨。

（一）主肋骨

主肋骨是位于防撞舱壁与艉尖舱舱壁之间，在最下层甲板以下船舱内的肋骨，由不等边角钢做成，如图2-7-21所示。

（二）甲板间肋骨

甲板间肋骨是位于两层甲板之间的肋骨，又称间舱肋骨，由不等边角钢做成。由于跨距和受力较小，其尺寸也比主肋骨小。

（三）中间肋骨

中间肋骨是在冰区航行的船舶上位于水线附近两肋骨中间设置的短肋骨，如图2-7-22所示。

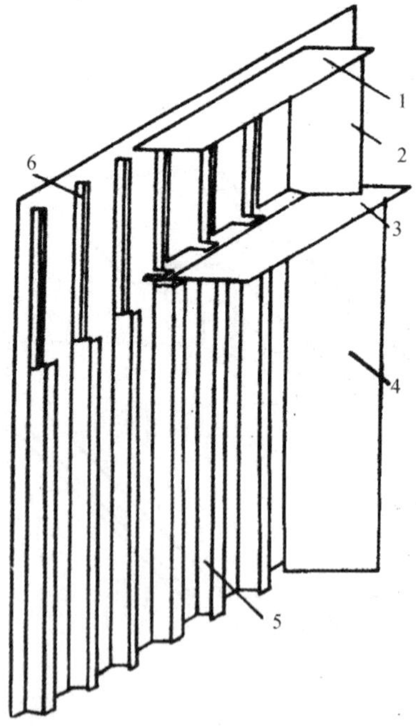

图2-7-21 主肋骨与甲板间肋骨

1—上甲板；2，4—横舱壁；3—下甲板；5—主肋骨；6—甲板间肋骨

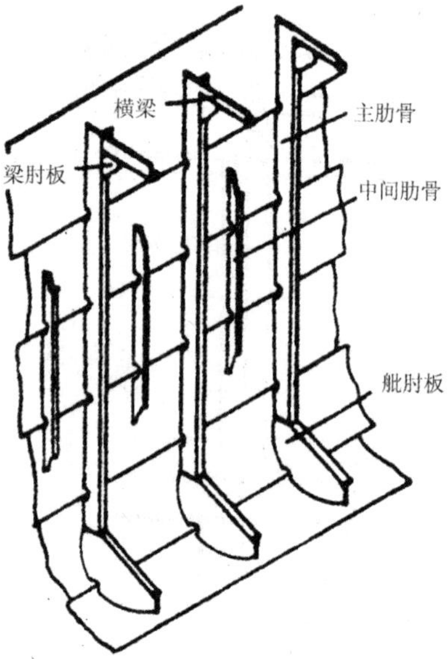

图2-7-22 冰区加强的中间肋骨

(四) 强肋骨

强肋骨又称宽板肋骨，由尺寸较大的T型组合材或折边钢板做成。在横骨架式舷侧结构中，每隔几个肋位设一强肋骨。其作用是局部加强，如机炉舱、舱口端梁处等，如图2-7-23所示。在纵骨架式舷侧结构中，强肋骨是唯一的横向构件。其作用是支持舷侧纵骨，保证横向强度，如图2-7-2、图2-7-14所示。

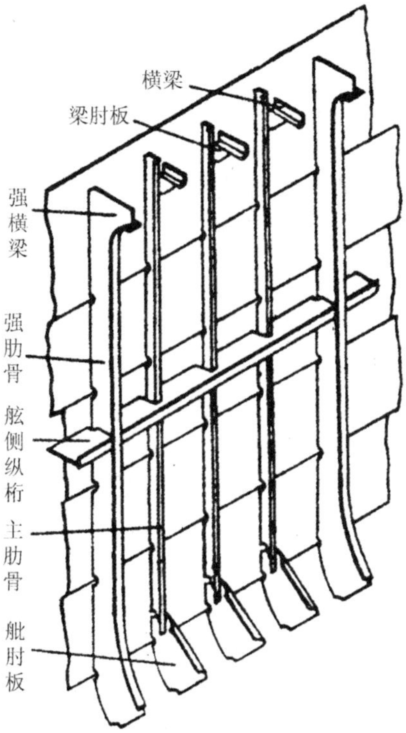

图2-7-23 强肋骨与舷侧纵桁

在修造船中，为了指示肋骨的位置，对肋骨进行编号，习惯上以舵杆中心线处的肋骨为0号，向艏依次为1，2，3，…，向艉依次为−1，−2，−3，…。肋骨编号还在海损事故报告中用于注明船体受损部位。

二、纵向构件

(一) 舷侧纵桁

舷侧纵桁是在横骨架式舷侧结构中设置的纵向构件，通常由T型组合材做成，与强肋骨高度相同。其作用是支持肋骨，如图2-7-23所示。

(二) 舷侧纵骨

舷侧纵骨是在纵骨架式舷侧结构中采用的纵向构件，由尺寸较小的不等边角钢做成。其主要作用是保证总纵强度，如图2-7-2、图2-7-14所示。

三、舷边

舷边是指甲板边板与舷顶列板的连接部位。因为它位于拐角处，所以内应力很大。常用的舷边形式有两种：一种是直角舷边，另一种是圆弧舷边，如图2-7-24所示。

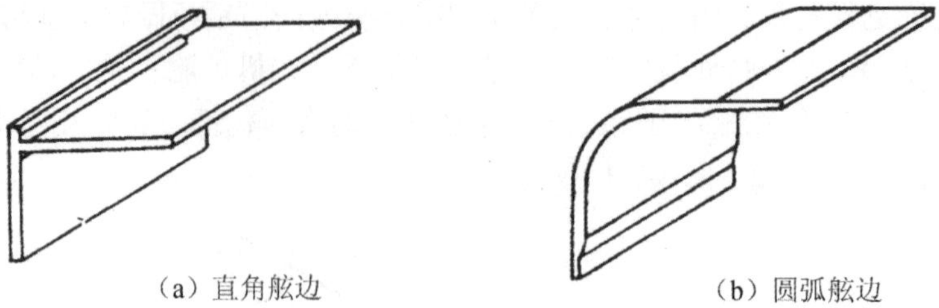

（a）直角舷边　　（b）圆弧舷边

图2-7-24　舷边形式

（一）直角舷边

直角舷边的特点是建造方便，但应力较大，目前多用于中小型船舶和一些有加强措施的船舶，如集装箱船（双层舷侧）、散货船（顶边水舱）等。

（二）圆弧舷边

圆弧舷边的特点是应力分布均匀、结构刚性较大，但甲板有效面积减小、甲板排水易弄脏舷侧板，目前多见于大型船舶的船中部位。

四、舷墙

舷墙的结构如图2-7-25所示。其主要作用是保障人员安全，减少甲板上浪，防止甲板物品滚落水中。舷墙不参与总纵弯曲，它在甲板上的高度应不小于1 m。

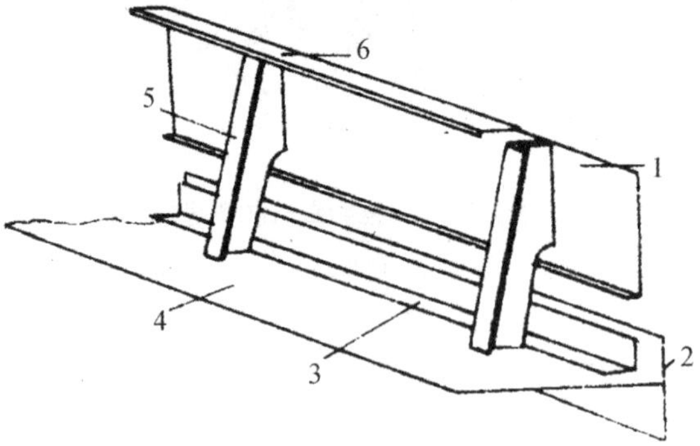

图2-7-25　舷墙结构

1—舷墙；2—舷顶列板；3—舷边钢；4—甲板边板；5—扶强材；6—扶手

第六节　舱壁结构

一、舱壁的作用

主船体内由横向舱壁分隔成许多舱室。油船及某些大型货船还设有纵向舱壁。其作用是：

（1）提高船舶抗沉能力；
（2）可以控制火灾蔓延；
（3）有利于不同货种的分隔积载；
（4）增加船体强度；
（5）液货船的纵向舱壁可以减小自由液面对稳性的影响，并参与总纵弯曲。

二、舱壁的种类

船体内舱壁按其作用可分为以下几种：

（一）水密舱壁

水密舱壁是在规定的水压力下能保持不透水的舱壁。最常见的是水密横舱壁，在万吨级船上设6~7道。

（二）油密舱壁

油密舱壁是在规定的压力下能保持不渗透油的舱壁。油船及装燃油的舱室应采用油密舱壁分隔。

（三）防火舱壁

防火舱壁是分隔防火主竖区，在一定的火灾温度下和一定的时间内能限制火灾蔓延的舱壁。机舱和客船起居处所的舱壁应采用防火舱壁。

（四）制荡舱壁

制荡舱壁是设在液舱内，用于减少自由液面影响的纵向舱壁，上面开有流水孔。

三、水密横舱壁结构

（一）平面舱壁

平面舱壁是由舱壁板和加强它的骨架组成的一种舱壁，如图2-7-26所示。大型船舶的舱壁板的钢板长边沿水平方向布置，其厚度由下向上逐渐减薄。舱壁骨架由两种构件组成：一种是竖向布置的由不等边角钢做成的扶强材；另一种是水平布置的由T型组合材做成的水平桁，其主要作用是支撑扶强材。

（二）槽形舱壁

槽形舱壁是将舱壁板压成梯形、弧形等形状来代替扶强材的一种舱壁。槽形的方向一般是竖向布置的，如图2-7-27所示。与平面舱壁相比，槽形舱壁具有以下优缺点：
（1）在同等强度下，结构重量小；
（2）建造工艺简单；
（3）占据舱容较大，不利于装载件装货物；
（4）抵抗水平方向压力的能力较弱；
（5）槽形舱壁适用于油船和散货船。

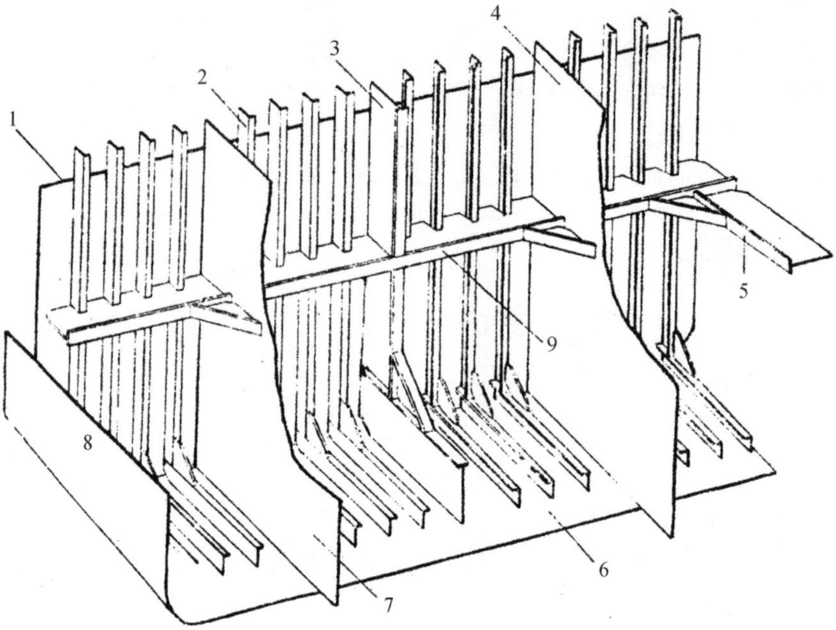

图2-7-26　平面舱壁结构

1—横舱壁；2—垂直扶强材；3—垂直桁；4—纵舱壁；5—舷侧纵桁；6—船底板；7—纵舱壁；8—舷侧列板；9—水平桁

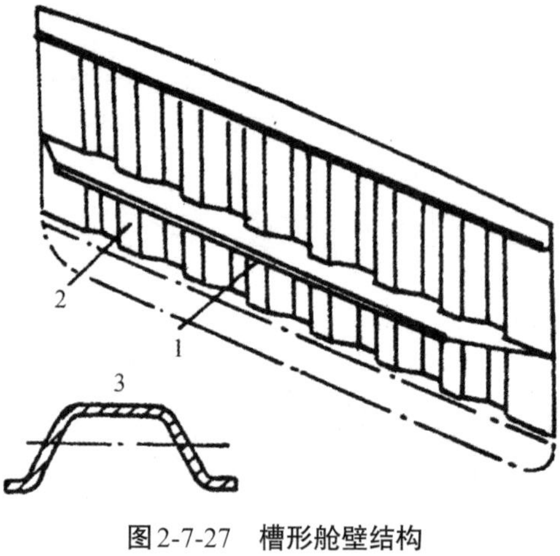

图2-7-27　槽形舱壁结构

1—水平桁；2—槽形舱壁板；3—梯形剖面

四、深舱与边舱

（一）深舱

双层底以外，下自船底或内底，上至甲板或平台的液舱称为深舱，如图2-7-2所示。深舱常用作压载水舱、淡水舱、货油舱和燃油舱等。舱中一般仅设人孔供人员出入，并设有空气管、测量管、输入输出管等。

（二）边舱

边舱是位于船舷侧的舱，常见的类型有散货船上的顶边舱和底边舱，集装箱船、双壳油船的边翼舱等。散货船上的顶边舱和底边舱主要用作压载水舱，并有利于货物装卸。其结构如图2-7-28所示。

底边舱顶板比较陡，卸货时能使剩余散货自动流向舱口下面。顶边舱的斜底板稍平，但通常保证满载时货舱内部能自动填满。斜顶板和斜底板还参与总纵弯曲。集装箱船的边翼舱如图2-7-29所示。

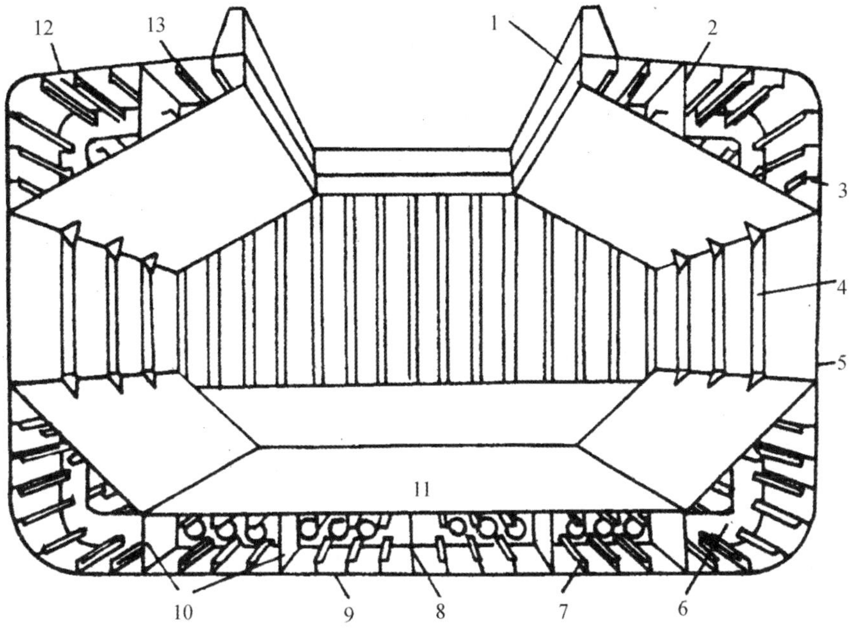

图2-7-28 散货船货舱结构

1—舱口围板；2—甲板纵桁；3—舷侧纵骨；4—肋骨；5—舷侧板；6—实肋板；7—船底纵骨；8—中桁材；9—船底板；10—旁桁材；11—内底板；12—甲板板；13—甲板纵骨

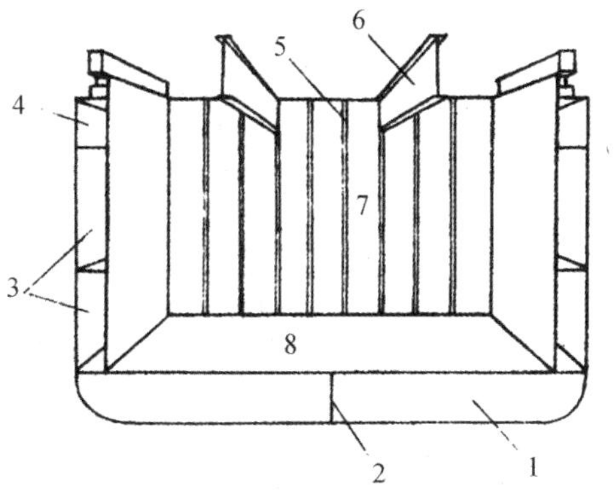

图2-7-29 集装箱船货舱结构

1—双层底；2—中底桁；3—边翼舱；4—人行通道；5—扶强材；6—甲板纵桁；7—横舱壁；8—内底板

第七节 艏艉结构

船舶艏部和艉部受总纵弯曲作用较小，而受局部作用力较大，如艏部的碰撞力、拍底力，艉部的转舵力、螺旋桨振动力等。因此，艏艉部多采用横骨架式结构，并做特别加强。

一、艏部结构

艏部是指距艏垂线0.20L~0.25L处向着船首的部分。艏部结构的加强措施主要有：

（一）艏柱

艏柱是位于船体最前端，汇拢艏部外板，保持船首形状的强力构件，如图2-7-30所示。艏柱按其制作方式分为三种：

1.钢板艏柱

钢板艏柱由厚钢板弯曲焊接而成。其内侧设有水平的和竖向的扶强材，以增加刚性。其特点是制造方便，重量小，成本低；碰撞时仅局部变形，容易修理。

2.铸钢艏柱

铸钢艏柱为钢水浇铸而成。它的刚性大，但韧性差些，可制成较复杂的断面形状。

3.混合艏柱

现代大中型船舶常采用铸钢与钢板混合艏柱，即在夏季载重线之上0.5 m处以下区域采用铸钢艏柱，在该处以上区域采用钢板艏柱，如图2-7-30所示。

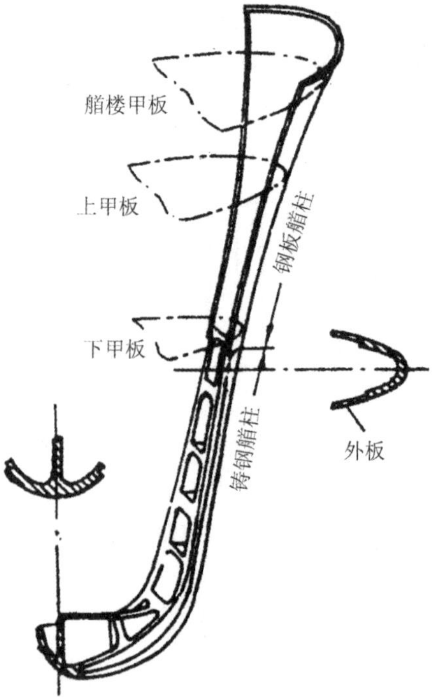

图2-7-30 艏柱结构

（二）艏尖舱的加强措施

如图2-7-31所示为船体艏尖舱内的加强措施，具体说明如下：

（1）艏尖舱底部每一肋位上均设实肋板，其高度向船首逐渐升高，故又称升高肋板。中内龙骨延伸至艏柱并与之牢固相连，其高度与升高肋板相同。

（2）当艏部舷侧为横骨架式时，在每一个肋位处应设置上、下间距不大于2.0 m的强胸横梁（Panting beam）。沿每列强胸横梁必须设置舷侧纵桁。

（3）当用开孔平台代替强胸横梁和舷侧纵桁时，其上、下间距应不大于2.5 m。当舱深超过10 m时，在舱深中点处必须设置开孔平台。

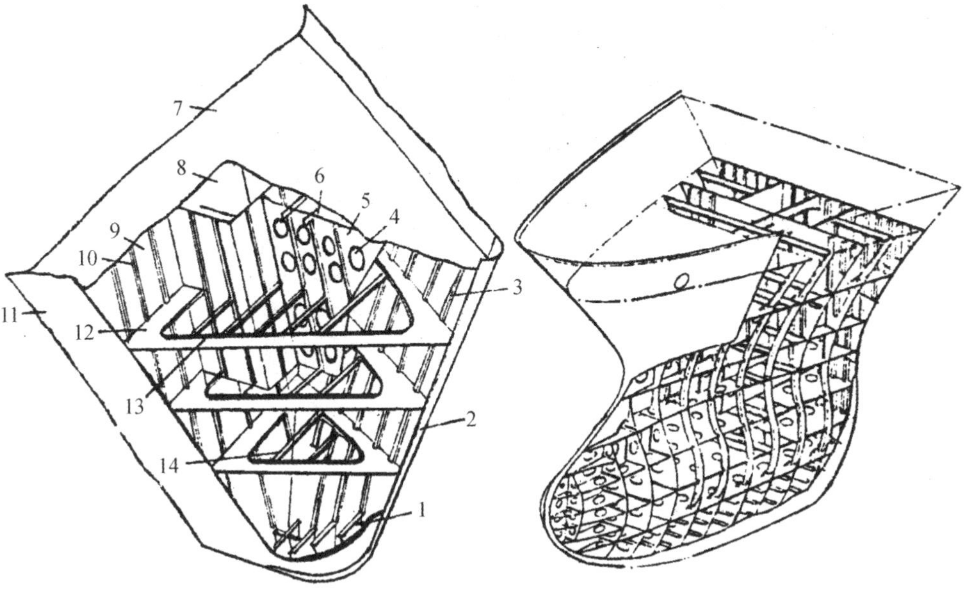

图2-7-31 艏端结构

1—升高肋板；2—艏柱；3—肋骨；4—减轻孔；5—制荡舱壁；6—横梁；7—甲板；8—锚链舱；9—艏尖舱壁；10—扶强材；11—外板；12—水平桁；13—舷侧纵桁；14—强胸横梁

（三）艏尖舱外舷侧的加强

当舷侧为横骨架式时，离艏垂线0.15L区域内的舷侧骨架应予以加强，加强的主要措施是设置间断的舷侧纵桁。

（四）船首底部的加强

（1）对横骨架式双层底结构，应在每一肋位上设置实肋板，并且肋距不超过船中处的。此外，还应设置间距不大于三个纵骨间距的旁桁材，并尽量向船首延伸。

（2）对纵骨架式双层底结构，应在每一个肋位处设置实肋板。纵骨尺寸要相应增加。此外，还应设置间距不大于三个纵骨间距的旁桁材，并尽量向船首延伸。

二、艉部结构

艉部结构是指从艉尖舱舱壁至艉端区域内的结构，如图2-7-32所示。

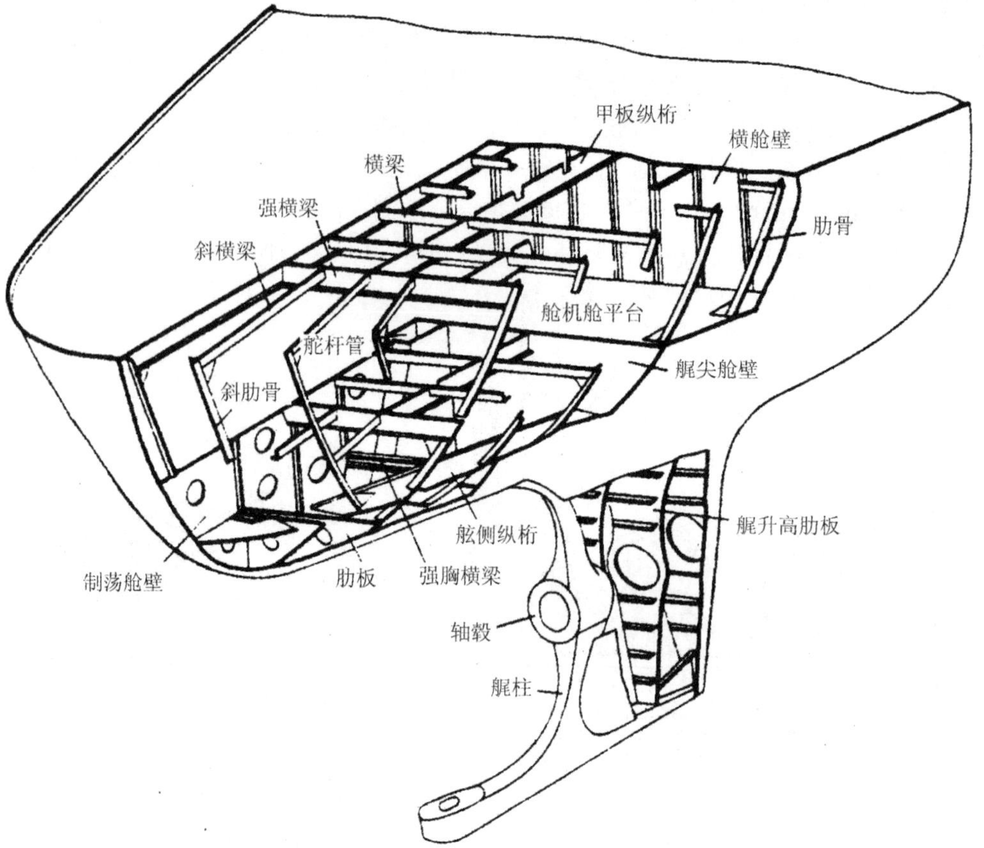

图 2-7-32　艉部结构

（一）艉柱

艉柱是设置在艉端下部的大型构件。其作用是连接两侧外板和龙骨，加强艉部结构，并支持与保护螺旋桨和舵。对艉柱的要求是，艉柱下部应从螺旋桨轴毂前端向船首延伸至少三个肋距，并与平板龙骨牢固连接。艉柱的上部应与艉肋板或舱壁牢固连接。艉柱的形状较为复杂，可以用铸造方法，也可以用焊接方法制作。图 2-7-33 所示是比较常见的结构。

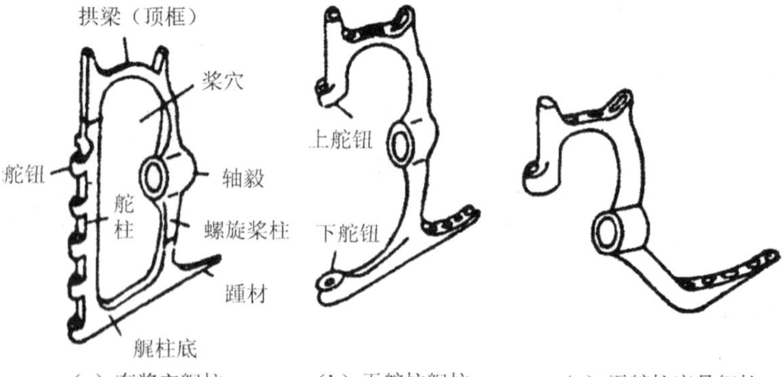

（a）有桨穴艉柱　（b）无舵柱艉柱　（c）无舵柱底骨艉柱

图 2-7-33　艉柱

(二) 艉尖舱的加强措施

(1) 每一肋位处设置升高肋板。

(2) 当舷侧为横骨架式时，肋板以上应设置间距不大于2.5 m的强胸横梁和舷侧纵桁，或以开孔平台代替。

(3) 当舷侧为纵骨架式时，舱顶应设置适当数量的强横梁。

(4) 艉尖舱上部和艉突出体内应设制荡舱壁。

(三) 艉尖舱以上舷侧的加强

艉尖舱以上舷侧的加强采用设强肋骨，舷侧为横骨架式且艉尖舱上设有深甲板门舱时，还应设置抗拍击舷侧纵桁或增加外板厚度。

(四) 艉突出体

艉突出体是指艉尖舱以上向后突出的部分。其作用是扩大甲板面积，保护螺旋桨和舵，并改善航行性能。艉突出体内设有舵机舱，作为加强措施，每隔一定间距设置强肋骨。在艉突出体后端，肋骨和横梁是放射状布置的，称为斜肋骨和斜横梁。

三、轴隧、艉轴管和轴包架

(一) 轴隧

轴隧是设置于机舱和船尾之间的水密通道。其作用是保护艉轴，便于工作人员对轴系进行检查、维修，如图2-7-34所示。

轴隧有拱顶和平顶两种形式。前者强度较好，后者便于装货。单桨船的轴隧偏向左舷，左舷的空间可供人员通行，如图2-7-35所示。双桨船对称于船体中线而设左、右两个轴隧，两轴隧间还设有通道。

轴隧的前、后两端各有一扩大部分，称为轴隧端室。为了在检修时能取出主轴，轴隧的顶部或侧壁上均设有可拆装的水密开口，在艉端室处还设有应急出口，直通露天甲板，俗称逃生孔。逃生孔亦可兼作自然通风口。

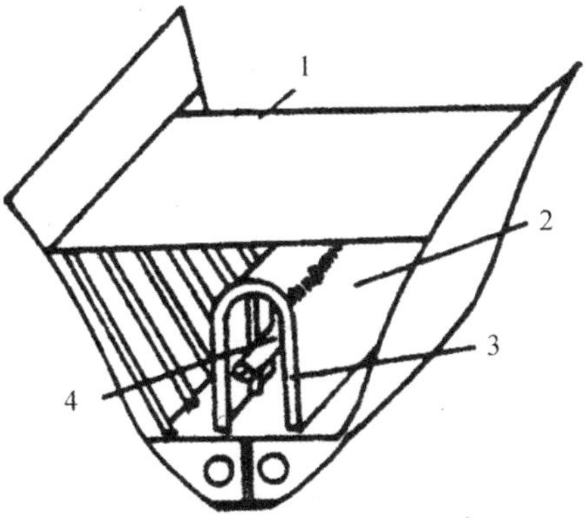

图2-7-34 轴隧

1—下甲板；2—拱顶轴隧；3—轴隧骨架；4—推进轴

(二) 艉轴管

艉轴在船体内穿过艉尖舱时，是装在艉轴管内的。它一端固定焊接在桨柱上轴毂的前端；另一端固定在艉尖舱舱壁上。两端均设有水密填料函，以保证其水密性。

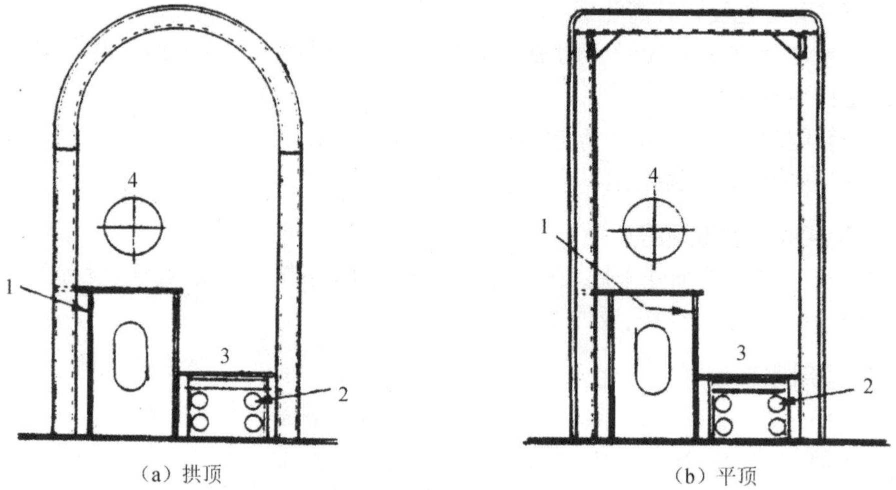

图2-7-35　轴隧结构的两种形式

1—轴承基座；2—管系；3—人行通道；4—轴

（三）轴包架

目前，在一些线型较肥、船速较低的双桨船上，为了更牢固地支撑螺旋桨并保护桨轴，把桨轴伸出船体外面这一区域的船底肋板向两侧扩展成眼镜形构架，将桨轴包在里面，船体外板则沿肋板外缘包围起来，这种结构称为轴包架，如图2-7-36所示。

现在有些内河船舶上常采用人字架来支撑桨轴。其结构如图2-7-37所示。

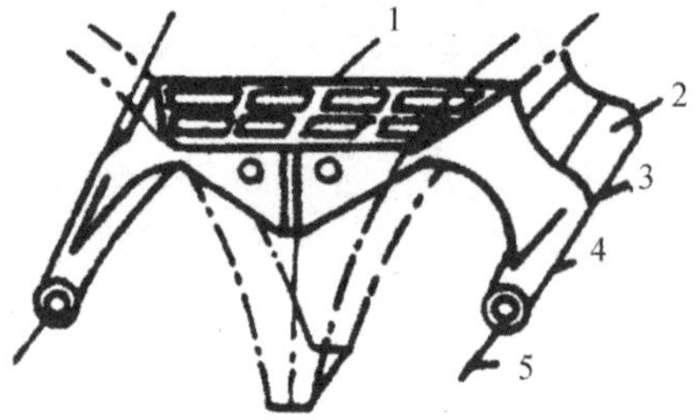

图2-7-36　轴包架

1—铸钢撑架；2—轴包板；3—眼镜形构架；4—艉轴管；5—轴线

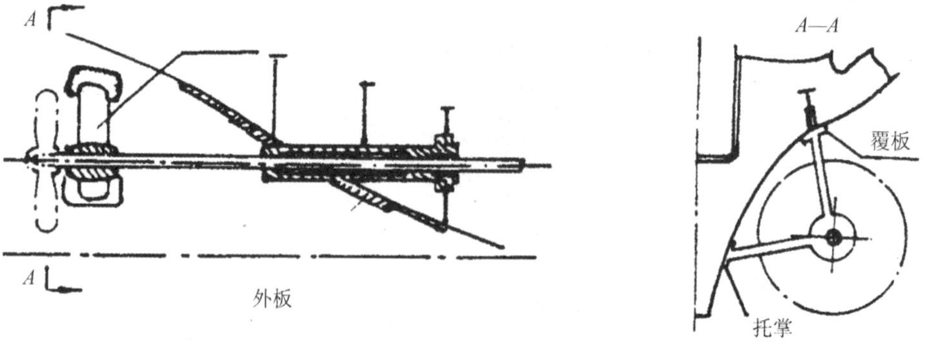

图2-7-37　人字架结构

第八章

船体抗沉结构名称

船舶的抗沉性是通过船体的抗沉结构来保障的，船体的防水抗沉结构主要是水密横舱壁、双层底和防撞边舱。

第一节 水密横舱壁

一、水密横舱壁的概念

船舶抗沉性通常是通过横横向水密分舱来实现的，因此水密横舱壁对船舶抗沉性至关重要。

水密横舱壁即沿船长方向将船体分隔成的若干水密舱室，万一舱破损进水以后，不至于蔓延至其他舱室。船舶必须设置足够的水密横舱壁，舱壁布置应合理，以满足抗沉性的基本要求。

二、水密横舱壁设置的具体要求

（1）水密舱壁高度要求：水密舱壁高度应延伸至干舷甲板或艏升高甲板或艉升高甲板。

（2）水密舱壁在船舶首、尾设置要求：船舶应在船首设置水密防撞舱壁并在船尾设置水密艉尖舱舱壁，船长大于30 m的船舶的机舱前、后壁以及船长小于等于30 m的船舶的机舱前壁应为水密舱壁。

（3）水密舱壁设置范围：防撞舱壁一般应设置在距艏垂线0.05L～0.10L，但对于船长小于等于30 m的船舶，防撞舱壁距艏垂线的最大距离可不大于3.0 m。如满载水线以下的任何部分自艏垂线向前延伸，如球鼻艏，则上述规定的距离应自下列任一点来量计，取小者：

①这类延伸部分的长度中点；

②艏垂线以前船长的1.5%处。

对于船长小于等于30 m的船舶，防撞舱壁距艏垂线可设置在0.05L～3.0 m。

（4）船长大于30 m且小于等于60 m的船舶，在设置艉尖舱舱壁和机舱后舱壁时，若符合下列任一条件，其艉尖舱舱壁可兼作机舱后舱壁：

①机舱前舱壁至艉尖舱舱壁的距离小于0.15L（L为船长），且机舱前舱壁至艉垂线的距离小于0.20L；

②机舱前舱壁至艉尖舱舱壁的区域破损时，其破损稳性满足《内河船舶法定检验技术规则》（以下简称“《规则》”）的有关要求。

（5）艉尖舱舱壁一般应设置在距艉垂线0.10L范围内，否则该区域破损后的破损稳性应满足规范对破舱稳性的有关要求。

（6）对于艏、艉装有推进装置的船舶，艉尖舱舱壁的位置应满足规范对防撞舱壁的要求。

（7）客船相邻主横舱壁的间距应不大于按《规则》计算所得之值。若机舱的前、后水密舱壁的间距大于按《规则》计算所得之值，则该区域破损后的破损稳性应满足规范对破舱稳性的有关要求。

（8）船舶主横舱壁的数量和沿船长的分布尚应满足破损稳性/储备浮力的相关要求。

第二节 双层底结构

一、双层底设置的基本概念

双层底是指由船底板、内底板及其骨架围成的水密空心结构，设置在防撞舱壁和艉尖舱舱壁之间。《钢质内河船舶建造规范》《内河船舶法定检验技术规则》对内河船舶设置双层底结构做出了明确规定：

双层底应尽可能自艏防撞舱壁至艉尖舱舱壁连续布置。双层底沿船长方向可采用阶梯形式，但在船中部区域应保持高度不变。船底板距基平面的高度大于等于350 mm的艉部区域及艉轴包区域可免设双层底。双层底无论是何种骨架形式，其在中纵剖面处的高度h应不小于《规则》计算之值，且不小于700 mm也不大于1 500 mm。双层底的内底板应延伸至船的两侧，内底边板可以是水平的，也可以是倾斜的。

二、双层底设置的要求

（1）下列船舶应设置双层底或在舭部设置防撞边舱：

①船长大于40 m航行于J级航段的自航船；

②船长小于或等于40 m航行于J级航段的客船；

③航行于三峡库区的客船。

（2）双层底和防撞边舱应尽量由防撞舱壁延伸至艉尖舱舱壁。

双层底和防撞边舱的型式和尺寸应符合《钢质内河船舶建造规范》的相关规定。

（3）船舶机舱外舱室当未设置双层底或防撞边舱，或所设置的双层底或防撞边舱的型式和尺寸不满足规范的设置要求时，应满足规范提出的破舱稳性要求。

（4）下列船舶的机舱，当设置双层底或防撞边舱确有困难时，应满足规范对船舶破舱稳性的要求。

①船长小于或等于40 m航行于J级航段的客船；

②船长大于40 m且小于或等于60 m航行于三峡库区的客船。

（5）内底板上设污水井时，污水井底板至船底板的距离应不小于300 m。

第三节 船体开口的水密结构与关闭装置

一、船体开口的水密保障要求

（1）干舷甲板以下外板上的开口关闭设备：干舷甲板以下外板上的开口（舷窗、舷门及其他类似开口等）和干舷甲板上的开口（舱口、通风筒、空气管、排水孔、排水舷口等）应符合载重线规范的相关规定。

（2）水密舱壁上开口的关闭设备：水密舱壁上开口（门、人孔等）的数量和大小应在适应船舶设计及船舶正常作业的情况下减至最少/最小。这些开口均应设有可靠的关闭设备。水密舱壁上装设的门应为水密门，应装设有显示其是开启或关闭的指示器，并与舱壁具有同等的强度（水密门应以其在浸水最终或中间阶段可能承受的水头做水压试验；如因可能损坏绝缘件或舾装件而未对个别门做试验，可以代之以按门的类型和大小对个别门做原型压力试验，且试验压力至少与预定安装位置所要求的水头相符；原型试验应在门安装之前进行；门在船上安装的方法和程序应与源性试验所用安装方法和程序相符；每扇门在船上安装好后，应检查其是否在舱壁和门框之间正确就位）。

（3）管系、缆线等穿越水密舱壁的要求：当管子、排水管和电缆等通过水密舱壁时，应设有保证该舱壁水密完整性的装置。船长40 m及以下的船舶，舵链、车钟链、主机操纵线等穿过水密舱壁时，应沿干舷甲板下表面敷设。

（4）防撞舱壁上不应设置门、人孔、通道开口、通风管道或任何其他开口：当管子通过防撞舱壁时，应在防撞舱壁上设置易于操作的截止阀。除客船、油船、化学品船和液化气体船外，其他船舶因船舶布置确需在防撞舱壁上设置水密人孔时，其人孔应尽可能设置在较高之处。对于艏、艉设有推进装置的船舶，艉尖舱舱壁的水密完整性应满足防撞舱壁的要求。

（5）客船的机舱后壁上，除通往轴隧的水密门外，不应设置其他形式的门，通往轴隧的水密门应尽可能设置在较高之处。

（6）对于航行于A、B级航区的客船和航行于J级航段的船舶，不应在机舱前壁上设门，不应在相邻的主横舱壁上同时设门，如若机舱后壁设有通往轴隧的门，则与机舱后壁相邻的舱壁不应设门。

（7）对于航行于A、B级航区且航行时间不超过0.5 h的车客渡船，当符合下列条件时，可允许在除防撞舱壁和艉尖舱舱壁之外的其他主横舱壁上开设水密门：

①艏、艉设有主推进装置，机舱设置在船舶中部；

②在防撞舱壁和艉尖舱舱壁之间设有左、右水密舷边舱，其舷边舱的纵侧壁（内舷壁）在船中的满载水线平面上距舷侧外板的距离应不小于0.1B或1.0 m，取小者；

③水密门设在左、右纵侧壁（内舷壁）之间的中间横舱壁上。

（8）机舱前、后壁上设门时应能保持机舱前、后舱壁的水密完整性，并符合下列条件：

①航行中应保持关闭，应在驾驶室和控制位置装设显示门是开启或关闭的指示器，该门的开闭状态应能在船舶开航时和航行中自动检查，若为开启状态则应能在驾驶室发出声响报警。

②应能从舱壁每一边就地操纵，能在任一舷横倾至15°的情况下关闭，并设有能防止未经授权开启的装置（该装置不能对门的关闭动作进行任何限制），若为客船则该门尚应能通过手动装置从干舷甲板上易于到达的位置予以关闭。

③动力操纵的门特别应注意减少系统失灵的影响，在主动力失灵时动力、控制和指示器应能工作，并应有一个独立的手动机械操纵装置以手动开启和关闭该门；用动力操纵关闭时关闭速率应大致均匀，关闭动作开始前至少5 s但不超过10 s应能就地连续发出声响报警（与该区域内其他报警明显不同），从关闭动作开始至该门完全关闭的时间应不少于20 s。

④航行中若因船舶作业必须开启时，在不影响船舶安全并在有效监控的条件下可允许开启，但进入作业处所后应迅速关闭，其开启和关闭的时间应计入航行日志中。

⑤对于客船上航行中允许开启的门，其开启与关闭动作尚应考虑水从开口处涌入时在门的任一侧受到一个相当于在门的中心线处门槛以上至少1 m高度的水压头的作用力；在正浮时，用手动装置将该门完全关闭的时间尚应不大于90 s，用动力装置将该门完全关闭的时间尚应不大于40 s，从驾驶室的总控制台同时关闭这些门的时间尚应不大于60 s。

（9）按规范规定所构成的水密边界（包括横向或纵向的水密舱壁、水密内底板、水密平台及水密甲板等）应有适当的强度，其构件尺寸应符合中华人民共和国海事局按规定程序认可和公布的中国船级社相应规范的规定。

（10）通风管（当位于《内河船舶法定检验技术规则》破损稳性计算中界定破损范围内的通风管以及通风管是水密舱壁的一部分时）和本条所指的轴隧应水密，并与相应的水密舱壁具有同等的强度。

二、破损控制

（1）船舶应有永久性固定显示或可在驾驶室随时取用的破损控制图。

（2）破损控制图应清晰地标明各层甲板及货舱的水密舱室边界，在这些边界上的开口及其关闭装置和控制位置，以及扶正由于浸水产生的横倾的装置。

（3）船舶航行中所有水密门应保持关闭。若因船舶机械作业必须开启某些水密门时，在不影响船舶安全和有效监控的条件下，可允许开启这些水密门，但进入作业处所后必须迅速关闭。水密门开启和关闭的时间应记入航海日志中。

第九章

船舶管系名称

船舶管系是设置在船体上的各种管系的总称，是船上除动力系统以外，为输送液体和气体所需要的一切构件的总称，包括管路及其附件、阀件、机械和各种仪表。它不仅关系到船舶安全航行、营运安全，也为全船旅客和船员提供了工作、学习、生活的保障条件。因此，船舶管系是船舶构造中重要的组成部分之一。船舶管系按照其用途可分为舱底水系统、压载水系统、通风系统、消防系统、日用水系统、油船上的货油系统及其他特殊用途系统。

本章仅介绍舱底水系统、压载水系统、通风系统等几种基本管系的组成和作用。

第一节 舱底水管系

舱底水管系又称污水管系。船舶在营运过程中，船体结构和舱内货物等的湿气会冷凝成水，清洗船舱、机器与管路的渗漏水，艉轴管、舵杆筒填料函的渗漏水等，均积聚于货舱污水沟（或污水井）及机舱底部，形成了舱内污油水源。

一、舱底水管系的作用

舱底水管系是为了及时排出舱内污油积水，以免湿损货物及影响机器设备的正常工作，每艘船都专门设有舱底水管系用于有效收集、处理舱内污油积水，并实现达标排放。此外，发生海损事故船舱进水时，舱底水管系还担负排水任务，以便争取时间堵漏。

二、舱底水管系的组成

图2-9-1为舱底水管系布置图，舱底水管系由下列几部分组成。

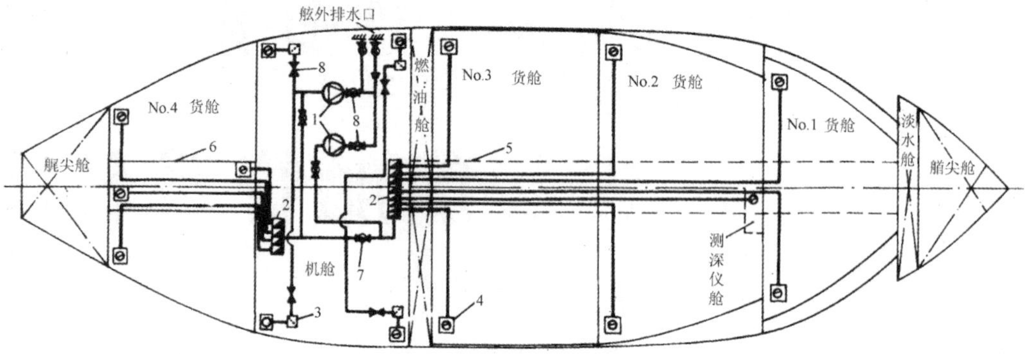

图2-9-1 舱底水管系布置图

1—舱底水泵；2—舱底水阀箱；3—泥箱；4—吸入口；5—管隧；

6—轴隧；7—截止阀；8—截止阀止回阀

（一）污水沟和污水井

舱内污水沟位于舭部，由下倾式内底边板和舭列板围成。在采用其他类型内底边板的船底结构中，每舷设一个污水井，其容积应不小于0.15 m^3。

（二）吸口与过滤器

舱内每一污水沟或污水井内均设有一个吸口。由于船舶多处于艉倾状态，吸口均布置在各舱后部的最低处。为了防止杂物堵塞舱底水管，在吸口处设有过滤网箱，俗称“黄蜂窝”。

（三）舱底水泵与舱底水管

每艘船至少应装置2台独立的动力舱底泵。卫生泵、压载泵及通用泵，如果其排量足够并与舱底水管系有连接时，均可作为独立动力舱底泵。所有动力舱底泵均应为自吸式。

舱底水管的内径必须保障排水畅通，且与相应的舱底泵排量相匹配。舱底水管一般沿着船的两舷舭部布置，也可布置于双层底内，并且要求在船舶正浮或向任何一舷倾斜小于5°时，均能排干污水。为了防止舱底水管路间发生沟通，舱底泵与舱底水总管的连接管、分配阀箱、直通舱底泵吸入管均装有止回阀。

（四）泥箱与油水分离器

在机炉舱、轴隧等处舱底水总管和支管，设有过滤沉淀物、泥沙的箱子，以免污泥吸入泵中。此外，舱底水管系中设置有油水分离器，可将污水中的油分离后实现达标排出舷外。

对于不配置油水分离器的内河船舶，通过设置污油舱集中存放舱底水后交由港接收机构实现岸基统一处理，要求船舶零排放。

第二节 压载水管系

现代船舶为了改善船舶营运过程中的航行性能，通常设置有压载水管系。当船舶在计划航次中配积载情况和航行条件变化时，可通过压载水系统调整船舶浮态和稳性等指标，以满足船舶安全航行的要求。

一、压载水管系的作用

船舶压载水系统用于将压载水打入压载舱内或排出舷外，必要时将某压载舱内的水调整到另一压载舱内，以改善船舶的纵倾、横倾、吃水差和稳性等航行性能。

二、压载水管系的组成

图2-9-2为压载水管系的布置图。压载水管系主要由下列几部分组成。

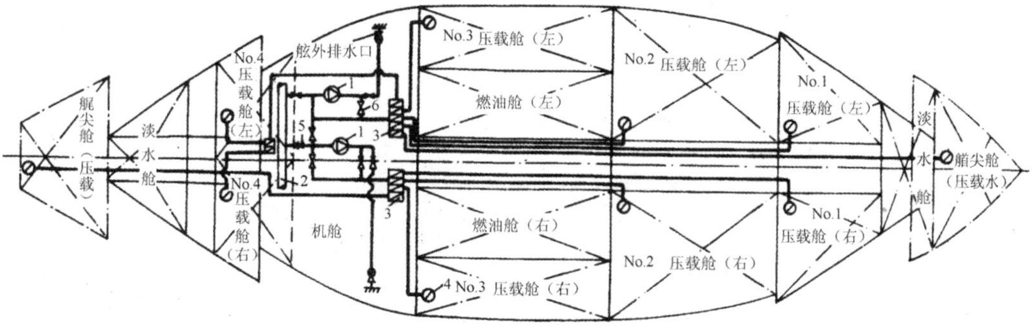

图2-9-2 压载水管系布置图

1—压载水泵；2—海水总管；3—压载水阀箱；4—吸入口；5—闸阀；6—截止阀

（一）压载舱口与吸口

内河船舶一般都在双层底舱内设有专用压载舱，在其后端设有吸口。当压载舱长度超过35 m时，还在其前端设置吸口，以保证能在正常营运条件下注入或排出压载水。

（二）压载水管

压载水管用于输送压载水。在机舱前的各压载舱的压载水管布置在双层底内或箱形中桁材（管隧）内。机舱里的压载支管布置在内底板上。机舱以后的压载支管一般布置在轴隧里。当压载水管不可避免地要穿过油舱或淡水舱时，都设有管隧将其隔离。

压载水管上还设有许多阀门。由于注入或排出压载水均通过同一根水管，故只能设截止阀而不能用止回阀。在每一吸口旁的压载水管上均设有截止阀。通海阀一般位于机舱底部或舭部，也采用截止阀。排往舷外的排水阀应为单向阀，以防江（河）水倒灌。此外，在压载水管通过防撞舱壁处还应设有截止阀，并在舱壁甲板上就可以操纵。

（三）调驳阀箱

调驳阀箱设在机舱内，用于连接各压载支管和压载总管，也便于集中控制。调驳阀箱的工作原理如图2-9-3所示。左图中实线箭头表示把No.1左压载舱水驳至No.2右压载舱；虚线箭头表示把No.1左压载舱水排出舷外。右图表示利用舷外水压力将江（河）水经通海阀注入No.1左压载舱内。

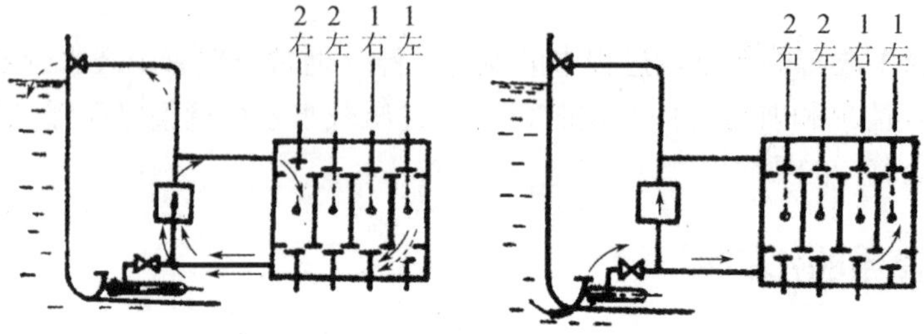

图2-9-3　调驳阀箱的工作原理

（四）空气管与测量管

1.空气管

船舶为了使液舱在注入或排出液体时舱内空气能自由地排出或进入，除污水沟（井）外，每一液舱均应装设一只空气管。

空气管的内径不得小于50 mm，油船上的不得小于100 mm。空气管的下端口连接在各舱柜最高处的顶板上，上端口伸至上甲板或机舱内。为了防止杂物或海水进入管内，空气管上端做成弯头，有的管口还装有开关或浮球，如图2-9-4所示。油船的空气管口上还装有防火金属罩。

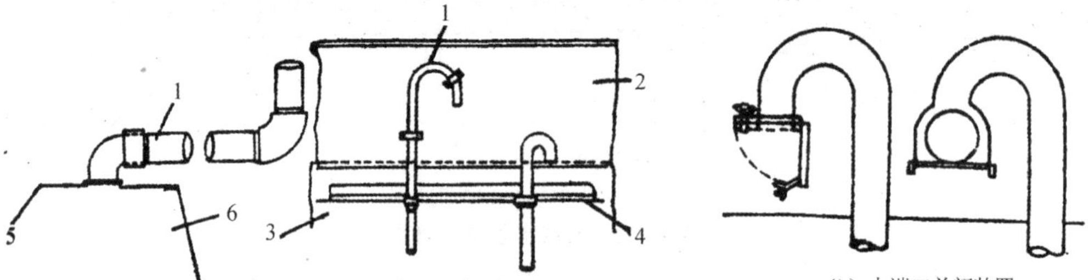

（a）上、下端口位置　　（b）上端口关闭装置

图2-9-4　空气管

1—空气管；2—舷墙；3—舷顶列板；4—上甲板；5—内底板；6—双层底舱

2.测量管

内河船员也称测量管为量潮管。在船上的每一个液舱、隔离空舱、管隧和不易经常接近的污水沟（井）中，均应设一根测量管，用于测量舱内的水深，再参照舱容刻度表就可以得知存水量。

测量管的结构如图2-9-5所示。其下端口应位于液舱最深处，管口有开式和闭式两种。前者需在船底板上焊一圆形垫板，称为防击板，以免测量时钢尺经常与船底板撞击而损伤船底板。测量管的上端口直通舱壁甲板，并设有螺纹盖，盖上有标明所属舱室的铭牌。当测量管腐蚀或损坏时，可旋开螺纹管接头，更换新管。

在机舱或轴隧内的测量管，其上端口只延伸到机舱铺板、轴隧铺板以上约1 m。为了避免注入油、水时从测量管溢出，在管口设有自动关闭阀，如图2-9-6所示。图示是一种重锤式自动关闭阀。重锤的重量使锤杆处于铅垂位置，自闭阀处于关闭状态。测量时只要将锤杆提至水平位置，阀口与管口对直，便可伸入测深棒。

目前，有些船上设有机械或电子测量装置，但仍必须设置人工测量用的测量管。

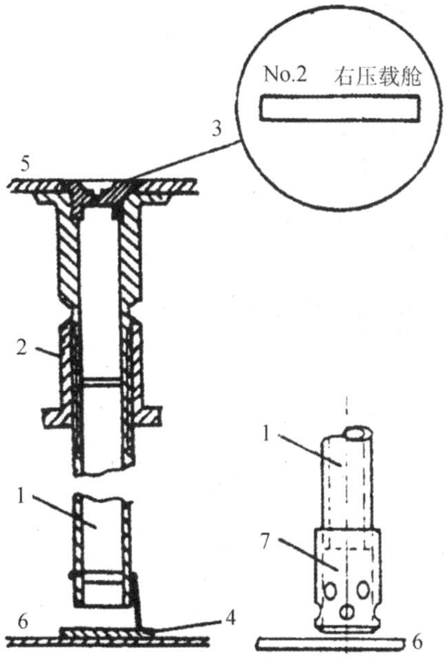

图2-9-5 测量管

1—测深管；2—螺纹管接头；3—螺纹管；4—舱底圆垫板；5—甲板；6—船底板；7—封闭塞

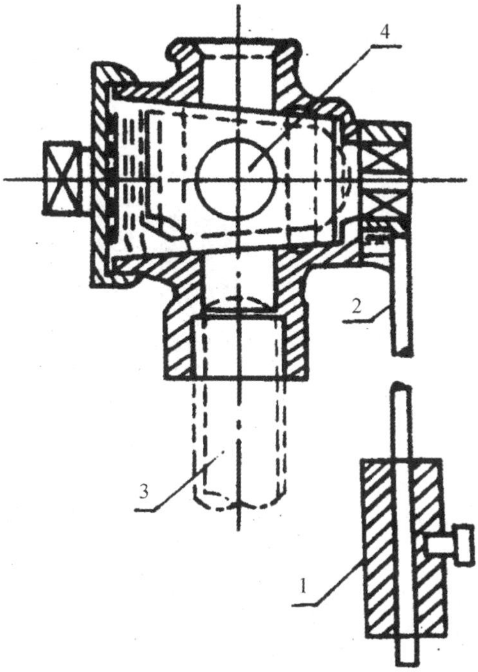

图2-9-6 重锤式自动关闭阀

1—重锤；2—锤杆；3—测量管；4—阀口

第三节 通风管系

为了防止货物变质或自燃，改善船员和旅客的生活、工作条件，船上设有舱室通风管系。它能排出舱内浊气，补充新鲜空气，有的还能调节舱内温度和湿度，提高舱内空气的洁净度。

一、通风方式

常见的通风方式有自然通风、机械通风和空气调节系统等。

（一）自然通风

自然通风是利用空气流动时通风筒内、外压力差而使舱室达到通风换气的目的。自然通风原理如图2-9-7所示。图2-9-7（a）所示为自然排气通风，即将货舱的通风筒口全部转向下风方向，依靠空气的自然流动，使舱内暖湿空气通过舱内、外压力差排出舱外。图2-

9-7（b）所示为对流循环通风，即将上风侧的通风筒口转向下风，下风侧的通风筒口转向上风，依靠风压使舱内空气排出舱外。这种通风方式换气速度快，适用于需大量旺盛通风的情况。但当外界气温较低时，不宜采用此种方式通风，否则会在舱内产生结露现象。

通风筒上口设有通风帽，又称风斗。常用的通风帽有烟斗式、排风筒式、蘑菇式和鹅颈式，具体如图2-9-8所示。烟斗式通风帽多用于小型船舶货舱和机舱通风。风斗套在管座上，上面设有把手可以转动风斗。排风筒式通风帽多用于小型船舶靠近两舷的舱室。鹅颈式通风帽用于水柜或油柜上，上口设有滤网。蘑菇式通风帽设在桅顶的用于货舱通风。用于厨房和住舱通风的，应装有可调节螺杆，在室内旋转调节手轮即可调节开口的大小。

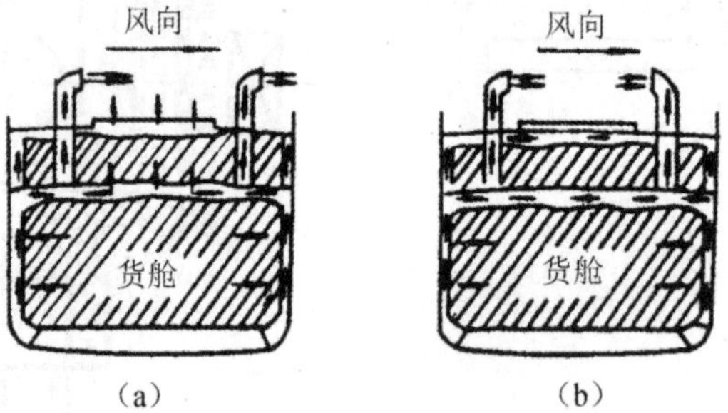

图2-9-7　自然通风原理示意图

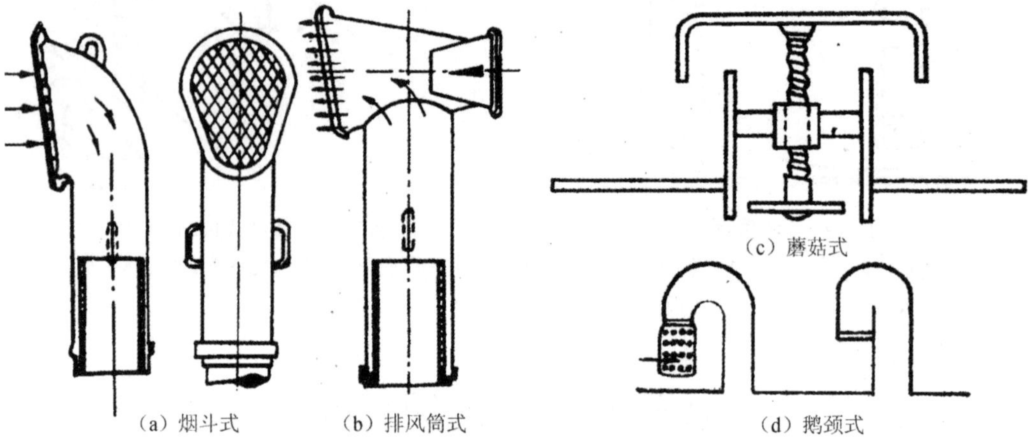

图2-9-8　通风帽形式

（二）机械通风

机械通风是用通风机把新鲜空气鼓入舱内或把舱内空气抽出，以达到通风换气的目的。图2-9-9是机械通风管系布置示意图。有的船在通风机上加设除湿机或除湿剂，使进入货舱的空气得以干燥。

冷藏船上的通风机还与制冷装置配套使用，如图2-9-10所示，用于向货舱输送冷气以达到冷链运输的效果，以提高运输品质。

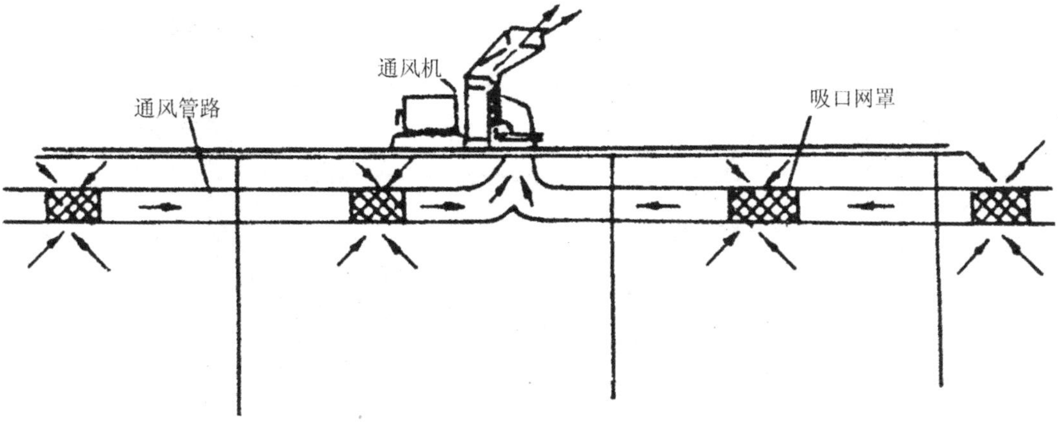

图2-9-9 机械通风管路布置示意图

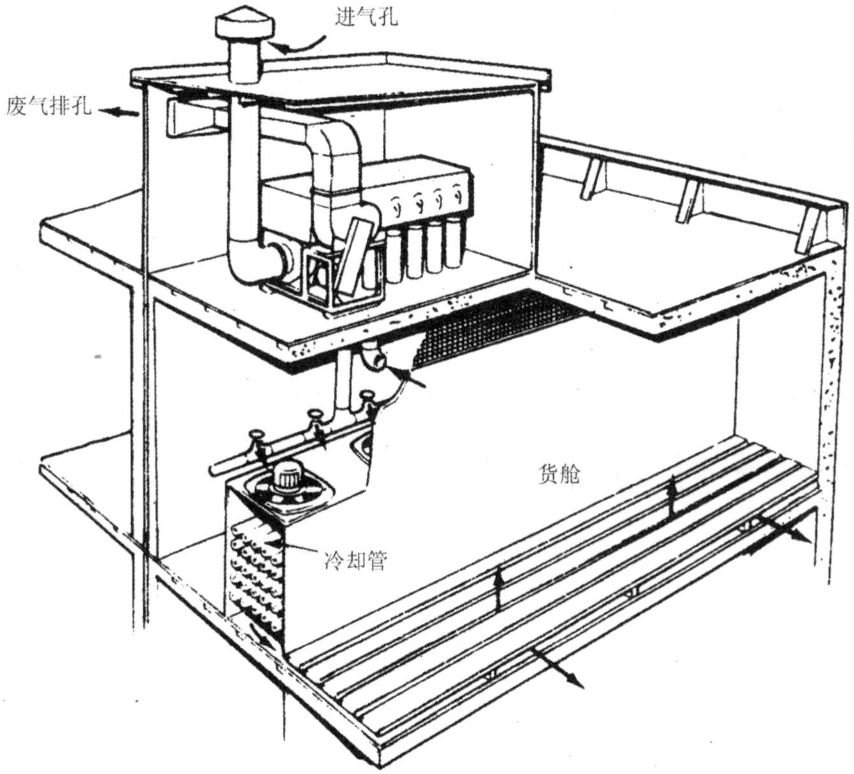

图2-9-10 冷藏船货舱的通风管系

(三) 空气调节系统（空调系统）

空调系统是对外界空气进行过滤（提高空气洁净度）、加热（或冷却）和加湿（或去湿），并把处理后的空气送至各舱室来调节室内温度和湿度，起到制造人工小气候的作用，改善船员和旅客的生活居住条件，空调系统构成如图2-9-11所示。

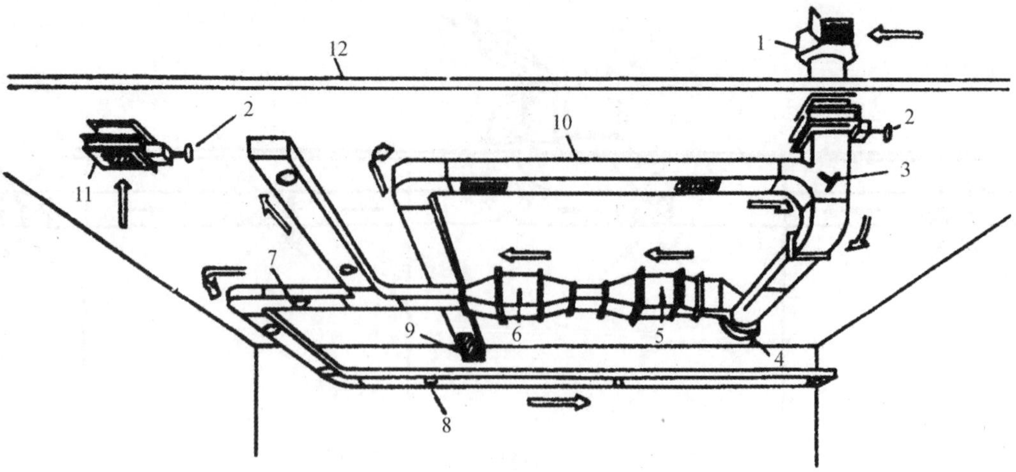

图2-9-11　空调系统构成

1—通风筒；2—水密滑阀；3—可调挡板；4—风机；5—冷却器；6—加热器；7—供气管道；8—吹风口；9—格栅；10—循环管道；11—自然排气装置；12—露天甲板

二、通风管系的布置要求

（1）通风筒口应设在开敞甲板上，并尽量远离排气管口、天窗和升降口等处。

（2）通风筒上口在甲板上应具有一定高度，必要时设风雨密装置。具体要求在规范中有详细规定。

（3）通风管道不得穿过舱壁甲板以下的水密舱壁。

（4）主要进风口和出风口应能在被通风处所的外部加以关闭。

三、通风管系使用注意事项

（1）视天气情况而选择正确的通风方式。比如雾天就不应进行循环通风或机械通风。

（2）强风或暴风雨袭来前要关闭通风，必要时拔掉风斗，加盖板和帆布罩，以保证水密。

（3）发生火灾时要关闭通风装置，以控制火势。

第四节　其他管系

内河船舶除以上几种主要管系外，通常还设有甲板排水管系、消防管系、日用水管系和卫生排泄管系等，以保障船舶基础功能的实现。

一、甲板排水管系

船舶的甲板室积水和生活用水，必须经过甲板排水管排出舷外。为了防止江（河）水从甲板排水管进入船体内部，要求甲板排水管系必须具备下列功能：

（1）非封闭的上层建筑和甲板室的排水管和泄水管应引至舷外，如图2-9-12所示。

（2）排水孔应避免开在救生艇及舷梯吊放区内，否则必须设有挡水罩或其他有效装置。

（3）为防止船舶破损后江（河）水浸入，密封的上层建筑和甲板室或从干舷甲板以下穿过外板的排水管和泄水管，其管壁必须加厚。在外板开孔处及管段中还设置坚固和便于检查的关闭装置，如止回阀和截止止回阀等。

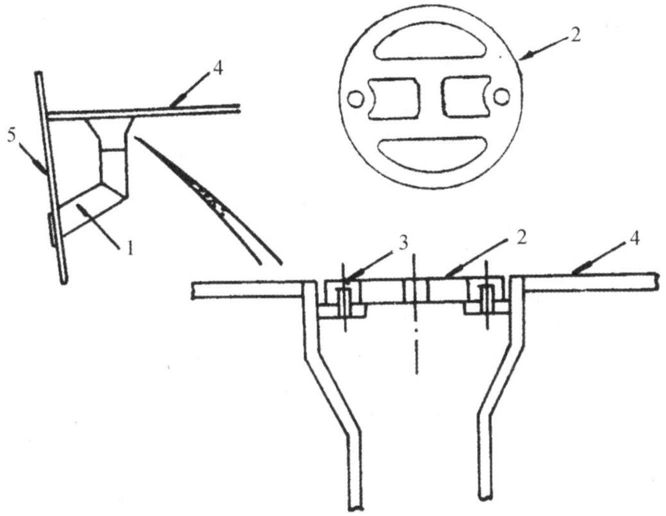

图2-9-12　甲板室排水管

1—排水管；2—盖板；3—螺钉；4—艏楼甲板；5—外板

二、消防管系

消防管系是指船舶按规范规定设置的各种固定式灭火系统。内河船舶常用的固定式灭火系统主要有水灭火系统、固定式CO_2灭火系统、泡沫灭火系统、干粉灭火系统等。

水灭火系统是所有船舶均须配置的固定灭火系统，其甲板管系除主要用于火灾应急外，平时较多用于冲洗甲板、起锚作业时用于冲洗锚链和锚，另外，它还可用于向顶边舱灌装压载水以及与手提式泡沫枪装置进行配套使用。

三、日用水管系

日用水管系用于供应船舶管理和船员生活用水，主要有日用淡水系统、日用热水系统及饮用水系统等。它一般有重力式水柜、压力式水柜和循环泵驱动的循环式水柜三种供水方式。

四、卫生排泄系统

卫生排泄系统是船舶上专门用于冲洗卫生设备的系统，如为防止船舶污染内河水域环境而专门设置的粪便处理系统等。

第十章

船舶稳性

船舶在航行、停泊和作业中，经常受到风、浪等外力作用而发生倾斜，直接影响船舶的安全性。船舶能承受多大的外力作用？船舶受外力作用会不会倾覆？如何保证船舶安全、稳定航行？这些都是船舶稳性问题。船舶是否具有稳性，有哪些因素影响船舶稳性的大小，提高船舶稳性应采取什么措施等都是稳性研究的主要问题。稳性是船舶在营运过程中，船员直面的船舶安全问题之一。

第一节 船舶浮态和平衡

船舶浮态是指船舶漂浮在静水中的平衡状态。船舶在各种载重情况下，能保持一定浮态的性能称为浮性。

浮心是船舶排水体积的中心，也是船舶所受浮力的作用点。船舶浮心B的坐标位置为（X_b，X_b，Z_b）。当船舶正浮时，排水体积左右对称，$Y_b=0$。

船舶浮心与重心的相对位置关系不同，从而决定了船舶的浮态。

一、船舶浮态

船舶的浮态有正浮、横倾、纵倾、纵横倾四种。

（一）正浮

正浮是指船舶既无横倾又无纵倾的漂浮状态，也就是船舶的左、右舷吃水和艏、艉吃水分别相等，如图2-10-1所示。

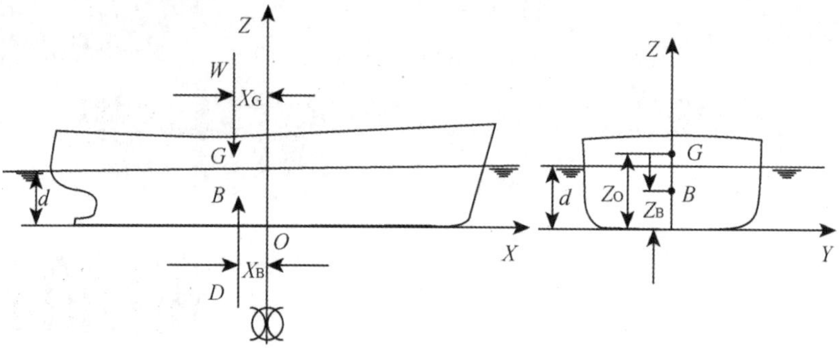

图2-10-1　正浮状态

（二）横倾

横倾即船舶的左、右舷吃水不相等的浮态。左舷吃水大于右舷吃水时称左倾，右舷吃水大于左舷吃水时称右倾。船舶的横倾用横倾角θ度量。横倾角是船舶正浮与横倾时两水线面在横向的夹角。横倾状态如图2-10-2所示。

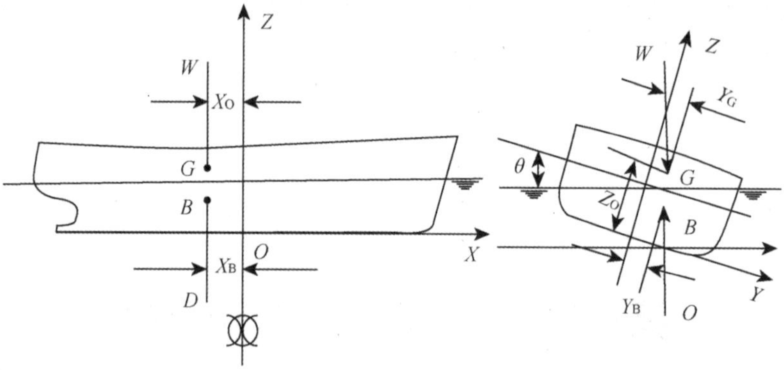

图2-10-2　横倾状态

（三）纵倾

纵倾即艏、艉吃水不相等的浮态。艏吃水大于艉吃水时称艏倾，艉吃水大于艏吃水时称艉倾。船舶的纵倾一般用艏、艉吃水差t表示。吃水差定义为：

$$t=d_F-d_A$$

$t>0$为艏倾，$t<0$为艉倾。纵倾也可用纵倾角ψ表示。纵倾角是船舶正浮与纵倾时两水线面在纵向的夹角。纵倾状态如图2-10-3所示。

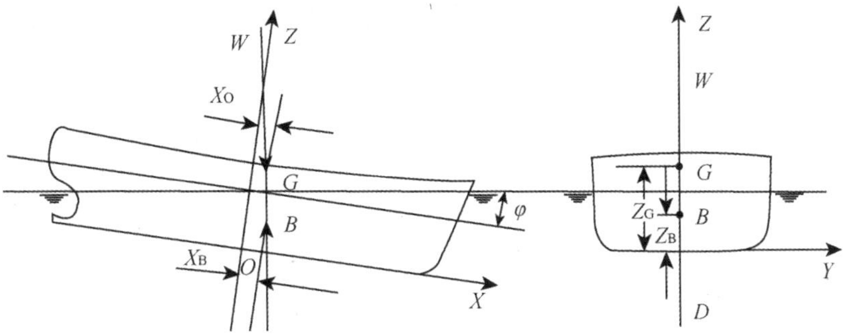

图2-10-3 纵倾状态

(四) 纵横倾

船舶既有横倾又有纵倾的浮态称为纵横倾。船舶在实际航行中一般均处于纵横倾状态，如图2-10-4所示。

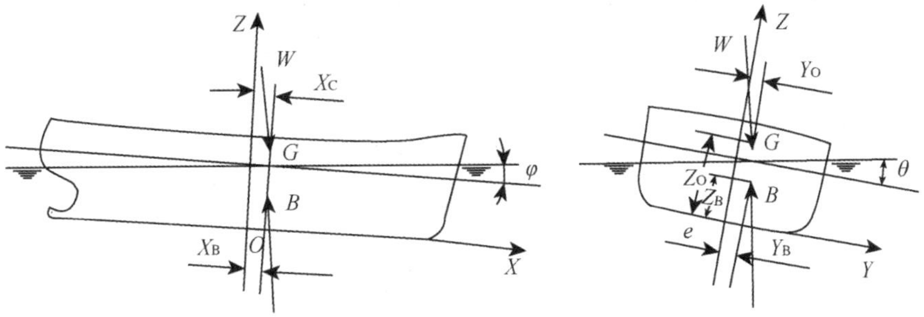

图2-10-4 纵横倾状态

从以上可知，由于某种原因（如甲板上浪、装卸货物等），船的重量发生了变化，其浮力也随之改变，而且浮心的位置移动了，浮心与船舶的重心不再共垂线，这两个力构成一对力偶矩，使船发生倾斜，呈现不同的浮态。因此，船舶的浮心是一个很重要的浮性要素，作为船员应充分地理解它。通过静水力曲线可查到不同吃水下的浮心坐标X_b，Y_b，Z_b。

二、船舶的平衡条件

船舶是一种浮体，浮体主要受到两个力的作用，一个是重力，另一个是浮力，如图2-10-5所示。

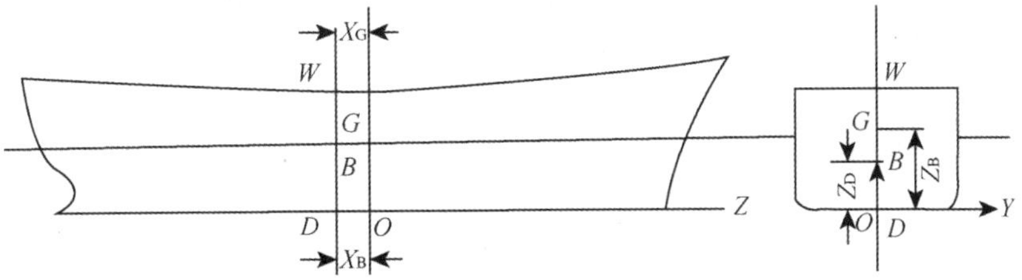

图2-10-5 船舶受力

船舶所受到的重力的大小等于船舶的质量（俗称重量）W乘以重力加速度g，重力的方向垂直向下。重力的作用中心称为重心，用G表示，重心的位置用直角坐标X_g，Y_g，Z_g表示。

船舶所受到的浮力是作用于船舶浸水外表面的静水压力的垂向分力的合力，浮力的方向垂直向上。根据阿基米德定理，浮力的大小等于船体所排开同体积水的质量D乘以重力加速度g，即：

$$Dg=\rho Vg$$

式中：D——排水量，$D=\rho V$（t）；

V——排水体积（m^3）；

ρ——水的密度（t/m^3）

g——重力加速度（m/s^2）。

浮力的作用中心称为浮心，用B表示；浮心就是排水体积的几何中心，其位置用X_B，Y_B，Z_B表示。

根据物理学的有关原理，船舶的平衡条件是：

（1）重力与浮力大小相等，方向相反，即$Wg=Dg$；

（2）重心和浮心在同一垂直线上。

在船上，重力与浮力总是同时存在的。当$Wg>Dg$时，船舶下沉，吃水增加；当$Wg<Dg$时，船舶上浮，吃水减少；当$Wg=Dg$时，船舶吃水不变。

第二节 稳性的一般概念

稳性是船舶非常重要的一个航行性能。它与船舶配积载有着密切的关系。为了保障航行安全，防止发生翻船的危险，首先要求船舶具有足够的稳性。但是稳性不宜过大，因为稳性过大，会使船舶发生剧烈的横摇。船长和驾驶员必须在船舶管理中掌握稳性的概念和稳性衡准的要求，充分理解船舶三种平衡状态的含义。

一、稳性的概念

船舶稳性，即船舶受外力作用离开平衡位置而产生倾斜，当外力消除之后船能够自行地回复到原平衡位置的性能。这是一切船舶必须具备的性能。

船舶在各种外力的复合作用下产生倾斜后，船舶依靠其本身所具有的性能回复到原平衡位置。因此，可以说船舶一般都处于这种平衡与不平衡的往复运动之中。为了船舶的安全，船舶必须具有良好的回复到原平衡位置的能力，并将这一能力形成稳性目标要求——稳性衡准。

二、船舶平衡状态

船舶有了浮性，在水中就会呈一种平衡状态，但这种平衡状态是否具有稳定性，可做以下分析：

图2-10-6（a）所示的船舶无外力矩作用，其初始的平衡状态为正浮于水线WL处，重力W和浮力D大小相等、方向相反，并作用在垂直于WL的同一条直线上，船处于正浮状态。

当船舶受外力矩（一般称为倾斜力矩，用M_f表示）作用后，将发生倾斜（图中假设为右倾）。船舶横倾θ后，重力作用点即重心G一般认为保持不变，而浮力作用点即浮心B将向倾斜一侧移动到B_1，如图2-10-6所示。船舶倾斜前、后浮力作用线的交点M称为稳心。船舶倾斜后，当重力和浮力不在同一垂线上时，两力将形成一个力矩，称为稳性力矩（或复原力矩），用M_S表示。

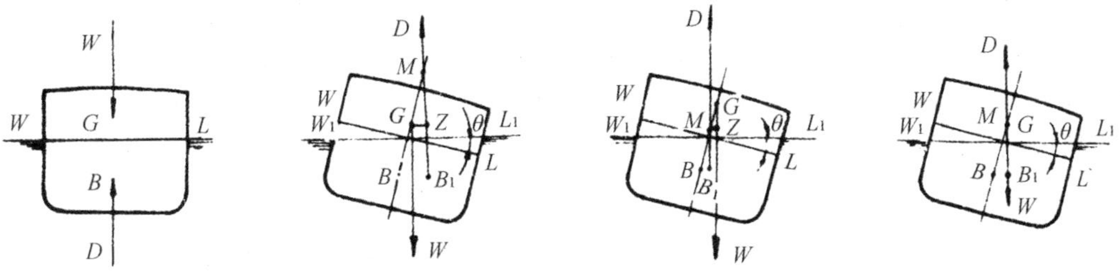

（a）正浮　（b）稳定平衡　（c）不稳定平衡　（d）中性平衡

图2-10-6　船舶的平衡状态

船舶在水中的平衡状态与稳性力矩的方向有关，可分为稳定、不稳定、随遇平衡三种。

（一）稳定平衡状态

如图2-10-6（b）所示，如果重心G在稳心M之下，重力和浮力所形成的力矩M_S和倾斜力矩M_f方向相反。当M_f消除后，M_S将使船舶回复到初始平衡位置，所以称倾斜前船舶的平衡状态为稳定平衡状态。

（二）不稳定平衡状态

如图2-10-6（c）所示，如果重心G在稳心M之上，重力与浮力所形成的力矩M_S与M_f方向相同，将使船舶进一步倾斜，称此时船舶的平衡状态为不稳定平衡状态。

（三）随遇平衡状态

如图2-10-6（d）所示，如果重心G与稳心M重合，重力与浮力作用于同一垂线上，M_S为零。当M_f消除后，船舶不会回复到原来位置，也不会继续倾斜，将保持在倾斜角θ位置上，船舶的这种平衡状态为随遇平衡状态，也称中性平衡状态。

以上三种平衡，仅有船舶重心G点低于稳心M点表示船舶的平衡是稳定的。为了保证船舶的安全，必须使船处于稳定平衡状态，即使船舶重心G低于稳心M。

三、稳性的分类

在稳性问题研究中，为了使计算简化和得到较明确的稳性影响因素，将稳性问题做以下分类：

（一）按倾斜方向分

横稳性是指船舶绕纵向轴（x轴）横倾（即向左舷或右舷一侧的倾斜）时的稳性。

纵稳性是指船舶绕横向轴（y轴）纵倾（即向船首或船尾的倾斜）时的稳性。

（二）按倾角大小分

初稳性也称小倾角稳性，是指船舶倾斜角度很小时的稳性，一般指倾角小于或等于10°（或主甲板边缘开始入水前）时的稳性。

大倾角稳性是指船舶倾斜角度较大时的稳性，一般指倾角大于10°（或主甲板边缘入水或舭部开始露出水面）时的稳性。

（三）按作用力矩的性质分

静稳性系指船舶受到静倾力矩的作用，在倾斜过程中不计及角加速度的稳性。稳性力矩和倾斜力矩相等时船即得到平衡，故稳性力矩是衡量静稳性的重要指标。

动稳性系指船舶受到动倾力矩的作用，在倾斜过程中计及角加速度的稳性。稳性力矩做功和倾斜力矩做功相等时船即得到平衡，故稳性力矩做功是衡量动稳性的重要指标。

对于一般船舶，船长远大于船宽，故纵稳性远好于横稳性。因此，在船舶稳性衡准中通常所说的稳性够不够所指即横稳性。

第三节 船舶稳性的影响因素

在营运过程中，船舶稳性的影响因素主要来源于船舶配积载。因此，正确处理好船舶配积载与稳性直接关系到船舶航行、停泊与作业安全。

一、船舶配积载的概念

在船舶货运管理中，船舶配积载是指配载和积载两个概念。航运中将编制船舶装货计划的工作叫作配载，而将实际装船的工作称为积载。配载是积载的前提和依据，积载是配载的继续和具体实施。因此，配载与积载是既紧密联系又有区别的两个工作阶段。

（一）船舶配载

船舶配载是根据货物的品种、数量、体积、重量以及到达港口先后次序等因素，在保证船舶安全、充分发挥船舶载运能力的前提下将货物正确、合理地分配到船舶各个部位，并绘制船舶配载图。船舶配载图是装货港指导装船的重要文件。

（二）船舶积载

船舶积载是在保证船舶安全、货物完整无损、充分发挥船舶运输能力、有利加速船舶周转和港口装卸作业的前提下，将货物正确、合理地装到船上各个部位，并绘制船舶积载图。船舶积载图是卸货港卸货的依据，由承运船舶理货员在装船理货完成后绘制并经船长或大副签字认可，是货物在船上的实际位置图。

二、船舶积载与稳性的关系

船舶在营运过程中，由于旅客的上、下，货物的装、卸以及燃料、粮食、淡水的消耗与补充，结冰、进坞、搁浅等情况的存在，船舶的实际装载量是不断变化的，这些变化必将引起船舶稳性的变化。其中，船舶积载变化对稳性的影响是船员经常面对的具体问题。为了保证船舶航行安全，就必须掌握船舶在各种装载情况下的稳性衡准与计算。船舶装载情况，具体来讲就是指船上载荷的装卸、移动，自由液面的变化等。掌握它们对初稳性的影响，对确保营运船舶安全是至关重要的。

三、船舶稳性的影响因素

（一）装卸作业对稳性的影响

船上装卸大量货物时，可根据装卸后船舶的排水量，查静水力曲线图等资料，求得船舶新的吃水和新的初稳性高度。装卸载荷的特点是船舶的排水量将发生变化，装卸的位置也直接影响船舶的浮态。

在船上装卸少量载荷（不超过排水量的10%）时，船舶的排水量和重心都将发生变化，从而导致浮态及初稳性的变化，且浮态及初稳性的变化随载荷装卸的位置不同是不同的。

一般来说，装载载荷的位置越低，船舶重心高度越小，初稳性高度越大，故稳性越好；反之，装载载荷的位置偏高，船舶重心升高，初稳性高度减小，则稳性变差。如果是卸载，则卸载位置越高，重心高度越降低，稳性改善程度越高；卸载位置偏低，重心将相对升高，则初稳性高度就会减小，稳性随之变差。所以装货配载时，应注意其对重心、浮态的影响，力求重物低放、均匀对称布置。卸货时，应采用先上后下的顺序。

（二）移动载荷（货物）对稳性的影响

1.载荷竖移

载荷向上移动，船舶重心提高，浮态不变，但初稳性高度会减小；载荷向下移动，船舶重心降低，浮态也不变，初稳性高度会增大。因此可通过载荷的竖向移动来调整船舶的初稳性高度。

载荷的竖向移动对纵稳性高度的影响很小，可以忽略不计。

2.载荷横移

载荷的水平横移可使船舶产生横倾角。船上习惯将船舶右倾时的横倾角定为正，那么产生左倾时，其横倾角就为负。可见，通过载荷的水平横移来调整船舶的横向浮态是非常实用的。如果船舶有了初始横倾角，与正浮时相比所具有的稳性范围就减小了，显然载荷横移对稳性是不利的。所以船舶开航时，应努力消除初始横倾。

3.载荷纵移

载荷的水平纵移可使船舶产生纵倾角，通过载荷的水平纵移，可以使船舶的艏、艉吃水和吃水差得以调整。艏倾时的纵倾角为正，艉倾时的纵倾角为负。

船舶的实际纵倾程度应根据驾驶员的航行需要来调整。

如何理解船上载荷的移动对船舶稳性和浮态的影响呢?

船上载荷的竖向移动和左右的横向移动对船舶稳性均产生影响。由于船舶纵稳性高度值较横稳性高度值大许多，故载荷移动对稳性的影响主要是载荷垂向和横向移动对横稳性的影响。

船上载荷的竖向移动，不影响船舶浮态；载荷水平横移时，要产生横倾，向左移产生左倾，向右移产生右倾；载荷纵移后船舶产生纵倾，引起艏、艉吃水的变化，向前移产生艏倾，向后移产生艉倾。

（三）液体载荷对稳性的影响

1.自由液面概念及其对稳性的影响

船上的液体舱柜，如油舱、淡水舱、压载水舱等，若未装满或在航行中有部分消耗，那么，当船舶倾斜时，舱内的液体也将跟着倾斜，以使液面保持水平状态。这种可以自由流动的液面称为自由液面。当液体流动后，其体积形状相对于原状态发生了变化，因而它的重心必向倾斜一侧移动，这种情况相当于船上载荷的移动，其结果必将造成船舶稳性的下降。我们把这种自由液面对初稳性的不良影响称为自由液面影响，其主要危险在于横稳性方面，当自由液面很大时，由于横向惯性矩也很大，严重时可能使船舶的横稳性高度变为负值而造成船的倾覆。

自由液面对稳性的影响总是不利的，总是使初稳性高度减小。其影响值的大小与舱内液体的重量无关，而与排水量、舱内液体的密度和自由液面面积惯性矩有关。

自由液面对初稳性高度的影响值可在有关船舶资料中查得。

2.减少自由液面对初稳性有害影响的措施

自由液面对船舶稳性的影响不利，应尽量减少其影响。如果在液舱内设置水密纵舱壁，以矩形液舱为例，这样可以得到以下结论：用平行于倾斜轴的纵舱壁将液舱分为n等份后，其自由液面对稳性的不利影响将减为原来的$1/n^2$。另外，在船舶营运的过程中，使用液舱时应尽可能将其装满或放空，以减少具有自由液面的舱柜数。

为了减少自由液面对初稳性的有害影响，可采取以下措施：

（1）根据CCS的规定，当液体舱柜装充率达98%以上时，可不计自由液面对初稳性的影响。因此应尽量将液体舱柜装满。

（2）根据CCS的规定，当舱柜内的剩余液体量不超过舱容的5%时可不计自由液面对初稳性的影响。因此对未装满的液舱可尽量采用抽空并舱的措施。

（3）船舶建造时，对大型液货舱，采用水密纵舱壁的结构将舱容纵向分隔，其减少自由液面影响的效果非常明显。这也要求船员不得随意在水密纵舱壁上开洞、开孔，以保证船舶的稳性。同理也不得随意在水密横舱壁上开洞、开孔，以保证船舶的抗沉性。

（四）固体载荷对稳性的影响

1.固体载荷的概念、特点及对稳性的影响

固体载荷即固体散装货物，是指不需要包装，散装在船甲板上或船舱中的大宗块状、颗粒状和粉状货物，如煤、砂石、粮食、矿砂、水泥等。为了降低运输成本和提高装卸效率，往往采用散装的方法来运输。这类货物的装卸需要有相应的码头装卸设备，有的还需要特殊的运输工具——散装货船（如内河常用甲板干散货船），交通运输部还为“川江及三峡库区”这类运输船制定了标准船型主尺度系列。

固体散装货物对船舶稳性影响的原理与液体货物的相类似，但是，它比存在自由液面的液体货物更难以估计。散装货物的颗粒间具有摩擦力，而这种摩擦力却因货物种类的不同而不同。它的存在使散装货物的表面不一定与水平面平行，它能使颗粒在一定的坡度时保持不流动状态，当该坡度再增至超过它的静止极限角时，颗粒就突然开始流动。这个静止的极限坡度取决于船舶摇摆剧烈程度。

这些固体散装货物，如果没有装满船舱，或者虽已装满，但由于船舶在航行时的运动和机器的振动产生下沉现象，使舱间上部仍留出一定的空间，这样就会使这些散装货物表面部分随船舶的侧倾而引起流动的可能。通常，散装货物装满船舱以后，经过航行往往在上部空余出占船舱5%～8%的体积。

正是由于固体散装货物具有表面流动性，所以，它比自由液面更难于估计，更为危险。因为，当货物随船舶侧倾而流向侧倾的一侧后，可能就不会恢复原来状态。好像在船上移动重物一样，把船压歪了，使船形成倾侧的平衡状态。这时，船舶的稳性就要按新的平衡位置来讨论。如果散装货物连续几次向船舷同一侧流动，将会使船舶侧倾很大一个角度，甚至倾覆。

内河固体散装货物运输有相当一部分是由甲板货船承担的。甲板货船满载时，干舷较小，重心较高，稳性余量较小。稍有风浪或甲板货船稍有横摇，江水就会浸上甲板，浸入散货中，致使散货与甲板间摩擦力减小，使固体散装货物更容易移动。在大风浪中，由于上述原因，加之驳船摇荡加剧，极易导致固体散装货物大规模移动，严重危及船舶安全。因此，当甲板货船装运固体散装货物时，较一般船舶具有更大的危险性。长江上就曾多次发生散货甲板货船在大风浪中货倾船翻的恶性事故，应引起驾驶员的足够重视。

2.减少固体散装货物对稳性影响的措施

为了减少固体散装货物对船舶稳性的影响，保证船舶航行安全，一般装载固体散货的舱口货船都采用纵向隔板法或灌舱法［如图2-10-7（a）所示］。不过固体散装货物的流动因仅限于货舱的表面，故只需用可移动的木板插入一定深度，做成纵隔板形式即可。灌舱法是在甲板上围着货舱口做成一个相当船舱容积10%～15%的围壁称为灌舱。固体散装货物一直装到该舱装满为止。这样，当船舶在航行中，船舱内颗粒下沉时所形成的空隙即由灌舱内的散装货物填满，使船舱随时呈灌满的状态而消灭舱内颗粒流动的可能。同时可考虑：改进固体散货船货舱结构，如设置翼舱［如图2-10-7（b）所示］，以缩短固体散装货物移动距离；限制固体散装货船的载货量，杜绝超载等。这对运载大宗固体散装货物的船舶特别是内河甲板货船的稳性提出较高的要求，因此，我们应加强对船员的安全教育和指导。

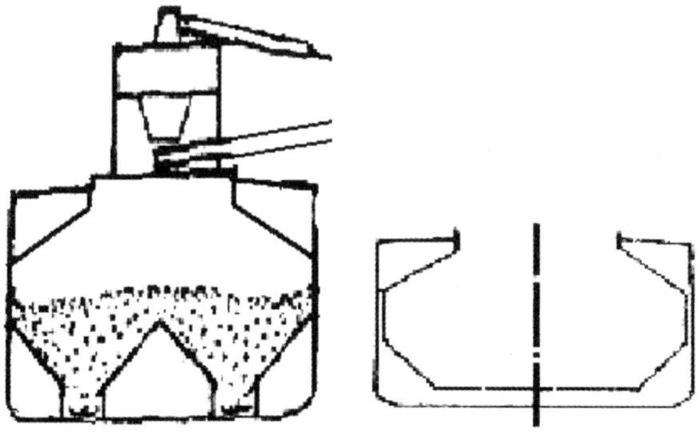

（a）罐舱　　（b）翼舱

图2-10-7　固体散装货船的罐舱与翼舱结构示意图

第三篇 船舶货运基础

第十一章 货物运输常识

船舶货运是驾驶部船员岗位职责之一，主要包括货物运输常识，货物积载与系固等应知、应会的要求。既有理论知识的学习和掌握，也有实操技能的训练要求。

货物运输常识是指船员在参加配积载作业的过程中，需要掌握的货物种类及特点、货物包装和标志、忌装货物的忌装要求等基础知识与基本技能。

第一节 货物种类及特点

一、货物种类

水上运输的货物品种繁多，包装、规格、特性、装运方式等各不相同，因而货物分类的方法也不尽相同，不同的货物分类方法只能表征货物某一方面的特点。

（一）按货物形态和装运方式分类

1.杂货

杂货是指以某种包装或裸装形式运输的货物。

（1）普通杂货

普通杂货是指使用普通杂货船运输的包装或裸装形式的货物，包括非整船运输的固体散货和液体散货等，通常批量较小。

（2）特殊杂货

特殊杂货是指使用专用船舶或配有特殊设备的杂货船运输的包装或裸装形式的货物，如货物单元、重大件、危险品、冷藏货物、活动物等。

2.散装货物

散装货物是指无包装、不计件以散装形式运输的货物。

（1）固体散装货物

固体散装货物是指直接装船而不需要包装和标志的大批量运输的块、粒、粉、末等形状的固体货物，如矿石、谷物、化肥、煤炭、水泥等。固体散装货物一般用专用固体散货船运输。

（2）液体散装货物

液体散装货物是指直接装船而不需要包装和标志的大批量运输的液体货物，如石油及其产品、液化气体、液体散装化学品等。液体散装货物一般用专用液体散货船运输。

3.集装箱货物

集装箱货物是指将一定数量的包装、裸装或散装货物装入集装箱内作为一个货运单元运输的货物。

（二）按货物特性及运输要求分类

1.危险货物

危险货物是指具有燃烧、爆炸、腐蚀、毒害、放射射线等性质，在装卸、贮存或运输过程中如处理不当，可能会引起人身伤亡、财产毁损或造成海洋污染的货物，如爆炸品、压缩气体、易燃液体、易燃固体、有毒物质、放射性物质等。危险货物有包装危险货物、固体散装危险货物和液体散装危险货物三种形式。

2.特殊货物

特殊货物是指除危险货物外的那些性质特殊、在运输过程中易影响其他货物或易被其他货物及环境所影响的货物，如气味货、扬尘污染货、冷藏货、吸湿货等。

3.一般货物

一般货物是指其性质对运输无特殊要求的货物。应该清楚，特殊货物和一般货物的划分并无明确界限，在某些条件下为特殊货物，而在某些条件转化后则应视为一般货物。

二、货物性质及特点

货物在装运过程中，由于其自身的自然属性、化学成分和结构的不同，当受到温度、湿度、微生物等不利环境因素的影响，以及装卸作业中的外力影响，都可能引起货物在质量和数量上的变化，而这些变化主要是由货物本身的物理、化学、生物和机械性质所造成的。

（一）货物的物理性质

货物的物理性质是指货物受外界因素的作用或由其本身性质决定而发生物理变化的性

质。与水上运输有关的货物物理性质主要有吸湿性与发汗性、冻结性和熔化性、膨胀性和物理爆炸性、放射性等。

1.吸湿性和发汗性

吸湿性和发汗性是指货物在运输过程中吸收和散发水分的性质。货物的吸湿性和发汗性会引起化学反应、生物化学变化，并且为微生物的繁殖创造条件。货物的吸湿性和发汗性主要受环境温度、相对湿度，以及货物本身的含水量、蒸气压、表面积、化学成分等因素影响。

2.冻结性和熔化性

冻结性是指表面有较多水分或内部组织中有较多水分的货物在低温下容易冻结的性质。熔化性是指某些货物遇高温会熔化，从而失去形状，影响纯度并污染其他货物的特性。

3.膨胀性和物理爆炸性

膨胀性是指液体货物和气体货物所具有的热胀冷缩的特性。物理爆炸性是指装于容器内的压缩气体遇高温可能引起内部气压急剧上升，当超过容器耐压值时会引起物理爆炸。

4.放射性

放射性是指放射性物质由于其本身性质放射出有害射线的性质。含有这类物质的货物若无合格的防护包装，会对人体造成极大的伤害。

（二）货物的化学性质

货物的化学性质是指其化学成分受环境因素或其他货物的影响而发生化学变化的性质。与海上运输有关的货物化学性质主要有锈蚀性、自热性、自燃性、化学爆炸性和腐蚀性等。

1.锈蚀性

锈蚀性是指绝大多数金属及其制品被氧化而锈蚀，以及金属混合后可能引起电化学作用而产生的锈蚀。金属的锈蚀程度直接与其周围的环境有关，在干湿度变化较大或在有电解质影响的情况下锈蚀较快。

2.自热性

自热性是指某些货物在一定的条件下易发生缓慢的氧化反应而放出热量，导致货物内部温度升高的性质。自热往往会引起燃烧，甚至爆炸，还会使货物腐败变质。影响货物自热性的主要因素有外界的温度、湿度和CO_2浓度以及货物的堆码方式等。

3.自燃性

自燃性是指某些货物在自热的基础上导致温度升高而引起燃烧的性质。一般当货物温度超过其燃点时，如有足够的氧气便会自己发生燃烧。影响货物自燃性的主要因素有货物本身的还原性、货物颗粒的大小以及是否有适当的通风等。

4.化学爆炸性

化学爆炸性是指货物在外界的高温、高压或机械冲击等诱发下发生的剧烈的氧化反应。化学爆炸性是由货物内部同时具有氧化剂、还原剂两种化学成分，而化学爆炸的发生则需要外界因素的诱发。

5.腐蚀性

腐蚀性是指某些货物能对其他物质产生腐蚀性破坏作用的特性。影响货物腐蚀性的主要因素取决于包装或容器是否牢固、密封以及是否有合格的外包装。

（三）货物的生物性质

货物的生物性质是指其有机成分受微生物的作用发生腐败或霉变的性质。与运输有关的货物生物性质主要有腐败性和霉变性等。

1.腐败性

腐败性是指货物在常温下运输引起内部微生物大量繁殖，营养成分分解而腐败变质的性质。主要影响因素是温度、酸碱度、氧气浓度、外界的紫外线和射线及溶液的渗透压等。

2.霉变性

霉变性是指某些货物受霉菌的作用而发生霉变的性质。影响货物霉变的主要因素是水分和温度。

（四）货物的机械性质

货物的机械性质是指货物及其包装所具有的抵抗外界的压力和机械冲击的能力，可用耐压强度（单位为kPa）和允许冲击加速度（单位为g）来表示。与水上运输有关的货物的机械性质主要有易碎性和脆弱性等。

第二节 货物包装和标志

一、货物包装的概念和基本分类

我国国家标准《包装术语（第1部分：基础）》（GB/T4 122.1—2008）中定义：货物包装是为在流通中保护产品方便储运，促进销售，按一定技术方法而采用的容器、材料和辅助物的，或在此过程中施加一定技术方法等的操作活动。

在这里，货物包装有两层含义：一是指盛装产品的容器及其他包装用品，即“包装物”；二是指盛装或包扎产品的活动。包装是使产品从生产企业到消费者手中保护其使用价值和价值的顺利实现而具有特定功能的系统。同时包装又是构成商品的重要组成部分，是实现商品价值和使用价值的手段，是商品生产与消费之间的桥梁，与人们的生活密切相关。

（一）货物运输包装的作用

1.保护商品

运输和储存是商品在流通中受到外力破坏作用最多的两个环节。因此，包装应是一个坚固的防护体，以便在运输、装卸中有效地防止外力对商品的破坏，并能在堆码上承受上层商品的压力。

2.实行单元化

实行单元化是指将商品以某种单位集中起来，组成一个大的包装集体，包装单位的大小，视消费以及商品种类、特征、物流方式而定。包装单元化既方便物流，也方便商流。

3.便于识别

货物包装中用图形、文字、数字、指定记号和说明事项，以方便运输、装卸搬运、仓储、检验和交接等工作，保证货物能安全迅速地交给收货人。

4.实现包装标准化

货物在物流中，要经过运输、储存、装卸、搬运、配送等多个环节，不同的货物有不同的运输工具和储存条件，包装形式的不同，要求有一个环节联系系统衔接，这就是尺寸的标准化问题。包装尺寸统一标准，能使容器的装配最佳、交通工具的利用率最大，使物流高效、经济、迅速、安全地运行。

（二）货物包装分类

1.按包装的作用分类

按包装的作用，货物包装可分为外包装和内包装。

（1）外包装又称运输包装，主要用来防止货物因碰撞、挤压或跌落而受损以及防止货物的散落，同时坚固的外包装便于货物的装卸。外包装一般是硬包装。

（2）内包装又称商品包装，主要用来防潮、防震、防异味污染及气味散失等。内包装一般是软包装。

2.按包装的形式分类

按包装的形式，货物包装又可分为箱包装、袋包装、桶包装，以及特殊包装、裸装等。

（1）箱包装：如木箱、纸板箱等。

（2）捆包装：如捆包、包、布包等。

（3）袋包装：如麻袋、布袋、牛皮纸袋、编织袋、集装袋（俗称太空包）等。

（4）桶包装：如铁桶、罐、听、大琵琶桶等。

（5）特殊包装：如瓶、坛、篮、笼、钢瓶等。

（6）裸装：如盘、卷、捆、块、件等。

3.危险货物包装

危险货物包装按其适用范围可分为通用包装和专用包装。

（三）货物标志及分类

为便于货物的运输和识别，由发货人涂刷（或拴挂或粘贴）在货件两端的文字、符号和图案通称为货物标志。

1.主标志

主标志是货物标志的主体，是货物运输中识别同批货物的基本标志。通常用文字或代号表示，其内容有收货人名称、贸易合同编号或信用证编号和发货符号等。在有关的货运单证如装货单、舱单、提单上都要记录主标志的内容。

2.副标志

副标志是主标志的补充，其内容包括发货港、卸货港、货物品名、规格、编号、尺码、重量等。

主标志和副标志是为货物收发、交接和运输提供必要的方便条件，故又统称为运输标志。

3.注意标志

注意标志又称辅助标志，多是各种形象的图案并辅以文字说明，用以显示货物的性质以及提示有关装卸、搬运和保管的注意事项，对减少货损，保证货物、设备及人身安全都起着重要作用。

注意标志包括指示标志和危险货物标志。

（1）指示标志又称保护标志，用以提示在装卸作业、存放保管货物、开启包件等方面的注意事项。指示标志主要参照我国颁布和施行的《包装储运图示标志》（GB/T 191—2008）中的国家标准图案（如表3-11-1所示），其中“重心”“由此起吊”“由此夹起”应表示在货物外包装的实际位置上。

表3-11-1　货物标志名称和图形

序号	标志名称	标志图形	含义	备注／示例
1	易碎物品		运输包装件内装易碎品，因此搬运时应小心轻放	使用示例：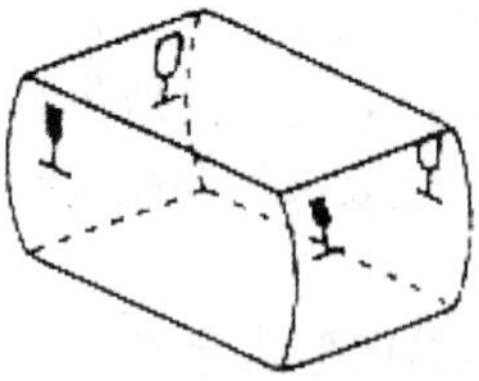
2	禁用手钩		搬运运输包装件时禁用手钩	
3	向上		表明运输包装件的正确位置是竖直向上	使用示例：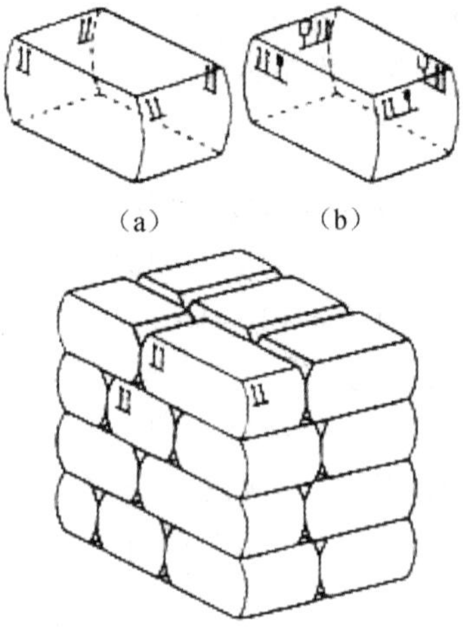 (a) (b) (c)
4	怕晒		表明运输包装件不能直接照晒	

续表

序号	标志名称	标志图形	含义	备注／示例
5	怕辐射		包装物品一旦受辐射便会完全变质或损坏	
6	怕雨		包装件怕雨淋	
7	重心		表明一个单元货物的重心	使用示例： 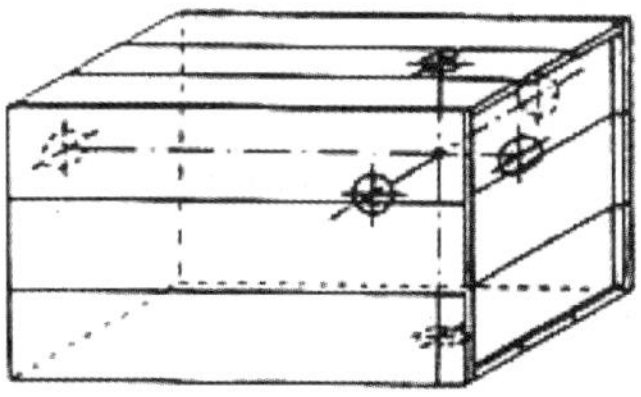 本标志应标在实际的重心位置上
8	禁止翻滚		不能翻滚运输包装	
9	此面禁用手推车		搬运货物时此面禁放手推车	
10	禁用叉车		不能用升降叉车搬运的包装件	

续表

序号	标志名称	标志图形	含义	备注／示例
11	由此夹起	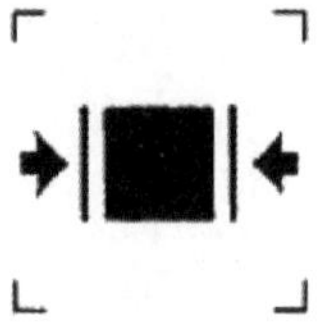	表明装运货物时夹钳放置的位置	
12	此处不能卡夹		表明装卸货物时此处不能用夹钳夹持	
13	堆码重量极限		表明该运输包装件所能承受的最大重量极限	
14	堆码层数极限	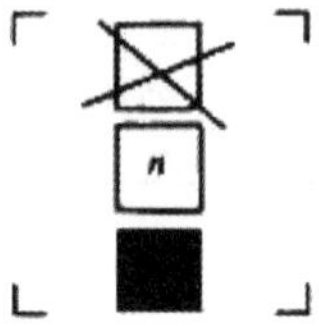	相同包装的最大堆码层数，n 表示层数极限	
15	禁止堆码	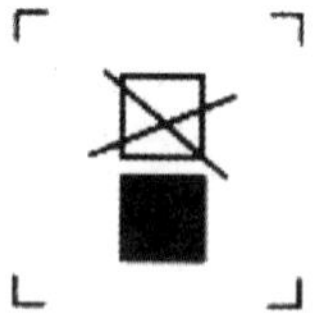	该包装件不能堆码并且其上不能放置其他负载	
16	由此吊起	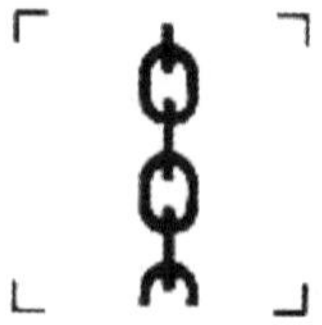	起吊货物时挂链条的位置	使用示例：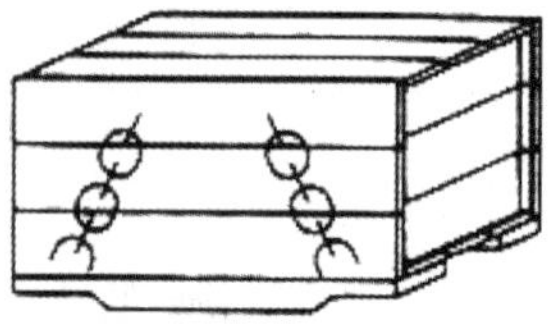本标志应标在实际的起吊位置上

续表

序号	标志名称	标志图形	含义	备注／示例
17	温度极限		表明运输包装件应该保持的温度极限	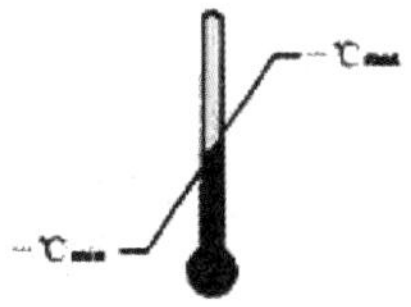 a） 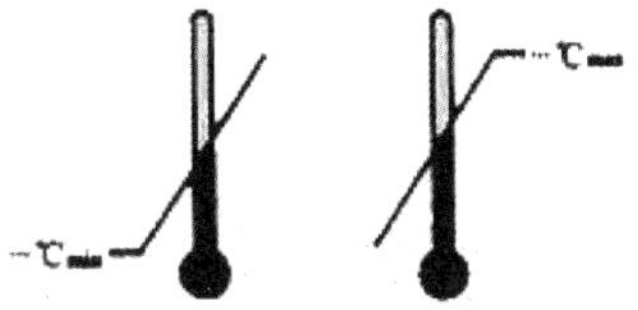 b）

（2）危险货物标志

危险货物标志也称警戒标志，是对易燃、易爆、易腐、有毒、放射性等危险商品，为起警示作用在运输包装上加印的特殊标记，也是由文字与图形构成。国家标准《危险货物包装标志》（GB 190—2009）对危险货物包装标志的图形、适用范围、颜色、尺寸、使用方法均有明确规定。危险货物标志的图形共26个，其图形分别标示了9类危险货物的主要特性，如表3-11-2所示。

表3-11-2　危险货物包装标签

标志图形	标志名称	标志简介
	爆炸性物质或物品	爆炸性物质或物品对应危险货物类和编号1.1/1.2/1.3（符号：黑色，底色：橙红色）
	爆炸性物质或物品	爆炸性物质或物品对应危险货物类和编号1.4（符号：黑色，底色：橙红色）
	爆炸性物质或物品	爆炸性物质或物品对应危险货物类和编号1.5（符号：黑色，底色：橙红色）

续表

标志图形	标志名称	标志简介
	爆炸性物质或物品	爆炸性物质或物品对应危险货物类和编号1.6（符号：黑色，底色：橙红色）
 	易燃气体	易燃气体对应危险货物类和编号2.1（符号：黑色或白色，底色：正红色）
 	非易燃无毒气体	非易燃无毒气体对应危险货物类和编号2.2（符号：黑色或白色，底色：绿色）
	毒性气体	毒性气体对应危险货物类和编号2.3（符号：黑色，底色：白色）
 	易燃液体	易燃液体对应危险货物类和编号3（符号：黑色或白色，底色：正红色）
	易燃固体	易燃固体对应危险货物类和编号4.1（符号：黑色，底色：白色红条）

续 表

标志图形	标志名称	标志简介
	易于自燃的物质	易于自燃的物质对应危险货物类和编号4.2（符号：黑色，底色：上白下红）
	遇水放出易燃气体的物质	遇水放出易燃气体的物质对应危险货物类和编号4.3（符号：黑色或白色，底色：蓝色）
	氧化性物质	氧化剂对应危险货物类和编号5.1（符号：黑色，底色：柠檬黄色）
	有机过氧化物	有机过氧化物对应危险货物类和编号5.2（符号：黑色或白色，底色：红色和柠檬黄色）
	毒性物质	毒性物质对应危险货物类和编号6.1（符号：黑色，底色：白色）
	感染性物质	感染性物质对应危险货物类和编号6.2（符号：黑色，底色：白色）

续表

标志图形	标志名称	标志简介
	一级放射性物质	一级放射性物质对应危险货物类和编号7A（符号：黑色，底色：白色，附一条红竖条） 黑色文字，在标签下半部分写上："放射性""内装物_______""放射性强度______"，在"放射性"字样之后应有一条红竖条
	二级放射性物质	二级放射性物质对应危险货物类和编号7B（符号：黑色，底色：上黄下白，附两条红竖条） 黑色文字，在标签下半部分写上："放射性""内装物______""放射性强度______"，在"放射性"字样之后应有两条红竖条
	三级放射性物质 国标代码：GB 190—2009	三级放射性物质对应危险货物类和编号7C（符号：黑色，底色：上黄下白，附三条红竖条） 黑色文字，在标签下半部分写上："放射性""内装物______""放射性强度______"，在"放射性"字样之后应有三条红竖条
	腐蚀性物质	腐蚀性物质对应危险货物类和编号8（符号：上黑下白，底色：上白下黑）
	杂项危险物质和物品	杂项危险物质和物品对应危险货物类和编号9（符号：黑色，底色：白色）

第三节 忌装货物的忌装要求

一、各类货物的装载要求

除了危险货物、重大件和冷藏货物外，各类货物的装载要求包含以下几个方面：

（一）散装货物

装载前应根据货物的要求做好货舱准备工作，用麻布或其他等效材料铺盖舱内污水井，以防其盖的漏水孔被货物堵塞或货物落入污水井内。货物的舱位一般应选择大舱底舱作打底货，以利于装卸，如因港序限制需装二层舱时，其底舱货物的上面应予铺盖，以防开启二层舱盖时舱内的残留散货污染底舱的货物。货物装舱后应按要求平舱，并考虑为卸货创造有利条件；多票散货不宜同舱配置，不应与怕潮货物同舱配置。不能使用小块、易破碎的材料作衬隔。

（二）液体货物

散装液体货物应配置于深舱。包装液体货物视包装不同确定舱位。大桶包装的液体货物应在大舱打底，不宜配置于小舱。装载时，货件与舱底之间、每层货物之间应铺一层木板，货堆高度不能超过限高。若配于二层舱，一般只能堆一个高，其上配以其他小件货或轻货，以利装卸和充分利用舱容；小包装的液体货物应配置在二层舱或上甲板（必须征得货主同意）单独堆装，上面不能压其他货物，并在二层舱的舱盖上加以铺盖，以防液体渗漏时流入底舱。当液体货不能铺满一层时应堆装在舱的后部，以减少破损后的污染。

（三）气味货物

气味货物可以分为食品类气味货、香性气味货和臭性气味货。装载时，同类气味货应尽量集中配置，不同类气味货应分舱室配置，所有的气味货应与所有的食品货及其他怕气味的货物分舱室配置，装于上甲板的气味货应尽量远离船员住所并置于其下风向。

（四）食品类货物

食品类货物要求清洁、符合卫生要求，其怕气味、怕污染。所有危险货物、气味货物都不能与食品类货物同舱室或相邻配置。食品类货物与危险货物的隔离要求必须符合危险货物的运输要求。袋装食品货物与污染货物不能同舱室配置。有的食品货还有怕热、有毒等特性，应根据其装载要求合理选配舱位。

（五）扬尘污染货物

扬尘污染货物装载时主要应防止其对其他货物的污染。因此，它不能与怕粉尘、怕污染的货物同舱配置或相邻配装。扬尘污染货物应尽量先装后卸，最好配置于底舱的最底层，并尽量减少其堆装面积，以减少污染，装妥后应进行清扫铺盖，再装其他货物。有些怕热的货物（如沥青）应远离热源。

（六）清洁货物

清洁货物不能与有杂质的货物、扬尘污染货物、油污货物同舱配置或相邻堆装。装货前应按要求做好货舱的清洁工作，装载时应做好衬垫隔票，以防止其受到污染。

（七）易碎货物

易碎货物应配置于舱的上层或舱口位，后装先卸，以减少受损机会。易碎货物的堆码层数不能超过限高，其上不许再堆装其他货物。

（八）贵重货物

贵重货物主要是防窃。应尽可能配置于贵重货舱，少量极贵重的货物应由船上专人单独保管，对于没有贵重货舱的船舶，贵重货物应配置于二层舱深处的角落里，并用其他货物做保护性隔堵，而且其货位应尽量集中。

二、货物互抵性的概念

货物互抵性是指不同货物同舱装载或同库存放时，一种货物对另一种货物的质量能产生不良影响或相互损害的性质。它是由货物的理化性质所决定的，如有毒物品对食品有严重的不良影响。货物互抵性决定了在运输时候需要采取隔离的方式。

三、忌装货物的辨别

货物互抵性主要从理化性质是否影响其他货物货或相互影响来分析并予以辨别。为便于辨别，可将这些货物归纳为以下几类，然后确认哪些货物与其不能混装。

（一）易引起化学反应的货物

易引起化学反应的货物主要包括金属制品、棉皮制品、文具纸张、化肥、水泥、茶叶等，它们与酸、碱、盐等有腐蚀性和潮解性的货物混装时，会使货物因腐蚀、中和等作用而降低或丧失使用价值。

（二）食品类货物

食品类货物如谷物、茶叶、蜂蜜、调味品、果菜、食糖等，不能与气味货、有毒物质混装，对此，应慎重配装。

应该注意的是，因货物成分不同，气味货对食品类货物的影响也不同。强烈气味货如骨粉、鱼粉等本身气味极强，对食品影响较大；一般气味货如化妆品、香精、生皮类、毛发等，危害较强气味货小些；食品类气味货如烟叶、辣椒干、调料等，具有忌装和感味双重性。

（三）忌杂质的货物

粮食、纸浆、耐火材料、金属矿石、滑石粉、焦炭等均属于忌杂质的货物，它们除在装载前彻底清扫货舱外，尚应注意与扬尘污染货等隔离装载。

（四）忌油污或污染的货物

棉麻及其制品、橡胶及其制品均为忌油污的货物，清洁货物如丝绸、纸张、滑石粉及食品类均为忌污染的货物，配装时应分别与桶装油类、油脂等和水泥、炭黑等扬尘污染货隔离。

（五）忌潮湿的货物

玻璃、棉花、工艺品、烟叶、茶叶、糖类等均为忌潮湿的货物，它们均不能与散发水分的货物（如谷物、果菜、矿石、木材等）混装，应尽可能隔离装载。

常见忌装货物间隔参见表3-11-3部分忌装货物隔离表。

四、忌装货物的隔离等级

根据货物互抵程度，忌装货物可分成以下3种隔离等级：

（一）不同舱

不同舱即性质互抵的货物不能装载在同一货舱，而且必须分装在不同的货舱内。

（二）不同室

不同室即互抵货不能装载在同一舱室，它们可分别装在同一货舱的二层舱和底舱。

（三）不相邻

不相邻即在性质互抵的货物之间用非互抵货隔离，从而使互抵货物不直接相接触。

表3-11-3　部分忌装货物隔离表

忌装货1	忌装货2	混装后果	忌装要求
钢铁，金属，电池	酸，碱，化肥	腐蚀	与贵重钢材不同室，与一般金属不相邻
五金，白铁皮，铝锭	纯碱	腐蚀	不同室
白铁皮，黑铁皮	食盐	生锈	不同室
棉，皮，文具，纸张	酸，碱	腐蚀	不同室
橡胶	酸，碱，苯，乙醚，二硫化碳	溶解腐蚀	不同室
玻璃制品	纯碱，潮湿货	玻璃表面发毛，受潮不易分开	不同室
硫酸铵，氯化铵，过磷酸等酸性肥料	碱类	中和，失去肥效	不同室
萤石，白云石，方解石	酸类	遇酸溶解并生成有毒物质	不同室
尼龙制品	樟脑	两者有亲和力，樟脑气味进入尼龙制品影响其强度和染色牢度	不同室

续表

忌装货1	忌装货2	混装后果	忌装要求
水泥	食糖，氨肥，氧化镁	水泥混入食糖失去凝固作用，氨肥混入水泥降低肥效，混入氧化镁的水泥使用价值下降	不同室
滑石粉，膨润土	生铁，矿砂	滑石粉和膨润土混入杂质降低其使用质量	不同室
食品	气味货	气味严重	不同舱（至少不同室）
食品	有毒货，包括有些中药材	食品类货物污染不能食用	不同舱（至少不同室）
耐火材料（镁砂，焦宝石，黏土，矾土等）	铁，煤，石屑，木块，氧化镁，氧化钙，垃圾等	混入杂质的耐火材料影响其耐火温度	不同室
铅块，铝块	各种矿，砂，煤等	混入杂质影响质量	不同室
焦炭	硫化铁	混入含硫杂质影响炼钢质量	不同室
生丝，麻织品	扬尘污染货	污染后影响质量	一般不同室，包装封闭可同室但不相邻
棉花，棉麻制品	桶装油，种子饼，五金机械（有防锈油），火腿，肉类	受油污染，易自热、自燃	不相邻
纸浆，木浆，芦苇浆	生铁，纯碱，矿渣	造纸原料混入杂质影响质量	不相邻
工艺品，棉制品	潮湿货	工艺品受潮影响使用质量，棉织品受潮易发热	不同舱
茶叶	酸性物质	酸碱中和，使茶叶无味	不同室
茶叶，烟叶，罐头	潮湿货	茶叶、烟叶受潮变质，罐头受潮生锈	不同舱
水果	粮谷	粮谷受潮霉变发热，水果受热蒸发水分	不同舱
硝酸	锌，镁粉，金属，松节油	混合发生燃烧或爆炸	不同舱

第四节 货物标志识别实操训练

一、实训项目一：包装储运标志识别

根据《包装储运图示标志》（GB 191—2008）的相关要求辨别下列标志图案（如图3-11-1所示）的名称并解释标志含义。

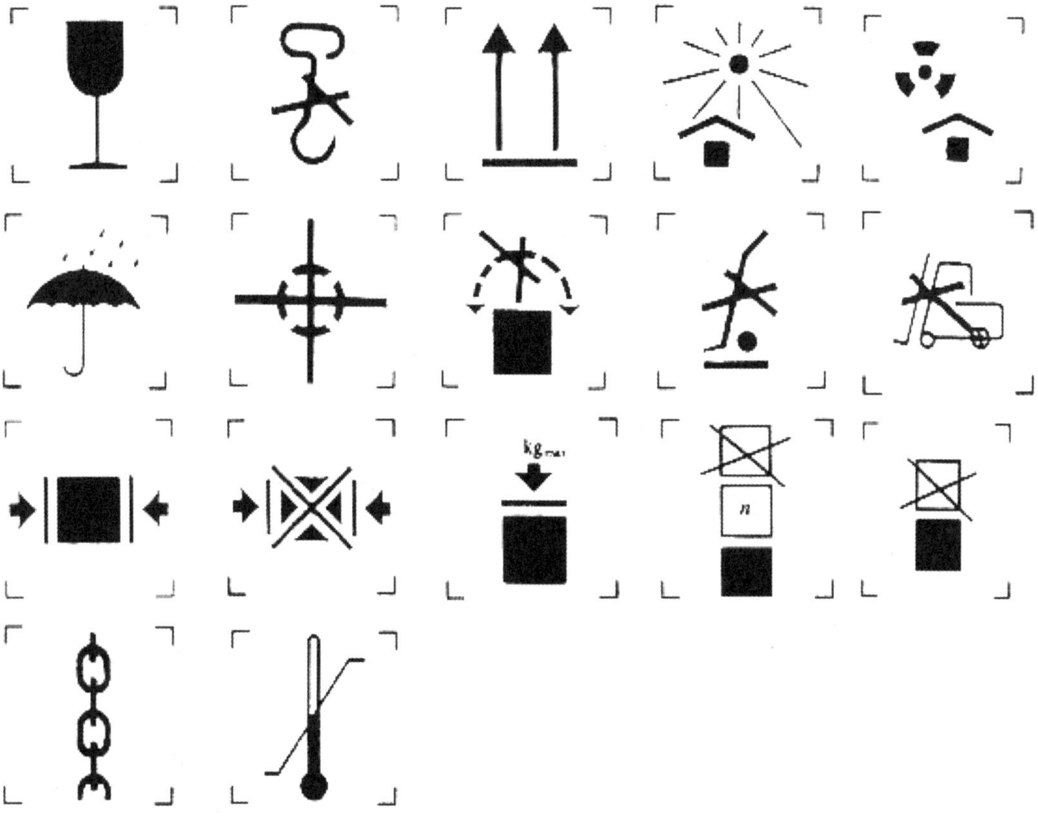

图3-11-1　货物包装储运标志图

二、实训项目二：危险货物包装标志识别

根据《危险货物包装标志》（GB 190—2009）的相关要求辨别下列标志（如图3-11-2所示）名称并解释标志含义。

图3-11-2　危险货物包装标志图

三、实训项目三：忌装货物识别

按表3-11-4中所列内容说明忌装货物的混装的后果及忌装与隔离要求。

表3-11-4　忌装货物实训表

忌装货A	忌装货B
钢铁，金属，电池	酸，碱，化肥
五金，白铁皮，铝锭	纯碱
白铁皮，黑铁皮	食盐
棉，皮，文具，纸张	酸，碱
橡胶	酸，碱，苯，乙醚，二硫化碳
玻璃制品	纯碱，潮湿货
硫酸铵，氯化铵，过磷酸等酸性肥料	碱类
萤石，白云石，方解石	酸类
尼龙制品	樟脑
水泥	食糖，氨肥，氧化镁
滑石粉，膨润土	生铁，矿砂
食品	气味货
食品	有毒货，包括有些中药材
耐火材料（镁砂，焦宝石，黏土，矾土等）	铁，煤，石屑，木块，氧化镁，氧化钙，垃圾等
铅块，铝块	各种矿，砂，煤等
焦炭	硫化铁
生丝，麻织品	扬尘污染货
棉花，棉麻制品	桶装油，种子饼，五金机械（有防锈油），火腿，肉类
纸浆，木浆，芦苇浆	生铁，纯碱，矿渣
工艺品，棉制品	潮湿货
茶叶	酸性物质
茶叶，烟叶，罐头	潮湿货
水果	粮谷
硝酸	锌，镁粉，金属，松节油

四、实训项目四：货物标志实例识别

货物托运人应负责保证货物标志的正确和完整以及在目的地交货时仍能保持其完整和清晰。船方在收受货物时，如遇标志不清或不符合要求，应请货主及时按规定加以补正，否则船方可以拒绝货物装船。船方在货物积载、装卸和保管中，应严格按货物标志分隔货物，合理安排舱位，并按标志所指示的要求处理货物。按图3-11-3所示的货物标志内容训练货物标志具体内容的组合识别。

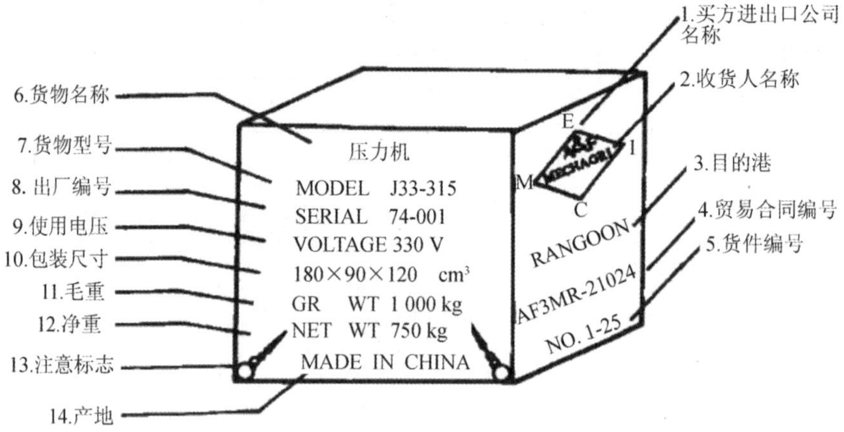

图3-11-3 货物标志实例图

第十二章

货物积载与系固

货物积载与系固要求船员掌握集装箱货物积载与系固的基本知识，培训船员集装箱配积载作业及集装箱系固方法和绑扎件的使用的基本技能。

第一节 集装箱货物积载与系固

一、集装箱的规格、箱位和标记

（一）集装箱的定义

集装箱也称为“货柜”或“货箱”，是一种具有足够强度，可长期反复使用，可快速装卸和搬运，便于从一种运输方式转移到另一种运输方式且具有一定容积的标准化运输设备。集装箱运输是指把适于集装箱运输的货物装入标准化的集装箱内，并将集装箱作为货运单元从一地的门、货运站（简称CFS）或堆场（简称CY），通过公路、铁路、水路或航空，运到另一地的门、货运站或堆场的一种现代化运输方式。集装箱运输为实现货物运输与装卸的机械化和自动化创造了条件。

根据国际标准化组织第104技术委员会（ISO/TC104）的规定，集装箱应具备以下条件：

（1）具有足够的强度，可长期反复使用。

（2）适于以一种或多种运输方式运送，途中转运时，箱内货物不需换装。

（3）具有快速装卸和搬运的装置，特别便于从一种运输方式转移到另一种运输方式。

（4）便于货物装满和卸空。

（5）具有1 m^3及1 m^3以上的容积。

（二）集装箱标记

为了便于集装箱在国际运输中的识别、管理和交接，国际标准化组织制定了《集装箱的代号、识别和标记》国际标准，规定了集装箱标记的内容、标记字体的尺寸、标记位置等，可分为必备标记和自选标记两大类。

1.集装箱的必备标记

（1）集装箱箱号

集装箱箱号按顺序分别由箱主代码、顺序号和核对数字共11位代码组成，其在集装箱上的标注位置如图3-12-1所示。

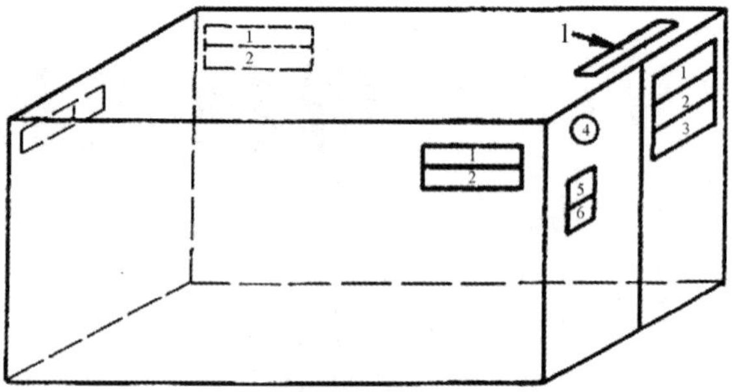

图3-12-1　集装箱标记位置图

1—集装箱箱号位置；2—尺寸和类型代码位置；3—额定重量和自重标记位置；
4—被授权的组织标记位置；5—CSC安全合格牌照；6—CCC海关批准牌照

箱主代码用4个大写拉丁字母表示，前三个字母为特定箱主代号，最后一个字母为设备识别码，如“COS”为中国远洋运输（集团）总公司箱主代号，“APL”为美国总统轮船公司箱主代号，设备识别码规定为：“U”表示常规集装箱，“J”表示带有可拆卸设备的集装箱，“Z”表示集装箱车和底盘车。为避免箱主代号出现重号，所有箱主所使用代号之顺序号由6位阿拉伯数字组成，用以区别同一箱主的不同集装箱，若有效数字不足6位，应在数字前加0补足。

核对数字用一位阿拉伯数字表示，用以验证箱主代号和顺序号的准确性，位于顺序号之后，并加方框以醒目。其值是由箱主代码的四位字母和顺序号的6位数字通过一定方法换算而得，如图3-12-2所示。

COS	U	001234	2
箱主代码	设备代码	顺序号	核对数字

图3-12-2　集装箱箱号

（2）额定重量和自重

额定重量（Maxgross）为箱的允许最大总重，自重（Tare）是空箱重量。集装箱的额定重量和自重要求同时以kg（千克）和lb（磅）标示。容积（Cube）为箱子的容积，要求同时以cu. m（立方米）和cu.ft（立方英尺）标示，如：

MAXGROSS	24 000 kg
	52 910 lb
TARE	1 620 kg
	3 570 lb

（3）超高标记

凡高度超过2.6 m（8.5 ft）的集装箱均应有如图3-12-3所示的超高标记，通常在箱的两侧和两端都设有此类标记。

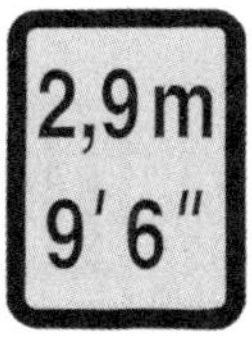

图3-12-3　超高标记

（4）登箱顶触电警告标记

因罐式集装箱在运输中箱内液体与箱壁的冲击可能积聚较高的电位，所以一般在这类箱子位于邻近登箱顶的扶梯处标有登箱顶触电警告标记，以警告登箱顶者有触电的危险，如图3-12-4所示。

图3-12-4　登箱顶触电警告标记

（5）空陆水联运集装箱标记

此类集装箱设计了适于空运的系固和装卸装置。因其设计强度较低，海上运输时这类箱禁止在甲板上堆装，而在舱内堆码时箱上最多允许堆装1层箱；在陆地上堆码时，这类箱上规定最多允许堆装2层箱，如图3-12-5所示。

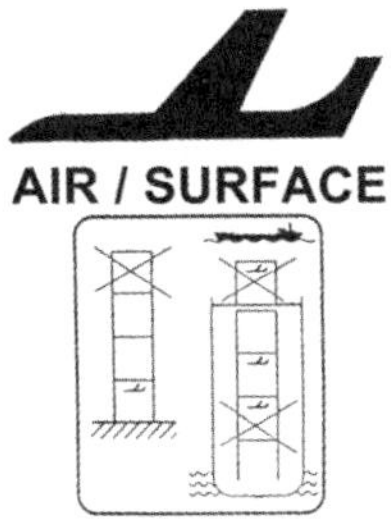

图3-12-5　空陆水联运集装箱标记

2.集装箱的自选标记

（1）尺寸和类型代码

尺寸和类型代码由四位字母与数字组成，前两位表示箱子的外形尺寸，后两位表示箱子的类型及其特征。尺寸代码中的第一位字母或数字表示箱长，如“2”表示箱长为20 ft，“4”表示箱长为40 ft，“L”表示箱长为45 ft，“N”表示箱长为49 ft等；第二位字母或数字表示箱宽和箱高，如“2”表示箱宽和箱高分别为8 ft和8.5 ft，“5”表示箱的宽度和高度分别为8 ft和9.5 ft等。类型代码第一位由拉丁字母表示箱型，如“G”表示通用集装箱，“B”表示干散货集装箱，“R”表示保温集装箱；第二位用1个数字表示该箱型的主要特征。箱型和主要特征构成统一的整体，如G0为该箱型中一端或两端开门的集装箱，G1为该箱型中货箱上部空间设有透气孔的集装箱，B5表示该箱为水平卸货且试验压力为150 kPa等。

（2）国际铁路联盟标记

凡符合《国际铁路联盟条例》规定的技术条件的集装箱可以获得此标记，如图3-12-6所示。标记方框上部的“iC”表示国际铁路联盟。标记方框下的数字表示某铁路公司代码（33是中华人民共和国铁路的代码）。

图3-12-6　国际铁路联盟标记

此外，为确保集装箱对运输工具的安全，国际标准化组织要求检验机关（多为被授权的船级社）对符合该组织所制定标准并经试验合格的集装箱，在箱门处加贴该检验机关的检验合格徽记，符合人身安全检验的集装箱加贴“CSC安全合格”金属标牌。《集装箱海关公约》（简称CCC）要求经批准符合运输海关加封货物技术条件的集装箱增加标有“经批准作为海关加封货物运输”字样的金属牌，以便于集装箱进出各国国境时，不必开箱检查箱内货物，以加速集装箱的流通。对运往澳大利亚和新西兰的集装箱，还应增加表明集装箱所用的裸露木材已经免疫处理的“免疫牌”等。

（三）集装箱船的箱位表示方法

图3-12-7为内河集装箱船的箱位编号示意图，在内河集装箱船运输管理中，根据内河主流集装箱船的结构现状，多采用舱内积载的方式，一般不设舱盖结构。为准确表示每一集装箱在船上的装载位置，参照ISO制定了国际统一的箱位代码编号方法，分别用行号、列号和层号来表示箱位。

1.行号

如图3-12-7（b）、（c）所示，行号为集装箱箱位的纵向坐标，自船首向船尾按序排列。装20 ft箱的箱位排号依次以01、03、05、07……奇数表示。当纵向两个邻近20 ft箱位上装40 ft集装箱时，则该40 ft箱位以介于所占的两个20 ft箱位奇数排号之间的偶数表示，即02、04、08、12、16、20……

2.列号

如图3-12-7（a）、（d）所示，列号为集装箱箱位横坐标，以船中剖面为基准，向两舷分别依次排序，自中向右的箱位列号以01、03、05……奇数表示，向左舷的箱位列号为02、04、06……偶数表示，两舷列数相等。若船舶箱位总列数为奇数，中纵剖面上存在一列，该列编号为00。

3.层号

如图3-12-7（a）所示，层号为集装箱箱位的垂向坐标，按舱内积载自下而上依次排序，内以全船的最底层为基准，其层号以第一层、第二层、第三层……（或以01、02、03……）为序表示。

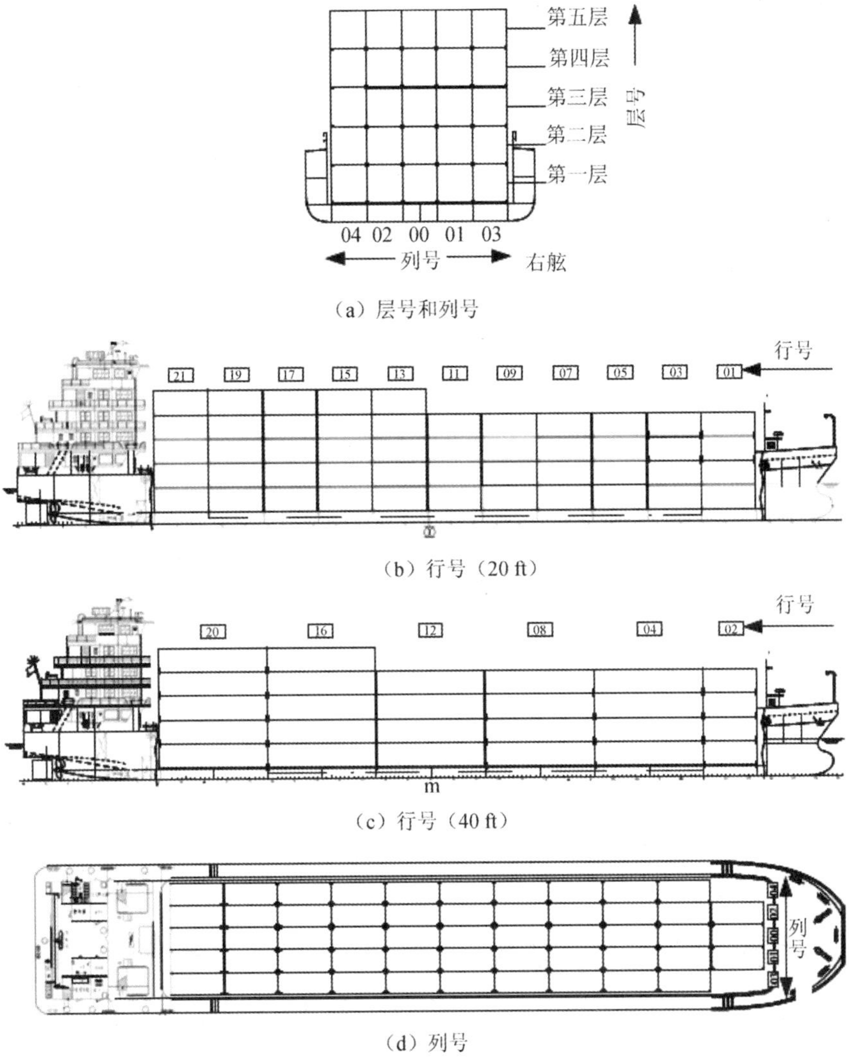

图3-12-7 内河集装箱船的箱位编号示意图

二、集装箱系固设备及其使用

(一) 内河船舶主要集装箱系固设备

常用集装箱系固设备为标准货系固设备，根据其使用状态可分为固定式系固设备和便携式系固设备。固定式系固设备包括底座、固定锥、可折地令、眼板、支撑底座等，便携式系固设备包括扭锁、桥锁、花篮螺丝与绑扎杆及辅助工具等。下面仅就内河船舶常用的主要集装箱系固设备及其使用要求做简单介绍。

1.底座

底座直接焊接在舱底、甲板、支柱及舱盖上，相互之间的距离按集装箱四角角件孔的尺寸设计，并通过安放在其上的扭锁、底座扭锁或定位锥来对集装箱进行定位和固定。主要有以下几种：

（1）突出式底座

突出式底座主要用于舱盖、支柱及甲板上，其主体部分突出在结构的表面，用于安放并固定扭锁。突出式底座有单式、横向双式及纵向双式三种形式，如图3-12-8所示。

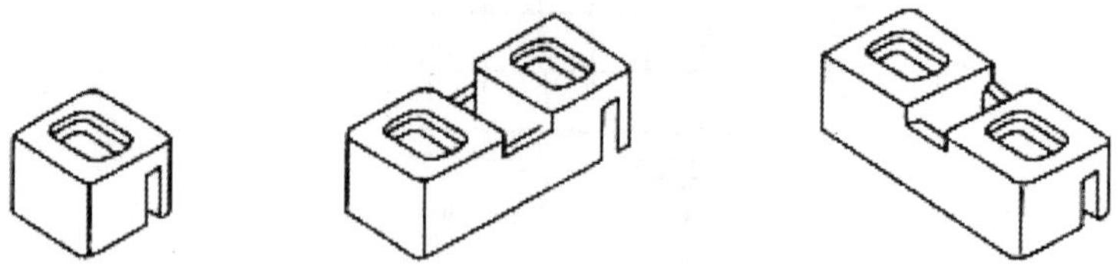

（a）单式　（b）横向双式　（c）纵向双式

图3-12-8　突出式底座

（2）突出式滑移底座

突出式滑移底座焊接位置同突出式底座，有单滑移式、横向双连单滑移式、纵向双连单滑移式三种形式，如图3-12-9所示。滑移式底座允许适当调整底座的间距。

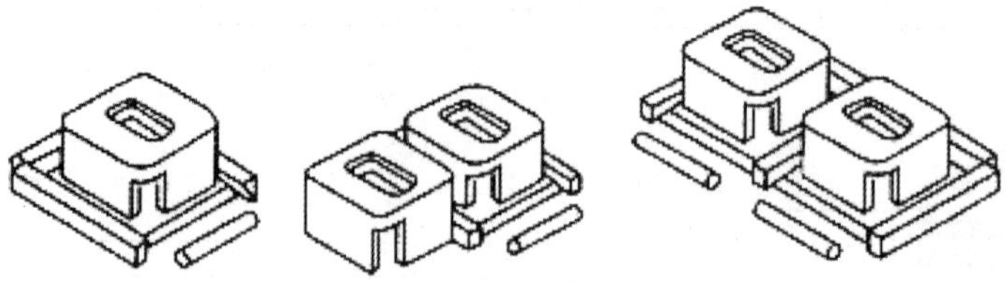

（a）单滑移式　（b）横向双连单滑移式　（c）纵向双连单滑移式

图3-12-9　突出式滑移底座

（3）埋入式底座

埋入式底座主要用于舱底，也有用于舱盖上的，有单式、横向双式、纵向双式及四连式四种，如图3-12-10所示。

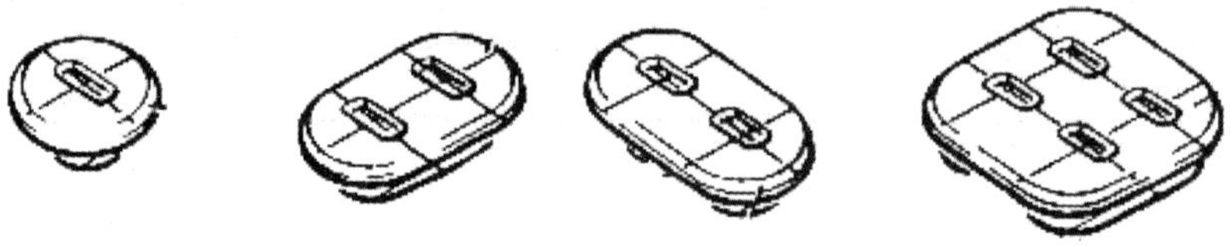

（a）单式　（b）横向双式　（c）纵向双式　（d）四连式

图3-12-10　埋入式底座

2.固定锥

固定锥通过一复板直接焊接在舱底的前、后端导轨底脚处，固定锥插入集装箱的角件孔内，用于固定舱内最底层集装箱，如图3-12-11所示。

图3-12-11　固定锥

3.可折地令

可折地令主要用于舱盖、甲板、集装箱支柱及绑扎桥上，多用途船也将其用于舱底。它作为一个系固点与花篮螺丝、绑扎杆等组成系固系统固定集装箱，如图3-12-12所示。

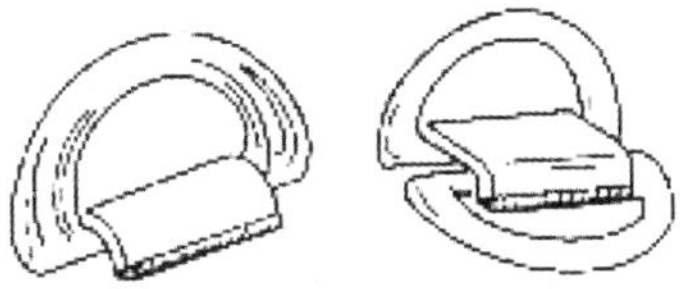

图3-12-12　可折地令

4.眼板

眼板位置与作用同可折地令，一般不用于舱内。眼板有单眼、双眼、三眼及四眼等几种，如图3-12-13所示。

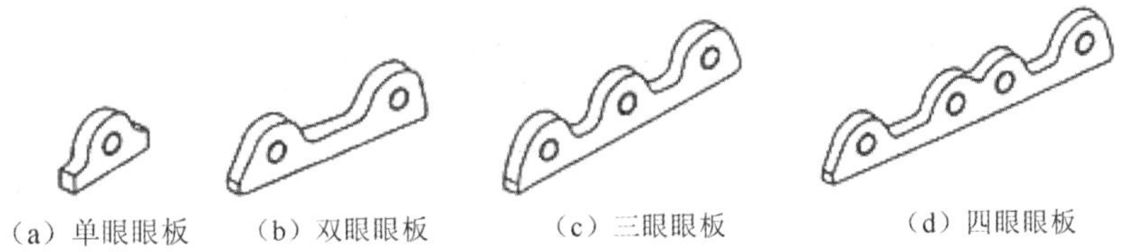

图3-12-13　眼板

5.扭锁

扭锁如图3-12-14所示，是用于甲板上两个集装箱之间的垂向连接锁紧装置，以防止集装箱的倾覆和滑移。使用时，先将手柄置于非锁紧位置，然后将它放置到下层集装箱顶部的角件内，待上层集装箱装妥后，转动手柄，使上、下两个集装箱被连接起来。

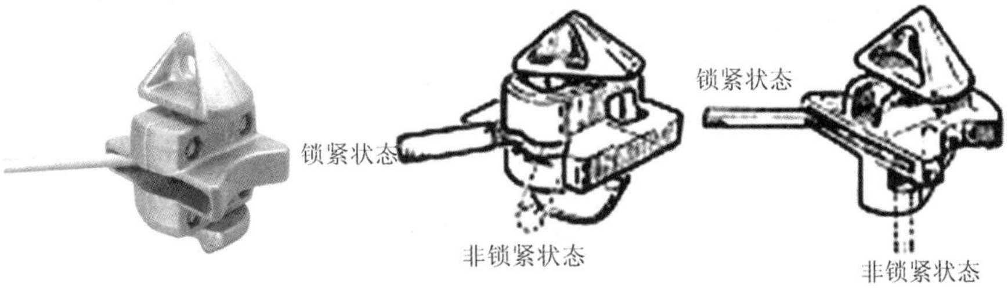

图3-12-14　扭锁

目前内河船舶上较多使用的是一种新型的半自动扭锁，如图3-12-15所示，装箱时只需将扭锁装于集装箱底部角件内，当集装箱置于船上箱位时，受箱体压力作用该钮锁能自动转动锁锥使其处于锁紧状态。需取下扭锁时，则使用专用开锁棒，扭动开锁销将其拉出，从而打开扭锁与舱盖或与另一集装箱顶部角件的连接，再用桥吊吊下集装箱，在码头上由人工将其取下。

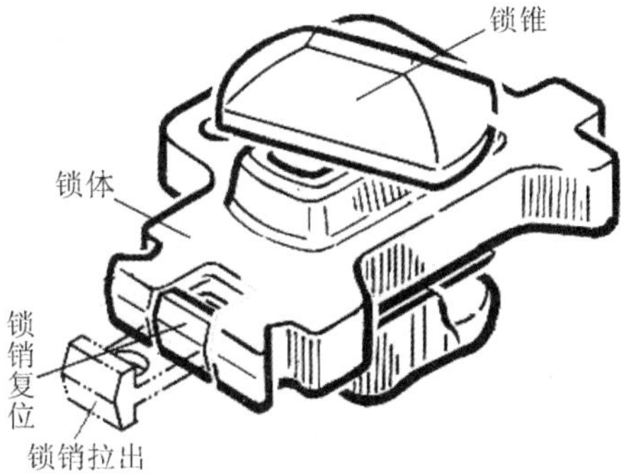

图3-12-15　半自动扭锁

6.底座扭锁

底座扭锁如图3-12-16所示，主要用在甲板上，使最下层集装箱与甲板连接。使用时，先将手柄置于非锁紧位置，再将它装于箱位的底座上，待集装箱堆装妥后，旋转手柄使锁锥转动，从而使集装箱和船体连接成一体。底座扭锁仅与燕尾底座配套使用，其作用和操作方法与扭锁相同。

图3-12-16　底座扭锁

7.桥锁

桥锁如图3-12-17所示，是用于对最上一层相邻两列集装箱进行横向水平连接的系固设备，用以分散主系固设备所承受的负荷，从而提高系固效果。使用时，将两个锁钩分别插入两个集装箱的角件孔中，然后旋转调节螺母，使之收紧。

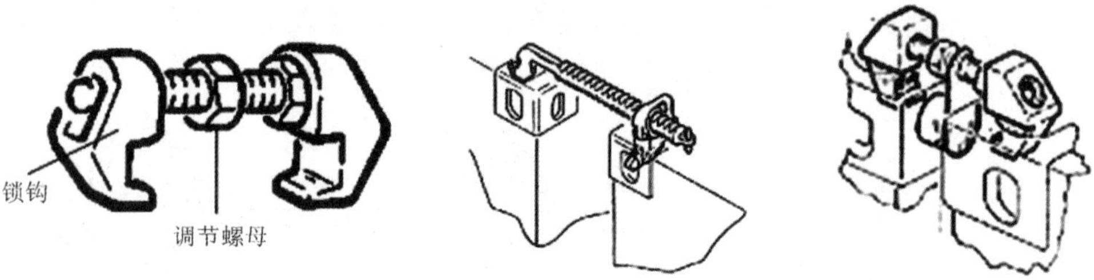

图3-12-17　桥锁

8.定位锥

定位锥又称为中间堆锥，分为单头定位锥和双头定位锥两种。其作用是将定位锥置于两层集装箱之间，用于集装箱定位，并能防止集装箱的水平滑移，双头定位锥还能用于相邻两列集装箱之间的水平连接。定位锥通常在舱内40 ft上装载20 ft集装箱时用于固定20 ft装箱。

定位锥的使用方法与半自动扭锁相似，不同点是它不存在卸箱时必须先由人工将锁销拉出这一过程，而是靠锁紧装置自动将定位锥转换成非锁紧状态，如图3-12-18所示。即首先将20 ft集装箱一端的半自动扭锁由人工将锁销拉出，使之转为非锁紧状态，桥吊缓慢起吊，此时自动定位锥将会在桥吊的拉力作用下，锁紧装置动作并解锁，从而完成卸箱工作。

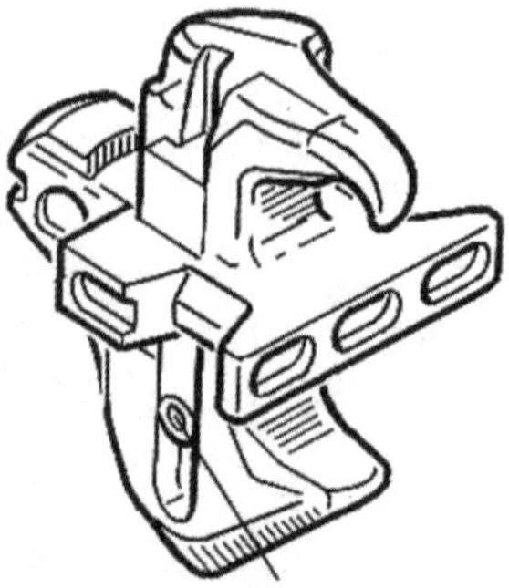

图3-12-18　定位锥

9.锥板

锥板又称为底座堆锥，分为两种类型：一种又称为可移动锥板，其结构特点是上为锥头下为插杆，仅与插座配套使用，有单头、横向双头、纵向双头和四连四种；另一种底座锥头为单头，上、下均为锥头，与板式底座配套使用，如图3-12-19所示。使用时，将其插入集装箱箱位底座内，然后将集装箱底部角件与其耦合，用于集装箱定位和防止集装箱滑移。通常在舱内40 ft箱位上装载20 ft装箱时使用。

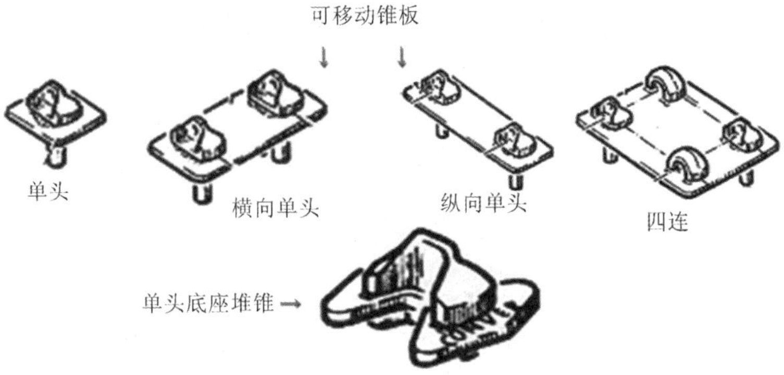

图3-12-19　锥板

10.高度补偿器

高度补偿器又称为调整堆锥，用于装载某些非标准高度的集装箱时调整其高度至标准状态。常用于补偿相邻两列同一层号但因箱高不同引起的集装箱顶角件的高度差，以便于使用系固设备或在纵向相邻两行20 ft顶部堆装40 ft等，如图3-12-20所示。补偿器有多种型号，有效的补偿高度通常在0.152～0.305 m。

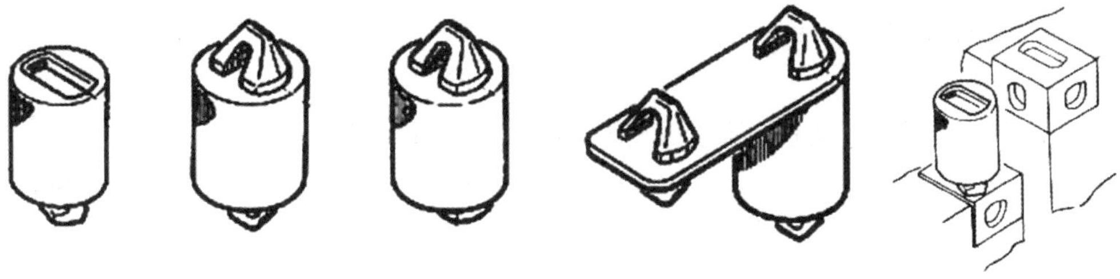

图3-12-20　调整堆锥

11.拉紧装置

松紧螺杆和绑扎拉杆组合使用形成系固集装箱的拉紧装置，如图3-12-21所示。使用时，将绑扎拉杆的一端插入集装箱角件内，另一端通过松紧螺杆连接在甲板的系固地令上，通过调节松紧螺杆将绑扎拉杆收紧。

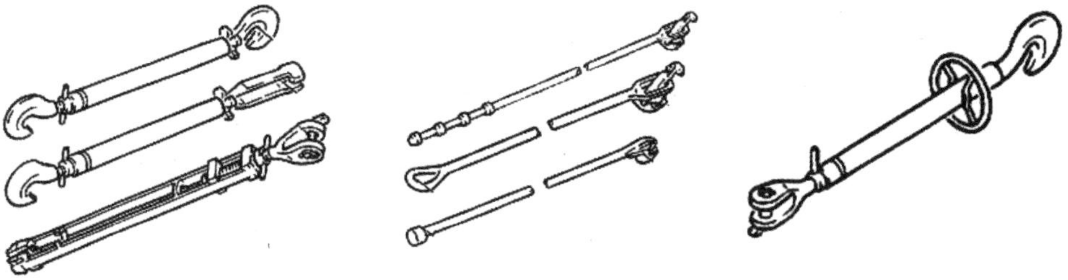

图3-12-21　松紧螺杆和绑扎拉杆组合使用

（二）内河船舶集装箱系固设备使用

图3-12-22为部分集装箱系固设备配套使用示意图。内河船舶装载集装箱，必须严格按照绑扎图的要求，对各箱位上具体的绑扎方法及各种不同类型属具使用的位置完成整体系固。值班驾驶员在开航前应仔细检查，确保系固状态符合既定航次的航行、停泊和作业要求。

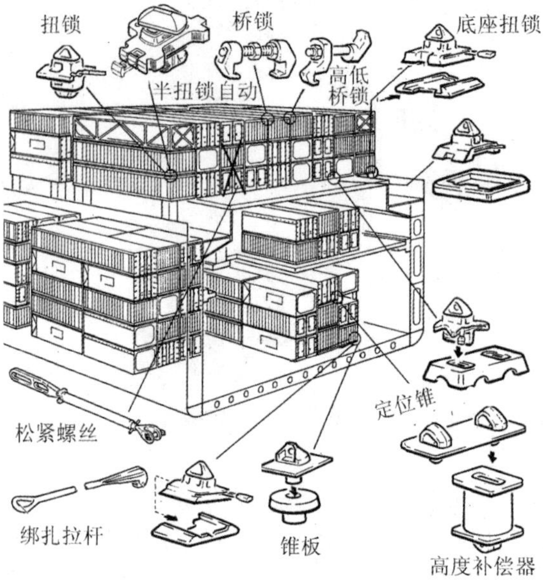

图3-12-22　集装箱系固设备使用位置与配套示意图

三、集装箱配载与积载原则

（一）充分利用集装箱船的船舶载货能力和船舶净载重量

在集装箱箱源充足的条件下，充分利用集装箱船的装箱容量和净载重量，提高集装箱船的箱位利用率，是提高集装箱船营运经济效益的重要途径。

当航次承运的集装箱总量较大或船舶吃水受航线水深限制时，校核航次订舱单所列的集装箱总重量与集装箱船的净载重量是否相适应，是编制集装箱船预配计划第一步中的两项重要内容。

（二）保证集装箱船具有适度的稳性

根据《内河船舶法定检验技术规则（2019）》，内河集装箱船及甲板上载有集装箱的其他船舶提出两项特殊稳性要求：

（1）经自由液面修正后的初稳性高度$GM \geq 0.30$ m。

（2）受横风作用，从静稳性曲线上求得的风压静倾角$Q_h \leq \min\{12°,\ 1/2$干舷甲板入水角$\}$，如图3-12-23所示。

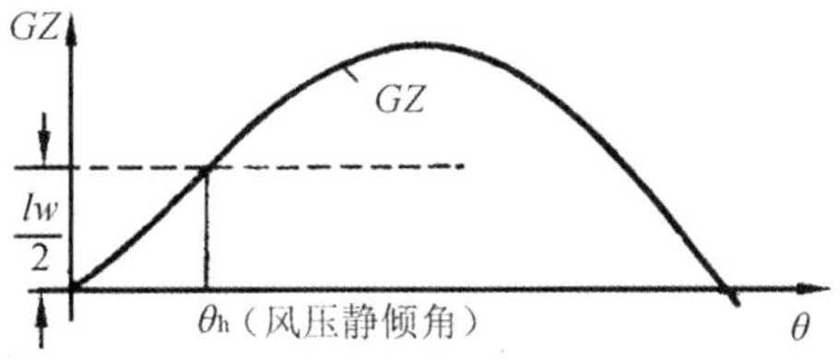

图 3-12-23　集装船受到横风作用

（3）掌握横风作用下静稳性曲线上的风压静倾角的实际意义。

①船舶装运集装箱，其重心高度是要升高的。因此，必须严格按照《装载手册》进行堆码，控制好装载的层数和重箱的分布并估算船舶的初稳性高度。

②为了抵消装运集装箱后船舶重心高度升高，按规定，船舶必须进行压载，因此，开航前船长应检查船舶的压载情况。

③对船舶初稳性存在负面影响的情况不仅有自由液面，还有重物的移动，因此，装载完毕后，船长应组织人员检查评估集装箱的系固情况。

（三）合理确定各类集装箱箱位

与杂货船配积载相似，集装箱船在编制配积载图时，首先应了解各停靠港的集装箱数量、平均箱重、特殊集装箱的数量以及运输要求等情况，总体上划定各停靠港集装箱在船上的装箱区域，随后按先末港后初港、先特殊后一般的原则，逐一为每一集装箱选择合适的箱位。

（四）满足集装箱装卸顺序和快速装卸的要求

集装箱船一个航次往往要挂靠多个港口，为确保船舶能按照船期准时离岸、缩减费用开支，就需要我们对集装箱的积载应考虑集装箱装卸顺序和快速装卸的因素。

（五）在配积载作业中遵循“二十四字原则”

在配积载作业中遵循“二十四字原则”：不能超载、货箱在下、下重上轻、左右对称、隔离危货、按图积载。对其基本要求可做以下理解：

（1）不能超载：不能超出全船总的载箱数量、层数和重量限制，如①最大层数为5层；②货箱212TEU+空箱 58TEU货箱 100FEU+12TEU（或者“TEU”为20 ft标准箱，“FEU”为40 ft标准箱）。

（2）货箱在下：对所有集装箱，货箱只能在1~4 层积载，不能放在第5层。此条为依据系固强度计算结果确定。

（3）下重上轻：重箱不能置于轻箱之上。

（4）左右对称：左、右舷尽量按箱重对称布置。

（5）隔离危货：危货箱只能在“危货箱区域”积载，并注意隔离（详见中国船级社发布的《内河集装箱系固手册编制指南（2011）》）。

（6）按图积载：积载之前必须配载，编制配载图，并按配载图积载。

四、集装箱装卸原则

集装箱船通常中途挂靠一个以上港口，且往往多线作业，装、卸同时进行，港口机械作业效率高，船舶在港停泊时间短。因此，为各港集装箱合理选配箱位，以满足装、卸顺序和快速装卸的要求，对确保船期并减少不必要的港口使费具有重要意义。

（一）避免或减少中途港的倒箱数量

在确定集装箱的配装区域时，应对船舶在整个航线的停靠港顺序及各港集装箱卸箱数量、加箱数量等情况予以综合考虑。应避免后卸货港集装箱压住先卸货港集装箱或堵住其卸箱通道的现象出现，尽量减少倒箱现象的发生。其基本原则是先卸货港集装箱配装于上层，后卸货港集装箱配装于下层。

（二）按箱位排列决定装卸顺序

如图3-12-7所示为内河集装箱船的箱位编号示意图，在实际装卸作业中应按箱位排列决定装卸顺序。

1.装箱原则

（1）层序：由下向上逐层装箱；

（2）行序：从船尾向船首逐行装箱；

（3）列序：尽量左、右舷对称装箱。

2.卸箱原则

（1）层序：由上向下逐层卸箱；

（2）行序：从船首向船尾逐行卸箱；

（3）列序：尽量左、右舷对称装箱。

（三）装卸作业中应随时注意防止船舶过度倾斜

集装箱属于集中荷载，装卸作业过程中容易引起船舶倾斜，必须高度重视。

（四）满足快速装卸要求

集装箱船的装卸作业多采用岸上高效的集装箱装卸桥。内河大型集装箱船有时一个泊位采用多个装卸桥同时并排作业，但由于装卸桥的结构原因，两台装卸桥不容许紧靠在一起作业，至少应留足一个40 ft箱位的纵向间隔。因此，在集装箱箱位选配时，应充分考虑快速装卸要求。

当船舶在港作业量较大时，应当根据集装箱泊位的装卸桥作业台数，均衡分配船上各台装卸桥作业区域的集装箱作业量，以缩短船舶装卸作业时间。20 ft箱和40 ft箱在每一行位应当尽量保持各自对船舶中纵剖面的力矩接近于零，以免装卸中为减少船舶横倾角而需多次调整装卸桥自动吊具尺度和集装箱岸吊沿岸移动及其对位时间。

五、集装箱船稳性保障措施和装载过程中的注意事项

（一）影响集装箱船稳性的因素

1.积载的影响

货物装箱、集装箱装船的重心过高及集装箱系固不牢对船舶的稳性存在不利影响。

2.压载的影响

如果装载后，船舶没压载或压载不到位，对船舶的稳性也存在不利影响。

3.风浪的影响

如果风浪较大，船舶又受横风，横倾角将加大。

4.船舶操舵的影响

集装箱船忌操急舵和大角度的反舵。从集装箱船坠箱事故典型案例分析可以看出，操舵不当是造成集装箱坠河事故的最直接原因之一。

（二）集装箱船稳性不良的表现

船舶应能及早地发现稳性不良，采取应对措施，以便有效地防止集装箱坠河，甚至船舶翻沉的恶性事故的发生。集装箱船稳性不良有下列表现：

（1）船舶在码头装载集装箱完毕，出现横倾，通过压载，船舶又向另外一舷倾斜，较难调整船舶的平衡状态。此时，不能盲目开航。

（2）当集装箱船掉头、转急弯操舵角度较大时，船舶易发生“横倾”，回舵后，船舶保持较长时间横倾状态，不能回复到原来的平衡位置。

（3）集装箱船在航行中，受横向风浪或水流的影响，船舶易发生较大角度的横倾，且不易回复。

出现以上情况，说明船舶的稳性高度和稳性力矩较小，处于非常危险的状况中。应采取就近停航，及时调整配、积载，或减去上层重箱，或压载，或重箱下调、轻箱上调等措施。

（三）保证集装箱船稳性的安全措施

1.集装箱的积载

（1）货物装箱

如果系同种货物又是同样的包装，按自然堆码；如果系同种货物不同包装或不同的货物，均应按重货在下、轻货在上的原则进行堆码。这样每个集装箱的重心不会超过箱高的1/2。需要注意的是，无论怎样堆装，货物在箱内都应系固牢实。

（2）集装箱装船

船舶积载要求集装箱装船后不能使船舶的重心升高得太多，否则船舶的初稳性高度可能小于0.3 m，威胁船舶营运安全。目前，船舶设计院给集装箱船配备了“装载手册”，但按“装载手册”计算比较繁杂。在生产实际中，船舶大多把注意力放在装不装第五层；如装第五层，是否装重箱；若装重箱又装多少等问题上。实事求是地说，这种方法对满足船舶初稳性的要求、保障船舶航行安全起到了一定的作用，但也存在一些不确定的因素。

2.船舶的压载

压载是降低船舶重心、增加初稳性高度、改善船舶航行性能的常用手段之一。但压载方法不妥，也会冲抵压载降低的船舶重心，起不到增加初稳性高度的作用。

尽量使压载舱装满，使之不存在自由液面。一般认为液体装至舱容的95%就不存在自由液面。只要不存在自由液面，就不会冲抵降低船舶重心、增加初稳性高度的效果。同时，不要因压载而使船舶产生纵横倾，而且压载前要考虑船舶的吃水和排水量，在吃水和排水量允许的情况下才能压载。

3.船舶操纵

船舶驾引人员应对“船性”“水性”“人性”有充分的了解，谨慎操作，采用良好的驾引操作技术。

（1）上行船不要“贪旺走扣”，沿回流上行时，要及时把船牵出，沿沱楞夹堰水上行，以免船舶处于“打张”的紧迫局面，而被迫急操大角度的反舵。下行船通过弯曲河段，挂高取矮要适当，既要防止船舶“落湾”，又要防止“打抢”，一旦发生“落湾”“打抢”的紧迫局面，船舶被迫急操大角度的反舵就在所难免。

（2）船舶掉头应早慢车，有条件的尽量把档子拉大一点，操舵后，估计即将达到预定目标，要提前回舵。

船舶在风中掉头，为了缩小回转圈，易于控制船舶，一般采用逆风掉头。但要注意的是在逆风掉头的初始阶段，风的作用力和惯性离心力的作用方向一致，会增大船舶的横倾。如果掉头前船舶还存在横倾角，现在又是向高舷一侧掉头，船舶的横倾将会更大，稍有操作不慎将可能导致“箱子下河”事故发生。对此，应引起高度重视。为了避免紧迫局面的发生，如风较大，船舶最好是就近另选掉头的地方，如只能在此掉头，必须谨慎用车、舵。车不宜过快，忌操大角度的反舵。

（3）船舶在风浪中航行时，如遇横风浪，应适当改变航向，以减缓风浪的影响：如果是顺风浪航行，船舶可能发生淹尾时，可适当加车航行；如果是逆风浪航行，应慢车，以减缓风浪的影响。

（4）将船舶操纵要求纳入配积载管理程序。

船公司应制定“集装箱船配积载管理程序”，从管理到操作上规范集装箱配积载管理和船舶操作行为，严格执行开航前报告制度，开航前对积载情况、系固和稳性进行确认。对有条件的船公司，可制定稳性高度计算程序，由公司计算稳性高度，从源头把关，真正确保船舶稳性得到保证。当船舶稳性达不到要求时，应果断采取减速压载、稳船锚泊、减箱调整等措施，直到问题得到解决为止。

六、集装箱船运输过程中货运事故因素

集装箱船无论在港装卸还是航行途中，都应根据集装箱装运特点，做好各环节的工作，确保船、集装箱和货物的装运安全。

与普通货船运输相比，集装箱船运输中的货损货差事故率有了明显的下降。这主要是因为集装箱运输能够实现门到门的直达运输，运输途中货物操作次数少；集装箱本身坚固耐压，而箱内货物多采用货板装载方式，使箱内底层货物承受的压力大大减小；集装箱货物都被箱体严密封闭，箱门有铅封，防盗性大大加强。据统计，船运集装箱货损货差事故90%以上发生在舱面。集装箱运输各环节中产生货运事故的原因主要可归纳为以下几个方面：

（1）货物装箱不规范，如性质互抵货物混装或不加衬垫，货物装载方式或固定方法不当等。

（2）集装箱积载不当，如甲板上堆装集装箱过多、过高，结构强度差的集装箱装在甲板或货舱的最下层，20 ft集装箱装在40 ft集装箱上面以及重箱压轻箱等。

（3）装卸操作不当，如装卸工人技术不熟练，操作不当而造成货箱碰撞或跌落等损坏。

（4）货箱固定不当，如绑扎不牢或漏绑扎而使货箱移位或坠入水中等。

（5）集装箱在运输途中因箱内产生汗水造成货损，如受外界温度、湿度变化的影响，导致箱内货物受湿造成货损。

（6）恶劣天气造成的货损，如遇大风浪船舶剧烈摇晃使货箱滚落或进水，大浪对甲板集装箱的剧烈冲击造成箱体或箱内货物的损坏。

（7）货物短少或盗损，如集装箱锁封损坏或不符，箱内物品被盗等。

（8）集装箱不适货或货箱本身存在缺陷。当集装箱装运冷藏货时，因箱底排水孔堵塞致使箱内积存污水而导致货物湿损，箱体连接处变形、裂缝等。

（9）货物本身或其包装存在缺陷，如货物含水量过高或货物包装强度不够等。

（10）其他偶然事故，如将箱顶有积雪的集装箱装入舱内，船舶航行途中积雪融化但又未及时排出船外，造成该舱下层集装箱因融化的雪水进入箱内而使货物湿损等。

此外，集装箱船的航线设计应尽量避开大风浪出现频率较高的航区。航行途中，遇到大风浪警报时，应当注意检查和增设集装箱的系固设备并适时选择锚地避风。对温度有控制要求的集装箱，航行途中应注意定时检查其箱内温度。对集装箱内货物产生的任何异常现象，要及时查明原因，采取必要的处置措施，并注意记录事故发生的时间、环境、气象、温度以及观测到的其他各种现象、变化过程及船方的处置措施等。

七、集装箱系固方法和要求

（一）集装箱系固方法

我国内河集装箱船上集装箱系固根据船型特点，一般要求如下：

1.若舱内无箱格导轨装置

（1）在每层集装箱的底角处应用角锁紧装置对集装箱予以系固。

（2）在第二层每只集装箱各种系固设备所在位置及配套使用箱的两端与甲板或舱盖之间用绑扎装置对集装箱予以系固，且在每一层集装箱的底角处应设置定位锥。若经计算表明在集装箱的底角出现分离力，则应在该处设角锁紧装置。

（3）对第二层以上的集装箱应用角锁紧装置进行系固。

（4）若经计算表明在集装箱层之间出现分离力，则应在该层设置角锁紧装置，对其他位置可考虑使用双头定位锥。

（5）若经计算表明各层集装箱间均无分离力，则角锁紧装置可考虑全部由双头定位锥替代。

2.若舱内有箱格导轨装置

我国规范对此无明确规定。通常，舱内装于箱格导轨中的集装箱，若其长度与导轨间长度一致，则无须设置任何系固索具；当舱内供装载40 ft箱的箱格内配装20 ft箱时，则应在40 ft箱的导轨长度中间底部使用锥板，两层集装箱之间使用定位锥来固定20 ft箱。

3.集装箱的绑扎

集装箱的绑扎也很重要，如果箱子系扎不牢，船舶在航行中，受风浪的影响，船舶产生倾斜，使箱子发生移动，船舶不能自行回复到原来的平衡位置，船舶存在一个横倾初始角，这对稳性也会产生不利的影响。

内河船舶的绑扎是用绑扎钢丝绳、象脚钩和松紧螺旋扣联合在一起作为集装箱的拉紧装置。绑扎钢丝绳的一头连着象脚钩，使用时，插入集装箱角件孔中；另一头通过松紧螺旋扣连接在甲板上，通过松紧螺旋扣的调节，使绑扎牢固。在实际工作中，内河集装箱船使用的钢丝绳直径通常为13 ~ 15 mm。

绑扎带：主要是用于高、低箱之间的系固，长度通常在几米至十几米，根据具体情况进行集装箱之间的局部系固。

木楔：主要用于集装箱与货舱围板之间的固定，在一般情况下对避免集装箱的第三层产生横向移动有很重要的作用，从而更好地保障上层集装箱的稳定性。

（二）集装箱系固的作业要求

1.检查系固设备

经检查如有变形或损坏，应及时修复或更换，对需活络的系固设备，如花篮螺丝等，应经常加油使其保持操作的灵活性。

2.熟悉各种系固设备的使用要求

船员应熟悉各种系固设备的结构特点及使用方法，如扭锁在何位置分别处于非锁紧状态和锁紧状态；定位锥用于固定舱内40 ft箱位上所装载的20 ft集装箱时，不同卸货港集装箱之间不得采用双头定位锥，否则将造成中途港的卸箱困难。

3.注意船舶稳性过大对系固设备的不利影响

在设计集装箱系固系统时，船厂根据设定的初稳性值计算集装箱所受外力大小。实际营运中的船舶初稳性大于设定值时，集装箱受力增大，从而导致系固设备不能满足集装箱安全系固的要求，这对于较小初稳性设定值的集装箱系固系统尤其应引起注意。

4.使用集装箱系固设备时，应与系固系统要求相匹配

除注意设备的规格外，还应注意设备的安全负荷要求，以防那些规格相同但安全负荷（*SWL*）达不到要求的设备混入，为此，应向供应商索要经船级社检验的证明文件。另外，购置扭锁时，应特别注意手柄的旋转方向。新购置的扭锁手柄的旋转方向，一定要与原先船上的一致，否则会造成使用上的混乱而无法判断是否锁紧。

5.防止船舶航行中摇摆造成系固设备损坏

集装箱装船后虽然已按要求予以系固，但船舶在大风浪中摇摆剧烈而使集装箱受力过大，会造成系固设备的损坏，导致集装箱坠入水中或集装箱箱体损坏。

6.集装箱加固要求

装箱前按照集装箱数量分布每个舱内需要定位锥的数量，在舱内整理时注意舱口高空坠物的危险；舱内集装箱装载完毕后，需要进行箱顶加桥丝作业，人员必须经过便携式梯子或者舱内的货舱梯进入到达箱顶，不可以直接跳下，桥丝也要用绳子放入箱顶，不可直接抛下。

上层集装箱准备绑扎索具，拿索具时需一人在上、一人在下传递，不能一人直接向上扔；待箱完全装完后方可开始绑扎，由于绑扎杆比较重，向上举时一定要保持重心稳定，特别是靠两舷侧杆和长高杆的安放时不可用力过猛，防止失手坠落水中；箱顶加桥锁时，高空作业必须系安全带，桥锁需要用绳子或者吊篮拉到箱顶，但一次不能太多。

第二节 集装箱配积载作业实操训练

一、实训项目一：集装箱船配积载过程

1.编制集装箱预配图

由船公司根据航次订舱情况编制集装箱预配图，并发送给集装箱码头公司。船公司预

配中心是完成集装箱船预配工作的主要职能部门，船舶代理与大副配合共同承担。预配过程是将集装箱信息组成的舱单，以选配原则指导集装箱箱位，要求达到装卸顺序和快速装卸，在整体上统筹集装箱箱位，对全船总图大致安排。

第一步：修订配载舱单，随后分类整理，形成先后港序、大小型号以及特殊箱。

第二步：给危险品箱，冷藏箱及超高、超宽箱确定具体固定位置，然后分配普通箱位置，将装卸港序、船舶强度、稳性全部考虑在内，分成强度与稳性考虑，分别按照船长方向与甲板、舱内考虑船舶配载。

第三步：确定预配图，然后利用专用计算机系统大致考核，以最终确定航次装载方案，保证落实各项指标，符合船方要求。最后，将预配图送交集装箱装卸码头。

集装箱码头对航次装船动态进行全面的控制，其中包括安排场位与统筹集港运输。要想高效、优质地完成集装箱装船过程，通常需要将装船集装箱统一安排在场地里，依照一定顺序码放。制定集装箱装箱顺序表，在作业前做好整体规划。

2.编制集装箱实配图

在船公司完成了集装箱预配图后，紧接着集装箱码头公司根据集装箱报关放行情况并参考预配图编制集装箱实配图，并发送给船长或大副确认。

集装箱码头配积载既要满足船舶稳性、船体强度等方面的要求，又要满足码头生产组织方面的要求，是船公司与集装箱码头之间围绕多重因素展开博弈和权衡利弊的过程。集装箱码头主要考虑的是在基本满足船方要求的同时，最大限度地确保码头生产作业的安全、高效、节能。集装箱码头配积载通常除了考虑堆场取箱原则和单船作业计划外，码头配积载还要根据船舶作业计划模拟船舶作业过程，预测某一时刻各作业路之间、本船与其他船舶之间、码头前沿与后方堆场之间是否存在相互干扰的情况。

3.修改集装箱配载并进行实际装船作业

修改集装箱配载在作业过程中是必不可少的。一般情况下，人工配载方法是以舱单为基础，舱单是根据港序、特殊箱以及尺寸大小进行分类的；第二步依据一项基本原则即先配载特殊箱，将航次订舱单上所列的每一集装箱，按照配载原则，满足合理装卸顺序和最短装卸时间等要求，在集装箱船的行箱位图总图上做一大致安排。在实际操作中为方便配载，往往要进行多次反复排序，如第一次排序的优先原则顺序是卸箱港、危险品箱、冷藏箱，然后按照箱子规格、箱重的优先级排序，最后完成普通箱的装载操作。

4.编制最终积载图

装卸船舶结束后，由理货员制定装箱积载图，船舶强度、稳性、吃水和吃水差等相关数据由船方根据实际装载情况出具，相关文件内容包括集装箱装船统计表、各行箱位图、全船行箱位总图、强度与稳性和吃水核算结果等。

二、实训项目二：集装箱船配积载图编制要求

（一）配载前准备工作

装船前，船方应向托运人索取全部必需的集装箱资料，以便为装卸和运输做出正确的积载与系固计划，并确认下列信息：

（1）确认所有集装箱适于被本船装运，包括箱型、箱重和货物种类等，拒绝未标识箱重和超重的集装箱；

（2）本航次所有航程中，在任何可预计的环境条件下，如风、浪、流等，集装箱可被安全积载和系固；

（3）危货集装箱应不会外泄，以避免对船舶、人员和内河水域环境造成危害。

（二）一般原则

集装箱船在编制配积载图时，首先应了解各停靠港的集装箱数量、平均箱重、特殊集装箱的数量以及运输要求等情况，总体上划定各停靠港集装箱在船上的装箱区域，随后按先末港后初港、先特殊后一般的原则，逐一为每一集装箱选择合适的箱位。

1.垂向箱位选配

（1）重箱、强结构箱应配于下层，轻箱、弱结构箱应配于上层。舱面应尽量配装新箱、强结构箱，舱内多配旧箱及弱结构箱。

（2）当40 ft箱和20 ft箱垂向混装时，20 ft箱在下，40 ft箱在上，不可倒，且必须满足两个20 ft箱的角件处于同一水平面时才允许在上面配装40 ft箱。如果两个20 ft箱的角件不在同一水平面时，应增设高度补偿器找平。

（3）满足船舶的局部强度条件的要求，注意使在每一箱底座上的各层集装箱重量之和不超过该位置上的集装箱允许堆积负荷。

（4）要控制货舱所配轻、重集装箱的合适比例，以保证船舶的稳性处于适度的范围内。

2.纵向箱位选配

总体上应考虑满足船舶在各离、到港状态下船舶适当的吃水差和总纵强度的要求。另外，为保证驾驶员具有良好的瞭望视线，在船舶前部甲板上还应考虑适当减少堆装层数。

3.横向箱位选配

总体上应使船舶装箱后及各离港状态时无初始横倾以及船体扭转变形符合要求，应当使各卸货港集装箱在各排上重量分布左右均衡，或对船舶中纵剖面的力矩代数和接近于零。

（三）集装箱船配积载图编制满足集装箱装卸顺序和快速装卸要求

为各港集装箱合理选配箱位，以满足装卸顺序和快速装卸的要求，对确保船期并减少不必要的港口使费具有重要意义。

1.避免或减少中途港的倒箱数量

在确定集装箱的配装区域时，应对船舶在整个航线的停靠港顺序及各港集装箱卸箱数量、加箱数量等情况予以综合考虑。应避免后卸货港集装箱压住先卸货港集装箱或堵住其卸箱通道的现象出现，尽量减少倒箱现象的发生。其基本原则是先卸货港集装箱配装于甲板上或上层，后卸货港集装箱配装于舱内或下层。

2.注意舱盖的各种形式

鉴于舱盖结构不同将对各卸货港集装箱的箱位安排带来较大的影响，因此，在配积载前应首先熟悉各货舱舱盖的结构。

3.尽力满足快速装卸要求

集装箱船的装卸作业多采用岸上高效的集装箱装卸桥。大型集装箱船有时采用多台装卸桥吊同时并排作业，但由于装卸桥的结构原因，两台装卸桥不容许紧靠在一起作业，必须至少纵向间隔一个40 ft箱位。因此，在集装箱箱位选配时，应当考虑这个因素，以满足其快速装卸要求。

当船舶在港作业量较大时，应当根据集装箱泊位的装卸桥作业台数，均衡分配船上各台装卸桥作业区域的集装箱作业量，以缩短船舶装卸作业时间。当船舶在港作业量很少时，若条件许可，其箱位应尽量选配于舱面，以减少开关舱作业量。20 ft箱和40 f箱在每一行位的舱内和舱面上应当尽量保持各自对船舶中纵剖面的力矩接近于零，以免装卸中为减少船舶横倾角而需多次调整装卸桥自动吊具尺度和集装箱岸吊沿岸移动及其对位时间。

第三节 集装箱系固方法和绑扎件使用实操训练

一、实训项目一：集装箱系固方法

1.常用的系固方案

内河船舶集装箱系固应参考船舶《货物系固手册》进行正确系固，其常用系固方案如图3-12-24所示。

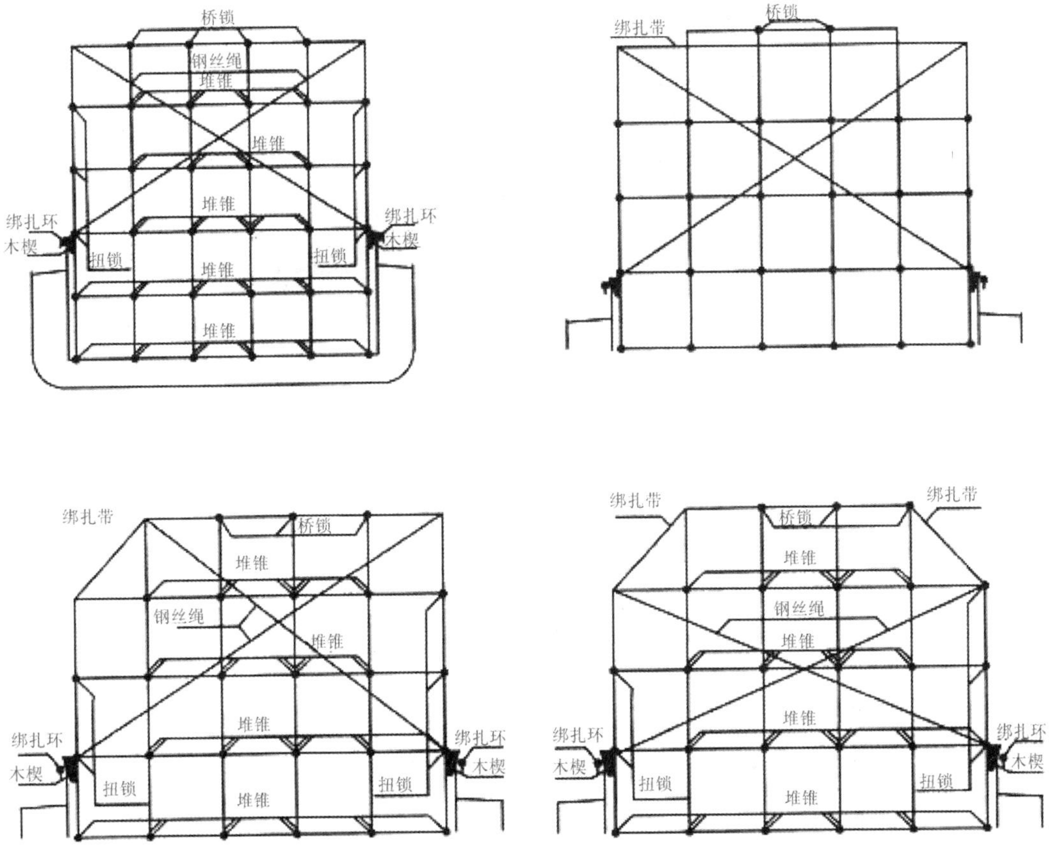

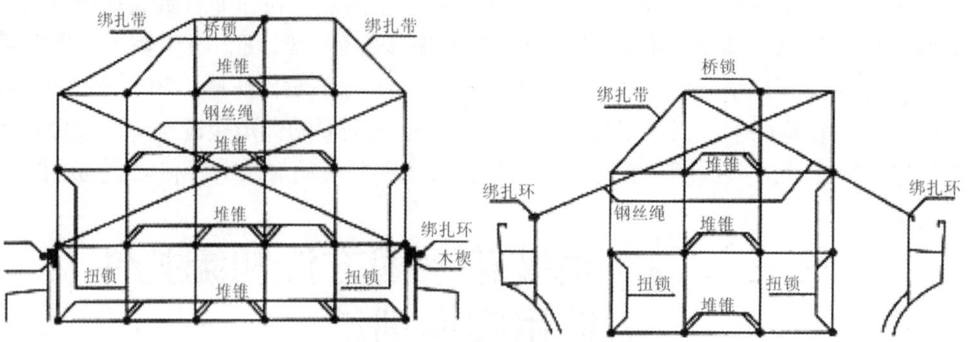

图3-12-24　集装箱系固方案示意图

2.花篮螺丝与绑扎杆组合使用

花篮螺丝通常与绑扎杆组成一个整体以达到整体系固集装箱目的，如图3-12-25所示。

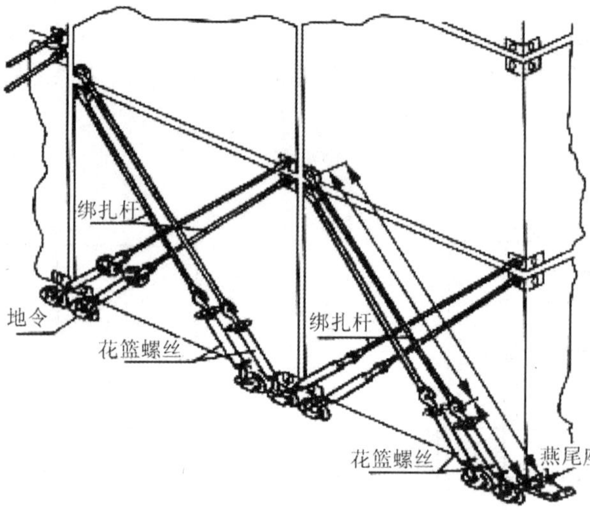

图3-12-25　花篮螺丝与绑扎杆组合示意图

3.禁用的系固方案

集装箱系固必须确保采用批准的或正确的方式进行系固，错误的系固布置方案，理论上极可能不稳定或在实际营运中造成翻箱、掉箱等事故，以下系固方案在船上是禁止使用的。

（1）一根钢丝绳横跨整行捆绑，如图3-12-26所示。

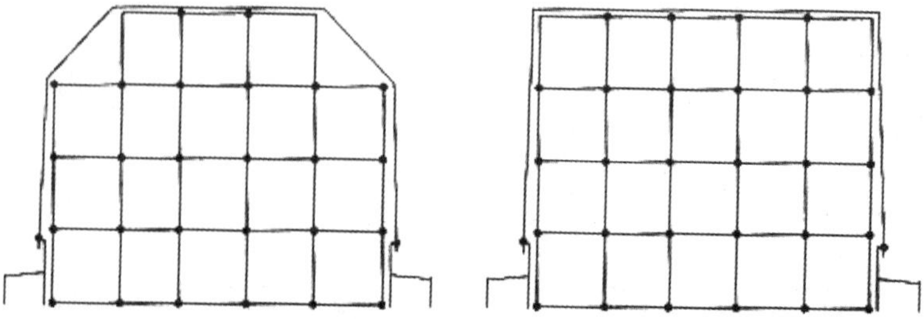

图3-12-26　一根钢丝绳横跨整行捆绑方案示意图

（2）钢丝绳直接与同一侧箱顶连接，未形成交叉绑扎，如图3-12-27所示。

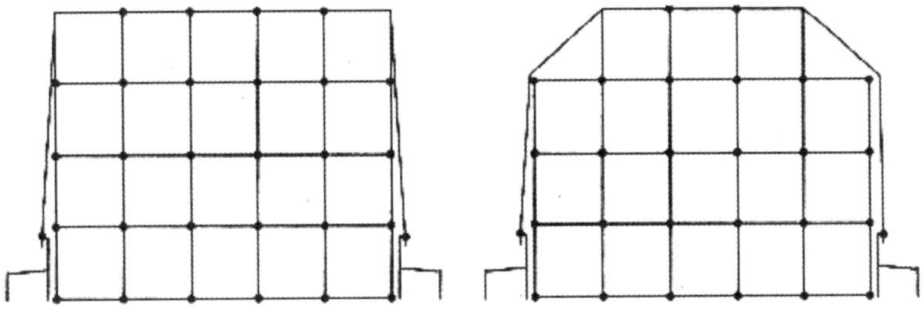

图3-12-27 钢丝绳直接与同一侧箱顶连接方案示意图

（3）顶层有空缺箱位，外侧集装箱与内侧集装箱无绑扎装置连接，如图3-12-28所示。

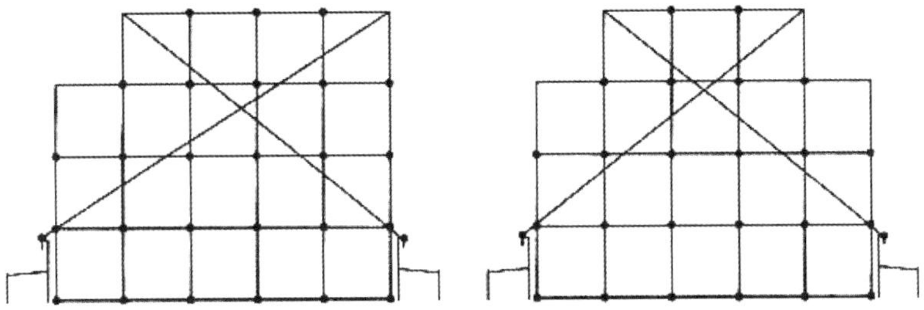

图3-12-28 外侧集装箱与内侧集装箱无绑扎装置连接方案示意图

（4）堆垛顶层相邻箱间，未用桥锁加固，也未用绑扎装置绑扎。

4.集装箱系固要求

（1）堆垛顶部，若桥锁无法安放（由于相邻堆垛的横向间隙过大或垂向高度差过大等），则应使用绑扎装置从最左列到最右列进行横向绑扎。

（2）舱口以上，最外侧箱角须用扭锁紧固。

（3）舱口处，木楔作为一种绑扎系固的加固措施，它不能取代其他系固设备的作用，安放时应置于舱口围板与集装箱端部框架之间，不能置于集装箱侧壁板上，否则可能损毁集装箱。

二、实训项目二：集装箱绑扎件使用

1.扭锁（包括左旋扭锁和右旋扭锁）

（1）将扭锁放置于下层集装箱顶角件的锁孔内，并确认其处于开启状态。

（2）吊装上层集装箱，使其底角件的锁孔套住扭锁。

（3）确认扭锁的锁紧方向（左旋或右旋），并扳动手柄使其锁紧。

（4）卸箱时，将手柄扳回原位，使扭锁处于开启状态。

（5）上层集装箱吊离后，将扭锁取下保存。

2.堆锥

（1）将堆锥放置于底座内，或下层集装箱顶角件的锁孔内。

（2）吊装上层集装箱，使其底角件的锁孔套住堆锥。

（3）卸箱时，直接吊离上层集装箱。

（4）上层集装箱吊离后，将堆锥取下保存。

3.桥锁

（1）顶层集装箱吊装到位。

（2）调整桥锁的钩头到适当距离，插入横向相邻的两个集装箱的顶角件锁孔内。

（3）扳紧调节螺母使其具有一定的预紧力。

（4）卸箱时，扳动调节螺母使桥锁松动，调整钩头距离到适当位置将其取出保存。

4.钢丝绳

（1）将钢丝绳一端的角钩插入上层集装箱的角件孔内，并确保不会掉落。

（2）将钢丝绳穿过舱口围板上的绑扎环。

（3）将钢丝绳另一端的节头与花篮螺丝连接。

（4）花篮螺丝与眼板连接。

（5）收紧花篮螺丝，使钢丝绳具备适当的预紧力。

（6）卸箱时，松开花篮螺丝和钢丝节头，取下钢丝绳另一端的角钩。

5.绑扎带

（1）将不含收紧器的那一部分的钩头插入集装箱的角件孔内。

（2）将含收紧器的那一部分的钩头插入绑扎环中。

（3）将两部分通过收紧器相连，注意不要打结、打拧，并远离锋利棱角。

（4）扳动收紧器使其具有一定的预紧力。

（5）卸箱时，将收紧器反向后扳动，即可松开绑扎带。

第四篇 船员安全与环保意识

船员是船舶安全管理和水域环境保护的直接责任人员，所有涉及船舶安全与水域环境保护的具体工作都必须通过船员的日常工作得到落实。因此船员安全与环保意识的建立是水上安全管理的必要基础。本篇从船舶工作安全常识、安全责任及安全教育，船员职业素养，防止船舶污染等三个方面分析船员安全与环保意识建立的途径。

第十三章 船舶工作安全常识、安全责任与安全教育

船舶安全与环保是我国内河水上安全管理的宗旨和目标。内河船员掌握船舶工作安全常识、明确安全责任、自觉接受安全教育，是构成其基本职业道德的关键要素。

第一节 船舶工作安全常识

船舶安全工作是指对单船的“人、机、环境、管理”系统的安全管理，效果主要取决于船员和船公司的努力。当前，随着我国经济社会的快速发展，内河船舶数量、吨位和种类快速增加，内河水域船舶交通密度不断增大，船舶交通事故和污染事故的频繁发生危及船公司和内河水域环境，引起社会高度重视。

船员必须充分适应船上工作的特殊环境，把安全工作放在第一位。具体来说，船员应

该掌握船舶工作安全常识和船舶交通事故的构成要素。

一、船舶工作安全要素

如图4-13-1所示，在船舶营运系统的“人、机、环境、管理”要素中，船员属于“人”要素，船舶、货物属于“机”要素，航道和港口属于“环境”要素，船公司属于“管理”要素。

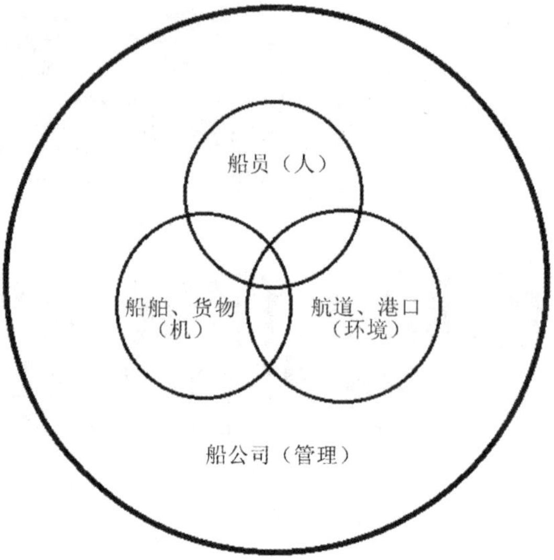

图4-13-1　船舶营运系统安全要素关系图

（1）船舶要素中与安全有关的部分主要包括：抗沉性、稳性、强度、浮性、航向稳定性、旋回性和冲程等；货物要素与安全和环保相关的主要包括：配积载、衬垫、隔票、堆装、系固、隔离、防盗、通风、冷藏等保障措施。

（2）船员要素是船舶营运系统中最能动的因素，当船公司管理规章体系和航次任务确定后，船员的素质和行为直接关系到能否安全、优质、经济、高效地完成航次任务。

（3）由航道和港口等组成的航行环境要素主要包括：航路、航标、气象、水域环境、港口水深、岸线长度、泊位数、吞吐量、管理能力、服务种类和质量等。

（4）由船公司体现的管理要素涉及人员选择、培训与调配，船舶使用与维护，航线的选择，安全文化建设等。

二、船上工作安全注意事项

（1）船员上船后及时将所有证书交船长或船长指定人员。

（2）对于新到船舶船员要及时熟悉船舶环境状况，对船舶的大致情况进行熟悉：船舶的生活设施情况，工作场所情况，娱乐设施情况。

（3）要及时熟悉床头卡，知道在船舶应急中自己的职责。

（4）尽快熟悉船舶消防设备和救生设备，了解其位置和使用方法、注意事项等。

（5）工作时要做好劳动保护工作，穿着正规的劳保用品，工作服要穿好，皮带、衣襟不能松开，口袋不要鼓起。

（6）靠离泊系解缆绳时要眼明手快，注意缆绳受力方向，避免被缆绳误伤。

（7）进入噪声区时应戴防护耳罩。

（8）当焊接、气割、敲铲铁锈和砂轮打磨时，要戴防护面具或防护眼镜。

（9）工作时不要戴戒指，尤其在操作机器、系解缆时，要选择戴合适的手套，戴手套会增加受伤危险时可不戴。

（10）无论在任何情况下，饮酒应该按照酒精控制规定执行；拒绝使用毒品。

（11）要严守规章，在指定的吸烟场所吸烟。

（12）室外作业要注意保暖，防止冻伤。

（13）室外行走和工作，要注意防滑，及时采取防滑措施。

（14）上、下船时要紧抓把手或扶手，注意防滑和防坠落。

（15）靠近舷边工作如收放引水梯等要小心，互相提醒防坠落。

（16）维护保养时要按章操作，防止发生人身伤亡意外。

第二节 船员安全责任

《中华人民共和国船舶安全营运和防止污染管理规则》（简称“NSM规则”）明确指出，船舶安全管理体系中各级人员的责任心、能力、态度和主观能动性对船舶的安全和防污染起决定性作用。这是指导内河船舶开展船舶安全和环保工作的根本性法规，是船舶安全管理的宗旨和目标。落实NSM规则要求，是船员的安全责任。

一、符合职业准入要求，具备应知、应会、应急、应变能力

船舶工作从业人员实施严格的职业准入制度，船员必须符合身体条件，知识水平（包括对专业知识、航行规章、海事法规等的掌握和理解），驾驶与引航技能（包括判断能力、应变能力、操纵能力等），思想意识（包括职业道德、安全意识、工作态度、责任心等）以及驾引适任经历的各项要求，以充分满足承担安全责任的能力。

二、遵章守制、服从管理

船员在船舶航行、停泊、作业过程中应当严格遵守水上交通安全和防治船舶污染的规定，遵守船舶安全操作规程，遵守船上的管理制度和值班规定，按照各项法规性、技术性的规章操纵、控制和管理船舶。安全寓于船舶生产的全过程之中，船舶安全需要在船的每一个船员、每个工序相互配合和衔接。船上的每一个船员都从不同角度为船舶的安全生产担负责任，每个船员尽责的好坏直接影响船舶安全生产的成效。因此，在船船员在船舶航行、停泊和作业过程中应当遵守船舶的安全生产规章制度和操作规程，服从管理。这样才能保证船舶的生产活动安全、有序地进行。

三、正确穿戴和使用劳动防护用品

船员在作业过程中，应当正确穿戴和使用劳动防护用品。劳动防护用品系由船员用人单位为在船船员配备的，使其在劳动过程中免遭或者减轻事故伤害及职业危害的个人防护装备。劳动防护用品是保护船员安全和健康所采取的必不可少的辅助措施。从一定意义上讲，它是船员防止职业毒害和伤害的最后一项有效的措施。船舶劳动防护用品包括头部保护用品、听力保护用品、面部及眼睛保护用品、呼吸防护设备、四肢防护用品、防坠落用品等。劳动防护用品在劳动过程中，是必不可少的生产性装备，对船员用人单位来讲要按规定发放充足，不得任意削减；作为船员要珍惜、正确穿戴和认真用好劳动防护用品。《劳动防护用品监督管理规定》对劳动防护用品的使用有专门规定，明确规定从业人员在作业过程中，必须按照安全生产规章制度和劳动防护用品使用规则，正确穿戴和使用劳动防护用品；未按规定穿戴和使用劳动防护用品的，不得上岗作业。

四、接受安全生产教育和培训

伤亡事故的发生，不外乎人的不安全行为和物的不安全状态两种原因。其中控制人的不安全行为是减少伤亡事故的主要措施。对在职船员进行安全生产教育，是控制人的不安全行为的有效方法，是安全生产管理工作中的一个重要组成部分，是提高从业人员安全素质和自我保护能力、防止事故发生、保证安全生产的重要手段。在职船员应当有主动接受安全生产教育和培训的意识。安全教育培训的基本内容包括安全意识、安全知识和安全技能教育。安全意识教育是安全教育的重要组成部分，是搞好安全生产的关键环节。它包括思想认识教育和劳动纪律教育两方面的内容。安全知识教育是提高在职船员安全技能的重要手段，其内容包括：专业安全技术操作规程，安全防护基本知识和注意事项，个人防护用品的构造、性能和正确使用的有关常识等。安全技能教育是巩固在职船员安全知识的必要途径，其内容包括设备的性能、作用和一般的结构原理，事故的预防和处理，以及设备的使用、维护和修理等。

五、正确履行事故隐患和不安全因素的报告义务

安全生产事故隐患是指生产经营单位违反安全生产法律、法规、规章、标准、规程和安全生产管理制度的规定，或者因其他因素在生产经营活动中存在可能导致事故发生的物的危险状态、人的不安全行为和管理上的缺陷。生产安全事故虽然有意外性、偶然性和突发性的特点，但它又有一定的规律，可以通过采取有效措施尽可能加以预防。在职船员处于安全生产第一线，最有可能及时发现事故隐患或者其他不安全因素，因此，船员发现事故隐患或者其他不安全因素应当立即进行报告，如果拖延报告，则使事故发生的可能性加大。

第三节 船员安全教育

内河船员安全教育是一项为提高其安全技术水平和防范事故能力而进行的教育培训活动，是有计划地向船员进行安全思想、安全知识、安全技能的教育和训练，也是航运企业和海事管理机构的一项基础性工作。开展船员安全教育既可提高运输效率，又能减少事故的发生，促进航运业的可持续发展。因此，对内河船员进行安全教育是航运安全工作的务本之举。

一、基本特点

(一)长期性和艰巨性

事实表明，只要人类生产活动存在，安全就是生产的主题之一，安全与生产始终结伴而行。近年来，内河运输人员伤亡、沉船、撞桥和危化品泄漏污染等事故时有发生。解决安全运输问题所涉及的物质条件、人员素质以及社会环境还不尽如人意。在企业，“要钱不要命”，有令不行、有禁不止、违章指挥、违章作业、违反劳动纪律的现象还相当普遍，安全生产基础薄弱，事故隐患普遍存在；在行业监管上，“安全第一，以人为本”的理念还不牢固，该管不管、管不到位、有法不依、执法不严的情形还比较严重；在社会环境上，受不正之风影响，关爱生命、关注安全、自我保护的社会氛围尚未真正形成。这些都表明了安全教育的长期性和艰巨性，安全宣传教育必须贯穿于航运生产的全过程。

(二)全员性和实践性

航运生产安全牵涉到人事使用、航线航路、船舶种类、设备维修、货物理化特性、装卸作业等多个环节，哪个方面出点问题，安全生产就难以保证，而这些环节涉及管理人员、普通职工和专业技术人员。因此，企业中任何一个人都有发生事故的可能性，这就需要对所有船员进行安全教育。同时，进行安全教育的目的在于应用，效果只有通过生产实践才能检验。即使学会了本行业的安全生产知识，如果工作中不能实际运用，各种安全教育培训也只能是毫无意义的形式主义。

(三)专业性和科学性

船员安全教育有自身基本的理论、独特的内容和区别于其他教育的方式方法。安全教育涉及自然科学、社会科学、管理科学等学科，必须结合本行业特性，遵循安全工作的内在规律，进行科学施教。要强化教育师资队伍和培训基地建设，大力培养航运专业高级人才。要将航运生产中具有倾向性、节点性、高危性的安全问题，列入评估重点，建立预警机制，实施超前防范，落实跟踪监控，有效增强安全管理的科学性。

(四)新颖性和针对性

船员安全教育的内容和形式只有富有新意才能激发船员的学习兴趣，才能使他们主动参与各种培训教育，并保证持久的热情和耐心。提高船员安全教育的针对性应从航运的季节特征、船舶的不同运输种类、船舶的不同航行区域、船员的不同专业构成等方面区别对待，合理组织实施，这样才会收到事半功倍的效果。

二、组织实施

我国的内河船舶安全生产管理体制是“企业负责，行业管理，国家监察，群众监督”。当前，抓好内河船员的安全教育，航运企业自身和行业管理部门责无旁贷。航运企业必须履行制订职工教育计划、筹措教育经费、抓好组织实施等主体职责。行业管理部门在充分履行安全监管职能的同时应当主动为企业当好参谋和助手，积极协调培训基地、培训师资、培训教材等社会资源，为推动培训教育常态化并不断取得实效发挥示范引领作用。

三、教育内容

（一）安全知识教育

安全知识教育主要是让船员了解船舶结构、性能、设备、货物的理化特性以及水文、气象、消防救生等常识，知道所操作设备的哪些部位有危险、易出事故，哪些部位有安全装置，都处于什么状态，发生紧急情况时应采取哪些措施等。通过安全知识教育，船员初步了解利用机械能进行运输生产的船舶和设备哪些部分在操作时危险性大，即在感觉上能预知其危险性的化学能、电能和放射能等，进而无须亲历事故也能知道其危险性。船员的安全知识教育包括对新船员的基本知识教育和对老船员的知识更新教育。一般说来，对新船员先是普及安全知识教育，随后可针对不同工种进行不同的专门知识教育，在此基础上再进行相关训练，帮助他们活用知识，并将知识转化为技能。对老船员除了进行基本知识教育外，还要有针对性地进行新的安全经验和新技术的知识教育，从而避免其犯经验主义错误。

（二）安全技能培训

对船员进行安全技能培训，重在开展实际操作训练，以不断提高其动手解决问题的能力。首先是正确操作方法的练习和巩固。对于驾驶部船员，诸如从日常操舵、撇缆、带缆、操作锚机、货物积载、危险品装卸等基本项目操练，到大风、水流等特殊气象条件时船舶靠离码头的较高技术要求操作等，练就其人性、船性、水性有机配合的能力。对于轮机部船员，诸如独立完成最基本的抽污油污水、压载排压、主副机启动与检查清洁、电水的配置与加注、各种过滤器的清洁与拆装等，严格监督执行各种安全操作规程，培养其严谨规范的动作要领。其次是错误动作的纠正与克服。根据每期所有培训内容对应抽取数名学员进行实地操作演练，并由指导老师当场点评其对错，从而达到检验培训效果和以点带面纠正错误动作的目的。经过集中学习、反复训练，船员的安全技能，在航运实践中一定会由量变到质变。

（三）安全法规教育

法规及规章制度是对人们在一定活动范围内特定行为的约束与规范，是长期以来所积累的安全经验的总结与提炼，它规定着个人或集体行为以及行动的方向、目的。针对在航行过程中，船员往往违背客观规律，不按照法规及企业规章制度办事，明知危险却采取冒险行动，从而引发事故的实际，迫切需要贯彻执行国家行政法规和行政措施以及企业规章制度的现象，需要采取各种手段，纠正违章行为，确保安全生产。开展安全法规教育，应主要围绕《安全生产法》《劳动法》《工会法》《海上交通安全法》《港口法》《海洋环境保护法》《内河交通安全管理条例》《危险化学品安全管理条例》以及航运公司规章制度等进行。通过开展有针对性的教育，力求使船员增强学法、守法、用法的法律意识，培养船员敬畏法律、规范操作的自律意识，真正把法律法规和企业的规章制度自觉贯彻到实际工作之中，进而达到努力规范运输行为、不断消除各类安全隐患的目的。

(四)安全态度教育

安全态度是指从业者受到外界的某种刺激，为了对此做出反应而考虑和判断应如何动作的心理准备状态。它并非人的天生本能，而是后天逐渐形成的，需要长期灌输安全理念才能达到预期的效果。违反客观规律就会导致事故发生。许多船员总是用血的代价才能改变其安全态度。安全态度教育追求的是，从“要我安全”向“我要安全”“我会安全”“我管安全”的转化，使其实际行为不断趋于理性。这种教育，要区别对待，实行个性化教育。属主观认识正确、接受教育但经常粗心大意的人，可对其工作伙伴进行培训，常加提醒；属知识技能差、达不到正常要求的人，要督促其多学习、多操练；属情绪问题的人，要多劝慰多沟通；属抄近路、怕麻烦的人，要多用血的事实展开警示教育。从事安全态度教育的管理者必须具备较高的安全知识和技能水平以及较强的安全意识，不仅要善于发现各类问题和安全隐患，还应能够掌握船员的心理特征和工作习惯，有针对性地开展帮教和指导，促使船员养成应有的安全习惯，实现安全态度教育的最终目标。

(五)应急演练教育

重大事故和险情的发生具有不确定性，往往因遭遇的概率不大使许多人心存侥幸，放松警惕。一旦险情突发，人们往往惊慌失措，应对失当，导致悲剧发生。因此，应急演练不失为安全教育的重要内容。对船员进行应急演练教育，主要应结合内河航运实际，突出火灾、油污染、防毒气、水上救助、船舶堵漏、逃生技巧、特殊设备使用等科目内容。通过组织内容丰富、场景逼真的应急演练，既能检验管理部门相关应急预案的可行性和组织指挥能力，又能培养和锻炼船员在遭遇特殊紧急情况时自我保护和应急处置反应能力，从而最大限度地避免人员伤亡和财产损失。演练应突出“创新、真实、安全”主题。“创新”，就是在演练的立意、内容、形式、装备上有所出新，在参演队伍构成、演练时机选择、整体工作强度等方面不断突破；“真实”，就是从实际出发，按应急预案的程序实地、实兵、实装、实操地真实演练；“安全”，就是对所有演练环节认真分析其可能存在的危险性，采取有效措施，杜绝演练过程中各类事故的发生。

四、教育方式

船员安全教育方式应结合教育内容，灵活运用多种方式，以增强安全教育的针对性、互动性、实效性和趣味性。

(一)安全经验报告会

精选多年安全无事故的船长、驾驶员，通过专题会议让他们现身说法，用身边的人和事教育大家。这种形式灵活、生动，有较强的吸引力。同时，还有较强的启发性和感染力，是对船员进行普遍安全教育的好形式。组织这类报告会应选择与受教者有较强类比性的典型案例，来增强报告的说服力。

（二）课堂式教育

课堂式教育主要是海事管理机构对一些政策性、公约性、理论性比较强的课题或重大的时事问题，进行深入、系统的讲解培训。采用这种教育形式的关键是针对被教育者的文化、知识结构，选择教学内容。教学内容的选择要容易理解，容易记忆，贴近船员的知识结构和实际水平。

（三）座谈式教育

请专业人员或者经验丰富的一线船员，选择一些船员关心的话题，面对面进行互动式交流研讨，分享经验，消化吸收安全知识，增强安全意识。这种教育方式人数不能太多，一般20人以内为宜。

（四）解答式教育

采用“答记者问”的安全教育方式，培训者与接受培训的船员之间，双向、互动提问释疑。这种边提问、边宣传的教育，教者能及时了解对方理解的程度，激起对方的思维，学者能把自己平时遇到的难题反映出来，彼此间还可从别人的解答中受到启发，针对性、启发性较强。这种方式需要注意的是，提问应该简洁、明了，考虑成人教育的特点，合理控制难度，避免造成尴尬僵局。

（五）实例式培训

对一些操作性比较强的课题，可以采取实例讲解和模拟演习的方式，让船员根据示例的发生、发展，增强分析问题、处理问题、解决问题的实际能力。

（六）个别解决问题式教育

针对工作中暴露出的问题，及时采取官教兵、兵教兵、能者为师的一对一单个式教育，帮助船员纠正错误行为，提高安全自觉性。实施个别教育，要结合船员的个性特点，找准突破点，耐心疏导，动之以情、晓之以理、授之以法，切实转变船员的安全态度，提高其实际能力。

船员是水上运输安全系统中最活跃、最能动的要素。要确保水上交通安全，就必须不断强化船员安全教育和培训。只有这样，才能从思想上端正态度、从工作上提高技能，进而主动发现和消除安全隐患，这也是抓好航运安全的关键之一。

第十四章

船员职业素养

全国船员培训工作会议提出，要加大船员在职在岗培训力度，落实传授专业知识、培养专业技能、塑造职业道德的“三位一体”教育模式。按照深化改革、转变职能的要求，深化内河船员改革，促进内河水运发展；加强船员培训管理，提高船员培训质量。培养高素质船员队伍，是加快内河航运发展的关键因素；提高内河船员职业素养，是内河船员培训的核心要求。今后，应强化培养内河船员的“两种精神”（爱国主义精神、敬业精神），“五个意识”（经济意识、法律意识、环保意识、安全意识和服从意识），“四项能力”（岗位适任能力、经营管理能力、工程应用能力、市场化竞争能力）。

第一节　船员职业素养的基本内涵

船员是一个高尚的职业，是国民经济建设中的重要物质资料生产者。船员职业素养的内涵十分丰富，培养和提高船员职业素养不仅要掌握概念，更应明确内涵。

一、船员职业素养的概念

内河船员职业素养是指内河船员通过职业教育、船舶实践和自我修养等途径，形成的在服务船舶职业活动中发挥重要作用的内在基本品质，是一种较为深层的能力素质。它渗透在船员的日常生活与工作行为中，影响着船员对事物的判断和行为的方式。全面理解内河船员职业素养的概念应把握以下四个方面：

（一）职业的责任意识和事业心

内河航运是一项艰苦的工作，也是一项责任重大的工作，相对封闭的水上生活空间容易让人产生疲惫和厌倦，不良的工作作风极易导致重大安全事故甚至灾难性后果。因此，高度的责任感和事业心对这一行业来讲就显得极为重要，没有高度的事业心就不可能有良好的敬业精神，没有高度的责任感就不可能有踏实的工作作风。

（二）文明驾船的安全意识

为了实现安全航行的目的，船员首先必须牢固树立安全第一的观念，认识到有效地履行其职责对水上生命和财产安全以及防止内河水域环境污染的必要性，不能有丝毫的麻痹和松懈，谨慎驾驶、细心瞭望、悉心保养，为安全航行创造条件。安全第一、文明驾船是水上运输的生命线，只有牢牢地树立安全第一、文明驾船意识，才能增强水上人命与财产的安全和保护水域环境。

（三）良好的服从意识和团队精神

严明的组织纪律性、良好的服从意识和同舟共济的团队精神是船员职业应具备的基本素质之一。船舶是一个整体，船员是一个团队，整体有整体的大局，团队有团队的利益，任何个体只有依托整体和团队才能有效发挥其作用。一个没有组织纪律性、没有服从意识的船员，即使他的能力再强，也势必会给船舶的整体工作带来危害；一个没有团队精神的船员只能导致船舶不和谐的工作局面。所以，船员的服从意识是船舶有效协调整体工作的基础，船员的团队精神是船舶有效整合资源、最大限度确保航行安全和创造效益的保障。

（四）树立多元文化观念，泱泱大度、与人为善的素质

船员的流动性很大，船舶的船员队伍大多是临时组合的整体，与其他行业相比，船员是典型的来自五湖四海。面对船舶复杂的人际关系，如果多些理解，多一分大度、与人为善，就能在这复杂的关系中游刃有余，就能有效地团结各方一道开展工作。

二、船员职业素养的内涵构成

随着内河运输规模的不断扩大，国家高度关注内河船员的培养，对其职业素质的养成提出了明确的要求，船员职业素养的内涵包括职业道德、法制观念、安全责任、应急处置、权益保护等方面。

（一）职业道德

职业道德是指从业人员职业生活中处理和协调人与人、个人与社会、人与自然关系的道德准则，是一定职业范围内的特殊道德要求，即整个社会对从业人员的职业责任、职业态度、职业技能、职业纪律和职业作风等方面的行为标准和要求。

船员的职业道德是社会职业道德和航运职业道德在船员职业实践中的具体体现，它有自身的特点和不同的道德内容。一是要热爱航运事业；二是要树立优质、文明服务的理念；三是要发扬同舟共济精神；四是要以船为家；五是要做到绝对服从。

（二）法制观念

在当今中国，法治已经成为党和政府治国理政的基本方式，在国家治理和社会管理中发挥重大作用，内河船员作为一个特殊的群体，不仅要学习法律知识，增强法律意识，还要树立法治观念，培养法律思维，维护法律权威，成为遵纪守法的社会主义新型船员。船员的操守和法律规范意识是船员职业道德的重要组成部分。

（三）安全责任

船员是船舶安全的直接守护者，必须具备安全责任。增强船员安全意识，履行安全生产义务，把事故隐患消灭在萌芽状态是船员义不容辞的责任。严把安全关，树立“安全第一”的观念，是和谐社会对人民安全、财产高度负责的表现。

（四）应急处置

船舶所处的环境复杂多变，随时可能发生各种危及船舶、人命和环境安全的紧急事件，船舶应尽最大努力采取自救行动。在尚未严重危及人身安全时，船员必须采取一切有效行动保全船舶。当确认无法避免船舶的沉没或灭失时，船长（驾驶员）应果断下令撤离船舶或弃船求生，以保证旅客、船员的生命安全。

（五）权益保护

《中华人民共和国船员条例》（简称《船员条例》），对保护船员的合法权益做了明确规定，体现了以人为本、关注民生的执政理念。《船员条例》规定船员享有社会与人身健康保险待遇、各种劳动防护待遇、职业疾病防治、带薪休假和工会维权等各项权益保障。作为新时代船员应在知法、懂法、守法的同时，培养依法维权意识。

第二节 船员职业道德

职业道德是指从业人员职业生活中处理和协调人与人、个人与社会、人与自然关系的道德准则，是一定职业范围内的特殊道德要求，即整个社会对从业人员的职业责任、职业态度、职业技能、职业纪律和职业作风等方面的行为标准和要求。

职业道德有着极其丰富的内涵。综合起来看，职业道德大体上由八个基本要素构成，即职业理想、职业态度、职业责任、职业技能、职业纪律、职业良心、职业荣誉和职业作风等。

一、职业道德的基本要求

（一）职业道德的基本特征

职业道德的基本特征主要体现在三个方面，即范围上的有限性、内容上的稳定性和连续性、形式上的多样性。职业道德的具体含义主要包括以下几个方面：

（1）职业道德是一种职业规范，受社会普遍的认可。

（2）职业道德是长期以来自然形成的。

（3）职业道德没有确定形式，通常体现为观念、习惯、信念等。

（4）职业道德依靠文化、内心信念和习惯，通过员工的自律实现。

（5）职业道德大多没有实质的约束力和强制力。

（6）职业道德的主要内容是对员工义务的要求。

（7）职业道德标准多元化，代表了不同企业可能具有不同的价值观。

（8）职业道德承载着企业文化和凝聚力，影响深远。

（二）职业道德的基本要求

职业道德是劳动者在长期的劳动实践中反复积累、逐步形成的，它是一定社会对劳动者在劳动中必须遵守的基本行为准则的概括和提炼。它源于劳动者的道德生活实践，又高于道德生活实践，因而对劳动者的道德行为有着巨大的调控和导向作用。

职业道德基本要求体现在一个人如何做人与做事两个方面。当今社会环境下，对职业道德的具体要求主要体现在以下几方面：

1.诚实劳动，忠于职守

劳动者要忠于自己所从事的职业，以自己的良心和责任感来对待劳动，履行职业劳动的义务和责任。

2.和睦相处，互相协作

在劳动过程中，劳动者应当互相尊重、平等待人、乐于助人、恪守信用、相互支持。坚决反对相互歧视、以强凌弱、互相拆台、尔虞我诈、损人利己的行为。

3.虚心学习，精益求精

劳动技能是有效地从事劳动、创造劳动价值和造福人类的基本能力，具有重要的道德意义。劳动者应本着虚心学习、学无止境的精神坚持学习和训练，精益求精，不断增长自己的知识和提高业务技能。

4.我为人人，弘扬奉献

树立高尚的为社会公众服务的精神是重要的社会主义道德准则，也是人类社会进步的价值取向。应满腔热情地为大家提供力所能及的服务，为他人排忧解难，应摒弃那些唯利是图、只为金钱的私欲主义行为。

5.勤俭节约，艰苦创业

中国人的传统美德是勤俭持家、勤俭治国。我国还处于发展中国家阶段，生产力还没有得到高度发展，综合国力更是有待提高，因而，以艰苦创业发展国家、以勤俭节约办一切事业，不仅是一个国家的政策体现，也是劳动者的道德规范。

二、船员职业道德的特殊要求

（一）内河船员职业特点

职业特点是培养职业道德的基础。自古以来，职业道德与职业特点有着密切的联系，有什么样的职业，就规定或要求有什么样的道德规范。不言而喻，道德规范与职业特点有着内在的联系。现代船员有着不同于历史上船员的职业特点，内河船员又有着不同于海上船员的职业特点。内河船员这一职业既有船员普遍存在的特点，亦有个别的、独特存在的特点。

1.流动性与局限性

我国内河水运资源十分丰富，水运网络遍布大江南北，单就长江而言，其干线就穿越了青海、西藏、云南、四川、重庆、湖北、湖南、江西、安徽、江苏、上海11个省、直辖市、自治区，最后融入广袤无垠的大海。“朝辞白帝，暮宿江陵”，充分体现了船舶运输流动性强的特点。这就使船员能多方了解各个地方的风土人情，见多识广；同时，也要求船员应遵守各地的交通法规。

当然水运有其局限性，有的局限于河流、河段，甚至水库、湖泊。所以，船舶的活动范围又具有一定的局限性。

2.开放性与封闭性

船舶穿越千山万水，航行于大江南北，船员能领略不同地区不同的风土人情。但由于船员生活在有限的空间之中，远离故土，远离亲人，信息闭塞，生活上也受到很多限制。

3.独立性与群体性

船舶是块流动的土地，一艘船舶就是一个小小的社会，船员各司其职，具有相对的独立性。但是船舶运输又是集体生活的整体行为，全体船员构成了一个同舟共济、生死相依的集体，他们一损俱损、患难与共，具有较强的群体性特点。

4.技术性与风险性

现代化的水上运输要求船员掌握现代化的科学技术。随着航海技术的发展，船舶自动化程度不断增强，雷达、AIS、电子江图、罗经等现代化助航设备，为船舶安全航行提供了极大的保障，也给船员提出了更高的技术要求。

水上运输也属于高风险行业。变幻莫测的水文气象以及航行过程中各种不确定的因素都给船舶安全航行带来巨大风险，所以要求船员树立充分的风险意识。

5.单调性与复杂性

船员生活在有限的空间之中，远离故土，远离亲人。长时间生活在这种单调、枯燥、封闭的空间之中，正常的生活规律又被打乱，往往会导致船员精神压抑、思想紧张，给船舶航行带来安全问题。

此外，水上运输情况较为复杂，既体现在航区、港口、货物的复杂性，又体现在人员、职务、工作的复杂性，还体现在交通、法规、管理等各个方面，所以要求船员具有处理各种关系的能力。

6.艰苦性与豪迈性

过去曾流传着这样一句话：“世上三行苦，撑船打铁磨豆腐。”虽然，随着船舶的装备越来越先进，那个时代已经一去不复返了，但是无论在什么时代也终究无法改变船舶在风浪中风雨飘摇和船员与家人长久的离别之苦等局面，还有运输过程中的清舱、装卸、等港待货、船舶修理保养等。凡此种种，都必须要求船员具有坚强的吃苦耐劳精神。

船员具有吃苦耐劳的精神，也必然塑造出他们坚强豪迈的性格，他们风里来浪里去，四海为家，默默无闻地为祖国水运事业而劳作。

（二）船员职业道德的特殊要求

正是船员的以上这些特点，确定了船员道德的特殊性，船员不仅要有强健的体魄、娴熟的专业技能，还要具备良好的心理素质、较强的环境适应能力和应对突发事件的应变能力。船员的职业特点除了一般的职业道德规范以外，还有其特殊的职业道德要求。

1.爱国敬业，遵章守纪

船员应坚信中国共产党的领导，以热爱祖国、报效船舶运输事业为光荣，以损国家利益、民族尊严为耻辱。在保护人命、财产和水域环境安全方面，善尽责任和义务。要立足本职岗位，从我做起，从小事做起，为实现本公司发展目标做出应有的贡献。遵章守纪，就是要自觉遵守水上交通安全和防治船舶污染的规定，遵守船舶安全操作规程，遵守船上的管理制度和值班规定，按照各项法规性、技术性的规则操纵、控制和管理船舶；就是无论身处何地，都要严格要求自己，注重自我约束，自觉养成遵章守纪、令行禁止、雷厉风行的办事风格。

2.优质服务，安全运输

优质与安全是相辅相成的统一体，没有安全的运输，就谈不上优质的服务。要确保航行与作业的安全，消灭各种事故的隐患和苗子，严格执行各种规章制度，保证良好的工作程序。要确保货物运输的质量，严格遵守货物装载、积载、搬移、运输、保管、照料、卸载等操作规程。要在优质服务上下功夫，运输服务不仅要求热情、周到，而且要求方便、高效。

3.团结互助，同舟共济

船舶驾驶人员、机舱管理人员及其他为船舶服务的在船人员应互相合作、互相监督、互相提醒、互相支持、互相关心，尊重他人的生命就像尊重自己的生命一样。当船舶发生应急事件或有危难时，船员应顾全大局，只有把自己同全体船员的命运联系在一起，坚守岗位、严守职责，依靠全体船员的力量和智慧，才能渡过危难。

4.爱船如家，精于管理

船员应弘扬以船为家的主人精神。船舶是船员的谋生之所、衣食之源，没有船舶就不会有船员，船员离不开船，船员应同船舶命运相连，船在人在，船和人是一个命运共同体。正因为如此，船员还必须管理好船舶、保养好船舶，要坚持做到勤俭节约和艰苦创业。

5.服从指挥，提高素质

船员在航行过程中应特别做到一切行动听指挥，只有这样才能统一意志、统一行动，才能确保船舶营运安全。船员既要服从交通调度的具体安排，又要听从上级部门的指挥。

作为船员要立足本职工作，精通业务。为此要不断学习，开拓创新，提高业务水平，培养吃苦耐劳精神。

第十五章

防止船舶污染

2016年1月，习近平总书记在重庆主持召开推动长江经济带发展座谈会并发表重要讲话，强调要“把修复长江生态环境摆在压倒性位置，共抓大保护，不搞大开发”，第一次提出了绿色航运的理念。落实习总书记重要指示，防止船舶污染内河水域，是内河船员肩负的重要历史使命。2016年5月1日由交通运输部颁布实施的《中华人民共和国防治船舶污染内河水域环境管理规定》，是落实内河船舶防止船舶污染内河水域的纲领性文件。防治船舶及其作业活动污染内河水域环境，实行预防为主、防治结合、及时处置、综合治理的原则；交通运输部主管全国防治船舶及其作业活动污染内河水域环境的管理；国家海事管理机构统一负责全国防治船舶及其作业活动污染内河水域环境的监督管理工作；各级海事管理机构依照各自的职责权限，具体负责管辖区域内防治船舶及其作业活动污染内河水域环境的监督管理工作。

广大内河船员作为防止船舶污染的直接责任人，必须严格遵守相关法律法规，有效防止船舶污染内河水域，实践绿色航运理念。在具体工作中，《内河船法定检验技术规则（2019）》和《船舶水污染物排放控制标准》（GB 3552—2018）对船舶污染源的界定与MARPOL 73/78基本一致，即油污染、舱底水污染、洗舱水污染及垃圾污染等。

第一节 水污染防治法规

一、水污染防治法和船舶水污染物排放标准

为了防治水污染，保护和改善环境，保障饮用水安全，促进经济社会全面协调可持续发展，由中华人民共和国第十届全国人民代表大会常务委员会第三十二次会议于2008年2月28日修订通过的《中华人民共和国水污染防治法》（简称“水污染防治法”），自2008年6月1日起施行后，根据2017年6月27日第十二届全国人民代表大会常务委员会第二十八次会议《关于修改〈中华人民共和国水污染防治法〉的决定》第二次修正，并自2018年1月1日起实施。水污染防治法适用于中华人民共和国领域内的江河、湖泊、运河、渠道、水库等地表水体以及地下水体的污染防治。在具体防污管理中配套实施《中华人民共和国水污染防治法实施细则》。

（一）船舶污油水排放要求和排放标准

1.船舶水污染物的排放要求

船舶排放水污染物应当符合船舶水污染物排放标准。从事海洋航运的船舶进入内河和港口的，应当遵守内河的船舶污染物排放标准。

船舶的残油、废油应当回收，禁止排入水体。

船舶装载运输油类或者有毒货物，应当采取防止溢流和渗漏的措施，防止货物落水造成水污染。

2.船舶水污染物的排放标准

根据《中华人民共和国环境保护法》《中华人民共和国水污染防治法》《中华人民共和国海洋环境保护法》的要求，我国现已制定了《船舶水污染物排放标准》（GB 3552—2018），于2018年1月25日发布，2018年7月1日起实施，该标准适用于中国籍船舶和进入中华人民共和国水域的外国籍船舶。其中，对船舶在内河水域的污油水排放标准为：船舶含油污水（油船压舱水、洗舱水及船舶舱底污水）的含油量，最高允许排放浓度为15 mg/L。含油污水系指含有原油和各种石油产品的污水。同时，对船舶生活污水、船舶有毒液体物质污水和船舶垃圾管理提出了明确要求。

（1）船舶含油污水排放控制要求

根据《船舶水污染物排放标准》(GB 3552—2018）的要求，船舶含油污水排放控制必须符合表4-15-1所列要求。

表4-15-1 船舶含油污水排放控制要求（内河）

污水类别	船舶类别	排放控制要求
机器处所油污水	2021年1月1日之前建造的船舶	自2018年7月1日起，限值为15 mg/L，污染物排放监控位置为油污水处理装置出水口，排放应当在船舶航行中进行
	2021年1月1日及以后建造的船舶	收集并排入接收设施
含货油残余物的油污水	全部油船	自2018年7月1日起，收集并排入接收设施

（2）船舶生活污水污染物排放控制标准

自2018年7月1日起，400总吨及以上的船舶，以及400总吨以下且经核定许可载运15人及以上的船舶在内河和距最近陆地3 n mile以内（含）的海域利用船载收集装置收集，排入接收设施；利用船载生活污水处理装置处理，达到规定要求后在航行中排放。

①在2012年1月1日以前安装（含更换）生活污水处理装置的船舶，按表4-15-2所列标准执行。

表4-15-2　船舶生活污水污染物排放限值（一）

序号	污染物项目	限值	污染物排放监控位置
1	五日生化需氧量（BOD_5）/（mg/L）	50	生活污水处理装置出水口
2	悬浮物（SS）/（mg/L）	150	
3	耐热大肠菌群数/（个/升）	2 500	

②在2012年1月1日及以后安装（含更换）生活污水处理装置的船舶（不含客运船舶），按表4-15-3所列标准执行。

表4-15-3　船舶生活污水污染物排放限值（二）

序号	污染物项目	限值	污染物排放监控位置
1	五日生化需氧量（BOD_5）/（mg/L）	25	生活污水处理装置出水口
2	悬浮物（SS）/（mg/L）	35	
3	耐热大肠菌群数/（个/升）	1 000	
4	化学需氧量（COD_{Cr}）/（mg/L）	125	
5	pH值（无量纲）	6.0~8.5	
6	总氯（总余氯）/（mg/L）	<0.5	

③在2012年1月1日及以后安装（含更换）生活污水处理装置的客运船舶，按表4-15-4所列标准执行。

表4-15-4　船舶生活污水污染物排放限值（三）

序号	污染物项目	限值	污染物排放监控位置
1	王日生化需氧量（BOD_5）/（mg/L）	20	生活污水处理装置出水口
2	悬浮物（SS）/（mg/L）	20	
3	耐热大肠菌群数/（个/升）	1 000	
4	化学需氧量（COD_{Cr}）/（mg/L）	60	
5	pH值（无量纲）	6.0~8.5	
6	总氯（总余氯）/（mg/L）	<0.5	
7	总氮/（mg/L）	20	
8	氨氮/（mg/L）	15	
9	总磷/（mg/L）	1.0	

④船舶垃圾

船舶垃圾主要包括塑料废弃物、食品废弃物、生活废弃物、废弃食用油、操作废弃物、货物残余物、动物尸体、废弃渔具、电子垃圾以及废弃物焚烧炉灰渣。

在船舶水污染物按标准实施排放时，必须注意在饮用水水源保护区内，不得排放生活污水，并按规定对控制措施进行记录；机器处所油污水污染物排放，经处理后按排放要求（15ppm 以内）排放时，应当在船舶航行中进行；在内河水域禁止船舶倾倒垃圾；货油残余物禁止处理排放；禁止排放含有毒液体物质的污水。

（二）船舶排放污染设备配置要求

（1）船舶应当按照国家有关规定配置相应的防污设备和器材，并持有合法有效的防止水域环境污染的证书与文书。

船舶进行涉及污染物排放的作业，应当严格遵守操作规程，并在相应的记录簿上如实记载。

（2）港口、码头、装卸站和船舶修造厂应当备有足够的船舶污染物、废弃物的接收设施。从事船舶污染物、废弃物接收作业，或者从事装载油类、污染危害性货物船舱清洗作业的单位，应当具备与其运营规模相适应的接收处理能力。

《内河船舶防污染结构与设备规范（防止油类污染部分）》规定在我国内河水域航行的民用船舶，其防止油污结构和设备应符合下列要求，并经船检部门检验，取得船检部门颁发的防止油污证书。

（3）装设油水分离设备和排放控制系统：

①船舶主柴油机总功率等于大于 440 kW 的船舶，建造时至少应装设一套油水分离设备；船舶主柴油机总功率大于等于 220 kW 但小于 440 kW 的新船，应于船舶建造时，至少装设一套额定处理量为 0.1~0.25 m^3/h 的小船油水分离设备，如图 8-26-7 所示。

②安装在船上的油水分离设备，应有船检部门颁发的型式检验证书或船用产品证书。

③油水分离设备应能在船舶长期处于横倾 10°、纵倾 5°的状况下正常工作。其处理水的排放应能手动控制。

④油水分离设备的安装位置应尽可能远离振源，应留出足够的通道和空间。

⑤若船舶装有油分报警装置，则该装置应保证在处理水的含油量超过 15 mg/L 的排放控制规定时，能发出报警。对未设油分报警装置的船舶，应加强处理水的取样化验。

⑥装有油水分离设备的船舶，应设置污油舱（柜），用于贮存污油。

（4）装设污油水舱（柜）：

①船舶主柴油机总功率小于 220 kW 的船舶，若未装设油水分离设备，则应设有污油水舱（柜）用以贮存含油舱底水，定期排放至接收设备，禁止将污油水直接排放于舷外。

②船舶主柴油机总功率小于 22 kW 的船舶，经船检部门同意，可采取其他简易有效设施贮存含油舱底水。

③污油水舱（柜）和污油舱（柜）的结构应满足规范的有关规定。

（5）泵、管路和排放接口的布置：

①船舶应设有排放管路用于排放含油舱底水或污油至接收设备（或简易有效设施），该管路不得兼作他用。

②排放管路的连接管应设有标准排放接口。

③泵、管路的布置应符合相应的要求。

（6）油船的附加要求：

①油船不应在货油舱中装载压舱水，特殊情况下装载于货油舱的压舱水，应排放到接收设备，严禁排往水域。

②油船的洗舱水应排放到接收设备，严禁排往水域。

③油船洗舱时，如洗舱水不能立即排到接收设备，则应设有足够容积的污油水舱或指定一个货油舱作为污油水舱，以便留存所有洗舱水。

（7）其他要求：

①为保证油水分离设备长期有效的使用，严禁机舱舱底水中混入洗涤剂、清洗剂等物质。必要时，海事机构可取样化验。

②船舶甲板动力机械应设置油盘，防止泄漏的残油污染水域。

③舵机舱、轴隧及动力机械泄漏的残油应引入污油水舱（柜）或污油舱（柜）中，禁止排往舷外。

④废机油和机器清洗油应妥善处理，禁止排往舷外；油水分离设备的滤芯等油污物，应妥善保存于船上或用合适的方法予以处理，严禁抛入水域。

（三）船舶进行可能发生污染的作业要求

船舶进行下列活动，应当编制作业方案，采取有效的安全和防污染措施，并报作业地海事管理机构批准：

（1）进行残油、含油污水、污染危害性货物残留物的接收作业，或者进行装载油类、污染危害性货物船舱的清洗作业；

（2）进行散装液体污染危害性货物的过驳作业；

（3）进行船舶水上拆解、打捞或者其他水上、水下船舶施工作业。

在渔港水域进行渔业船舶水上拆解活动，应当报作业地渔业主管部门批准。

二、防治船舶污染内河水域环境管理规定

为防治船舶及其作业活动污染内河水域环境，保护内河水域环境，根据《中华人民共和国水污染防治法》《危险化学品安全管理条例》等法律、行政法规，由交通运输部制定颁布的《中华人民共和国防治船舶污染内河水域环境管理规定》（简称“船舶防污规定”）于2015年12月15日经第25次部务会议通过（交通运输部2015年第25号令），自2016年5月1日起施行。

防治船舶及其作业活动污染内河水域环境，实行预防为主、防治结合、及时处置、综合治理的原则；交通运输部主管全国防治船舶及其作业活动污染内河水域环境的管理；国家海事管理机构统一负责全国防治船舶及其作业活动污染内河水域环境的监督管理工作；各级海事管理机构依照各自的职责权限，具体负责管辖区域内防治船舶及其作业活动污染内河水域环境的监督管理工作。

（一）一般规定

（1）中国籍船舶防治污染的结构、设备、器材应当符合国家有关规范、标准，经海事管理机构或者其认可的船舶检验机构检验，并保持良好的技术状态。

船舶经船舶检验机构检验可以免除配备相应的污染物处理装置的，应当在相应的船舶

检验证书中予以注明。

（2）船舶应当依照法律、行政法规、国务院交通运输主管部门的规定以及中华人民共和国缔结或者加入的国际条约、协定的要求，具备并随船携带相应的防治船舶污染内河水域环境的证书、文书。

（3）船员应当具有相应的防治船舶污染内河水域环境的专业知识和技能，熟悉船舶防污染程序和要求，经过相应的专业培训，持有有效的适任证书和合格证明。

从事有关作业活动的单位应当组织本单位作业人员进行防治污染操作技能、设备使用、作业程序、安全防护和应急反应等专业培训，确保作业人员具备相关防治污染的专业知识和技能。

（4）150总吨及以上的油船、油驳和400总吨及以上的非油船、非油驳的拖驳船队应当制订“船上油污应急计划”。150总吨以下油船应当制定油污应急程序。

150总吨及以上载运散装有毒液体物质的船舶应当按照交通运输部的规定制订“船上有毒液体物质污染应急计划”和货物资料文书，明确应急管理程序与布置要求。

400总吨及以上载运散装有毒液体物质的船舶可以制订“船上污染应急计划”，代替“船上有毒液体物质污染应急计划”“船上油污应急计划”。

水路运输企业应当针对所运输的危险化学品的危险特性，制定运输船舶危险化学品事故应急救援预案，并为运输船舶配备充足、有效的应急救援器材和设备。

（5）依法设立特殊保护水域涉及防治船舶污染内河水域环境的，应当事先征求海事管理机构的意见，并由海事管理机构发布航行通（警）告。设立特殊保护水域的，应当同时设置船舶污染物接收及处理设施。

在特殊保护水域内航行、停泊、作业的船舶，应当遵守特殊保护水域有关防污染的规定、标准。任何在内河水域航行、停泊和进行相关作业的船舶，都不得违反法律、行政法规和国务院交通主管部门的规定，向内河水域排放污染物。

禁止船舶在内河水域载运法律、行政法规和国务院交通主管部门规定的不得在内河水域运输的危险化学品。禁止船舶在内河水域使用焚烧炉。

（6）船舶或者有关作业单位造成水域环境污染损害的，应当依法承担污染损害赔偿责任。

通过内河运输危险化学品的船舶，其所有人或者经营人应当投保船舶污染损害责任保险或者取得财务担保。船舶污染损害责任保险单证或者财务担保证明的副本应当随船携带。通过内河运输危险化学品的中国籍船舶的所有人或者经营人，应当向在我国境内依法成立的商业性保险机构和互助性保险机构投保船舶污染损害责任保险。具体办法另行制定。

（7）船舶污染事故引起的污染损害赔偿争议，当事人可以申请海事管理机构调解。在调解过程中，当事人申请仲裁、向人民法院提起诉讼或者一方中途退出调解的，应当及时通知海事管理机构，海事管理机构应当终止调解，并通知其他当事人。

调解成功的，由各方当事人共同签署“船舶污染事故民事纠纷调解协议书”。调解不成或者在3个月内未达成调解协议的，应当终止调解。

（二）船舶污染物的排放和接收

（1）在内河水域航行、停泊和作业的船舶，不得违反法律、行政法规、规范、标准和交通运输部的规定向内河水域排放污染物。不符合排放规定的船舶污染物应当交由港口、码头、装卸站或者有资质的单位接收处理。

（2）禁止船舶向内河水体排放有毒液体物质及其残余物或者含有此类物质的压载水、洗舱水或者其他混合物；禁止船舶在内河水域使用焚烧炉；禁止在内河水域使用溢油分散剂。

（3）150总吨及以上的油船、油驳和400总吨及以上的非油船、非油驳的拖驳船队应当将油类作业情况如实、规范地记录在经海事管理机构签注的油类记录簿中。

150总吨以下的油船、油驳和400总吨以下的非油船、非油驳的拖驳船队应当将油类作业情况如实、规范地记录在轮机日志或者航海日志中。

载运散装有毒液体物质的船舶应当将有关作业情况如实、规范地记录在经海事管理机构签注的货物记录簿中。

船舶应当将使用完毕的油类记录簿、货物记录簿在船上保留3年。

（4）船长12 m及以上的船舶应当设置符合格式要求的垃圾告示牌，告知船员和旅客关于垃圾管理的要求。

100总吨及以上的船舶以及经核准载运15名及以上人员且单次航程超过2 km或者航行时间超过15 min的船舶，应当持有“船舶垃圾管理计划”和海事管理机构签注的船舶垃圾记录簿，并将有关垃圾收集处理情况如实、规范地记录于船舶垃圾记录簿中。船舶垃圾记录簿应当随时可供检查，使用完毕后在船上保留2年。

上述规定以外的船舶应当将有关垃圾收集处理情况记录于航海日志中。

（5）禁止向内河水域排放船舶垃圾。船舶应当配备有盖、不渗漏、不外溢的垃圾储存容器或者实行袋装，按照“船舶垃圾管理计划”对所产生的垃圾进行分类、收集、存放。

船舶将含有有毒有害物质或者其他危险成分的垃圾排入港口接收设施或者委托船舶污染物接收单位接收的，应当提前向对方提供此类垃圾所含物质的名称、性质和数量等信息。

（6）船舶在内河航行时，应当按照规定使用声响装置，并符合环境噪声污染防治有关要求。

（7）船舶使用的燃料应当符合有关法律法规和标准要求，鼓励船舶使用清洁能源。

船舶不得超过相关标准向大气排放动力装置运转产生的废气以及船上产生的挥发性有机化合物。

（8）来自疫区船舶的船舶垃圾、压载水、生活污水等船舶污染物，应当经检疫部门检疫合格后，方可进行接收和处理。

（9）船舶污染物接收单位在污染物接收作业完毕后，应当向船舶出具污染物接收处理单证，并将接收的船舶污染物交由岸上相关单位按规定处理。

船舶污染物接收单证上应当注明作业双方名称，作业开始和结束的时间、地点，以及污染物种类、数量等内容，并由船方签字确认。船舶应当将船舶污染物接收单证与相关记录簿一并保存备查。

（三）船舶作业活动的污染防治

（1）从事水上船舶清舱、洗舱、污染物接收、燃料供受、修造、打捞、拆解、污染清除作业以及利用船舶进行其他水上水下活动的，应当遵守相关操作规程，采取必要的防治污染措施。

船舶在港从事前款所列相关作业的，在开始作业时，应当通过甚高频、电话或者信息系统等向海事管理机构报告作业时间、作业内容等信息。

（2）托运人交付船舶载运具有污染危害性货物的，应当采取有效的防污染措施，确保货物状况符合船舶载运要求和防污染要求，并在运输单证上注明货物的正确名称、数量、污染类别、性质、预防和应急措施等内容。

曾经载运污染危害性货物的空容器和空运输组件，在未彻底清洗或者消除危害之前，应当按照原所装货物的要求进行运输。

交付船舶载运污染危害性质不明的货物，货物所有人或者其代理人应当委托具备相应技术能力的机构进行货物污染危害性评估分类，确定安全运输条件，方可交付船舶载运。

（3）船舶载运污染危害性货物应当具备与所载货物危害性质相适应的防污染条件。

船舶不得载运污染危害性质不明的货物以及超过相关标准、规范规定的单船限制性数量要求的危险化学品。

（4）船舶运输散发有毒有害气体或者粉尘物质等货物的，应当采取封闭或者其他防护措施。

从事前款货物的装卸和过驳作业，作业双方应当在作业过程中采取措施回收有毒有害气体。

（5）从事散装液体污染危害性货物装卸作业的，作业双方应当在作业前对相关防污染措施进行确认，按照规定填写防污染检查表，并在作业过程中严格落实防污染措施。

（6）船舶从事散装液体污染危害性货物水上过驳作业时，应当遵守有关作业规程，会同作业单位确定操作方案，合理配置和使用装卸管系及设备，按照规定填写防污染检查表，针对货物特性和作业方式制定并落实防污染措施。

（7）船舶进行下列作业，在长江、珠江、黑龙江水系干线作业量超过300 t和其他内河水域超过150 t的，港口、码头、装卸站应当采取包括布设围油栏在内的防污染措施，其中过驳作业由过驳作业经营人负责：

①散装持久性油类的装卸和过驳作业，但船舶燃油供应作业除外；

②比重小于1（相对于水）、溶解度小于0.1%的散装有毒液体物质的装卸和过驳作业；

③其他可能造成水域严重污染的作业。

因自然条件等原因，不适合布设围油栏的，应当采取有效替代措施。

（8）从事船舶燃料供应作业的单位应当建立有关防治污染的管理制度和应急预案，配备足够的防污染设备、器材和合格的人员。

从事船舶燃料供受作业，作业双方应当在作业前对相关防污染措施进行确认，按照规定填写防污染检查表，并在作业过程中严格落实防污染措施。

（9）从事船舶燃料供受作业的水上燃料加注站应当满足国家规定的防污染技术标准要求。

水上燃料加注站接受燃料补给作业应当按照污染危害性货物过驳作业办理相关手续。

（10）水上船舶修造及其相关作业过程中产生的污染物应当及时清除，不得投弃入水。

船舶燃油舱、液货舱中的污染物需要通过过驳方式交付储存的，应当遵守污染危害性货物过驳作业管理要求。

船坞内进行的修造作业结束后，作业单位应当进行坞内清理和清洁，确认不会造成水域污染后，方可沉坞或者开启坞门。

（四）船舶污染事故应急处置

（1）船舶发生污染事故，应当立即就近向海事管理机构如实报告，同时启动污染事故应急计划或者程序，采取相应措施控制和消除污染。在初始报告以后，船舶还应当根据污染事故的进展情况做出补充报告。

海事管理机构接到报告后应当立即核实有关情况，按规定向上级海事管理机构和县级以上地方人民政府报告。海事管理机构和有关单位应当在地方人民政府的统一领导和指挥下，按照职责分工，开展相应的应急处置工作。

（2）发生船舶污染事故的船舶，应当在事故发生后24 h内向事故发生地的海事管理机构提交“船舶污染事故报告书”。因特殊情况不能在规定时间内提交“船舶污染事故报告书”的，经海事管理机构同意可以适当延迟，但最长不得超过48 h。

“船舶污染事故报告书”应当至少包括以下内容：

①船舶的名称、国籍、呼号或者编号。

②船舶所有人、经营人或者管理人的名称、地址。

③发生事故的时间、地点以及相关气象和水文情况。

④事故原因或者事故原因的初步判断。

⑤船上污染物的种类、数量、装载位置等概况。

⑥事故污染情况。

⑦应急处置情况。

⑧船舶污染损害责任保险情况。

（3）船舶有沉没危险或者船员弃船的，应当尽可能地关闭所有液货舱或者油舱（柜）管系的阀门，堵塞相关通气孔，防止溢漏，并向海事管理机构报告船舶燃油、污染危害性货物以及其他污染物的性质、数量、种类、装载位置等情况。

（4）船舶发生事故，造成或者可能造成内河水域污染的，船舶所有人或者经营人应当及时消除污染影响。不能及时消除污染影响的，海事管理机构可以采取清除、打捞、拖航、引航、过驳等必要措施，发生的费用由责任者承担。

依法应当承担前款规定费用的船舶及其所有人或者经营人应当在开航前缴清相关费用或者提供相应的财务担保。

（五）船舶污染事故调查处理

（1）船舶污染事故调查处理依照下列规定组织实施：

①重大以上船舶污染事故由交通运输部组织调查处理。

②重大船舶污染事故由国家海事管理机构组织调查处理。

③较大船舶污染事故由直属海事管理机构或者省级地方海事管理机构负责调查处理。

④一般等级及以下船舶污染事故由事故发生地海事管理机构负责调查处理。

较大及以下等级的船舶污染事故发生地不明的，由事故发现地海事管理机构负责调查处理。事故发生地或者事故发现地跨管辖区域或者相关海事管理机构对管辖权有争议的，由共同的上级海事管理机构确定调查处理机构。

（2）事故调查机构应当及时、客观、公正地开展事故调查，勘验事故现场，检查相关船舶，询问相关人员，收集证据，查明事故原因，认定事故责任。

船舶污染事故调查应当由至少2名调查人员实施。

（3）证据可能灭失或者以后难以取得的情况下，事故调查机构可以依法先行登记保存相应的证书、文书、资料。

（4）船舶污染事故调查的证据种类包括：

①书证、物证、视听资料、电子数据；

②证人证言；

③当事人陈述；

④鉴定意见；

⑤勘验笔录、调查笔录、现场笔录；

⑥其他可以证明事实的证据。

（5）船舶造成内河水域污染的，应当主动配合事故调查机构的调查。船舶污染事故的当事人和其他有关人员应当如实反映情况和提供资料，不得伪造、隐匿、毁灭证据或者以其他方式妨碍调查取证。

船舶污染事故的当事人和其他有关人员提供的书证、物证、视听资料应当是原件原物，不能提供原件原物而提供抄录件、复印件、照片等非原件原物的，应当签字确认；拒绝确认的，事故调查人员应当注明有关情况。

（6）有下列情形的，事故调查机构可以按照规定程序组织各级海事管理机构和相关部门开展船舶污染事故协查：

①污染事故肇事船舶逃逸的。

②污染事故嫌疑船舶已经开航离港的。

③辖区发生污染事故但暂时无法确认污染来源，经分析过往船舶有事故嫌疑的。

（7）事故调查处理需要委托有关机构进行技术鉴定或者检验、检测的，事故调查机构应当委托具备国家规定资质要求的机构进行。

（8）事故调查机构应当自事故调查结案之日起20个工作日内制作船舶污染事故认定书，并送达当事人。

船舶污染事故认定书应当载明事故基本情况、事故原因和事故责任。

自海事管理机构接到船舶污染事故报告或者发现船舶污染事故之日起6个月内无法查明污染源或者无法找到造成污染船舶的，经船舶污染事故调查处理机构负责人批准可以终止事故调查，并在船舶污染事故认定书中注明终止调查的原因。

（六）法律责任

（1）违反规定，有下列情形之一的，由海事管理机构责令改正，并处以2万元以上3万元以下的罚款：

①船舶超过标准向内河水域排放生活污水、含油污水等。

②船舶超过标准向大气排放船舶动力装置运转产生的废气。

③船舶在内河水域排放有毒液体物质的残余物或者含有此类物质的压载水、洗舱水及其他混合物。

④船舶在内河水域使用焚烧炉。

⑤未按规定使用溢油分散剂。

（2）违反“船舶防污染规定”，由海事管理机构责令改正，并处以3 000元以上1万元以下的罚款：

①船舶未按规定如实记录油类作业、散装有毒液体物质作业、垃圾收集处理情况的。

②船舶未按规定保存油类记录簿、货物记录簿和船舶垃圾记录簿的。

③船舶在港从事水上船舶清舱、洗舱、污染物接收、燃料供受、修造、打捞、污染清除作业活动，未按规定向海事管理机构报告的。

（3）违反“船舶防污染规定”，有下列情形之一的，由海事管理机构责令改正，并处以1万元以上3万元以下的罚款：

①港口、码头、装卸站以及从事船舶修造、打捞等作业活动的单位未按规定配备污染防治设施、设备和器材的。

②从事水上船舶清舱、洗舱、污染物接收、燃料供受、修造、打捞、污染清除作业活动未遵守操作规程，未采取必要的防治污染措施的。

③运输及装卸、过驳散发有毒有害气体或者粉尘物质等货物，船舶未采取封闭或者其他防护措施，装卸和过驳作业双方未采取措施回收有毒有害气体的。

④未按规定采取布设围油栏或者其他防治污染替代措施的。

⑤采取冲滩方式进行船舶拆解作业的。

（4）违反“船舶防污染规定”，有下列情形之一的，由海事管理机构责令停止违法行为，并处以5 000元以上1万元以下的罚款：

①从事有关作业活动的单位，未组织本单位相关作业人员进行专业培训的。

②船舶污染物接收单位未按规定向船方出具船舶污染物接收单证的。

③从事散装液体污染危害性货物装卸、过驳作业的，作业双方未按规定填写防污染检查表及落实防污染措施的。

（5）违反规定第十条，船舶未遵守特殊保护水域有关防污染的规定、标准的，由海事管理机构责令停止违法行为，并处以1万元以上3万元以下的罚款。

（6）船舶违反“船舶防污染规定”，载运污染危害性质不明的货物，由海事管理机构责令改正，并对船舶处以5 000元以上2万元以下的罚款。

（7）船舶发生污染事故，未按规定报告的或者未按规定提交“船舶污染事故报告书”的，由海事管理机构对船舶处以2万元以上3万元以下的罚款；对直接负责的主管人员和其他直接责任人员处以1万元以上2万元以下的罚款。

（七）相关名词术语

（1）有毒液体物质：排入水体将对水资源或者人类健康产生危害或者对合法利用水资源造成损害的物质，包括在《国际散装运输危险化学品船舶构造和设备规则》的第17章或第18章的污染种类列表中标明的或者暂时被评定为X、Y或者Z类的任何物质。

（2）污染危害性货物：直接或者间接地进入水体，会损害水体质量和环境质量，对生物资源、人体健康等产生有害影响的货物。

（3）特殊保护水域：各级人民政府按照有关规定划定并公布的自然保护区、饮用水源保护区、渔业资源保护区、旅游风景名胜区等需要特别保护的水域。

（4）水上燃料加注站：固定于某一水域，具有燃料储存功能，给船舶供给燃料的趸船或者其他船舶。

三、小型内河船舶水污染防治管理办法

我国内河船舶60%以上为400总吨以下的小型船舶，分布在长江、珠江等水系和京杭运河沿线等内河水域，此类船舶的排放控制要求缺失，极大阻碍了加强内河船舶水污染防治、保护内河水域环境的工作进程。

为防治内河小型船舶污染水域环境，依据《中华人民共和国水污染防治法》《中华人民共和国防治船舶污染内河水域环境管理规定》《港口经营管理规定》等法律、法规和规章，交通运输部印发了《400总吨以下内河船舶水污染防治管理办法》（以下简称《管理办法》），于2020年10月1日起正式实施，有效期为5年。

《管理办法》对400总吨以下内河船舶产生的生活污水、垃圾、含油污水、残油（油泥）、含有毒液体物质的污水等水污染物的船上储存、处理、排放和送交港口、码头、装卸站的接收设施或者具有相应能力的接收单位接收的行为提出了明确的要求。

《管理办法》包括总则、一般规定、生活污水污染防治、船舶垃圾污染防治、机器处所油污水污染防治、洗舱水污染防治和监督管理等7个部分共27条。其防污管理要求主要体现在以下四个方面：

（1）明确400总吨以下内河船舶水污染物防治主要按照“船上储存、交岸接收处置”的原则执行。

（2）明确400总吨以下且经核定许可载运15人以下的船舶的生活污水排放要求参照《船舶水污染物排放控制标准》（GB 3552—2018）执行，弥补现有国家标准对此类船舶排放控制要求的缺失。

（3）对未设置生活污水、机器处所油污水防污染设施的现有船舶，以及已安装污水处理装置但其处理后排放不能满足《船舶水污染物排放控制标准》（GB 3552—2018）要求的现有船舶，要求其按照《内河船舶法定检验技术规则（2019）》完成改造，并鼓励船舶按照“船上储存、上岸接收处置”的原则进行改造。

（4）对内河船舶垃圾实行新的分类要求，以使其和城市垃圾分类相衔接，提升“船上储存、交岸接收处置”的可操作性。

第二节 防止船舶油污染

随着我国石油化工工业的快速增长，运输石油化工及石油制品的船舶发展较快。在内河航运对水质污染中，船舶油污染所占的比例很高。

一、内河船舶产生油污染的主要原因

相关统计分析表明，导致内河水域船舶油污染的途径主要来自操作性溢油和事故性排放溢油两个方面。

（一）操作性溢油

操作性溢油是指船舶在营运过程中向内河排放各种含油污水及残渣，包括排放压舱水、洗舱水、舱底水、重燃油分离的残渣和清洗燃油舱的残渣等，操作性排放的溢油约占油污染量的30%。

1.船舶机舱舱底水的排放

随着石油制品作为液体燃料和润滑介质使用，便出现了燃油系统和润滑系统的渗漏及在机器修理、更换润滑油、清洗机器时的少量溢油或偶尔跑油。机舱舱底水是机舱中的机器（主机和辅机）、设备及管路在船舶航行中泄漏的燃料、润滑油、水和艉轴密封装置泄漏的油污水。一艘船舶机舱舱底水的年发生量一般平均为该船总吨位的10%左右，而舱底水中的含油量一般可高达0.5%。这些油污水汇集于舱底，如果不定期清除和排放，就会影响机舱的清洁，成为船舶安全检查中的"机舱不清洁"缺陷，日积月累甚至会影响船舶的浮力。船员如果将这些舱底水直接排入江河中，就会造成水域污染。

2.残油和洗舱水的排放

船舶进厂修理前，按《船舶修理操作规程》的要求，必须将货油和燃料油舱的残油清洗干净，油气排放并经测爆后才能进厂修理，以确保安全；当油船改装油品时，为保障油品质量，也必须经过洗舱作业，即清洗油舱，由此产生的油污水也成为水域的一个重要污染源。

3.船舶在加装燃料油和油船油舱装货期间的溢油

（1）船、岸双方驳油速度不协调和相互联系不及时，或封闭式装货标示不准确而造成的溢油。

（2）货油驳运装卸时，输油皮龙软管的老化、残破及伸缩接头、阀门松动导致的油渗漏或溢油。

（二）事故性排放溢油

事故性排放溢油主要是船舶或油船发生碰撞、触损、自沉、爆炸等事故造成大规模的溢油事件。

（1）船舶碰撞时产生的燃油箱油料外溢。

（2）船舶自沉时机舱油污水的外溢和燃润料外溢。

（3）油船爆炸事故发生后的油污染水域。

二、防止船舶油污染方面存在的问题

（一）法律法规不健全

我国对于防止航运（船舶）导致水污染的相关法规有《中华人民共和国水污染防治法》《防止船舶污染海域管理条例》等，对政府与企业的权利、义务关系规范不到位，法律效力的层次不高，真正适用于内河的法规不多，虽然水污染防治法制定了实施细则，但它涉及面较广，就海事管理而言，其操作性较差。

（二）船舶油水分离器配备不到位且使用效率低下

根据《内河船舶防污染结构与设备规范》的要求，主柴油机总功率大于或等于220 kW的船舶必须配备油水分离器。据不完全统计，我国内河主柴油机总功率小于220 kW的船舶约占船舶总数的 80%，主柴油机总功率小于 220 kW 的船舶未强制要求装设油水分离器，只要求在机舱配备污油桶（柜），装存机舱污油等。基层船舶安全检查发现，船舶在实际运营过程中，船舶油水分离器使用率极低，有的甚至不使用，成了应付海事部门安全检查时的摆设。

（三）船员防污染意识淡薄，随意排放残油、油污水现象时有发生

在对船舶进行现场检查时发现，虽然大部分船舶已按规定装设了油水分离器或污油桶（柜），配备了船舶防污和船舶垃圾记录簿等文书，但对于装设了油水分离器或污油桶（柜）的船舶，使用效率低，甚至有的船员不会操作，大部分的船舶防污设备缺乏正常有效的维护保养，部分船员随意排放污染物，还有少数船舶直接将舱底水排放入内河，造成水域污染。

（四）油污水接收处理设施缺乏，管理不善

按照《内河船舶防污染结构与设备规范》的要求，凡是未装设油水分离器的船舶，其油污水必须储存到船上指定的容器，且定期排给岸上油污水接收处理设施，并将油污的接收情况记载在船舶油类记录簿上，经投放和接收双方签收认可。由于目前部分港口、码头没有配备污油水接收处理设施，故大部分没油水分离器的船舶其油污水倒入岸边或由私人小船收购，有的甚至直接排入内河中。海事部门要求港口企业配备污水接收处理设施，但该设备造价高，维修成本高，在使用过程中支出大，有了这些设备，港口企业增加了成本，因此，港口、码头企业积极性不高。

（五）航运企业对防污工作重视不够，管理不力

少数航运企业对贯彻落实《中华人民共和国水污染防治法》不够积极，没有设立专门机构及专职人员管理船舶防污工作，只抓经济效益，不重视环境保护，当发生污染对其进行处罚时，才意识到违法。

（六）监管机构的管理手段有待提高

目前各级海事机构对防止油污虽然做了大量的工作，但技术力量相对薄弱，防污手段缺乏，效果不佳，传统的管理是被动的管理，这种管理模式已经不适应当前船舶防污染形势，必须不断提高管理手段。

三、防止内河船舶油污染的措施

（一）完善水上防治环境污染法律法规体系，加强监管力度

加快防止船舶污染水域管理立法调研，提高相关法律法规的层级效力，进一步督促建立健全船舶油污染防治方面的法律法规或相关规定，落实到有关责任部门，使其真正适用于内河，增强海事管理的可操作性，为海事执法提供进一步的法律支撑。

（二）加大环保宣传力度，提高船舶防污意识

海事部门应通过多种途径，把《环境保护法》《水污染防治法》及其实施细则等法律法规，宣传至港口、码头及船上，使港航企业与船员充分认识到船舶污染的危害性，提高船舶的防污意识，做到知法、懂法和守法。树立海事管理机构的权威，加大防污宣传、检查、整治和现场监督的力度和深度，从根本上落实船舶防污措施。

（三）加强水运企业船员管理，实施防污染知识培训

水运企业、船舶所有人和船员是防污染工作的主体，其能否自觉做好防污工作是至关重要的。在我国，内河运输船舶中约有80%的船员为高中以下文化程度，40%只有小学文化程度，甚至还存在船员为文盲的现象，防污意识淡薄，生活垃圾和残油污水随意排放。因此，加强水运企业和船员管理，提高船员素质，提高船员队伍的准入门槛，不仅要对船员进行环保意识的宣传，对相关法律、法规的强制培训，而且要加强油船安全知识和油船安全操作的培训。通过宣传、培训，使他们提高思想认识，明确职责，提高防污技术水平。尤其是船舶发生事故后，船舶本身如何及时、迅速、有效防止和控制溢油的污染，对这些知识的学习和掌握是十分必要的，不可忽视。

（四）进一步完善配套设施，提高港口接收能力

根据港口吞吐量或船舶进出口数量规模，在一些大型的码头、水上服务区（锚地）水域，建设垃圾回收和油污水接收装置，提高港口的接收能力，以适应船舶防污需要。通过对船舶垃圾簿、油类记录簿的检查，督促船舶做好防污染工作。垃圾回收点和油污水接收装置的确定或设立要符合港口水域的特点，加强船舶防污的硬件建设的同时，从有利于船舶防污的角度出发，建设一整套监督、约束、奖励机制，使船舶污物接收工作能及时、有效、持续地正常进行，从根本上控制港口船舶污染物扩散的源头，降低码头前沿和作业现场水域污染事故发生。

（五）在标准化船型中全面推行“零排放”船舶

鉴于内河船舶油污水和生活污水的排放现状，我们可以引入内河船舶零排放的理念，按照船种、船舶主尺度等来设置要求，以船型标准化为契机，对部分内河船舶实施零排放的设计建造。

（1）内河油船一律设置专用压载舱。只允许清洁压载水的排放。洗舱油污水接收上岸。

（2）内河化学品船一律在指定港口码头洗舱，洗舱水接收上岸。仿照国际船舶的做法，指定专门的可进行化学品洗舱的港口码头。

（3）对于小于一定尺度的船舶、工程作业船舶、公务船艇和港口拖船等，一律实施“零排放”。这些船艇基本是固定在某个水域航行和作业，对其实施零排放规定后，定期进行油污水和垃圾接收，能很好地保护施工水域的清洁。

（六）加强对船舶检验机构的监督，把好质量关

船舶建造时，其防污结构及设备的设计应经船舶检验机构的审核同意。海事部门应组织人员对船用防污设施的质量进行调查，对那些质量过硬、运行稳定、售后服务做得较好的防污设备及时予以公布，供船舶建造选择设备时参考。

（七）强化防污染现场监督，提高监控手段

各级海事机构应认真贯彻国家有关防止船舶污染的政策、法律、法规、规章，成立专业的船舶防污染管理部门，配齐有关专业人员，完善管理制度，加强现场监督检查，严肃查处船舶污染行为。对一些机械设备老化、破损严重、易造成水域污染的老旧船舶，要加大检查力度，建立群众举报制度，对举报属实者进行奖励，对污染者严厉处罚；同时通过VTS、GPS、视频监控等手段实现实时在线监管，提升信息化管理水平，变“被动”为

"主动"、变"亡羊补牢"式管理为"未雨绸缪"型管理。

（八）健全船舶油污染应急反应体系

完善船舶油污染应急反应体系，加强控制和清除水上溢油污染的能力。在发生溢油污染事故时，能按事先制订的计划有效开展工作。在建设区域应急反应体系的同时，还应建立油码头等危险货物码头的污染应急反应体系，配备围油栏、吸油毡等处理设施，随时防止在装卸作业过程中可能发生的污染。

内河航运在带来经济效益和社会效益的同时，必然会导致水域水质一定程度的污染。因此航运污染的治理是一项长期且艰巨的任务。环境保护政策是我国的基本国策之一，船舶防污工作是保持水域清洁的重中之重，是落实环境保护国策的重要组成部分。通过政府各相关职能部门的共同努力，采取强有力的措施，把握好船舶防污的各相关环节，才能起到保护内河水域生态环境，促进国民经济又好又快地发展。

第三节 船舶污水处理

根据《中华人民共和国防治船舶污染内河水域环境管理规定》（交通运输部2015年第25号令，简称"船舶防污规定"）的相关规定，船舶污水处理包括生活污水处理、含油污水处理和含有毒液体物质污水处理。

一、船舶生活污水处理

（一）生活污水的界定

按照经修订的MARPOL 73/78附则Ⅳ的定义，船舶生活污水系指：

（1）任何形式的厕所和小便池的排出物和其他废弃物。

（2）医务室（药房、病房等）的面盆、洗澡盆和这些处所排水孔的排出物。

（3）装有活畜禽货的处所的排出物。

（4）混有上述排出物的其他废水。

《内河船舶法定检验技术规则》和《船舶水污染物排放控制标准》（GB 3552—2018）对生活污水的界定与MARPOL 73/78附则 Ⅳ 基本一致。对大部分内河船舶而言，生活污水主要是厕所冲洗所产生的粪便污水，即通常所说的"黑水"。虽然未对来自洗碗水、厨房水槽、淋浴、洗衣、洗澡池和洗手池下水道的"灰水"给出处理要求，但当其和"黑水"混合排放时必须进行处理。

（二）生活污水的主要危害物质

未经处理的船舶生活污水主要含有以下危害物质：

（1）可令水生物及人感染的大量细菌、寄生虫，甚至病毒等。

（2）可令水中的氧气有很高生化需要的、溶解于水中的有机成分和悬浮成分。

（3）本身生化衰变时需要消耗氧气的、沉淀于水底的、有机或者无机的固体微粒。

（4）呈单个小碎块或悬胶体的、浮在水表面的浮游微粒有机物或无机物。

（5）可令吸收某些物质（主要是磷化物和氮化物）的江（河）水饱和，并可能造成富营养化、高浓度的营养物质。

如果不对船舶生活污水加以控制而任其排放，这不仅对水体本身损坏巨大，也对整个生态环境和人体健康产生严重影响。

（三）船舶生活污水处理执行标准

1.《**内河船舶法定检验技术规则**（2019）》

《内河船舶法定检验技术规则（2019）》（以下简称“《规则》”）针对我国内河船长大于等于20 m船舶设计建造、营运检验的技术法规进行了系统的规定，对内河船舶检验制度、安全与防污染技术要求等方面进行了全面系统的修订。《规则》于2020年6月1日起正式实施，规定新建内河船舶必须配备生活污水处理或贮存装置。

2.《**船舶水污染物排放控制标准**》（GB 3552—2018）

《船舶水污染物排放控制标准》（GB 3552—2018）（以下简称“新标准”）对生活污水的排放控制要求相较于 MARPOL 73/78 附则 Ⅳ 要求更为严格，涉及内河船舶的主要体现在：

（1）标准的适用范围调整

MARPOL 73/78 附则 Ⅳ 及《内河船舶法定检验技术规则》等国内法规对400总吨及以上的船舶和小于400总吨但核定载运船上人员15人以上的船舶适用，新标准对小于400总吨但核定载运人数为15人及以上的船舶也适用，因此会对该类船舶进行追溯。

（2）生活污水处理装置的排放性能指标限值调整

新标准对于船舶安装的生活污水处理装置的性能要求按照内河和沿海水域排放以及安装上船时间节点提出了不同的性能指标限值。对于在2021年1月1日及以后安装在客船上的生活污水处理装置，当在内河水域排放时，其性能指标要求高于 MEPC.227（64）决议中对特殊区域内的客船的排放要求，主要是悬浮物和化学需氧量指标以及新增加的氨氮指标。

（3）生活污水污染物排放监控位置设置

新标准规定生活污水污染物排放监控位置应设置在生活污水处理装置出水口处，来实现该排放监控对生活污水污染物的检测，以此作为判定排污行为达标与否的依据，为监管部门未来对生活污水污染物的检查提供了更为具体的标准。

（四）船舶生活污水处理要求

根据《内河船舶法定检验技术规则（2019）》和《船舶水污染物排放控制标准》（GB 3552—2018）的规定，对于400总吨及以上以及400总吨以下且经核定许可载运15人及以上的内河船舶生活污水处理的具体要求如下：

（1）航行于内河水域的船舶，其生活污水不应随意向水域排放。船舶生活污水应排至接收设施或经生活污水处理装置处理达到排放标准后才能排往水域。

（2）经过处理的船舶生活污水的排放应避开取水源，并不应在停靠码头时排放。

（3）经过处理的船舶生活污水的排放应进行控制，不应顷刻排放，排放应在船舶航行中进行。

（4）航行于京杭运河的船舶的生活污水应贮存在船上，排放给接收设备，严禁将生活污水排往水域。

（5）餐饮趸船（餐饮供给船）的餐饮污水不应向水域排放，应排放至污水贮存舱

（柜），由船/岸有关部门予以接收。

（6）内河客船的餐饮污水不应向水域排放，应贮存在专门的容器中，由船/岸有关部门予以接收。

（7）不在规定范围内的小型船舶应尽可能采用简易的收集设备和措施，避免将未处理的污水直接排往水域。

（8）自《规则》生效之日起，新建内河船舶要配备生活污水处理或贮存装置。

（五）船舶生活污水处理设备与设施配置要求

1.生活污水贮存舱（柜）

生活污水贮存舱（柜）不应与饮用水舱和锅炉水舱相邻，若不可避免，应以隔离空舱隔离。

2.生活污水处理装置

（1）生活污水处理装置应在船舶处于横倾10°和纵倾5°时仍能正常工作。

（2）生活污水处理装置应能手动控制排放水。

（3）在排放管路的适当位置应设有取样检测口。

（4）生活污水处理装置的布置应能方便地对生活污水及排放水取样。

（5）在装置的安装处所应有良好的通风。

（6）生活污水处理装置的布置应便于污泥的排出与接收。

（7）船舶所选用的生活污水处理装置应与船上所产生的生活污水量相匹配。

3.打包收集设施

打包设备应安全可靠，贮存处所应通风良好，打包的生活污水（不含冲洗水）应尽快送到接收设施。

4.生活污水标准排放接头

标准接头的法兰应能接收最大内径不大于100 mm的管子，标准接头应能承受0.6 MPa的压力；法兰螺栓为4×Φ16 mm。

二、船舶含油污水处理

（一）船舶含油污水的形成

船舶含油污水来源主要包括：油船压载水、洗舱水和机舱舱底水（机舱污油水）。由于现在油船压载等均采用专用压载水舱，所以船舶含油污水主要是舱底油污水。机舱含油舱底污水是船舶运营过程中机舱中的主机、辅机、管路、设备泄漏出来的润滑油、燃料油、海水或淡水混在一起形成的油污水。

（二）船舶含油污水的主要环境危害

（1）油品的化学毒性会造成水生物腐烂。

（2）油性覆盖造成水生物窒息并死亡。

（3）流入市场的被石油烃化物污染的水产品对人类健康产生非常大的危害。

（4）完全破坏水生物生活的环境。

通常情况下，每年一艘船舶机舱油污水排放量约为总吨位的10%，不采取处理措施，将会严重破坏水域生态环境。

（三）船舶含油污水处理的执行标准

根据《中华人民共和国水污染防治法》（2017年第二次修正）制定的《船舶水污染物排放控制标准》（GB 3552—2018），船舶在内河水域的污油水排放标准为：船舶含油污水（油船压舱水、洗舱水及船舶舱底污水）的含油量最高允许排放浓度为15 mg/L。不能达到15ppm排放限值时，要求收集并排入接收设施。含油污水系指含有原油和各种石油产品的污水。

（四）船舶含油污水的处理要求

内河船舶均应设置专用于储存收集船舶残油废油的污油舱（柜），对于船舶在生产作业环节（主要集中在船舶的机舱区域）产生的含油污水，经船上的各类管线集中收集进入油水分离器后，经过处理，污油从上部分离进入污油舱（柜），水则从下部排出，如果达到规定的标准则排入水中，否则需要重新注入污水舱，留待下次处理。最后，污油舱（柜）剩余的残油由船舶污染物接收单位派船统一接收后上岸处置。

（五）船舶含油污水处理设备配置要求

1.装设油水分离设备和排放控制系统

（1）船舶主柴油机总功率等于或大于440 kW的船舶，建造时至少应装设一套油水分离设备；船舶主柴油机总功率等于或大于220 kW但小于440 kW的新船，应于船舶建造时，至少装设一套处理量为0.10~0.25 m^3/h的小船油水分离设备。

（2）安装在船上的油水分离设备应有船舶检验部门颁发的形式检验证书或船用产品证书。

（3）油水分离设备应能在船舶长期处于横倾10°、纵倾5°的状况下正常工作。其处理水的排放应能手动控制。

（4）油水分离设备的安装位置应尽可能远离振源，应留出足够的通道和空间。

（5）若船舶装有油分报警装置，则该装置应保证在处理水的含油量超过15 mg/L的排放控制规定时，能发出警报。对未设油分警报装置的船舶，应加强处理水的取样化验。

（6）装有油水分离设备的船舶，应设置污油舱（柜），用于贮存污油。

2.装设污油水舱(柜)

（1）船舶主柴油机总功率小于220 kW的船舶，若未装设油水分离设备，则污油水舱（柜）应用于贮存含油舱底水，定期排放至接收设备，禁止将污油水直接排放于舷外。

（2）船舶主柴油机总功率小于22 kW的船舶，经船检部门同意，可采取其他简易有效设施贮存含油舱底污水。

（3）污油水舱（柜）和污油舱（柜）的结构应满足规范的有关规定。

3.泵、管路和排放接口的布置

（1）船舶应设有排放管路用于排放含油舱底水或污油至接收设备（或简易有效设施），该管路不得兼作他用。

（2）排放管路的连接管应设有标准排放接口。

（3）泵、管路的布置应符合相应的要求。

4.油船的附加要求

（1）油船不应在货油舱中装载压舱水，特殊情况下装载于货油舱的压舱水，应排放到接收设备，严禁排往水域。

（2）油船的洗舱水应排放到接收设备，严禁排往水域。

（3）油船洗舱时，如洗舱水不能立即排到接收设备，则应设有足够容积的污油水舱或指定一个货油舱作为污油水舱，以便留存所有洗舱水。

5.其他要求

（1）为保证油水分离设备长期有效地使用，严禁机舱舱底水中混入洗涤剂、清洗剂等物质。必要时，海事机构可取样化验。

（2）船舶甲板动力机械应设置油盘，防止泄漏的残油污染水域。

（3）舵机舱、轴隧及动力机械泄漏的残油应引入污油水舱（柜）或污油舱（柜）中，禁止排往舷外。

（4）废机油和机器清洗油应妥善处理，禁止排往舷外；油水分离设备的滤芯等油污物，应妥善保存于船上或用合适的方法予以处理，严禁抛入水域。

三、船舶含有毒液体物质污水

（一）船舶含毒液体物质污水的形成

船舶有毒液体物质系指根据《内河散装运输危险化学品船舶法定检验技术规则（2018）》第17章或第18章的污染类别栏中指明的X类、Y类或Z类的任何物质。

1.X类

X类有毒液体物质，如从洗舱或卸载作业中排放入内河水域，将对水资源或人类健康产生重大危害，或对水上的休憩环境或其他合法利用造成严重损害，因而有必要对其采取严格的防污措施。

2.Y类

Y类有毒液体物质，如从洗舱或卸载作业中排放入内河水域，将对水资源或人类健康产生危害，或对水上的休憩环境或其他合法利用造成损害，因而有必要对其采取特殊的防污措施。

3.Z类

Z类有毒液体物质，如从洗舱或卸载作业中排放入内河水域，将对水资源或人类健康产生较小的危害，或对水上的休憩环境或其他合法利用造成较小的损害，因而要求采取一定的操作措施。

（二）船舶含毒液体物质处理的执行标准

1.**《内河船舶法定检验技术规则（2019）》**

根据《内河船舶法定检验技术规则（2019）》关于控制散装有毒液体物质污染相关规定进行处理。

2.**《船舶水污染物排放控制标准》**（GB 3552—2018）

本标准明确了船舶含有毒液体物质的污水的排放控制要求。

3.**《内河散装运输危险化学品船舶法定检验技术规则（2018）》**

本规则明确了船舶含毒液体物质污水的构成。

（三）船舶有毒液体物质污水的处理要求

（1）严禁把有毒液体物质的残余物或含有此类物质的压载水、洗舱水或其他混合物排放入水中。

（2）船上残存的有毒液体物质的残余物或含有此类物质的压载水、洗舱水或其他混合物应交由岸上处理。

（3）在按本节规定进行液货舱清洗或排放程序之前，载运有毒液体物质的舱室应按照“内河散装运输危险化学品船舶货物装卸计划”中规定的程序排空至最大程度。

（四）船舶含毒液体物质污水处理的监督手段

1.编制船上有毒液体物质污染应急计划

每艘150总吨及以上载运有毒液体物质船舶符合本规则要求的，应在船上备有一份“船上有毒液体物质污染应急计划”。对于同时符合备有“船上油污应急计划”的船舶，可以与“船上油污应急计划”合并为“船上污染应急计划”。

2.载运有毒液体物质的化学品船的强制洗舱

载运有毒液体物质的化学品船卸货完毕后，应当在具备洗舱条件的码头、专用锚地、洗舱站点等对货物处所进行清洗，具备自洗条件的可以自洗，洗舱水应当交付港口接收设施、船舶污染物接收单位或者专业接收单位接收处理。

载运散装液体危险货物的内河船舶，有以下情形之一的，可以免于本规定的清洗：

（1）船舶拟装载的货物与卸载的货物一致；

（2）船舶拟装载的货物与卸载的货物相容，经拟装载货物的所有人同意；

（3）已经实施海事管理机构确认的可替代清洗的通风程序。

3.清洁剂或添加剂的使用

使用水以外的其他介质的洗舱程序应收录在“内河散装运输危险化学品船舶货物装卸计划”中，并经船舶检验机构认可。

用以清洗液货船所使用的水以外的其他介质，不得是本规则中规定的持久性油类或“内河散装运输危险化学品船舶法定检验技术规则”第17章的污染类别栏中指明的X类物质。

第四节 船舶垃圾管理

内河船舶垃圾主要是指船舶在航行、停泊和作业过程中，自身正常产生的船员生活垃圾，机器拆检的带油破布，炉渣、垫、隔舱和扫舱物料，以及船上损耗报废的工索具和机器零件等。

一、船舶垃圾分类

《船舶水污染物排放控制标准》（GB 3552—2018）对船舶垃圾分类提出明确要求，并公布了船舶垃圾分类表。具体分类情况如表4-15-5所示。

表4-15-5 船舶垃圾分类表

序号	类别	说明
1	塑料废弃物	含有或包括任何形式塑料的固体废物，其中包括合成缆绳、合成纤维渔网、塑料垃圾袋和塑料制品的焚烧炉灰
2	食品废弃物	船上产生的变质或未变质的食料，包括水果、蔬菜、奶制品、家禽、肉类产品和食物残渣
3	生活废弃物	船上起居处所产生的各类废弃物，不包括生活污水和灰水（洗碟水、淋浴水、洗衣水、洗澡水以及洗脸水等）
4	废弃食用油	废弃的任何用于或准备用于食物烹制或烹调的可食用油品或动物油脂，但不包括使用上述油进行烹制的食物
5	废弃物焚烧炉灰渣	用于垃圾焚烧的船用焚烧炉所产生的灰和渣
6	操作废弃物	船舶正常保养或操作期间在船上收集的或用以储存和装卸货物的固态废弃物（包括泥浆），包括货舱洗舱水和外部清洗水中所含的清洗剂和添加剂，不包括灰水、舱底水或船舶操作所必需的其他类似排放物
7	货物残留物	货物装卸后在甲板上或舱内留下的货物残余，包括装卸过量或溢出物，不管其是在潮湿还是干燥的状态下，或是夹杂在洗涤水中。货物残留物不包括清洗后甲板残留的货物粉尘或船舶外表面的灰尘
8	动物尸体	作为货物被船舶载运并在航行中死亡的动物尸体
9	废弃渔具	放弃使用的渔具，含布设于水面、水中或海底用于捕捉水生生物的实物设备或其部分部件组合
10	电子垃圾	废弃的电子卡片、小型电器、电子设备、电脑、打印机墨盒等

二、船舶垃圾管理规定

（1）禁止向内河水域排放船舶垃圾。

船舶应当配备有盖、不渗漏、不外溢的垃圾储存容器或者实行袋装，按照“船舶垃圾管理计划”对所产生的垃圾进行分类、收集、存放。船舶将含有有毒有害物质或者其他危险成分的垃圾排入港口接收设施或者委托船舶污染物接收单位接收的，应当提前向对方提供此类垃圾所含物质的名称、性质和数量等信息。

（2）船舶垃圾不得任意倒入港区水域。

船舶装载有毒害货物，以及粉尘飞扬的散装货物的船舶，不得任意在港内冲洗甲板和舱室，或以其他方式将残物排入港内。确需冲洗的，事先必须申请港务监督批准。

（3）在港船舶，凡需清倒船舶垃圾的，应在船上显示港口规定的信号，招用垃圾清倒船（车）接收处理。

此外，应做到：

①船舶生活垃圾的储集容器，必须有盖和不渗漏，并定期进行清倒。

②船舶的垫舱物料、扫舱物料和各种固体垃圾，应由港口船舶服务部门进行清倒，船方应事先向港口船舶服务部门提出申请，并提供清倒物的种类和数量。

③在船舶垃圾中，含有毒害或其他危险货物成分的，船方在申请清倒时，必须提供这些物质的品名、性质和数量，并严格与其他垃圾分开堆放。

（4）来自有疫情港口的船舶垃圾，应申请卫生检疫部门进行卫生处理。

（5）船舶应当将使用完毕的船舶垃圾记录簿在船舶上保留2年。

三、垃圾公告、垃圾管理计划和垃圾记录

（一）垃圾公告

《中华人民共和国防治船舶污染内河水域环境管理规定》规定：“船长12米及以上的船舶应当设置符合格式要求的垃圾告示牌（如图4-15-1所示），告知船员和旅客关于垃圾管理的要求。”

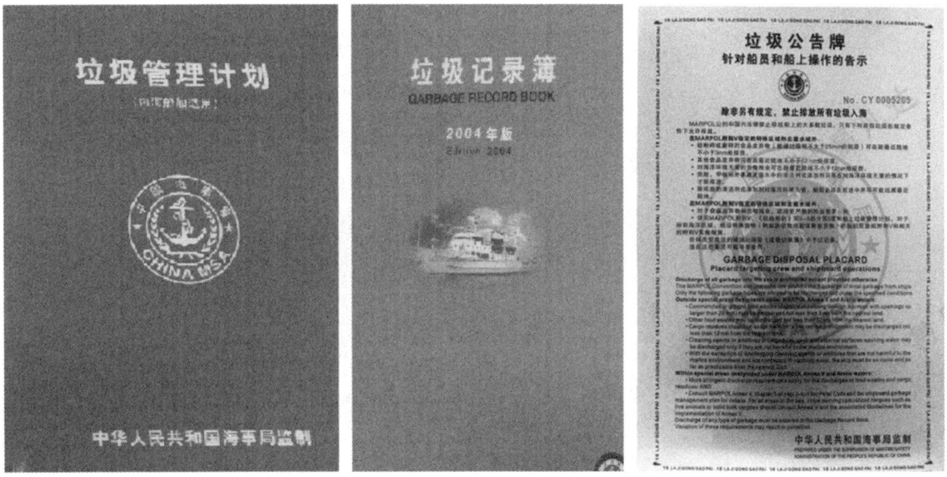

图4-15-1　垃圾管理计划、垃圾记录簿与垃圾公告牌

（二）垃圾管理计划

100总吨及以上的船舶以及经核准载运15名及以上人员且单次航程超过2 km或者航行时间超过15 min的船舶，应当持有海事管理机构签注的“船舶垃圾管理计划”。其内容必须包括以下7个方面：

（1）管理要求；

（2）“船舶垃圾管理计划”实施人员及其职责；

（3）船舶垃圾分类及说明；

（4）船舶垃圾管理与处置的原则；

（5）船舶垃圾收集和处置；

（6）发生垃圾污染事故时的应急反应；

（7）培训、教育与演习。

（三）垃圾记录簿

100总吨及以上的船舶以及经核准载运15名及以上人员且单次航程超过2 km或者航行时间超过15 min的船舶，应当持有海事管理机构签注的船舶垃圾记录簿，并将有关垃圾收集处理情况如实、规范地记录于船舶垃圾记录簿中。船舶垃圾记录簿应当随时可供检查，使用完毕后在船上保留2年。

第十六章 案例分析

本章案例分析针对船员职业素养缺失引发内河水上交通事故和船上忽视生活污水处理致污等典型问题，选择合江“6.22”沉船事故分析船员职业道德和职业素养中安全责任的坚守与履职；选择闽江水域船舶生活污水处理违规行为分析船员在防止船舶污染职责中的责任意识。

第一节 内河船员职业素养缺失典型案例

一、案例概况

×年×月×日早晨6时53分，合江县榕山镇建筑公司所属“榕建”号机动短途客船，因驾驶员周×缺乏安全责任意识冒雾航行且应急操纵不当，在合江县境内榕山镇长江水域翻沉（距重庆170 km），船上221人（其中船员3人）全部落水，经多方施救，生还91人，造成死亡130人和直接经济损失338万元的特别重大恶性水上交通事故。

二、事故经过

如图4-16-1所示，×年×月×日早晨5时50分，“榕建”号机动短途客船从长江南岸金银沱载客10余人起航上行开往榕山，中途在北岸的铜千湾上客60余人，在南岸的路口上客

10余人，在下浩口上客开航时船上载客218人，船员3人，共221人。当航行至上浩口时过河到北岸上行，6时41分左右到达流水岩，此时遇浓雾，能见度不良，驾驶员准备在上面的淘金山停泊扎雾。在船将靠拢时，能见度又略有好转，在部分旅客的要求下，驾驶员决定用慢车继续沿北岸上行。当行至银窝子处时，与下驶的“白米小机2”号短途客舱船左舷会遇，6时50分左右会遇通过后用了左舵5°，车速仍然为慢车。2 min后，由于雾更浓，看不见两岸岸形，船舶迷失方向，驾驶员急忙叫舵工到驾驶台操舵。在未向舵工交待车、舵的状态情况下，驾驶员就离开驾驶台，经过顶篷甲板到船头，站在前面右舷梯子上指挥航行。此时，看见船头左舷已搭在夹堰水上，船向“坐北朝南”，估计已到南岸剑口的乱水区，他忙抬起右手指向右舷一侧要求用右舵，舵工即用了右满舵，并用左进右退的“鸳鸯车”，船头向右舷转动。很快驾驶员发现船头前方有一块大礁石，忙转过身去打手势要求倒车，此时船尾已处于回流中，船头搭在从石盘出来的斜流水上，船当即横身在礁石下面的乱水区，在乱水作用下向右迅速翻沉，于6时53分左右沉没。

三、事故当事船员的基本情况

当班驾驶员周×的申请、考试、发证均符合国家规定，所持四等二副船员职务适任证书（当时的证书等级）合法有效。但由于“榕建”号客船为四等船舶（当时船舶等级），根据《中华人民共和国船员最低安全配员规则》的要求，航行时间不足8 h在减免船员之后，该船还必须配备1名持有四等大副以上职务适任证书的船员。因此该船当班驾驶员等级虽然符合，但职务不适任，即该船事故航次的船舶配员不符合最低安全配员规则的要求。

当班轮机员石×的申请、考试、发证均符合国家规定，所持证书合法有效。

当班舵工梁×的申请、考试、发证均符合国家规定，所持证书合法有效（事故航次梁×在船实际担任舵工兼水手）。

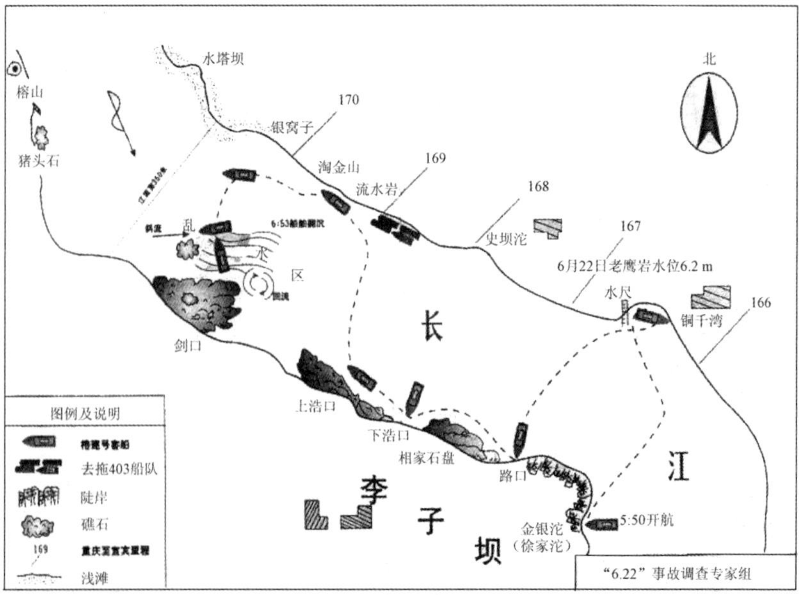

图4-16-1　合江“6.22”特别重大水上交通事故现场示意图

四、事故原因分析

(一)直接原因

(1)该船在流水岩遇浓雾，能见度不良，按照规定，应当就近选择安全靠泊地点停航扎雾，而该船驾驶员周×却在淘金山准备靠泊时而未靠泊，继续沿北岸冒雾上行，想侥幸驶出雾区。船舶在过银窝子后，用左舵约5°，使船舶向雾区深处驶去，驾驶员看不见两岸，惊慌失措，最终导致船舶驶入乱水区发生事故。因此，违章冒雾航行是发生本次事故的主要原因。

(2)该船经船检机构核定的乘客定额为101人，而在事故当天载客218人，严重超载，加上在顶篷甲板上载的30余人和30余人挑蔬菜，使船舶干舷降低，初稳性为负值，在遇到乱水后，无法抵御外力作用，致使船舶迅速翻沉。因此，超载是发生本次事故的又一主要原因。

(3)操作不当和临危措施不当是发生本次事故的直接原因。

第一，船舶航行至淘金山时本应果断靠泊扎雾，而不应继续上行。

第二，航行至银窝子处时本还有一次选择靠泊扎雾的机会，而该船驾驶员却用左舵约5°，又不及时回舵，使船舶一直驶向河心。在航行至主流区域时，船速减慢，船舶不能抵御水流作用，船舶从纵向略往下坐，横向朝南岸侧移，致使船舶误入剑口礁石外侧的夹堰水。

第三，在船头搭夹堰水时，操右满舵，船头向右转动并横身于有泡水、回流、夹堰水的乱水区域。

上述不正确的操作，使船舶陷入危险局面，因此操作不当和临危应急应变措施不当是发生本次事故的直接原因。

(二)间接原因

榕山建筑公司平时对“榕建”号船舶疏于管理，取消安全管理人员后，一直没有人对船舶进行检查和传达上级安全生产管理要求，致使船舶时常超载而无人制止。法人代表长期以来不重视安全生产，对船舶的安全生产疏于管理，未配备安全管理人员对船舶进行安全管理，不认真履行船舶所有人的职责，未经批准对船舶驾驶台擅自改动，擅自增加栏杆和上顶篷甲板的梯道，为顶篷甲板非法载客创造了条件。同时长期只聘请持四等二副证书的人员从事驾驶，致使配员严重不足，驾驶员不适任，导致出现危险局面时，指挥不当、操纵失误，最终造成特大事故发生。

五、事故责任划分

(一)直接责任

(1)当班驾驶员周×在遇雾时未靠泊扎雾，冒雾超载航行，在操作上严重失误造成翻盘。

驾驶员驾驶船舶冒雾航行违反了《长江干线水上交通安全管理若干办法》第八条关于能见度不良时的航行限制；超载航行违反了《中华人民共和国内河交通安全管理条例》第

十六条之规定；未按规定持四等大副以上职务适任证书从事驾引工作，违反了《中华人民共和国内河交通安全管理条例》第四条第四款的规定。因此，当班驾驶员应对本次事故负主要责任。

（2）当班舵工梁×，其身为本船的经营人，本应在船舶装载满员后指挥驾驶员不能再靠码头，而却盲目追求经济效益，未履行经营人的职责，造成船舶超载，给发生本次事故埋下了祸根；擅自动车造成船舶急速横身于乱水区沉没，其行为违反了《中华人民共和国内河交通安全管理条例》第九条、第十条和第十六条的规定和《四川省船员职务规则》第九条的规定。因此，当班舵工应对本次事故负主要责任。

（3）当班轮机员石×，在该航次担任轮机工作，没有到机舱查看过机器，自身不履行轮机员职责，却在船上从事售票工作。负责售票工作但没有清点上船旅客人数，造成旅客无限制上船，致使船舶严重超载，其行为违反了《中华人民共和国内河交通安全管理条例》第十六条之规定和《四川省船员职务规则》第十四条及第二十一条二款的规定。因此，当班轮机员应对本次事故负主要责任。

综上所述，这是一起典型的人为特大责任事故。当班驾驶员梁×等3名履职船员在各自岗位上违反《中华人民共和国内河交通安全管理条例》等内河法规的相关要求，没有全面履行自己的安全责任，且应急应变操作失误，不具备内河船员基本的职业素养和职业道德。

（二）间接责任

榕山建筑公司法人代表，即船舶所有人长期以来不重视安全生产，不配备安全管理人员对船舶实施安全管理。在船舶检验后，未经批准擅自升高驾驶台和增加顶篷甲板标杆、梯道，为顶篷甲板非法载人创造了条件，并造成该航次顶篷甲板非法载人，船舶严重超载。长期以来，公司不按照《中华人民共和国船员最低安全配员规则》的要求，配足船舶驾驶人员，违反《中华人民共和国内河交通安全管理条例》第十条二款的规定，致使持四等二副证书的人员违法驾驶“榕建”号客船。因此，其应对本次事故负主要管理责任。

六、事故教训

发生本次事故，从船公司安全管理和船员职业素养与职业道德角度上有以下几点教训：

（1）船舶所有人和经营人不按照《中华人民共和国船员最低安全配员规则》配足驾驶人员，而当地海事部门又未及时督促船舶所有人和经营人按规定办理，造成该船长期由不适任的船员驾驶。这是管理上的一大教训。

（2）“榕建”号客船在航行至流水岩时，本应按规定坚持扎雾，而该船驾驶员却冒雾航行，想侥幸驶过雾区，最终导致船舶处于危险局面。这是履职船员缺乏安全责任意识，属严重的职业素养和职业道德缺失。

（3）当船舶在剑口石盘处于危险局面时，应采取以下措施挽救危局：

①当船头已搭到剑口石盘乱水区域时应立即停车或者倒车，减少船舶的冲程，防止船身进入乱水区域。

②当船舶已进入乱水区域并发现前方剑口石盘时，不能盲目使用车、舵，更不能使用大舵角，应利用礁石和岸形确定本船的船位和航向。

③在确定本船的船位和航向后，根据乱水区域水流流态，利用正舵或小舵角和适当车速稳住航向，才能减小急流、泡水、夹堰水和回流对船头的冲压和两舷的侧压力，使船舶逐渐调顺船身，逐步脱离危险区域。

对比船舶驾驶员梁×在船舶应急应变操纵中的一系列错误行为，从根本上说明其职业素养中的技术素质严重缺失，教训深刻。

第二节 内河船舶生活污水处理典型案例

一、案例发生

2013年年初，福建省船检局对一艘闽江水域的杂货船F轮实施年度检验。F轮为2 998总吨，龙骨安放时间为2011年10月。验船师对生活污水处理装置进行检验时发现以下问题：

（1）F轮防止生活污水污染证书于2012年5月签发，有效期至2016年。

（2）F轮装船的生活污水处理装置符合国际海事组织以MEPC.159（55）决议通过的《经修订的实施生活污水处理装置排出物标准和性能试验导则》的相关要求，采用的是生物处理法对生活污水进行处理，该设备于装备船舶后从未更换过。

（3）生活污水排岸管路上的阀门处于关闭状态，生活污水处理装置正在运行，外观保养良好，曝气风机工作正常，空气管路上的压力表工作正常并且空气压力在正常工作范围内，但是打开排出管路上的取样考克（获取样品的窗口设备）时有黑色液体流出，打开曝气室发现其内壁严重锈蚀，空气管路多处锈穿漏气，生活污水没有被曝气。

据此，验船师判断F轮的生活污水处理装置严重失效，不满足法规要求。

二、法规依据解读

《内河船舶法定检验技术规则》第5章第1节规定400总吨及以上或小于400总吨但核定载运船上人员15人以上的内河航行新船（指2009年9月1日之后建造的船舶）的生活污水不应随意向水域排放。规则第5章第2节还规定：若船舶装设生活污水处理装置，该装置对船舶产生的生活污水进行处理，达到排入标准后，方可排往水域；生活污水处理装置的排放水质标准和性能试验应符合国际海事组织MEPC.159（55）决议通过的《经修订的实施生活污水处理装置排出物标准和性能试验导则》的要求，即（1）嗜热大肠杆菌几何均值不超过100个/100毫升；（2）悬浮固体物总量的几何均值不超过35 mg/L；（3）5天生化耗氧量（BOD_5）的几何均值不超过25 mg/L。此外，法规还要求生活污水处理装置的生活污水管路及有关附件均应以钢或其他等效材料制成，并应考虑防腐措施。

三、案例分析

F轮检验案例的分析关键在于其是否可以按照法规的要求对生活污水进行有效处理，

因此在分析之前应掌握F轮生活污水处理装置的组成及其工作原理。根据说明手册可知，该生活污水处理装置使用的是生物处理法对生活污水进行处理，整套装置主要由曝气室、沉淀室、消毒室、曝气风机和排出泵等组成。其工作原理是：生活污水首先进入曝气室，空气由曝气风机供入污水中，借以使空气产生强烈搅动，从而使生活污水与活性污泥充分混合，同时保证好氧微生物所需的氧气。经曝气后，污水中的有机物就会被活性污泥分解而转化为CO_2、H_2O等无机物，同时生成新的微生物。此后，活性污泥随污水进入沉淀室，沉淀于底部，其中一部分在空气吹搅下由回流管返回曝气室，以补偿活性污泥的流失，而多余部分则定期排放。在沉淀室的上部还有浮渣盘用以收集浮渣，并借助空气由另一路回流管将浮渣送往曝气室。在沉淀室内，澄清的水从溢流管经加药室流入消毒室杀菌，然后由高低位浮子开关控制的排出泵自动排出舷外。根据上述分析可以做出以下判断：

（1）虽然曝气风机工作正常，但是进入曝气室的空气管路严重锈穿，从而造成空气泄漏，无法吹入曝气室内生活污水中。

（2）曝气室中的好氧微生物由于缺少氧气，无法生存，也就无法对生活污水中的有机物进行分解，因此系统排出物的5天生化耗氧量（BOD_5）的几何均值已严重超标。

（3）排出物内有大量黑色悬浮颗粒，因此系统的排出物悬浮固体物总量的几何均值显然超过35 mg/L。

因此，综上所述可以判定F轮生活污水处理装置严重失效，已造成水域污染，应要求船方立即采取纠正措施，以防止继续产生水域污染。

四、责任划分

（一）船公司安全管理不到位

船公司安全管理重形式、轻内容。在F轮接受年度检验前不久，公司机务部门刚对该船实施过全面内部安全管理检查，要求船员按照生活污水处理装置维护保养手册进行日常维护保养，但终未能落实到位，并未能发现问题，导致船舶生活污水污染闽江水域。应承担管理责任。

（二）船员疏于船舶生活污水处理装置日常管理

F轮生活污水处理装置的关键管理船员对其相关设备的特殊性缺乏了解，在执行维护保养时仅局限曝气风机、投药孔、阀门和排放泵的维护保养，忽略了系统内部结构的检查，从而使系统内部由于缺少维护保养而造成空气管路锈穿漏气，导致船舶生活污水处理装置整体功能失效而形成生活污水直排式水域污染。负直接责任。

五、处理意见

考虑到F轮生活污水处理装置内部严重锈蚀腐烂，由于曝气空气管多处烂穿漏气，空气无法进入生活污水进行曝气，生活污水处理装置严重失效，为了防止船舶生活污水继续污染水域，验船师及时做出了以下处理意见：

（1）要求F轮立即关闭生活污水处理装置排出管路上的阀门，将生活污水处理装置内的生活污水排放到岸上接收设备。维修期间，船上产生的生活污水通过标准排放接头排到岸上接收设备。

（2）要求F轮报告船公司立即联系厂家安排产品工程师上船维修：拆开生活污水处理装置，对内部进行除锈并做好防腐措施；重新放入活性污泥培植好氧性微生物群体，并暂停使用生活污水处理装置；待系统可以按要求正常运行后，实施效用试验并采样检验，确保经处理的排放物满足 MEPC.159（55）决议通过的《经修订的实施生活污水处理装置排出物标准和性能试验导则》的要求。

六、管理警示

（1）船公司应将船舶污水处理装置的日常监管纳入船舶安全管理的闭环管理，确保监管落到实处，作为SMS运行有效性的依据。

（2）加强对关键船员培训与业务考核，并将船舶防污染设备的操作与管理纳入考核内容，确保覆盖关键船员对船舶防污染设备的应知、应会内容。

（3）船舶防污染设备相对科技含量较高，应对外部监管人员加大专业理论与实践培养，并配备必要检测设备，充分保持监管压力。

第五篇 海事法规

第十七章 船员管理法规

为了加强船员管理，提高船员素质，维护船员合法权益，保障水上交通安全，通过实施《中华人民共和国内河交通安全管理条例》《中华人民共和国船员条例》《中华人民共和国内河船舶船员适任考试和发证规则》《中华人民共和国内河船舶船员值班规则》《中华人民共和国船员注册管理办法》《中华人民共和国船员违法记分办法》等法规，为内河船舶的船员管理形成了一系列行之有效的法规体系。

第一节 内河交通安全管理条例

随着我国市场经济体制的建立，水上交通安全管理体制的改革必须适应内河航运发展的需要。2002年8月1日开始实施的《中华人民共和国内河交通安全管理条例》（以下简称“内安条例”），历经2011年、2017年和2019年多次修订，从内容和结构上充分体现了内河水运行业市场经济条件下宏观安全管理的客观要求。强调坚持安全第一、预防为主、综合治理的方针，遵循保护船舶航行权、保障安全畅通、促进水运发展的原则。

内安条例的主要内容包括总则，船舶、浮动设施和船员，航行、停泊和作业，危险货物监管，渡口管理，通航保障，救助，事故调查处理，监督检查，法律责任和附则，共十一章九十五条。

一、船舶和船员

（一）船舶的概念

船舶是指各类排水或者非排水的船、艇、筏、水上飞行器、潜水器、移动式平台以及其他水上移动装置。

（二）船舶航行必须具备的条件

（1）经海事管理机构认可的船舶检验机构依法检验并持有合格的船舶检验证书；

（2）经海事管理机构依法登记并持有船舶登记证书；

（3）配备符合国务院交通主管部门规定的船员；

（4）配备必要的航行资料。

船舶、浮动设施灭失或者报废的，船舶、浮动设施所有人应当向海事管理机构办理注销登记手续。不申请注销的，海事管理机构确定船舶、浮动设施已灭失或者报废的，可以直接注销其国籍登记。

中华人民共和国船舶检验局（以下简称船检局）是依照本条例规定实施各项检验工作的主管机构。经国务院交通主管部门批准，船检局可以在主要港口和工业区设置船舶检验机构。经国务院交通主管部门和省、自治区、直辖市人民政府批准，省、自治区、直辖市人民政府交通主管部门可以在所辖港口设置地方船舶检验机构。中国船级社是社会团体性质的船舶检验机构，承办国内外船舶、海上设施和集装箱的入级检验、鉴证检验和公证检验业务；经船检局授权，可以代行法定检验。

持有合格的船舶检验证书是船舶航行必须具备的首要条件，未持有合格的检验证书，属违法行为，包括下列情形：

（1）未持有检验证书；

（2）检验证书过期失效；

（3）检验证书损毁、遗失但不按规定补办；

（4）检验证书所载内容与船舶实际状况不相符。

持有合格船舶登记证书是船舶航行必须具备的条件之一，未持有合格的登记证书，属违法行为，包括下列情形：

（1）未持有登记证书；

（2）登记证书过期失效；

（3）登记证书损毁、遗失但不按规定补办。

安全配员是船舶航行必须具备的重要条件，船舶未按照国务院交通主管部门的规定配备船员擅自航行，属违法行为，包括下列情形：

（1）未按照《船舶最低安全配员证书》的规定配备合格的船员；

（2）未按照《船舶最低安全配员证书》的规定配备足数的船员；

（3）未持有《船舶最低安全配员证书》；

（4）未持有有效的《船舶最低安全配员证书》；

（5）所配备的船员未携带有效船员职务证书；

（6）未按照船员值班规定安排船员值班或者实施值班；

（7）所配备的船员在船值班期间，饮酒影响安全值班；

（8）所配备的船员在船值班期间，服食违禁药物影响安全操作；

（9）船舶未按照国务院交通主管部门的规定配备船员擅自航行的其他情形。

配备必要的航行资料是船舶航行必须具备的条件，未配备必要的航行资料，属违法行为，包括下列情形：

（1）未取得有效船舶所有人、经营人安全营运与防污染管理体系符合证明和船舶安全管理证书；

（2）船舶所有人、经营人隐瞒事实或者提供虚假证据性资料的，或者以其他不正当手段骗取船舶安全管理证书；

（3）伪造、变造船舶所有人、经营人安全营运与防污染管理体系审核的符合证明或者船舶安全管理证书；

（4）转让、买卖、租借、冒用船舶所有人、经营人安全营运与防污染管理体系审核的符合证明或者船舶安全管理证书；

（5）使用伪造、变造的船舶所有人、经营人安全营运与防污染管理体系符合证明或者船舶安全管理证书；

（6）未按照规定申请审核安全营运与防污染管理体系符合证明或者船舶安全管理证书。

（三）船舶的义务

船舶除应具备上述条件外，按内安条例规定还应当：

（1）保持适于安全航行、停泊或者从事有关活动的状态。

（2）船舶、浮动设施的配载和系固符合国家安全技术规范。

（四）船员的任职条件和义务

船员经水上交通安全专业培训，其中在客船、载运危险货物船舶等船舶上任职的船员还应当经相应的特殊培训，并经海事管理机构考试合格，取得相应的适任证书或者其他适任证件，方可担任船员职务。严禁未取得适任证书或者其他适任证件的船员上岗。船员应当遵守职业道德，提高业务素质，严格依法履行职责。

（五）船员值班

船员应当按照国务院交通运输主管部门的规定保持安全值班，不得擅离职守。

船员在船舶值班之前和值班期间，不得饮用、服用、吸食、注射可能影响安全值班的饮料、食品、药品和其他物品。船员患有疾病或者疲劳影响安全值班的，不得值班。

（六）船舶证书、船员证书或者其他适任证书的管理

禁止伪造、变造、买卖、租借、冒用船舶检验证书、船舶登记证书、船员适任证书或者其他适任证件。

（七）反恐、安保要求

从事内河运输的生产经营单位、船舶和浮动设施应当按照国务院及交通运输主管部门的规定建立安全保卫工作责任制，制定防范和应对处置恐怖活动的预案、措施。

二、航行、停泊和作业

（一）船舶航行应遵守的规定

船舶在内河航行、停泊和作业，应当按照规定悬挂国旗，标明船名、船籍港、吃水标尺、载重线，并保持清晰、完整，不得涂改、遮挡。船舶应当按照规定安装、使用有效的导助航设备，并保证正常运行。按照国家规定应当报废的船舶、浮动设施，不得航行或者作业。

（1）船舶在内河航行，应当保持瞭望，注意观察，并采用安全航速航行。船舶安全航速应当根据能见度、通航密度、船舶操纵性能和风、浪、水流、航路状况以及周围环境等主要因素决定。使用雷达的船舶，还应当考虑雷达设备的特性、效率和局限性。

船舶在限制航速的区域和汛期高水位期间，应当按照海事管理机构规定的航速航行。

（2）船舶在内河航行时，上行船舶应当沿缓流或者航路一侧航行，下行船舶应当沿主流或者航路中间航行；在潮流河段、湖泊、水库、平流区域，应当尽可能沿本船右舷一侧航路航行。在实行船舶定线制规定或分道航行规则的水域，船舶应当按照规定航行。

（3）船舶在内河航行时，应当谨慎驾驶，遵守船舶航行、避让和信号显示的规定，保障安全。

（4）船舶航行、避让和信号显示的具体规则，由国务院交通主管部门制定。

（5）船舶进出内河港口，应当向海事管理机构报告船舶的航次计划、适航状态、船员配备和载货载客等情况。

（6）船舶通过海事管理机构设定的报告线、报告点，应当向当地海事管理机构报告。

（7）下列船舶在内河航行，应当向引航机构申请引航：

①外国籍船舶；

②1 000总吨以上的海上机动船舶，但船长和驾驶员持有相应有效的内河航行资格证书且驾驶同一类型的海上机动船舶在同一内河通航水域航行与上一航次间隔2个月以内的除外；

③通航条件受限制的船舶；

④国务院交通主管部门规定应当申请引航的客船、载运危险货物的船舶。

（8）引航员引领船舶时，不解除船长指挥和管理船舶的责任。

（9）船舶进出港口和通过交通管制区、通航密集区或者航行条件受限制的区域，应当遵守海事管理机构发布的有关通航规定。任何船舶不得擅自进入或者穿越海事管理机构公布的禁航区。从事货物或者旅客运输的船舶，应当符合船舶强度、稳性、吃水、消防和救生等安全技术要求和国务院交通运输主管部门规定的载货或者载客条件。船舶不得超载运输。

（10）船舶应当按照负责航道管理的部门公布的维护水深控制吃水，遵守海事管理机构公布的富余水深要求。

（11）船舶在内河通航水域载运或者拖带超重、超长、超高、超宽、半潜的物体，应当在装船或者拖带前24 h报海事管理机构核定拟航行的航路、时间，并采取必要的安全措施，保障船舶载运或者拖带安全。

（12）客船应当实时收集气象信息，按照船舶检验证书载明的抗风等级要求航行，并根据风力变化情况采取相应的避风、抗风措施，必要时就近选择安全水域停泊。其他船舶应当根据自身抗风能力采取相应的避风、抗风措施，保障船舶航行安全。

（13）遇有下列情形之一时，海事管理机构可以根据国务院交通运输主管部门的有关规定，采取限时通航、单向通航、封航等交通管制措施，并予公告：

①恶劣天气、异常水情、地质灾害；

②影响通航安全的水上水下活动；

③影响航行的水上交通事故；

④水上大型群众性活动或者体育比赛；

⑤对航行安全影响较大的其他情形。

（14）海事管理机构应当加强与气象、水利、应急管理等部门的联系沟通，及时了解和掌握天气、水情、地质灾害情况，必要时，发布水上交通安全预警信息，按规定实施交通管制措施。

（二）船舶停泊应遵守的规定

（1）船舶应当在码头、泊位或者依法公布的锚地、停泊区、作业区停泊。

（2）遇有紧急情况，需要在其他水域停泊的，应当向海事管理机构报告。

（3）船舶停泊，应当按照规定显示信号，不得妨碍或者危及其他船舶航行、停泊或者作业的安全。

（4）船舶停泊，应当留有足以保证船舶安全的船员值班。

（三）船舶作业应遵守的规定

（1）在内河通航水域或者岸线上进行可能影响通航安全的作业或者活动需要进行可行性研究的，在进行可行性研究时应当征求海事管理机构的意见；依照法律、行政法规的规定，需经其他有关部门审批的，还应当依法办理有关审批手续。下列作业或者活动应提前报海事管理机构批准：

①勘探、港外采掘、爆破；

②构筑、设置、维修、拆除水上水下构筑物或者设施；

③架设桥梁、索道；

④铺设、检修、拆除水上水下电缆或者管道；

⑤设置系船浮筒、浮趸、缆桩等设施；

⑥航道建设，码头前沿水域疏浚；

⑦沉船、沉物打捞；

⑧举行大型群众性活动、体育比赛。

（2）水上水下活动在建设期间或者活动期间对通航安全、防治船舶污染可能构成重大影响的，海事管理机构应当在许可之前组织专家对施工通航安全保障方案进行评审。

（3）作业或者活动完成后，建设、施工单位或者活动的组织者应当按通航管理要求及时清理遗留物。

（4）海事管理机构审批上述规定的作业或者活动，应当自收到申请之日起20日内做出决定，不能按期做出决定的，经海事管理机构负责人批准，可以延长10日，并告知申请人理由。遇有紧急情况，需要对码头前沿水域进行疏浚的，作业人可以边申请边施工。

（5）行政主管部门许可河道采砂涉及航道，应当征求负责航道管理的部门和海事管理机构的意见。采砂活动不得影响通航安全。从事漂流、游乐等水上活动的排筏、橡皮艇、摩托艇、水上自行车、脚踏船、水上气球、水上飞机、潜水设备等进入内河通航水域时，应当在海事管理机构划定的水域内活动，不得妨碍其他船舶的正常航行。

（6）在内河通航水域进行下列可能影响通航安全的作业，应当在进行作业前向海事管理机构备案：

①气象观测、测量、地质调查、水文监测；

②大面积清除水面垃圾；

③可能影响内河通航水域交通安全的其他行为。

三、危险货物运输

（一）危险货物码头

从事危险货物装卸的码头、泊位，应当符合国家有关安全规范要求，并征求海事管理机构的意见，经验收合格后，方可投入使用。禁止在内河运输法律、行政法规以及国务院交通运输主管部门规定禁止运输的危险货物。

（二）危险货物船舶

载运危险货物的船舶，必须持有经海事管理机构认可的船舶检验机构依法检验并颁发的危险货物适装证书，并按照国家有关危险货物运输的规定和安全技术规范进行配载、积载、系固和运输。从事危险货物运输的船舶应当按照核定的载货种类运输货物。

（三）运输危险货物报告制度

船舶装卸、过驳危险货物或者载运危险货物进出港口，应当将危险货物的名称、特性、包装、装卸或者过驳的时间、地点以及进出港时间等事项，事先报告海事管理机构和港口管理机构，经其同意后，方可进行装卸、过驳作业或者进出港口；定船、定线、定货的船舶可以定期报告。

（四）避让要求

载运危险货物的船舶，在航行、装卸或者停泊时，应当按照规定显示信号；其他船舶应当避让。

（五）应急要求

从事危险货物装卸的码头、泊位和载运危险货物的船舶，必须编制危险货物事故应急预案，并配备相应的应急救援设备和器材。

四、通航保障

（一）航道及助航标志管理

任何单位和个人发现下列情况，应当迅速向海事管理机构报告：

（1）航道变迁，航道水深、宽度发生变化；

（2）妨碍通航安全的物体；

（3）航标发生移位、损坏、灭失；

（4）妨碍通航安全的其他情况。

海事管理机构接到报告后，应当根据情况发布航行通告或者航行警告，并通知航道、航标主管部门。

（二）航行通告（航行警告）

航行通告是指海事管理机构以书面形式（文书或登报）或无线电通信方式向船舶驾驶人员提供有关航行安全的紧急或临时性重要信息的一种公告形式。通常情况下，以无线电形式发布的称为航行警告，以书面形式发布的称为航行通告。

海事管理机构在发布的航行通告（航行警告）中，一般要告知有关施工作业或活动的时间、内容等，还会对船舶提出具体要求。如对水上、水下施工作业区，则要求过往船舶与施工船舶保持一定距离，或减速，或在指定时间或按现场监督人员的指挥通过。航行船舶应按时收听航行警告，并遵守其要求和规定。

五、救助

关于救助，我国《海上交通安全法》《海商法》及有关国际公约均称之为海难救助，习惯上，在我国内河也称海难救助（或称水上救助）。海难，在内河是指船舶、浮动设施发生碰撞（包括触损或浪损）、触礁或搁浅、火灾或爆炸、风灾、沉没等事故造成人命、财产损害或使其处于危险状态中。如发生事故的船舶、浮动设施等自身的力量不足以制止人命、财产损害的扩大或解除不了危险状态，需要外部力量予以解救，此即为海难救助。对已经发生人命、财产损害的，具有救助的紧迫性；对于处于危险虽不一定具有紧迫性但如不解救，则可能或必然发生人命、财产的损害，故仍需进行救助。

（一）遇险船舶、浮动设施的义务和责任

（1）船舶、浮动设施遇险，应当采取一切措施自救。

对船舶、浮动设施所发生的险情进行自救，是船员的职责和义务，《内河船舶船员职务规则》规定了船员在人命、船舶、货物受到危险威胁时负有制止与救助的责任。规定对内河船舶常易发生的几种险情，即起火、人落水、船体破损进水制定应变部署，并进行演习，以提高应变能力，这是为船舶在一旦发生上述险情时，能迅速有序地进行自救。在船舶处于其他危险状态时，亦须积极自救，即使遇到不可抗力也应采取紧急措施尽量减少人员伤亡和财产损失。

（2）船舶、浮动设施发生碰撞事故，任何一方应当在不危及自身安全的情况下，积极救助遇险的他方，不得逃逸。

按本条例的规定，对于碰撞事故，任何一方不论其受损情况如何，在不危及自身安全的情况下，积极救助遇险的他方，属强制性规定。

不积极施救，属违法行为，包括下列情形：

①船舶、浮动设施遇险后，不积极采取一切有效措施进行自救；

②船舶、浮动设施发生碰撞等事故后，在不危及自身安全的情况下，不积极救助遇险他方；

③附近船舶、浮动设施遇险，或者收到求救信号后，船舶、浮动设施上的船员或者其他人员未尽力救助遇险人员。

（3）船舶、浮动设施遇险，必须迅速将遇险的时间、地点、遇险状况、遇险原因、救助要求，向遇险地海事管理机构以及船舶、浮动设施所有人、经营人报告。

本条例要求船舶、浮动设施遇险后，必须迅速报告，其目的是能及时组织救助，避免或减少损失；及时进行调查处理，查明原因，分清责任，便于对事故进行分析以达到宏观控制和预防的目的。这是当事人的义务，是强制性的要求。

船舶遇险后未履行报告义务，属违法行为，包括下列情形：

①船舶、浮动设施遇险后，未按照规定迅速向遇险地海事管理机构以及船舶、浮动设施所有人、经营人报告。

②船舶、浮动设施遇险后，未按照规定报告遇险时间、遇险地点、遇险状况、遇险原因、救助要求。

③发现其他船舶、浮动设施遇险，或者收到求救信号，船舶、浮动设施上的船员或者其他人员未将有关情况及时向遇险地海事管理机构报告。

（4）必须服从海事管理机构的统一调度和指挥。

组织指挥海难救助是海事管理机构的职责和义务，《海上交通安全法》《对外国籍船舶的管理规则》中都有明确的规定。

（二）遇险现场和附近的其他船舶、有关单位及人员的义务责任

（1）船员、浮动设施上的工作人员或者其他人员发现其他船舶、浮动设施，或者收到求救信号后，必须尽力救助遇险人员，并将有关情况及时向遇险地海事管理机构报告。

对遇险船舶、浮动设施的人员救助，是遇险现场和附近的其他船舶、有关单位及人员应尽的基本义务。关于人命救助，我国已加入的《1974年国际海上人命安全公约》《联合国海洋法公约》等国际公约，均规定了船长对遇险人员进行救助的义务。本条例是内河交通安全管理的基本法规，对内河的人命救助也做出了相应的规定，明确了内河船舶对人命救助的义务。这不仅符合国际通常的做法和要求，也符合我国社会主义的道德规范要求。

（2）遇险地县级以上地方人民政府收到海事管理机构的报告后，应当对救助工作进行领导和协调，动员各方力量积极参与救助。

海难救助是我国政府应尽的国际主义和人道主义义务，是一项需搜救部门快速反应的政府行为。实施海难救助需迅速动员社会各方面力量，除了充分发挥专业救助力量的作用外，更重要的是搜救部门要加强与当地政府的联系，在实施搜救的过程中要依靠当地政府，协调社会各方力量，快速、有效地对遇险人员、遇险船舶实施救助。

（3）船舶、浮动设施遇险时，有关部门和人员必须积极协助海事管理机构做好救助工作。遇险现场和附近的船舶、人员，必须服从海事管理机构的统一调度和指挥。

六、事故调查处理

水上交通事故的调查处理是海事管理机构的一项重要职责，本条例仅做了原则性规定。依据本条例的规定要求，我国制定了具体的事故调查处理法规《中华人民共和国内河交通事故调查处理规定》，该规则对内河交通事故调查处理的适用范围、调查处理的内容及程序等做了详细的规定。

（一）船舶的义务

（1）船舶、浮动设施发生交通事故，其所有人或者经营人必须立即向交通事故发生地海事管理机构报告，并做好现场保护工作。

（2）接受海事管理机构调查、取证的有关人员，应当如实提供有关情况和证据，不得谎报或者隐匿、毁灭证据。

阻碍、妨碍内河交通事故调查取证，属违法行为，包括下列情形：

①未按照规定立即报告事故，影响调查工作进行；

②事故报告内容不真实，不符合规定要求，影响调查工作进行；

③事故发生后，未做好现场保护，影响事故调查进行；

④在未出现危及船舶安全的情况下，未经海事管理机构的同意擅自驶离指定地点；

⑤未按照海事管理机构的要求驶往指定地点影响事故调查工作；

⑥拒绝接受事故调查或者阻碍、妨碍进行事故调查取证；

⑦因水上交通事故致使船舶、设施发生损害，未按照规定进行检验或者鉴定，或者不向海事管理机构提交检验或者鉴定报告副本，影响事故调查；

⑧其他阻碍、妨碍内河交通事故调查取证的情形。

谎报、匿报、毁灭证据，属违法行为，包括下列情形：

①隐瞒事实或者提供虚假证明、证词；

②故意涂改航海日志等法定文书、文件；

③其他谎报、匿报、毁灭证据的情形。

（二）其他

（1）地方人民政府应当依照国家有关规定积极做好内河交通事故的善后工作。

（2）特大内河交通事故的报告、调查和处理，按照国务院有关规定执行。

七、法律责任

（一）行政处罚

船员违反“内安条例”，主管机关可视情节给予下列一种或几种处罚：

（1）警告；

（2）扣留或吊销职务证书；

（3）罚款。

（二）刑事责任

船员履职期间造成重大内河交通事故或者致使公共财产、国家和人民利益遭受重大损失的，依照刑法关于滥用职权罪、玩忽职守罪或者其他罪的规定，依法追究刑事责任。

（三）治安管理处罚

船员违反“内安条例”的规定，触犯《中华人民共和国治安管理处罚法》，构成违反治安管理行为的，由公安机关给予治安管理处罚。

八、相关术语解释

（一）内河通航水域

内河通航水域是指由海事管理机构认定的可供船舶航行的江、河、湖泊、水库、运河等水域。

（二）船舶

船舶是指各类排水或者非排水的船、艇、筏、水上飞行器、潜水器、移动式平台以及其他水上移动装置。

（三）浮动设施

浮动设施是指采用缆绳或者锚链等非刚性固定方式系固并漂浮或者潜于水中的建筑、装置。

（四）交通事故

交通事故是指船舶、浮动设施在内河通航水域发生的碰撞、触碰、触礁、浪损、搁浅、火灾、爆炸、沉没等引起人身伤亡和财产损失的事件。

第二节 船员条例

为了加强船员管理，提高船员素质，维护船员的合法权益，保障水上交通安全，保护水域环境，《中华人民共和国船员条例》于2007年4月14日经中华人民共和国国务院令第494号公布，并于2007年9月1日起开始实施。根据2013年7月18日国务院令第638号完成第一次修订；根据2013年12月7日国务院令第645号完成第二次修订；根据2014年7月29日国务院令第653号完成第三次修订；根据2017年3月1日国务院令第676号《国务院关于修改和废止部分行政法规的决定》完成第四次修订；2019年3月2日国务院批准第五次修订，2019年3月18日由国务院令第709号发布；根据2020年3月27日国务院令第726号《国务院关于修改和废止部分行政法规的决定》完成第六次修订。其为船员注册、任职、培训、职业保障以及提供船员服务等活动提供了依据。国家海事管理机构依照船员条例统一实施船员管理工作。

一、船员注册和任职资格

（1）船员即按船员条例规定取得船员适任证书的人员，包括船长、高级船员、普通船员。

①船长，是指依照船员条例的规定取得船长任职资格，负责管理和指挥船舶的人员。

②高级船员，是指依照船员条例的规定取得相应任职资格的大副、二副、三副、轮机长、大管轮、二管轮、三管轮、通信人员以及其他在船舶上任职的高级技术或者管理人员。

③普通船员，是指除船长、高级船员外的其他船员。

（2）船员应当依照船员条例的规定取得相应的船员适任证书。

（3）船员适任证书应当注明船员适任的航区（线）、船舶类别和等级、职务以及有效期限等事项。

①参加航行和轮机值班的船员适任证书的有效期不超过5年。

②船员服务簿应当载明船员的姓名、住所、联系人、联系方式、履职情况以及其他有关事项。

③船员服务簿记载的事项发生变更的，船员应当向海事管理机构办理变更手续。

（4）中国籍船舶的船长应当由中国籍船员担任。

（5）中国籍船舶在境外遇有不可抗力或者其他特殊情况，无法满足船舶最低安全配员要求，需要由本船下一级船员临时担任上一级职务时，应当向海事管理机构提出申请。海事管理机构根据拟担任上一级船员职务船员的任职资历、任职表现和安全记录，出具相应的证明文件。

（6）曾经在军用船舶、渔业船舶上工作的人员，或者持有其他国家、地区船员适任证书的船员，依照船员条例的规定申请船员适任证书的，海事管理机构可以免除船员培训和考试的相应内容。具体办法由国务院交通主管部门另行规定。

二、船员职责

（一）船员在船工作期间，应当符合下列要求：

（1）携带船员条例规定的有效证件。

（2）掌握船舶的适航状况和航线的通航保障情况，以及有关航区气象、海况等必要的信息。

（3）遵守船舶的管理制度和值班规定，按照水上交通安全和防治船舶污染的操作规则操纵、控制和管理船舶，如实填写有关船舶法定文书，不得隐匿、篡改或者销毁有关船舶法定证书、文书。

（4）参加船舶应急训练、演习，按照船舶应急部署的要求，落实各项应急预防措施。

（5）遵守船舶报告制度，发现或者发生险情、事故、保安事件或者影响航行安全的情况，应当及时报告。

（6）在不严重危及自身安全的情况下，尽力救助遇险人员。

（7）不得利用船舶私载旅客、货物，不得携带违禁物品。

（二）船长在其职权范围内发布的命令，船舶上所有人员必须执行。

高级船员应当组织下属船员执行船长命令，督促下属船员履行职责。

（三）船长管理和指挥船舶时，应当符合下列要求：

（1）保证船舶和船员携带符合法定要求的证书、文书以及有关航行资料。

（2）制订船舶应急计划并保证其有效实施。

（3）保证船舶和船员在开航时处于适航、适任状态，按照规定保障船舶的最低安全配员，保证船舶的正常值班。

（4）执行海事管理机构有关水上交通安全和防治船舶污染的指令，船舶发生水上交通事故或者污染事故的，向海事管理机构提交事故报告。

（5）对本船船员进行日常训练和考核，在本船船员的船员服务簿内如实记载船员的服务资历和任职表现。

（6）船舶进港、出港、靠泊、离泊，通过交通密集区、危险航区等区域，或者遇有恶劣天气和海况，或者发生水上交通事故、船舶污染事故、船舶保安事件以及其他紧急情况时，应当在驾驶台值班，必要时应当直接指挥船舶。

（7）保障船舶上人员和临时上船人员的安全。

（8）船舶发生事故，危及船舶上人员和财产安全时，应当组织船员和船舶上其他人员尽力施救。

（9）弃船时，应当采取一切措施，首先组织旅客安全离船，然后安排船员离船，船长应当最后离船。在离船前，船长应当指挥船员尽力抢救航海日志、机舱日志、油类记录簿、无线电台日志、本航次使用过的航海图和文件，以及贵重物品、邮件和现金。

（四）船长、高级船员在航次中，不得擅自辞职、离职或者中止职务。

（五）船长在保障水上人身与财产安全、船舶保安、防治船舶污染水域方面，具有独立决定权，并负有最终责任。

船长为履行职责，可以行使下列权力：

（1）决定船舶的航次计划，对不具备船舶安全航行条件的，可以拒绝开航或者续航。

（2）对船员用人单位或者船舶所有人下达的违法指令，或者可能危及有关人员、财产和船舶安全或者可能造成水域环境污染的指令，可以拒绝执行。

（3）发现引航员的操纵指令可能对船舶航行安全构成威胁或者可能造成水域环境污染时，应当及时纠正、制止，必要时可以要求更换引航员。

（4）当船舶遇险并严重危及船舶上人员的生命安全时，船长可以决定撤离船舶。

（5）在船舶的沉没、毁灭不可避免的情况下，船长可以决定弃船，但是，除紧急情况外，应当报经船舶所有人同意。

（6）对不称职的船员，可以责令其离岗。

三、船员培训和船员服务

（1）申请在船舶上工作的船员，应当按照国务院交通主管部门的规定，完成相应的船员基本安全培训、船员适任培训。在危险品船、客船等特殊船舶上工作的船员，还应当完成相应的特殊培训。

（2）船员服务机构为船员提供服务，应当诚实守信，不得提供虚假信息，不得损害船员的合法权益。

（3）船员服务机构为船员用人单位提供船舶配员服务，应当督促船员用人单位与船员依法订立劳动合同。船员用人单位未与船员依法订立劳动合同的，船员服务机构应当终止向船员用人单位提供船员服务。

（4）船员服务机构为船员用人单位提供的船员失踪或者死亡的，船员服务机构应当配合船员用人单位做好相应的善后工作。

四、船员职业保障

（1）船员用人单位和船员应当按照国家有关规定参加工伤保险、医疗保险、养老保险、失业保险以及其他社会保险，并依法按时足额缴纳各项保险费用。

（2）船员用人单位应当为在驶往或者驶经战区、疫区或者运输有毒、有害物质的船舶上工作的船员，办理专门的人身、健康保险，并提供相应的防护措施。

（3）船舶上船员生活和工作的场所，应当符合国家船舶检验规范中有关船员生活环境、作业安全和防护的要求。

（4）船员用人单位应当为船员提供必要的生活用品、防护用品、医疗用品，建立船员健康档案，并为船员定期进行健康检查，防治职业疾病。船员在船工作期间患病或者受伤的，船员用人单位应当及时给予救治；船员失踪或者死亡的，船员用人单位应当及时做好相应的善后工作。

（5）船员用人单位应当依照有关劳动合同的法律、法规和中华人民共和国缔结或者加入的有关船员劳动与社会保障国际条约的规定，与船员订立劳动合同。

（6）船员工会组织应当加强对船员合法权益的保护，指导、帮助船员与船员用人单位订立劳动合同。

（7）船员用人单位应当根据船员职业的风险性、艰苦性、流动性等因素，向船员支付合理的工资，并按时足额发放给船员。任何单位和个人不得克扣船员的工资。

船员用人单位应当向在劳动合同有效期内的待派船员，支付不低于船员用人单位所在地人民政府公布的最低工资。

（8）船员在船工作时间应当符合国务院交通主管部门规定的标准，不得疲劳值班。

（9）船员除享有国家法定节假日的假期外，还享有在船舶上每工作2个月不少于5日的年休假。船员用人单位应当在船员年休假期间，向其支付不低于该船员在船工作期间平均工资的报酬。

（10）船员在工作期间，有下列情形之一的，可以要求遣返：

①船员的劳动合同终止或者依法解除。

②船员不具备履行船上岗位职责的能力。

③船舶灭失。

④未经船员同意，船舶驶往战区、疫区。

⑤由于破产、变卖船舶、改变船舶登记或者其他原因，船员用人单位、船舶所有人不能继续履行对船员的法定或者约定义务。

（11）船员可以从下列地点选择遣返地点：

①船员接受招用的地点或者上船任职的地点。

②船员的居住地、户籍所在地或者船籍登记港。

③船员与船员用人单位或者船舶所有人约定的地点。

（12）船员的遣返费用由船员用人单位支付。遣返费用包括船员乘坐交通工具的费用、旅途中合理的食宿及医疗费用和30 kg行李的运输费用。

（13）船员的遣返权利受到侵害的，船员当时所在地民政部门应当向船员提供援助；必要时，可以直接安排船员遣返。

第三节 船员适任考试和发证规则

为了提高内河船员素质，保障水上交通安全，保护内河水域环境，根据《中华人民共和国内河交通安全管理条例》《中华人民共和国船员条例》的相关规定制定的《中华人民共和国内河船舶船员适任考试和发证规则》（简称“内河考规”）经交通运输部令2015年第21号令发布后，自2016年5月1日起施行。本节内容特别引用了2020年3月27日国务院令第726号《国务院关于修改和废止部分行政法规的决定》完成第六次修订的船员条例中有关船员适任证书的相关规定。内河考规要求内河船员适任考试和发证应当遵循公平、公正、公开、便民的原则；考试机构和发证机构应当建立健全适任考试、发证的各项制度，并及时向社会发布相关信息，为船员参加适任考试和办理适任证书提供便利。

一、船员适任证书的申请与签发

（1）适任证书载明的内容：

船员适任证书由国家海事管理机构统一印制，应包括下列内容：

①持证人姓名、性别、出生日期。

②证书类别、编号。

③持证人职务资格、适任的航区（线）。

④证书签发日期和有效期截止日期。

⑤发证机构。

⑥其他需要规定的内容。

（2）适任证书的分类：

内河船舶船员适任证书分为船长、高级船员和普通船员适任证书。

在内河船舶担任船长和驾驶部、轮机部职务船员的适任证书分类如下：

①一类适任证书：1 000总吨及以上的内河船舶以及500 kW及以上的内河拖船；

②二类适任证书：300总吨及以上至1 000总吨的内河船舶以及150 kW及以上至500 kW的内河拖船；

③三类适任证书：300总吨以下的内河船舶以及150 kW以下的内河拖船。

（3）船员职务的设置：

①一类适任证书：船长、大副、二副、三副；轮机长、大管轮、二管轮、三管轮；普通船员。

②二类和三类适任证书：船长、驾驶员；轮机长、轮机员；普通船员。

（4）内河船员适任证书类别的确定

①在内河船舶担任船长和驾驶部职务船员的适任证书类别按照船舶总吨位确定，其中在拖（推）船担任船长和驾驶部职务船员的适任证书类别按照拖（推）船的主推进动力装置总功率确定。

②担任轮机部职务船员的适任证书按照船舶主推进动力装置总功率确定。

（5）取得适任证书应当具备的条件：

①已经取得船员服务簿。

②符合国家海事管理机构规定的内河船舶船员适任岗位健康标准。

③经过与所申请适任证书类别、职务资格相对应的内河船舶船员适任培训。

④通过国家海事管理机构规定相应科目的内河船舶船员适任考试。

⑤具备本规则附件规定的内河船舶船员有效水上服务资历，并且任职表现和安全记录良好。

（6）曾经在海船、军事船舶或者渔业船舶上任职的人员具备下列条件的，可以申请相应的适任证书：

①符合国家海事管理机构规定的内河船舶船员适任岗位健康标准。

②在海船、军事船舶或者渔业船舶上的水上服务资历能够与本规则规定的水上服务资历相对应，且任职表现和安全记录良好。

③通过国家海事管理机构规定科目的内河船舶船员适任考试。

（7）在内河危险品船、客船等特殊船舶上任职的船员，除应当具备适任证书规定的条件外，还应当完成相应的特殊培训并取得培训合格证明。

（8）在1 000总吨及以上至3 000总吨内河船舶任职的船长、驾驶部职务船员，满足以下条件后，才能在3 000总吨及以上内河船舶上任职。

①在1 000总吨及以上至3 000总吨内河船舶实际担任相应职务不少于12个月。

②通过相应的实际操作考试。

（9）已经取得适任证书，申请延伸航区（线）的，应当通过所申请航区（线）的适任考试。

（10）适任证书的有效期：

参加航行值班和轮机值班的船员适任证书的有效期为5年。

持证人在适任证书有效期届满前1年内向具有原适任证书发证权限的发证机构申请适任证书重新签发的，除应当符合内河船舶船员适任岗位健康标准且任职表现和安全记录良好外，在适任证书有效期内的水上服务资历还应当符合下列情形之一：

①任职与其适任证书所载类别、职务资格相对应，累计不少于12个月。

②任职与其适任证书所载类别、职务资格相对应，自申请之日起向前计算6个月内累计不少于3个月。

③适任证书持证人的任职与其适任证书所载类别相对应，但职务低一级；或者与其适任证书所载职务资格相对应，但类别低一级，累计不少于12个月。

（11）有下列情形之一，持证人向具有原适任证书发证权限的发证机构申请适任证书重新签发的，除应当符合内河船舶船员适任岗位健康标准外，还应当通过国家海事管理机构规定的同类别同职务资格的内河船舶船员实际操作考试。

①持证人在适任证书有效期届满后5年内申请重新签发。

②持证人在适任证书有效期届满前1年内申请重新签发，但不具有规定的水上服务资历。

持证人在适任证书有效期届满5年后向具有原适任证书发证权限的发证机构申请适任证书重新签发，除应当符合内河船舶船员适任岗位健康标准外，还应当通过国家海事管理机构规定的同类别同职务资格的内河船舶船员适任考试。

（12）适任证书的补发：

适任证书损坏、遗失需补发的，持证人应当向原发证机构申请；适任证书被依法扣留期间，持证人不得申请补发适任证书。

（13）适任证书的申请：

①初次申请适任证书或者申请改变适任证书所载类别、职务资格的，可以向具有相应发证权限的发证机构提出申请，并提交下列材料：

A.内河船舶船员适任证书申请表。

B.申请人身份证明。

C.船员服务簿。

D.最近2年内的符合内河船舶船员适任岗位健康标准的体检证明。

E.符合要求规格和数量的照片。

F.内河船舶船员适任培训证明。

G.内河船舶船员适任考试成绩证明。

②按照内河考规规定申请适任证书的，即曾经在海船、军事船舶或者渔业船舶上任职的人员申请适任证书的，可以向任何有相应类别适任证书发证权限的发证机构提交内河考规相关条款规定的材料，以及其在海船、军事船舶或者渔业船舶上的服务资历、任职表现和安全记录证明。

③申请适任航区（线）扩大或者延伸的，应当向负责相应航区（线）发证工作的发证机构提交内河考规中规定的材料。

④申请适任证书重新签发的，应当提交申请书、身份证明、船员服务簿、健康证明和登记照片等材料；需要通过内河船舶船员适任考试的，还应当提交相应的考试成绩证明。

⑤申请适任证书补发的，应当向原发证机构提交下列材料：

A.内河船舶船员适任证书申请表。

B.申请人身份证明。

C.适任证书遗失申请补发的，应提交适任证书遗失情况说明。

D.适任证书损坏申请补发的，应提交适任证书原件。

（14）隐瞒有关情况或者提供虚假材料申请适任证书的，发证机构不予受理或者不予签发适任证书，并给予警告，申请人在1年内不得再次申请与前次申请类别、职务资格相同的适任证书。

（15）被海事管理机构依法吊销适任证书的，自被吊销之日起2年内，不得申请适任证书。

二、适任考试

（1）内河船舶船员的适任考试分为理论考试和实际操作考试。

理论考试（理论考试标准考场如图5-17-1所示）应当以理论知识为主要考试内容，重点对内河船舶船员对专业知识的掌握和理解程度进行测试。实际操作考试（模拟器操作考试如图5-17-2所示）应当通过对相应船舶、模拟器或者其他设备的操作等方式，对内河船舶船员的专业知识综合运用、操作及应急等能力进行技能测评。

（2）适任考试大纲、考试科目和考场规则由国家海事管理机构组织制定并公布。

(3) 申请参加适任考试的人员应当向具有相应考试权限的考试机构提交下列材料：

①适任考试报名表，主要包括考生基本情况、报考适任证书类别、职务资格、航区(线)、任职资历等内容。

②申请人身份证明。

③船员服务簿。

④符合要求规格和数量的照片。

(4) 考试机构应当于适任考试开始5日前向报名参加适任考试的人员发放考试通知书，告知考试的时间、地点以及查询考试成绩的途径等事项。

(5) 适任考试任一科目不合格的，可以自初次适任考试通知书签发之日起3年内申请补考；逾期不能通过全部科目理论考试和实际操作考试的，所有科目理论考试和实际操作考试成绩失效。

(6) 考试机构应当在理论考试或者实际操作考试结束后30日内公布考试成绩。合格的适任考试成绩自初次适任考试通知书签发之日起5年内有效。

图5-17-1　船员考试理论考试标准考场

图5-17-2　船员考试实际操作考试模拟器操作考场

内河考规明确指出，具有船员培训资质，且教学内容满足内河船舶船员适任考试大纲要求的全日制中等职业及以上的教育机构，其船舶驾驶类和轮机类专业毕业考试可以替代相应的内河船舶船员理论考试。符合内河考规规定的教育机构的船舶驾驶类和轮机类毕业生符合船员适任岗位健康标准，且具备内河考规附件所规定相应的船舶水上服务资历，持有船员服务簿，并通过实际操作考试的，可以直接申请一类三副适任证书或者二、三类驾驶员适任证书以及一类三管轮适任证书或者二、三类轮机员适任证书。

第四节 船员违法记分管理办法

为了增强船员遵守法律的意识，减少人为因素对水上交通安全的影响，防治船舶污染水域，根据《中华人民共和国船员条例》等有关法律和法规制定的《船员违法记分管理办法》于2015年10月20日发布，自2016年1月1日起施行。船员违法记分是指船员违反水上交通安全和防治船舶污染水域法律、行政法规行为实施的累计记分；中华人民共和国海事局负责统一实施全国船员违法记分管理工作；各级海事管理机构，依照各自职责负责具体实施船员违法记分工作。

一、船员违法记分周期和分值的确定

（1）船员累计记分周期（即记分周期）为1个公历年，满分15分，自每年1月1日始至12月31日止。

（2）根据船员违法行为的严重程度，一次船员违法记分的分值为：15分、8分、4分、2分、1分五种。船员违法记分的具体分值标准如表5-17-1和表5-17-2所列。

二、船员违法记分的实施

（1）船员违法记分由船员违法行为发生地的海事管理机构管辖。船员违法行为发生地，包括船员违法行为的结果发现地、初始发生地和过程经过地。

海事管理机构对船员违法记分管辖发生争议的，报请共同的上一级海事管理机构指定管辖。海事管理机构对不属其管辖的船员违法记分案件，应当移送有管辖权的海事管理机构；受理移送的海事管理机构如果认为移送不当，应当报请共同的上一级海事管理机构指定管辖。

（2）海事管理机构发现船员存在依法应当实施船员违法记分行为的，应当进行调查，并听取当事人的陈述申辩。

船员违法行为事实清楚、证据确凿的，具有管辖权的海事管理机构应按照本办法对其实施船员违法记分，并予以相应记载。

（3）船员一次存在两种以上违法行为的，应当分别计算，累计记分分值。

对存在共同违法行为的船员，应当分别实施船员违法记分。

对船员的同一违法行为，不得给予两次及以上船员违法记分。

（4）船员在一个记分周期内累计记分达到15分的，最后实施船员违法记分的海事管理机构应当扣留其船员适任证书，责令其参加为期5日的水上交通安全、防治船舶污染等有关法律、行政法规的培训（以下简称“法规培训”）并进行相应的考试。

船员在一个记分周期内累计记分未达到15分的，记分分值重新起算。

（5）船员在一个记分周期内累计记分两次及以上达到15分，或在连续2个记分周期内分别达到15分，或连续2个记分周期内累计记分达到40分的，最后实施船员违法记分的海事管理机构应当扣留其船员适任证书，责令其参加法规培训和考试，考试内容除理论部分外，还包括船员适任能力考核。

三、法规培训和考试

（1）船员需参加法规培训的，可向最后被实施船员违法记分地、船员注册地或船员适任证书签发地的海事管理机构报名。海事管理机构收到船员的报名后，对符合上款规定的应在15个工作日内组织培训。

（2）法规培训应包括水上交通安全和防治船舶污染等管理法规、安全知识的教育和海事案例的分析等内容。

（3）被扣留船员适任证书的船员经相应考试合格后，海事管理机构应发还其船员适任证书，记分分值重新起算。

（4）被扣留船员适任证书的船员未经考试合格的，不得在船舶上继续服务。

表5-17-1　内河船舶船员水上交通安全类违法记分分值标准

代码	行为名称	对象	分值	法律依据
21001	在船在岗期间饮酒，体内酒精含量超过规定标准的；在船在岗期间，服用国家管制的麻醉药品或者精神药品的	饮酒者、食药者	15	《船员条例》第十六条
21002	船长在弃船或者撤离船舶时未最后离船的	船长	15	《船员条例》第十八条第（九）项
21003	由他人代替参加考试或者代替他人参加考试的	当事船员	15	《内河交通安全管理条例》第九条
21004	船舶、浮动设施发生水上交通事故后逃逸的	船长	15	《内河交通安全管理条例》第四十六条第二款
21005	转让、买卖或租借船员适任证书的	当事船员	15	《内河交通安全管理条例》第十三条
21006	发现或者发生险情、事故、保安事件或者影响航行安全的情况未及时报告的	船长	8	《船员条例》第十六条第（五）项
21007	在遇险现场和附近的船舶、船员不服从海事管理机构的统一调度和指挥的	船长及值班驾驶员	8	《内河交通安全管理条例》第四十九条第二款
21008	船舶、浮动设施未持有检验证书，擅自航行或者作业的	船长	8	《内河交通安全管理条例》第六条第（一）项、第七条第（一）项
21009	滚装船装载超出检验证书核定的车辆数量的	大副或责任驾驶员	8	《内河交通安全管理条例》第二十一条第二款

续表

代码	行为名称	对象	分值	法律依据
21010	超乘客定额载运旅客的	船长	8	《内河交通安全管理条例》第二十一条第二款
21011	船舶遇有不符合安全开航条件的情况而冒险开航的	船长	8	《内河交通安全管理条例》第八条第一款
21012	船舶超过核定航区航行的	值班驾驶员	8	《内河交通安全管理条例》第八条第一款
21013	船舶未按照规定拖带或者非拖船从事拖带作业的	船长	8	《内河交通安全管理条例》第八条第一款
21014	引航员在引领船舶时，未持有相应的引航员适任证书的	当值引航员	8	《船员条例》第五条第一款
21015	船舶无正当理由进入或者穿越禁航区的	船长	8	《内河交通安全管理条例》第二十条第二款
21016	船员未遵守值班规定，擅自离开工作岗位的	当事船员	8	《船员条例》第十六条
21017	船员考试作弊的	作弊船员	8	《内河交通安全管理条例》第九条
21018	超核定载重线载运货物的；不遵守船舶、设施的配载和系固安全技术规范的	大副或责任驾驶员	4	《内河交通安全管理条例》第八条、第二十一条
21019	未按照规定擅自夜航的	船长	4	《内河交通安全管理条例》第十七条第四款
21020	引航员未按照水上交通安全和防治船舶污染操作规则引领船舶的	当值引航员	4	《船员条例》第十六条第（三）项
21021	船员利用船舶私载旅客、货物或者携带违禁物品的	责任船员	4	《船员条例》第十六条第（七）项
21022	未按照规定保障船舶的最低安全配员的	船长	4	《船员条例》第十八条第（三）项
21023	船舶进出港口和通过交通管制区、通航密集区或者航行条件受限制区域，未遵守海事管理机构发布的有关规定的	船长	4	《内河交通安全管理条例》第二十条第一款
21024	不遵守海事管理机构发布的在能见度不良时航行规定的	值班驾驶员	4	《内河交通安全管理条例》第十七条第四款
21025	未按照规定申请引航的	船长	4	《内河交通安全管理条例》第十九条、《危险化学品安全管理条例》第六十一条第二款

续表

代码	行为名称	对象	分值	法律依据
21026	未按照规定悬挂国旗，标明船名、船籍港、载重线，或者遮挡船名、船籍港、载重线的	船长	4	《内河交通安全管理条例》第十四条第一款
21027	在内河通航水域，未按照规定进行试车、试航，并进行备案的	船长	4	《内河交通安全管理条例》第二十八条第（四）项
21028	船长、高级船员在航次中，擅自辞职、离职或者中止职务的	当事船员	4	《船员条例》第十九条
21029	未如实填写或者记载有关船舶法定文书的，或者隐匿、篡改、销毁有关船舶法定证书、文书的	当事船员	4	《船员条例》第十六条
21030	船舶烧焊或者明火作业，不按照规定备案的	船长	2	《内河交通安全管理条例》第二十八条第（四）项
21031	船员在船工作期间未携带规定的有效证件的	未带证船员	2	《船员条例》第十六条第（一）项
21032	游艇操作人员操作游艇时未携带合格的适任证书的	操艇员	2	《游艇安全管理规定》第十五条第三款
21033	未采用安全航速航行的	值班驾驶员	2	《内河交通安全管理条例》第十五条第（一）款
21034	未按照规定的航路或者航行规则航行的	值班驾驶员	2	《内河交通安全管理条例》第十六、十七条
21035	载运或者拖带超重、超长、超高、半潜的物体，未申请或者未按照核定的航路、时间航行的	值班驾驶员	2	《内河交通安全管理条例》第二十二条
21036	未按照规定倒车、掉头、追越的	值班驾驶员	2	《内河交通安全管理条例》第十七条第四款
21037	船舶在内河航行、停泊或者作业，不遵守海事管理机构发布的有关航行、避让和信号规则规定的	值班驾驶员	2	《内河交通安全管理条例》第十七条第四款
21038	船舶在内河航行、停泊或者作业，不遵守海事管理机构发布的航行通告、航行警告规定的	值班驾驶员	2	《内河交通安全管理条例》第十七条第四款
21039	不按照规定保持船舶自动识别系统处于正常工作状态，或者不按照规定在船舶自动识别设备中输入准确信息，或者船舶自动识别系统发生故障未及时向海事机构报告的	值班驾驶员	2	《内河交通安全管理条例》第十七条第四款

续表

代码	行为名称	对象	分值	法律依据
21040	游艇的航行水域超出检验证书所确定的适航范围	操艇员	2	《游艇安全管理规定》第十七条第一款
21041	船舶在内河航行、停泊或者作业，未在规定的甚高频通信频道上守听的	值班驾驶员	2	《内河交通安全管理条例》第十七条第四款
21042	在内河通航水域，在非锚地、非停泊区进行编、解队作业，不按照规定备案的	船长	2	《内河交通安全管理条例》第二十八条第（四）项
21043	应申请许可证而未取得，擅自进行水上水下活动的	船长	2	《内河交通安全管理条例》第二十五条第一款
21044	在内河通航水域检修影响船舶适航性能设备，不按照规定备案的	船长	2	《内河交通安全管理条例》第二十八条第（四）项
21045	在内河通航水域或者岸线上进行有关作业或者活动未经批准或者备案，或者未设置标志、显示信号的	值班驾驶员	2	《内河交通安全管理条例》第二十五条、第二十八条和第二十九条
21046	在内河通航水域检修通信设备和消防、救生设备，不按照规定备案的	船长	1	《内河交通安全管理条例》第二十八条第（四）项
21047	游艇未在海事管理机构公布的专用停泊水域或者停泊点停泊，或者临时停泊的水域不符合《游艇安全管理规定》的要求的	操艇员	1	《游艇安全管理规定》第二十条

表5-17-2　内河船舶船员防治船舶污染类违法记分分值标准

代码	行为名称	对象	分值	法律依据
22001	船舶发生污染水域事故，未按照污染事故应急计划的程序和要求，采取相应措施的	船长	15	《水污染防治法》第七十六条 《防治船舶污染内河水域环境管理规定》第四十五条
22002	向水体倾倒船舶垃圾或者排放船舶的残油、废油的	大副或轮机长，及责任船员	15	《水污染防治法》第五十九条
22003	船舶发生污染水域事故，未立即向最近海事管理机构如实报告的	船长	8	《水污染防治法》第七十八条 《防治船舶污染内河水域环境管理规定》第三十三条
22004	船舶排放含油污水、生活污水，不符合船舶污染物排放标准的	船长、大副或轮机长，及责任船员	8	《水污染防治法》第五十九条第一款

续表

代码	行为名称	对象	分值	法律依据
22005	船舶未持有有效的防污证书、防污文书，或者不按照规定记录操作情况的	船长、轮机长，以及责任船员	4	《水污染防治法》第六十条
22006	载运危险化学品的船舶在内河航行、装卸或者停泊，未悬挂专用的警示标志，或者未按照规定显示专用信号的	值班驾驶员	4	《内河交通安全管理条例》第三十三条、《危险化学品安全管理条例》第六十一条
22007	船舶载运危险化学品进出内河港口，未将有关事项事先报告海事管理机构并经其同意的	船长	4	《内河交通安全管理条例》第三十二条、《危险化学品安全管理条例》第六十条第一款
22008	未经作业地海事管理机构批准，船舶进行残油、含油污水、污染危害性货物残留物的接收作业，或者进行装载油类、污染危害性货物船舱的清洗作业的	船长	4	《水污染防治法》 第六十一条
22009	未经作业地海事管理机构批准，船舶进行散装液体污染危害性货物过驳作业的	船长	4	《水污染防治法》第六十二条第二款

注：船舶未配备某一职务船员或该职务船员的职责与通常职责不符的，对实际履行该职务职责的船员实施记分。船员在船职务职责未明确的，对船长实施记分。

第五节 ◉ 船员注册管理办法

为规范船员注册管理，由交通运输部制定的《中华人民共和国船员注册管理办法》于2008年5月4日交通运输部令2008年第1号公布，根据2018年8月28日《交通运输部关于修改〈船员注册管理办法〉的决定》修订后，自2018年9月1日起施行。本节内容特别引用了2020年3月27日国务院令第726号《国务院关于修改和废止部分行政法规的决定》对船员条例完成第六次修订后关于船员注册的相关要求。

船员注册是指海事管理机构根据申请人的申请，经依法审查，对符合船员注册条件的予以登记，签发船员服务簿，准许申请人从事船员职业的行为。中华人民共和国海事局负责统一实施全国船员注册管理工作。负责管理中央管辖水域的海事管理机构和负责管理其他水域的地方海事管理机构，依照各自职责具体负责船员注册以及相关管理工作。

一、船员注册的申请和受理

（1）船员注册申请可以向任何海事管理机构提出。

船员注册申请可以由申请人本人提出，也可以由船员服务机构、船员用人单位代为提出。

（2）船员应当依照船员条例的规定取得相应的船员适任证书。申请船员适任证书，应当具备下列条件：

①年满18周岁（在船实习、见习人员年满16周岁）且初次申请不超过60周岁；

②符合船员任职岗位健康要求；

③经过船员基本安全培训。

参加航行和轮机值班的船员还应当经过相应的船员适任培训、特殊培训，具备相应的船员任职资历，并且任职表现和安全记录良好。

（3）申请船员注册，应当提交下列材料：

①船员注册申请；

②居民身份证、港澳台居民居住证、港澳居民来往内地通行证、台湾居民来往大陆通行证复印件之一；

③船员体格检查表；

④近期直边正面5 cm免冠白底彩色照片2张；

⑤船员适任证书复印件。

申请人在提交居民身份证、内河船舶船员适任证书等复印件时，应当同时向海事管理机构出示原件。

（4）船员注册的申请和受理工作应当按照《交通行政许可实施程序规定》的有关要求办理。

（5）海事管理机构应当自受理船员注册申请之日起10日内做出注册或者不予注册的决定。对符合本办法规定的，应当给予船员注册，并签发船员服务簿。对不符合本办法规定的，应当退回申请材料并书面说明理由。

（6）海事管理机构应当对船员赋予唯一的注册编号。业经注册的船员不得重复申请船员注册。

二、船员注册的变更和注销

（1）有下列情形之一的，船员应当在6个月内向管理本人注册档案的海事管理机构申请办理船员注册变更手续：

①船员服务簿中记载的事项发生变化；

②相貌发生显著变化。

海事管理机构应当将变更情况在船员服务簿中做相应记载或者换发新船员服务簿。

（2）船员有下列情形之一的，海事管理机构应当注销船员注册，并予以公告：

①死亡或者被宣告失踪的；

②丧失民事行为能力的；

③依法被吊销船员服务簿的；

④本人申请注销注册的。

船员在劳动合同期间发生本条第一款第1项、第2项情形的，船员服务机构或者船员用人单位应当向海事管理机构报告，并提交相关证明材料，由海事管理机构核实后依法予以注销。

海事管理机构吊销船员服务簿的决定，应当向管理该船员注册档案的海事管理机构通报。

（3）申请人被依法吊销船员服务簿的，自被吊销之日起5年内不予重新注册。

三、“船员服务簿”管理

（1）“船员服务簿”是船员的职业身份证件，任何单位或者个人不得冒用、出租、出借、伪造、变造或者买卖。

船员在船工作期间应当携带船员服务簿。

（2）船员服务簿应当载明船员的姓名、性别、国籍、出生日期、住所、联系人、联系方式以及其他有关事项。

海事管理机构应当在船员服务簿中记载船员的安全记录、累计记分情况和违法情况。

（3）船员上船任职后和离船解职前，应当主动将船员服务簿提交船长办理船员任职、解职签注。

船长应当为本船船员办理船员任职、解职签注，并在船员服务簿中及时、如实记载其服务资历和任职表现。

船长的任职签注由离任船长负责签注，船长的解职签注由接任船长负责签注。

因船舶新投入运行、报废等特殊情况无离任或者接任船长时，船长的任职、解职，在境内由船舶靠泊地海事管理机构签注；在境外由船长本人签注。

（4）“船员服务簿”记载页满或者损坏的，应当到管理本人注册档案的海事管理机构办理换发事宜，并提交下列材料：

①船员服务簿换发申请；

②近期直边正面5 cm免冠白底彩色照片2张；

③记载页满或者损坏的船员服务簿。

（5）“船员服务簿”遗失的，应当到管理本人注册档案的海事管理机构办理补发事宜，并提交下列材料：

①“船员服务簿”补发申请；

②相应证明文件；

③近期直边正面5 cm免冠白底彩色照片2张。

第六节 船员值班规则

为了加强内河船舶船员值班，规范船员值班行为，保障内河交通安全，保护内河水域环境，根据《中华人民共和国内河交通安全管理条例》《中华人民共和国船员条例》等有关法律、行政法规制定的《中华人民共和国内河船舶船员值班规则》（简称“船员值班规则”）经交通运输部令2015年第20号发布，自2016年5月1日起实施。以下是“船员值班规则”的主要内容（不包括有关“驾驶值班”“轮机值班”的规定）。

一、熟悉与遵守规则

（1）船舶所有人、船舶经营人、船舶管理人和船长应当按照船舶安全配员的相关规定配备合格船员，确保指派到船上任职的船员熟悉船上相关设备、船舶特性，熟知本人职责和值班要求，有效履行安全、防污染等职责。

（2）船长及全体船员在值班时，应当遵守有关船舶航行安全和防治船舶污染水域的相关规定和标准规范。

二、值班一般要求

（1）船舶所有人、船舶经营人、船舶管理人和船长应当编制船舶值班制度，公示在船舶的显著位置，并要求全体船员遵守执行。

船长应当安排合格船员值班，明确值班船员职责。值班安排应当符合保证船舶、货物、人员安全及保护水域环境的要求，考虑值班船员资格和经验，根据情况合理安排值班船员，并保证值班船员得到充分休息，防止疲劳值班。

（2）内河货船在航行中的驾驶值班安排应当符合以下要求：

①3 000总吨及以上内河货船，驾驶值班每班至少2人，其中至少1人是船长或者是大副、二副、三副；

②1 000总吨至3 000总吨内河货船，驾驶值班每班至少1人须是船长或者是大副、二副、三副，夜间及能见度不良时，需增配1名普通船员；

③未满1 000总吨内河货船，驾驶值班每班至少1名船长或者驾驶员。

（3）内河货船在航行中的轮机值班安排应当符合以下要求：

①500 kW及以上内河货船，轮机值班每班至少1人须是轮机长或者大管轮、二管轮、三管轮；

②未满500 kW内河货船，轮机值班每班至少1名值班船员。

（4）内河客、渡船在航行中的驾驶值班安排应当符合以下要求：

①1 000总吨及以上内河客、渡船，驾驶值班每班至少2人，其中至少1人是船长或者是大副、二副、三副；

②300总吨至1 000总吨内河客、渡船，驾驶值班每班至少1名船长或者驾驶员，夜间及能见度不良时，需增配1名普通船员；

③未满300总吨内河客、渡船，驾驶值班每班至少1名船长或者驾驶员。

（5）内河客、渡船在航行中的轮机值班安排应当符合以下要求：

①500 kW及以上内河客、渡船，轮机值班每班至少1人须是轮机长或者大管轮、二管轮、三管轮；

②未满500 kW内河客、渡船，轮机值班每班至少1名轮机长或者轮机员。

（6）船舶停泊时应当留有足以保证船舶安全的船员值班，确保满足应对可能发生的紧急情况的需要。其中，1 000总吨及以上货船和300总吨及以上客船停泊时应当留有一个航行班的驾驶和轮机人员值班。

（7）值班船员对船舶安全负责，但不免除船长的安全责任。

船员在值班期间不得安排影响其值班的其他工作。

（8）值班船员应当遵守下列驾驶台和机舱资源管理要求：

①值班船员应当正确接收和处置气象、水文、周围船舶动态等与航行安全有关的信息；

②值班船员应当保持通信沟通联络有效畅通；

③值班船员对值班安全产生怀疑时，应当立即告知船长、轮机长、负责值班的高级船员；

④值班船员应当按照要求记录值班期间发生的重要事项。

（9）船长应当根据航次任务做好开航准备工作，包括备好本航次所需的燃料、备品等。

3 000总吨及以上内河货船和300总吨及以上内河客船应当制订航行计划。航行计划至少应当包括和考虑出发港、目的港、航程、连续航行时间限制、航经水道、重要桥梁、交通管制区、天气情况等事项和要素。

（10）船长应当对值班情况进行监督检查，及时发现并纠正船员的不良操作行为。

在遇到能见度不良、恶劣天气、航行条件复杂等可能影响船舶安全的情形时，船长应当亲自操纵船舶或者监督航行。

（11）值班船员应当按规定升降国旗，正确显示号灯、号型和旗号，不得擅离岗位，不得从事与值班无关的事项。

值班船员应当按规定记载航海日志、轮机日志等法定文书。船长、轮机长应当按规定进行审核并签名。

船舶航行和作业期间，甲板人员进行临水作业时应当规范穿着救生衣。

（12）严禁船员酗酒，值班船员在值班前4 h内及值班期间禁止饮酒，且值班期间血液中的酒精浓度不得超过0.05%或者呼吸中酒精浓度不高于0.25 mg/L。

严禁值班船员服用可能导致不能安全值班的药物。严禁船员有吸毒行为。

（13）危险货物运输船舶值班船员，除执行本规则外，还应当遵守危险货物运输的有关规定。

三、驾驶、轮机联系制度

（一）开航前的联系制度

（1）船长应当提前将预计开航时间通知轮机长，轮机长应当向船长报告主要机电设备情况、燃润油料存量。

（2）开航前，值班驾驶人员应当会同轮机值班船员核对船钟、车钟、舵等，并将核对情况记入航海日志、轮机日志。

（3）主机冲车、试车前，轮机值班船员应当征得值班驾驶人员同意。主机备妥后，机舱应当及时通知驾驶台。

（二）航行中的联系制度

（1）驾驶台和机舱应当每日定时校对时钟并互换船舶位置、存油存水量等信息。

（2）船舶需要备车航行时，驾驶台应当提前通知机舱准备。如遇恶劣天气等突发情况，轮机值班船员接到通知后应当尽快备妥。

（3）因机电设备故障不能执行航行命令的，轮机值班船员应当立即通知驾驶台，轮机长应当立即报告船长，并组织抢修。

故障发生和排除情况应当记入航海日志和轮机日志。

（4）轮机值班如需调换发电机、并电等需要暂时停电，应当事先征得驾驶台同意。

（5）轮机值班船员应当立即执行驾驶台发出的紧急指令。

（6）抵港前，轮机长应当将本船存油情况报告船长。

（三）停泊中的联系制度

（1）抵港后，船长应当告知轮机长本船的预计动态，动态如有变化应当及时通知。机舱检修影响动车的设备，轮机长应当事先将工作内容和所需时间报告船长，取得同意后方可进行。

（2）值班驾驶人员应当将装卸货情况适时通报轮机值班船员。在装卸重大件、包装危险品或者使用重吊之前，值班驾驶人员应当通知轮机长派人检查起货机等设备，必要时还应当派人值守。

（3）因装卸作业造成船舶过度倾斜，影响机舱设备正常运行的，轮机值班船员应当通知值班驾驶人员采取措施予以纠正。

（4）对船舶压载的调整以及可能涉及水域污染的任何操作，驾驶部和轮机部之间应当建立起有效的联系制度，包括书面通知和相应的记录。

（5）加装燃油前，轮机长应当将本船的存油情况和加装计划告知值班驾驶人员，以便计算稳性、水尺和调整吃水差。

四、法律责任

（一）船员违规处罚

船员有下列行为之一的，依据《中华人民共和国船员条例》第五十二条，由海事管理机构处以1 000元以上1万元以下罚款；情节严重的，并给予暂扣船员服务簿、船员适任证书6个月以上24个月以下直至吊销船员服务簿、船员适任证书的处罚：

（1）未保持正规瞭望；

（2）未正确履行值班职责；

（3）未按照要求值班交接；

（4）不采用安全航速；

（5）不按照规定守听航行通信；

（6）不按照规定测试、检修船舶设备；

（7）发现或者发生险情、事故、保安事件或者影响航行安全的情况未及时报告；

（8）未按照规定填写或者记载有关船舶法定文书。

（二）船长违规处罚

船长有下列情形之一的，依据《中华人民共和国船员条例》第五十三条，由海事管理机构处以2 000元以上2万元以下罚款；情节严重的，并给予暂扣船员适任证书6个月以上24个月以下直至吊销船员适任证书的处罚：

（1）航行条件复杂和情况紧急时未亲自操纵船舶或者监航；

（2）未根据航次任务落实好开航前的各项准备工作；

（3）未按规定保障船员充分休息；

（4）安排船员值班期间承担影响其值班的其他工作。

第十八章

船舶管理

本章涉及的内河船舶管理以《中华人民共和国船舶最低安全配员规则》《中华人民共和国船舶安全监督规则》《中华人民共和国船舶安全营运和防止污染管理规则》的相关要求为依据，重点介绍内河船舶最低安全配员管理、船舶安全监督、船舶安全营运和防止污染管理等内容，为保障船舶的适航状态形成管理指导并促进相关机制的建立和完善。

第一节 船舶最低安全配员规则

为确保船舶的船员配备足以保证安全航行、停泊和作业，防治船舶污染环境，交通运输部颁布了《中华人民共和国船舶最低安全配员规则》（简称“配员规则”）。配员规则于2004年8月1日起开始实施后，历经2014年9月5日和2018年11月28日两次修正，并于2018年11月28日实施。配员规则的主要内容包括总则、最低安全配员原则、最低安全配员管理、监督检查和附则，共五章二十八条。修订后的配员规则附录3《内河船舶最低安全配员标准》以及内河船舶最低安全配员证书格式，自2018年7月1日起实施。

一、船舶最低安全配员原则

（1）确定船舶最低安全配员标准应综合考虑船舶的种类、吨位、技术状况、主推进动力装置功率、航区、航程、航行时间、通航环境和船员值班、休息制度等因素。

（2）船舶在航行期间，应配备不低于按本规则附录一、附录二、附录三所确定的船员构成及数量。高速客船的船员最低安全配备应符合交通运输部颁布的《中华人民共和国高速客船安全管理规则》（交通运输部令2017年第17号）的要求。

（3）本规则附录一、附录二、附录三列明的减免规定是根据各类船舶在一般情况下制定的，海事管理机构在核定具体船舶的最低安全配员数额时，如认为配员减免后无法保证船舶安全时，可不予减免或者不予足额减免。

（4）船舶所有人可以根据需要增配船员，但船上总人数不得超过经中华人民共和国海事局认可的船舶检验机构核定的救生设备定员标准。

二、内河船舶最低安全配员标准

2018年3月9日，中华人民共和国海事局关于修订配员规则附录三的通知对《内河船舶最低安全配员标准》进行了修订，形成了现行新标准，并于2018年7月1日实施。

（1）各省级地方海事局、直属海事局可提出仅适用于在本辖区（或辖区某水域）航行的内河船舶最低安全配员标准（以下简称《辖区标准》），由中华人民共和国海事局统一发布。

（2）船舶应当满足其航行所在水域的船舶最低安全配员要求；船舶可同时持有适用于不同适用范围的有效内河船舶最低安全配员证书。

（3）船舶应当向具有核发相应内河船舶最低安全配员证书权限的海事管理机构申请内河船舶最低安全配员证书。

（4）内河船舶最低安全配员标准类型

①内河船舶最低安全配员一般标准，如表5-18-1和表5-18-2所列。

②J级航段及长江葛洲坝以上水域船舶最低安全配员标准。

③相关省级地方海事局、直属海事局辖区内河船舶最低安全配员标准。

④定线航行不超过100 km的一般船舶和短途运输的港内作业船舶、客渡船、车客渡船最低安全配员。

表5-18-1　一般船舶最低安全配员标准（内河船舶最低安全配员一般标准）

船长和甲板部						
总吨位	总吨位3 000及以上	总吨位1 000及以上至未满总吨位3 000	总吨位600及以上至未满总吨位1 000	总吨位300及以上至未满总吨位600	总吨位100及以上至未满总吨位300	总吨位100以下
一般规定	船长1人、大副1人、二副或三副1人、普通船员1人	船长1人、大副或二副1人、普通船员1人	船长1人、驾驶员1人	船长或驾驶员1人（集装箱船、多用途船舶须为船长1人、普通船员1人）	船长或驾驶员1人（集装箱船、多用途船舶须为船长1人）	驾驶员1人
附加规定	连续航行作业时间超过16 h，须增加二副或三副1人、普通船员1人	连续航行作业时间超过16 h，须增加三副1人	连续航行作业时间超过16 h，须增加驾驶员1人；连续航行作业时间不超过10 h或定线航行航程不超过100 km的船舶可减免驾驶员1人	连续航行作业时间超过10 h，须增加驾驶员1人	连续航行作业时间超过10 h，须增加驾驶员1人	连续航行作业时间超过10 h，须增加驾驶员1人

轮机部				
主机总功率	500 kW及以上	150 kW及以上至未满500 kW	75 kW及以上至未满150 kW	75 kW以下
一般规定	轮机长1人、大管轮或二管轮或三管轮1人	轮机长或轮机员1人	普通船员1人	无
附加规定	连续航行作业时间超过16 h，须增加普通船员1人	无	无	无

表5-18-2　客船类、液货船类船舶最低安全配员标准（内河船舶最低安全配员一般标准）

船长甲板部							
	总吨位	总吨位2 000及以上	总吨位1 000及以上至未满总吨位2 000	总吨位600及以上至未满总吨位1 000	总吨位300及以上至未满总吨位600	总吨位100及以上至未满总吨位300	总吨位100以下
客船类	一般规定	船长1人、大副1人、二副1人、普通船员2人	船长1人、大副1人、普通船员2人	船长1人、驾驶员1人、普通船员2人	船长1人、驾驶员1人、普通船员1人	船长1人、普通船员1人	驾驶员1人
客船类	附加规定	连续航行作业时间不超过4 h，可减免二副1人；连续航行作业时间超过10 h，须增加二副1人、普通船员1人	连续航行作业时间超过10 h，须增加二副1人；连续航行作业时间超过16 h，须再增加二副1人、普通船员1人	连续航行作业时间超过10 h，须增加驾驶员1人	连续航行作业时间超过10 h，须增加驾驶员1人	连续航行作业时间超过10 h，须增加驾驶员1人	连续航行作业时间超过10 h，须增加驾驶员1人
液货船类	一般规定	船长1人、大副1人、二副或三副1人、普通船员2人	船长1人、大副1人、普通船员2人	船长1人、驾驶员1人、普通船员2人	船长1人、普通船员1人	船长1人	驾驶员1人
液货船类	附加规定	连续航行作业时间超过16 h，须增加二副或三副1人、普通船员1人	连续航行作业时间超过16 h，须增加三副1人	连续航行作业时间超过16 h，须增加驾驶员1人	连续航行作业时间超过10 h，须增加驾驶员1人	连续航行作业时间超过10 h，须增加驾驶员1人	连续航行作业时间超过10 h，须增加驾驶员1人

轮机部				
主机总功率	500 kW及以上	150 kW及以上至未满500 kW	75 kW及以上至未满150 kW	75 kW以下
一般规定	轮机长1人、大管轮或二管轮或三管轮1人、普通船员1人	轮机长或轮机员1人、普通船员1人	普通船员1人	无

三、船舶最低安全配员管理

（1）中国籍船舶配备外国籍船员应当符合以下规定：

①在中国籍船舶上工作的外国籍船员，应当依照法律、行政法规和国家其他有关规定取得就业许可。

②外国籍船员持有合格的船员证书，且所持船员证书的签发国与我国签订了船员证书认可协议。

③雇用外国籍船员的航运公司已承诺承担船员权益维护的责任。

（2）中国籍船舶应当按照本规则的规定，持有海事管理机构颁发的《船舶最低安全配员证书》。

（3）船舶所有人应当在申请船舶国籍登记时，按照本规则的规定，对其船舶的最低安全配员如何适用本规则附录相应标准予以陈述，并可以包括对减免配员的特殊说明。

海事管理机构应当在依法对船舶国籍登记进行审核时，核定船舶的最低安全配员，并在核发船舶国籍证书时，向当事船舶配发《船舶最低安全配员证书》。

（4）在境外建造或者购买并交接的船舶，船舶所有人应持船舶买卖合同或者建造合同及交接文件、船舶技术和其他相关资料的副本（复印件）到所辖的海事管理机构办理《船舶最低安全配员证书》。

（5）海事管理机构核定船舶最低安全配员时，除查验有关船舶证书、文书外，可以就本规则第六条所述的要素对船舶的实际状况进行现场核查。

（6）船舶在航行、停泊、作业时，必须将《船舶最低安全配员证书》妥善存放在船备查。

船舶不得使用涂改、伪造以及采用非法途径或者舞弊手段取得的《船舶最低安全配员证书》。

（7）船舶所有人应当按照本规则的规定和《船舶最低安全配员证书》载明的船员配备要求，为船舶配备合格的船员。

（8）船舶所有人应当在《船舶最低安全配员证书》有效期截止前1年以内，或者在船舶国籍证书重新核发或者相关内容发生变化时，凭原证书到船籍港的海事管理机构办理换发证书手续。

（9）证书污损不能辨认的，视为无效，船舶所有人应当向所辖的海事管理机构申请换发。证书遗失的，船舶所有人应当书面说明理由，附具有关证明文件，到船籍港的海事管理机构办理补发证书手续。

换发或者补发的《船舶最低安全配员证书》的有效期，不超过原发的《船舶最低安全配员证书》的有效期。

（10）船舶状况发生变化需改变证书所载内容时，船舶所有人应当到船籍港的海事管理机构重新办理《船舶最低安全配员证书》。

（11）在特殊情况下，船舶需要在船籍港以外换发或者补发《船舶最低安全配员证书》，经船籍港海事管理机构同意，船舶当时所在港口的海事管理机构可以按照本规定予以办理并通报船籍港海事管理机构。

四、船舶最低安全配员监督检查

（1）中国籍、外国籍船舶在办理进、出港口或者口岸手续时，应当交验《船舶最低安全配员证书》。

（2）中国籍、外国籍船舶在停泊期间，均应配备足够的掌握相应安全知识并具有熟练操作能力能够保持对船舶及设备进行安全操纵的船员。

无论何时，600总吨及以上（或者441 kW及以上）内河船舶的船长和大副、轮机长和大管轮不得同时离船。

（3）船舶未持有《船舶最低安全配员证书》或者实际配员低于《船舶最低安全配员证书》要求的，对中国籍船舶，海事管理机构应当禁止其离港直至船舶满足本规则要求；对外国籍船舶，海事管理机构应当禁止其离港，直至船舶按照《船舶最低安全配员证书》的要求配齐人员，或者向海事管理机构提交由其船旗国主管当局对其实际配员做出的书面认可。

（4）对违反本规则的船舶和人员，依法应当给予行政处罚的，由海事管理机构依据有关法律、行政法规和规章的规定给予相应的处罚。

第二节 船舶安全监督规则

为了严格执行《中华人民共和国海上交通安全法》《中华人民共和国海洋环境保护法》《中华人民共和国内河交通安全管理条例》等法律、行政法规和我国缔结、加入的有关国际公约，规范船舶安全生产活动，保障水上人命、财产安全，防止船舶造成水域污染，交通运输部颁布了《中华人民共和国船舶安全监督规则》（简称“安全监督规则”）。安全监督规则于2017年7月1日起开始实施后，交通运输部以2020年第6号令颁布了《关于修改〈中华人民共和国船舶安全监督规则〉的决定》，增加了集装箱重量验证有关要求，自2020年6月1日起施行。安全监督规则的主要内容包括总则、船舶进出港报告、船舶综合质量管理、船舶安全监督、船舶安全责任、法律责任和附则，共七章六十条。

一、船舶安全监督和处理

（一）船舶安全监督的种类

船舶安全监督是指海事管理机构依法对船舶及其从事的相关活动是否符合法律、法规、规章以及有关国际公约和港口国监督区域性合作组织的规定而实施的安全监督管理活动。船舶安全监督分为船舶现场监督和船舶安全检查。

1.船舶现场监督

船舶现场监督是指海事管理机构对船舶实施的日常安全监督抽查活动。

2.船舶安全检查

船舶安全检查是指海事管理机构按照一定的时间间隔对船舶的安全和防污染技术状况、船员配备及适任状况、海事劳工条件实施的安全监督检查活动，包括船旗国监督检查和港口国监督检查。

（二）船舶安全监督的内容

1.船舶现场监督的内容

（1）中国籍船舶自查情况；

（2）法定证书文书配备及记录情况；

（3）船员配备情况；

（4）客货载运及货物系固绑扎情况；

（5）船舶防污染措施落实情况；

（6）船舶航行、停泊、作业情况；

（7）船舶进出港报告或者办理进出港手续情况；

（8）按照相关规定缴纳相关费税情况。

2.船舶安全检查的内容

（1）船舶配员情况；

（2）船舶、船员配备和持有有关法定证书文书及相关资料情况；

（3）船舶结构、设施和设备情况；

（4）客货载运及货物系固绑扎情况；

（5）船舶保安相关情况；

（6）船员履行其岗位职责的情况，包括对其岗位职责相关的设施、设备的维护保养和实际操作能力等；

（7）海事劳工条件；

（8）船舶安全管理体系运行情况；

（9）法律、法规、规章以及我国缔结、加入的有关国际公约要求的其他检查内容。

（三）安全监督的方法

1.安全监督目标船舶的选择

海事管理机构对船舶实施安全监督，应当减少对船舶正常生产作业造成的不必要影响。国家海事管理机构应当制定安全监督目标船舶选择标准。海事管理机构应当结合辖区实际情况，按照全面覆盖、重点突出、公开便利的原则，依据我国加入的港口国监督区域性合作组织和国家海事管理机构规定的目标船舶选择标准，综合考虑船舶类型、船龄、以往接受船舶安全监督的缺陷、航运公司安全管理情况等，按照规定的时间间隔，选择船舶实施船舶安全监督。

按照目标船舶选择标准未列入选船目标的船舶，海事管理机构原则上不登船实施船舶安全监督，但按照规定开展专项检查的除外。

国家重要节假日、重大活动期间，或者针对特定水域、特定安全事项、特定船舶需要进行检查的，海事管理机构可以综合运用船舶安全检查和船舶现场监督等形式，开展专项检查。

2.确定安全监督的内容

海事管理机构按照船舶现场监督和船舶安全检查的内容要求确定安全监督的内容。

3.制定工作程序

海事管理机构应当按照船舶安全监督的内容，制定相应的工作程序，规范船舶安全监督活动。

4.签发监督报告

海事管理机构完成船舶安全监督后应当签发相应的“船舶现场监督报告”，由船长或者履行船长职责的船员签名。“船舶现场监督报告”一式两份，一份由海事管理机构存档，另一份留船备查。

5.船舶现场监督中发现船舶存在危及航行安全、船员健康、水域环境的缺陷或者水上交通安全违法行为的，应当按照规定进行处置

发现存在需要进一步进行安全检查的船舶安全缺陷的，应当启动船舶安全检查程序。

（四）船舶安全缺陷处理

（1）海事行政执法人员在船舶安全监督过程中发现船舶存在缺陷的，应当按照相关法律、法规、规章和公约的规定，提出下列处理意见：

①警示教育；

②开航前纠正缺陷；

③在开航后限定的期限内纠正缺陷；

④滞留；

⑤禁止船舶进港；

⑥限制船舶操作；

⑦责令船舶驶向指定区域；

⑧责令船舶离港。

（2）安全检查发现的船舶缺陷不能在检查港纠正时，海事管理机构可以允许该船驶往最近的可以修理的港口，并及时通知修理港口的海事管理机构。

修理港口超出本港海事管理机构管辖范围的，本港海事管理机构应当通知修理港口海事管理机构进行跟踪检查。

修理港口海事管理机构在收到跟踪检查通知后，应当对船舶缺陷的纠正情况进行验证，并及时将验证结果反馈至发出通知的海事管理机构。

（3）船舶有权对海事行政执法人员提出的缺陷和处理意见进行陈述和申辩。船舶对于缺陷和处理意见有异议的，海事行政执法人员应当告知船舶申诉的途径和程序。

（4）海事管理机构在实施船舶安全监督中，发现航运公司安全管理存在问题的，应当要求航运公司改正，并将相关情况通报航运公司注册地海事管理机构。

（5）海事管理机构应当将影响安全的重大船舶缺陷以及导致船舶被滞留的缺陷，通知航运公司、相关船舶检验机构或者组织。

船舶存在缺陷或者隐患，以及船舶安全管理存在较为严重的问题，可能影响其运输资质条件的，海事管理机构应当将有关情况通知相关水路运输管理部门，水路运输管理部门应当将处理情况反馈给相应的海事管理机构。

水路运输管理部门在市场监管中，发现可能影响到船舶安全的问题，应当将有关情况通知相应海事管理机构，海事管理机构应当将处理情况反馈给相应水路运输管理部门。

（6）船舶以及相关人员，应当按照海事管理机构签发的“船舶现场监督报告”的要求，对存在的缺陷进行纠正。

航运公司应当督促船舶按时纠正缺陷，并将纠正情况及时反馈给实施检查的海事管理机构。

船舶检验机构应当核实有关缺陷纠正情况，需要进行临时检验的，应当将检验报告及时反馈给实施检查的海事管理机构。

（7）船长应当对缺陷纠正情况进行检查，并在航海日志中进行记录。

二、船舶进出港报告

（1）船舶应当按照规定实施船舶进出港报告。

（2）船舶应当在预计离港或者抵港4 h前向将要离泊或者抵达港口的海事管理机构报告进出港信息。航程不足4 h的，在驶离上一港口时报告。

船舶在固定航线航行且单次航程不超过2 h的，可以每天至少报告一次进出港信息。

船舶应当对报告的完整性和真实性负责。

（3）船舶报告的进出港信息应当包括航次动态、在船人员信息、客货载运信息、拟抵离时间和地点等。

（4）船舶可以通过互联网、传真、短信等方式报告船舶进出港信息，并在船舶航海日志内做相应的记载。

（5）海事管理机构与水路运输管理部门应当建立信息平台，共享船舶进出港信息。

三、船舶综合质量管理

（1）海事管理机构应当建立统一的船舶综合质量管理信息平台，收集、处理船舶相关信息，建立船舶综合质量档案。

（2）船舶综合质量管理信息平台应当包括下列信息：

①船舶基本信息；

②船舶安全与防污染管理相关规定落实情况；

③水上交通事故情况和污染事故情况；

④水上交通安全违法行为被海事管理机构行政处罚情况；

⑤船舶接受安全监督的情况；

⑥航运公司和船舶的安全诚信情况；

⑦船舶进出港报告或者办理进出港手续情况；

⑧按照相关规定缴纳相关费税情况；

⑨船舶检验技术状况。

（3）海事管理机构应当按照上述信息开展船舶综合质量评定，综合质量评定结果应当向社会公开。

四、船舶安全责任

（1）航运公司应当履行安全管理与防止污染的主体责任，建立、健全船舶安全与防污染制度，对船舶及其设备进行有效维护和保养，确保船舶处于良好状态，保障船舶安全，防止船舶污染环境，为船舶配备满足最低安全配员要求的适任船员。

（2）船舶应当建立开航前自查制度。船舶在离泊前应当对船舶安全技术状况和货物装载情况进行自查，按照国家海事管理机构规定的格式填写“船舶开航前安全自查清单”，并在开航前由船长签字确认。

船舶在固定航线航行且单次航程不超过2 h的，无须每次开航前均进行自查，但一天内应当至少自查一次。

“船舶开航前安全自查清单”应当在船上保存至少2年。

（3）船长应当妥善安排船舶值班，遵守船舶航行、停泊、作业的安全规定。

（4）船舶应当遵守港口所在地有关管理机构关于恶劣天气限制开航的规定。

航行于内河水域的船舶应当遵守海事管理机构发布的关于枯水季节通航限制的通告。

（5）船舶检验机构应当确保检验的全面性、客观性、准确性和有效性，保证检验合格的船舶具备安全航行、安全作业的技术条件，并对出具的检验证书负责。

（6）配备自动识别系统等通信、导助航设备的船舶应当始终保持相关设备处于正常工作状态，准确完整显示本船信息，并及时更新抵、离港名称和时间等相关信息。相关设备发生故障的，应当及时向抵达港海事管理机构报告。

（7）拟交付船舶国际运输的载货集装箱，其托运人应当在交付船舶运输前，采取整体称重法或者累加计算法对集装箱的重量进行验证，确保集装箱的验证重量不超过其标称的最大营运总质量，与实际重量的误差不超过5%且最大误差不超过1 t，并在运输单据上注明验证重量、验证方法和验证声明等验证信息，提供给承运人、港口经营人。

采取累加计算法的托运人，应当制定符合交通运输部规定的重量验证程序，并按照程序进行载货集装箱重量验证。

未取得验证信息或者验证重量超过最大营运总质量的集装箱，承运人不得装船。

（8）海事管理机构应当加强对船舶国际运输集装箱托运人、承运人的监督检查，发现存在违反规则情形的，应当责令改正。

（9）任何单位和个人不得阻挠、妨碍海事行政执法人员对船舶进行船舶安全监督。

（10）海事行政执法人员在开展船舶安全监督时，船长应当指派人员配合。指派的配合人员应当如实回答询问，并按照要求测试和操纵船舶设施、设备。

（11）海事管理机构通过抽查实施船舶安全监督，不能代替或者免除航运公司、船舶、船员、船舶检验机构及其他相关单位和个人在船舶安全、防污染、海事劳工条件和保安等方面应当履行的法律责任和义务。

五、法律责任

（1）船舶违反安全监督规则，有下列行为之一者，由海事管理机构对违法船舶所有人或者船舶经营人处1 000元以上1万元以下罚款；情节严重的，处1万元以上3万元以下罚款。对船长或者其他责任人员处100元以上1 000元以下罚款；情节严重的，处1 000元以上3 000元以下罚款，并可扣留船员适任证书6个月至12个月。

①拒绝或者阻挠船舶安全监督的；

②弄虚作假欺骗海事行政执法人员的；

③未按照“船舶现场监督报告”的处理意见纠正缺陷或者采取措施的；

④按照规定应当申请复查而未申请的；

⑤涂改、故意损毁、伪造、变造、租借、骗取和冒用“船舶现场监督报告”的。

（2）船舶未按照规定开展自查或者未随船保存船舶自查记录的，对船舶所有人或者船舶经营人处1 000元以上1万元以下罚款。

（3）船舶未按照规定随船携带或者保存“船舶现场监督报告”的，海事管理机构应当责令其改正，并对违法船舶所有人或者船舶经营人处1 000元以上1万元以下罚款。

（4）船舶进出内河港口，未按照规定向海事管理机构报告船舶进出港信息的，对船舶所有人或者船舶经营人处5 000元以上5万元以下罚款。

船舶进出沿海港口，未按照规定向海事管理机构报告船舶进出港信息的，对船舶所有人或者船舶经营人处5 000元以上3万元以下罚款。

（5）违反规则，在船舶国际集装箱货物运输经营活动中，有下列情形之一的，由海事管理机构处1 000元以上3万元以下罚款：

①托运人提供的验证重量与实际重量的误差超过5%或者1 t的；

②承运人载运未取得验证信息或者验证重量超过最大营运总质量的集装箱的。

（6）实施船舶安全检查中发现船舶存在的缺陷与船舶检验机构有关的，海事管理机构应当按照相关规定进行处罚。

因船舶检验机构人员滥用职权、徇私舞弊、玩忽职守、严重失职，造成已签发检验证书的船舶存在严重缺陷或者发生重大事故的，海事管理机构应当撤销其检验资格。

（7）海事管理机构工作人员不依法履行职责进行监督检查，有滥用职权、徇私舞弊、玩忽职守等行为的，由其所在机构或者上级机构依法给予行政处分；构成犯罪的，由司法机关依法追究刑事责任。

第三节 船舶安全营运和防止污染管理规则

为了保障水上交通安全，保护水域环境，应用ISM规则的原理，结合我国实际情况，交通运输部于2001年7月颁布了《中华人民共和国船舶安全营运和防止污染管理规则（NSM）》（简称《国内安全管理规则》）。《国内安全管理规则》为国内航行船舶提供了安全营运和防止污染的管理标准，自2003年1月1日起对国内跨省航行载客定额50人及以上的客船（包括客滚船、旅游船、高速客船）、150总吨及以上的气体运输船和散装化学品船生效；2004年7月1日起对国内载客额50人及所有跨省航行的客船和500总吨及以上的油船生效；2007年7月1日起对500总吨及以上的沿海跨省航行的散货船和其他船生效；自2021年1月1日起，对在直属海事管理机构登记的内河3 000总吨及以上散货船和其他货船生效，相关船舶须于2020年12月31日前取得“符合证明”（DOC）或“临时符合证明”副本及“安全管理证书”（SMC）或“临时安全管理证书”。

一、适用范围

《国内安全管理规则》适用于国内航行船舶及其公司。

二、主管理机关

中华人民共和国海事管理机构是实施NSM规则的监督机关。

三、NSM规则主要内容

（一）规则术语

1.安全管理体系

安全管理体系是指能使公司人员有效执行公司安全和环境保护方针的结构化和文件化的体系。

2.符合证明

符合证明是指签发给公司，表明该公司符合《国内安全管理规则》要求的证明文件。

3.安全管理证书

安全管理证书是指签发给船舶，表明其公司和船上管理已经按照认可的安全管理体系运作的证明文件。

4.周年日

周年日是指对应于有关证明文件有效截止日期的每年的该月该日。

（二）规则目标

（1）NSM规则的目标是保障水上交通安全，防止人员伤亡，避免对环境，特别是水域环境造成危害以及造成财产损失。

（2）公司的安全管理目标应包括：

①提供船舶营运的安全做法和安全工作环境；

②针对已认定的所有风险制定防范措施；

③不断提高船、岸人员的安全管理技能以及安全与环境保护应急反应能力。

（3）公司的安全管理体系应保证：

①符合强制性规定和标准；

②充分考虑国际海事组织、主管机关、船舶检验机构和行业组织所建议的规则、指南和标准。

（4）公司应建立、实施并保持包括以下功能要求的安全管理体系：

①安全和环境保护方针；

②保证船舶的安全和防污染操作符合有关规定和标准的工作程序和须知；

③船、岸人员的职责、权限和相互间的联系渠道；

④事故和不符合规定情况的报告程序；

⑤对紧急情况的准备和反应程序；

⑥内部审核、有效性评价和管理复查的程序。

（三）安全和环境保护方针

（1）公司应制定安全和环境保护方针。

（2）公司应当采取措施，确保船、岸各级机构均能始终贯彻执行此方针。

（四）公司的责任和权力

（1）如果负责船舶安全和防污染管理责任的实体不是船舶所有人，则船舶所有人与该实体必须签订符合以下规定的船舶管理协议，并将双方的详细情况报告主管机关：

①当船舶安全和防污染与生产、经营、效益发生矛盾时，应当坚持安全第一和保护环境的原则；

②船舶管理公司同意承担本规则所规定的所有责任和义务；

③在不妨碍船长履行其职责并独立行使其权力的前提下，船舶管理公司对处理涉及船舶安全和防污染的事务具有最终决定权。

（2）对管理、执行以及审核监控安全和防污染工作的所有人员，公司应当用文件形式明确规定其责任、权力及相互关系。

（3）为使指定人员能够履行职责，公司有责任对其提供足够的资源和岸基支持。

（五）指定人员

（1）公司应当任命指定人员，以直接同最高管理层联系，提供公司与船舶的联系渠道。

（2）公司应当以文件形式明确规定指定人员的责任和权力。指定人员的责任和权力应包括：

①对公司船岸的安全和防污染工作进行监控；

②确保公司向船舶提供足够的资源和岸基支持。

（六）船长的责任和权力

（1）公司应当以文件形式明确规定船长的下列责任：

①执行公司的安全和环境保护方针；

②激励船员遵守该方针；

③以简明方式发布相应的指令；

④核查具体要求的遵守情况；

⑤复查安全管理体系并向公司岸上管理部门报告其存在的缺陷。

（2）公司应当保证在安全管理体系中包含一个强调船长权力的明确声明，确立船长的绝对权力和责任，以便船长能够就安全和防污染事务做出决定，并在必要时要求公司给予协助。

（七）人力资源

（1）公司应当确保船长：具有适当的指挥资格；完全熟悉公司的安全管理体系；得到必要的支持，以便可靠地履行其职责。

（2）公司应当保证按照有关规定为每艘船舶配备合格并健康的船员。

（3）公司应当建立有关程序，以便保证涉及安全和环境保护工作的新聘和转岗人员熟悉其职责，凡需在开航前发出的重要指令均应当标明并以书面形式下达。

（4）公司应当保证安全管理体系内的所有人员充分地理解有关规定、标准和相关指南。

（5）公司应当建立有关程序，以标识为支持安全管理体系可能需要的任何培训，并保证向所有相关人员提供这种培训。

（6）公司应当建立有关程序，确保船员能够及时获得有关安全管理体系的信息。

(7) 公司应当保证船员在履行其涉及安全管理体系的职责时能够有效地交流。

(八) 船上操作方案的制定

对涉及船舶安全和防止污染的关键性的船上操作，公司应当建立制定有关方案和须知（包括需要的检查清单）的程序。与之相关的各项工作，应明确规定由适任人员承担。

(九) 应急准备

(1) 公司应当建立程序，以标识、描述船上可能出现的紧急情况，并明确对这些紧急情况如何做出反应。

(2) 公司应当制订应急行动的训练和演习计划。

(3) 安全管理体系应提供措施，确保公司能在任何时候对其船舶所面临的危险、紧急情况和事故做出反应。

(十) 不符合规定的情况、事故和险情的报告和分析

(1) 公司应当建立程序，确保不符合规定的情况、事故和险情及时报告公司，并保证进行调查和分析，以便改进安全和防污染工作。

(2) 公司应当建立实施纠正措施的程序。

(十一) 船舶和设备的维护

(1) 公司应当制定程序，保证船舶及设备按照有关规定和标准以及公司可能制定的任何附加要求进行维护。

(2) 为满足这些要求，公司应当保证：

①按照适当的间隔期进行检查；

②任何不符合规定的情况及可能的原因得到报告；

③采取适当的纠正措施；

④保存这些活动的记录。

(3) 公司应当制定有关程序，以便标识那些会因突发性运行故障而导致险情的设备和技术系统，并提供具体措施，以提高这些设备和系统的可靠性。这些措施应当包括对备用装置及设备或非连续使用的技术系统的定期测试。

(十二) 文件

(1) 公司应当建立有关程序，对与安全管理体系有关的所有文件和资料进行控制。

(2) 公司应当保证：在所有相关场所均能够获得有效的文件；文件的更改应由经授权的人审查批准；被废止的文件应及时清除。

(3) 用于阐述和实施安全管理体系的文件可称为“安全管理手册”。公司应以最有效的方式保存文件。每艘船舶均应配备与之有关的全部文件。

(十三) 内部审核、有效性评价和管理复查

(1) 公司应当定期开展内部审核，以核查安全与防污染活动是否符合安全管理体系的要求。除非由于公司的规模和性质不可能做到，实施内部审核的人员应当不从属于被审核的部门。

(2) 公司应当定期评价安全管理体系的有效性，必要时还应当对安全管理体系进行管理复查。

(3) 内部审核及管理复查的结果应当告知所有负有责任的人员，以提请他们注意。

(4) 负有责任的管理人员应当对所发现的缺陷及时采取纠正措施。

(5) 内部审核、有效性评价、管理复查及可能采取的纠正措施应当按文件规定的程序进行。

(十四) 发证和定期审核

(1) 船舶应当由已取得与该船相关的"符合证明"或符合 "临时符合证明"的公司营运。

(2) 对于符合本规则要求的公司,主管机关将签发有效期不超过5年的"符合证明"。该证明作为公司符合本规则要求的证据。

(3) "符合证明"只对适用的船舶种类有效。船舶种类以初次审核确定的为准。"符合证明"新增船种,必须通过审核并证实公司的管理能力满足本规则关于该船种的要求。

(4) "符合证明"的有效性服从于由主管机关在周年日前、后3个月内进行的年度审核。

(5) 如果公司没有申请年度审核,或者有客观证据表明存在重大不符合规定情况的,主管机关将收回"符合证明";如果收回"符合证明",所有相关的"安全管理证书"或"临时安全管理证书"也应收回。

(6) 船上应当保存一份"符合证明"副本,以便船长在接受主管机关查验时出示。

(7) 经审核,船上的管理及操作符合经认可的公司安全管理体系要求的,主管机关或主管机关认可的机构将向船舶签发有效期不超过5年的"安全管理证书"。该证书作为船舶符合本规则有关要求的证据。

(8) "安全管理证书"的有效性服从于由主管机关或主管机关认可的机构进行的至少一次的中间审核。如果只进行一次中间审核,且"安全管理证书"的有效期为5年,中间审核须在证书的第二个和第三个周年日之间进行。

(9) 如果没有规则确定的特殊情况,公司没有申请中间审核,或者有客观证据表明存在重大不符合规定情况的,主管机关将收回"安全管理证书"。

(10) 公司应当在"符合证明"或"安全管理证书" 有效期届满前申请换证审核。当换证审核在所持"符合证明"或"安全管理证书"有效期届满之前3个月内完成时,新签发的"符合证明"或"安全管理证书"自完成换证审核之日起有效,且有效期自原证书有效期届满之日起不超过5年。

(11) 当换证审核在所持"符合证明"或"安全管理证书" 有效期届满之日3个月前完成时,新签发的"符合证明"或"安全管理证书"自完成换证审核之日起有效,且有效期自完成换证审核之日起不超过5年。

(十五) 临时发证

(1) 新成立的公司或对"符合证明"增加船种的公司,主管机关在审核公司安全管理体系满足规则目标要求后,向其签发有效期不超过12个月的"临时符合证明",但该公司必须做出在"临时符合证明"有效期内实施满足本规则全部要求的安全管理体系的计划。"临时符合证明"的一份副本应当保存在船上,以便船长在接受主管机关查验时出示。

(2) 新造船舶交付使用或公司新承担对某一船舶的安全和防污染管理责任的,经主管机关或主管机关认可的机构审核确认满足下述要求后,向船舶签发有效期不超过6个月的"临时安全管理证书"。

（3）特殊情况下，主管机关可以对“临时安全管理证书”的有效期做出不超过6个月的展期。

（十六）审核管理与证书

有关安全管理体系审核发证的规则及程序，由中华人民共和国海事局制定。

“符合证明”“安全管理证书”“临时符合证明”“临时安全管理证书”由中华人民共和国海事局确定格式并统一制作。

第十九章

通航管理

内河通航管理主要是对内河水域通航河段通航和水域施工安全及水上交通秩序的维护管理。本章介绍根据《中华人民共和国内河交通事故调查处理规定》《中华人民共和国船舶交通管理系统安全监督管理规则》等法规调整和规范内河交通各主体的通航行为。同时解析说明内河通航管理的重要性。

第一节 内河交通事故调查处理规定

内河交通事故调查处理依据《中华人民共和国内河交通事故调查处理规定》(简称“事故调查处理规定”),于2006年11月9日经第15次部务会议通过(交通部2006年第12号令),自2007年1月1日起施行。2012年3月14日,交通运输部以2012年第3号部令发布关于修改《内河交通事故调查处理规定》的决定,对原规定中第二十一条第(五)项内容进行了修改。

一、内河交通事故的定义、分类标准及调查处理依据

(1)本规定所称内河交通事故是指船舶、浮动设施在内河通航水域内航行、停泊、作业过程中发生的下列事件:

①碰撞、触碰或者浪损;

②触礁或者搁浅；

③火灾或者爆炸；

④沉没（包括自沉）；

⑤影响适航性能的机件或者重要属具的损坏或者灭失；

⑥其他引起财产损失或者人身伤亡的交通事件。

（2）内河交通事故按照人员伤亡和直接经济损失情况，分为小事故、一般事故、大事故、重大事故和特大事故。小事故、一般事故、大事故、重大事故的具体标准按照交通运输部颁布的《水上交通事故统计办法》的有关规定执行。

（3）内河交通事故的调查处理，应当遵守相关法律、行政法规的规定。特大事故的具体标准和调查处理按照国务院有关规定执行。

二、内河交通事故报告

（一）初始报告

船舶、浮动设施发生内河交通事故，必须立即采取一切有效手段向事故发生地的海事管理机构报告。报告的主要内容包括：船舶、浮动设施的名称，事故发生的时间和地点，事故发生时水域的水文、气象、通航环境情况，船舶、浮动设施的损害情况，船员、旅客的伤亡情况，水域环境的污染情况，以及事故简要经过等内容。

海事管理机构接到事故报告后，应当做好记录。接到事故报告的海事管理机构不是事故发生地的，应当及时通知事故发生地的海事管理机构，并告知当事人。

（二）报告文书与资料

船舶、浮动设施发生内河交通事故，除应当按本规定进行报告外，还必须在事故发生后24 h内向事故发生地的海事管理机构提交“内河交通事故报告书”和必要的证书、文书资料。

引航员在引领船舶的过程中发生内河交通事故的，引航员也必须按前款规定提交有关材料。特殊情况下，不能按上述规定的时间提交材料的，经海事管理机构同意，可以适当延迟。

（三）“河交通事故报告书”的内容

（1）船舶、浮动设施概况（包括其名称、主要技术数据、证书、船员及所载旅客、货物等）。

（2）船舶、浮动设施所属公司情况（包括其所有人、经营人或者管理人的名称、地址、联系电话等）。

（3）事故发生的时间和地点。

（4）事故发生时水域的水文、气象、通航环境情况。

（5）船舶、浮动设施的损害情况。

（6）船员、旅客的伤亡情况。

（7）水域环境的污染情况。

（8）事故发生的详细经过（碰撞事故应当附相对运动示意图）。

（9）船舶、浮动设施沉没的，其沉没概位。

（10）与事故有关的其他情况。

“内河交通事故报告书”内容必须真实，不得隐瞒事实或者提供虚假情况。

三、内河交通事故调查

（1）船舶、浮动设施发生内河交通事故，有关船舶、浮动设施、单位和人员必须严格保护事故现场。除抢险等紧急原因外，未经海事管理机构调查人员的现场勘查，任何人不得移动现场物件。

（2）海事管理机构接到内河交通事故报告后，应当立即派员前往现场调查、取证，并对事故进行审查，认为确属内河交通事故的，应当立案。海事执法人员现场执法组织方式如图5-19-1所示。

图5-19-1　海事机构执法人员接到事故报告并实施现场指挥

（3）调查人员执行调查任务时，应当出示证明其身份的行政执法证件。执行调查任务的人员不得少于两人。当事人有权依法申请与本次交通事故有利害关系或者有其他关系、可能影响事故调查处理结果的客观公正性的调查人员回避。

（4）发生内河交通事故的船舶、浮动设施及相关单位和人员应当接受和配合海事管理机构的调查、取证。有关人员应当如实陈述事故的有关情况和提供有关证据，不得谎报情况或者隐匿、毁灭证据。

（5）根据事故调查的需要，海事管理机构可以责令事故所涉及的船舶到指定地点接受调查。当事船舶在不危及自身安全的情况下，未经海事管理机构批准，不得驶离指定地点。

（6）根据调查工作的需要，海事管理机构可以行使下列权力：

①勘查事故现场，搜集有关证据。

②询问当事人及其他有关人员并要求其提供书面材料和证明。

③要求当事人提供各种原始文书、航行资料、技术资料或者其影印件。

④检查船舶、浮动设施及有关设备、人员的证书，核实事故发生前船舶的适航状况、浮动设施及有关设备的技术状态、船舶的配员情况以及船员的适任状况等。

⑤对事故当事船舶、浮动设施、有关设备以及人员的各类证书、文书、日志、记录簿等相关违法证据可以依法先行登记保存。

⑥核查事故所导致的财产损失和人身伤亡情况。

海事管理机构在进行调查取证时，可以采用录音、录像、照相等法律、法规允许的调查手段。

（7）调查人员勘查事故现场，应当制作现场勘查笔录。勘查笔录制作完毕，应当由当事人在勘查笔录上签名。当事人不在现场或者无能力签名的，应当由见证人签名。无见证人或者当事人、见证人拒绝签名的，调查人员应当在勘查笔录上注明。

（8）调查人员进行询问调查时，应当如实记录询问人的问话和被询问人的陈述。询问笔录上所列项目，应当按规定填写齐全。

询问笔录制作完毕，应当由被询问人核对或者向其宣读，如记录有差错或者遗漏，应当允许被询问人更正或者补充。

询问笔录经被询问人核对无误后，应当由其签名，拒绝签名的，调查人员应当在询问笔录上注明。

（9）调查人员进行询问调查，有权禁止他人旁听。

（10）海事管理机构根据调查工作需要，可依法对事故当事船舶、浮动设施及有关设备进行检验、鉴定或者对有关人员进行测试，并取得书面检验、鉴定或者测试报告作为调查取得的证据。

（11）有关单位、人员对事故所导致的财产损失应当如实向海事管理机构备案登记。

（12）事故调查、取证结束，应当通知当事人，并及时返还或者启封所扣留、封存的各类证书、文书、日志、记录簿等。

（13）任何单位和个人不得干涉、阻挠海事管理机构依法对内河交通事故进行调查。

四、内河交通事故处理

（1）行政处理和刑事处理：

①对内河交通事故发生负有责任的单位和人员，有关主管机关应当依据有关法律、法规和规章给予行政处罚。

②涉嫌构成犯罪的，移送司法机关处理。

（2）根据内河交通事故发生的原因，海事管理机构可责令有关船舶、浮动设施的所有人、经营人或者管理人对其所属船舶、浮动设施加强安全管理。有关船舶、浮动设施的所有人、经营人或者管理人应当积极配合，认真落实。对拒不加强管理或者在期限内达不到安全要求的，海事管理机构有权采取责令其停航、停止作业等强制措施。

第二节 船舶交通管理系统安全监督管理规则

为加强船舶交通管理，保障船舶交通安全，提高船舶交通效率，保护水域环境，交通运输部根据《中华人民共和国海上交通安全法》《中华人民共和国内河交通安全管理条例》等有关法律、法规，制定了《中华人民共和国船舶交通管理系统安全监督管理规则》，自1998年8月1日起施行。

一、适用范围与主管机关

（一）适用范围

在我国沿海及内河设有船舶交通管理系统（以下称VTS系统）的区域内航行、停泊和作业的船舶、设施（以下简称船舶）及其所有人、经营人和代理人。

（二）主管机关

国家海事局是全国VTS系统主管机关。主管机关设置的VTS中心是负责具体实施船舶交通管理的运行中心。

二、船舶报告

（1）船舶在VTS区域内航行、停泊和作业时，必须按主管机关颁发的“VTS用户指南”所明确的报告程序和内容，通过VHF或其他有效手段向VTS中心进行船舶动态报告。

（2）船舶在VTS区域内发生交通事故、污染事故或其他紧急情况时，应通过甚高频无线电话或其他一切有效手段立即向VTS中心报告。

（3）船舶发现助航标志异常、有碍航行安全的障碍物或漂流物以及其他妨碍航行安全的异常情况时，应迅速向VTS中心报告。

（4）船舶与VTS中心在VHF无线电话中所使用的语言应为汉语普通话或英语。

三、船舶交通管理

（1）在VTS区域内航行的船舶除应遵守《1972年国际海上避碰规则》《中华人民共和国内河避碰规则》外，还应遵守交通运输部和主管机关颁布的有关航行、避让的特别规定。

（2）船舶在VTS区域内航行时，应用安全航速行驶，并应遵守交通运输部和主管机关的限速规定。

（3）船舶在VTS区域内应按规定锚泊，并应遵守锚泊秩序。

（4）任何船舶不得在航道、港池和其他禁锚区锚泊，紧急情况下锚泊必须立即报告VTS中心。

（5）船舶在锚地并靠或过驳必须符合交通运输部和主管机关的有关规定，并应及时通报VTS中心。

（6）船舶在VTS区域内航行、停泊和作业时，应在规定的VHF频道上正常守听，并应接受VTS中心的询问。

四、船舶交通服务

（1）应船舶请求，VTS中心可向其提供他船动态、助航标志、水文气象、航行警（通）告和其他有关信息服务。

（2）应船舶请求，VTS中心可为船舶在航行困难或气象恶劣环境下，或船舶一旦出现了故障或损坏时，提供助航服务。船舶不再需要助航时，应及时报告VTS中心。

（3）为避免紧迫局面的发生，VTS中心可向船舶提出建议、劝告或发出警告。

（4）VTS中心认为必要的时候或应船舶或其所有人、经营人、代理人的请求，可为其传递打捞或清除污染等信息和协调救助行动。

（5）为避免危及人命财产或环境安全的紧急情况发生，船长和引航员在背离有关条款时，应立即报告VTS中心。

第三节 船舶向交管指挥中心（VTS）报告的程序和内容

现代VTS融合了现代电子计算机技术、通信技术、雷达技术、信息传输技术和低照度电视等无线电技术以及其他传感技术。VTS系统一般由VHF通信子系统、雷达监控系统、船舶数据处理系统、AIS系统、CCTV监视系统、水文气象系统等六部分组成。

VTS对区域内船舶进行交通管理时，主要关心的是船舶的动态信息，要求船舶按照"VTS用户指南"所明确的报告程序和内容，通过无线电话或其他有效手段向VTS中心进行报告。

一、VTS报告的程序

内河船舶与VTS中心在VHF无线电话中所使用的语言应为汉语普通话。报告应简洁、明了并仅包含实质性的信息，以避免给双方造成过度的负担。当必须交换详细、广泛的信息，而这些信息与其他船舶无关时，VTS操作员可以决定另换频道继续通信。VTS报告程序框图如图5-19-2所示。

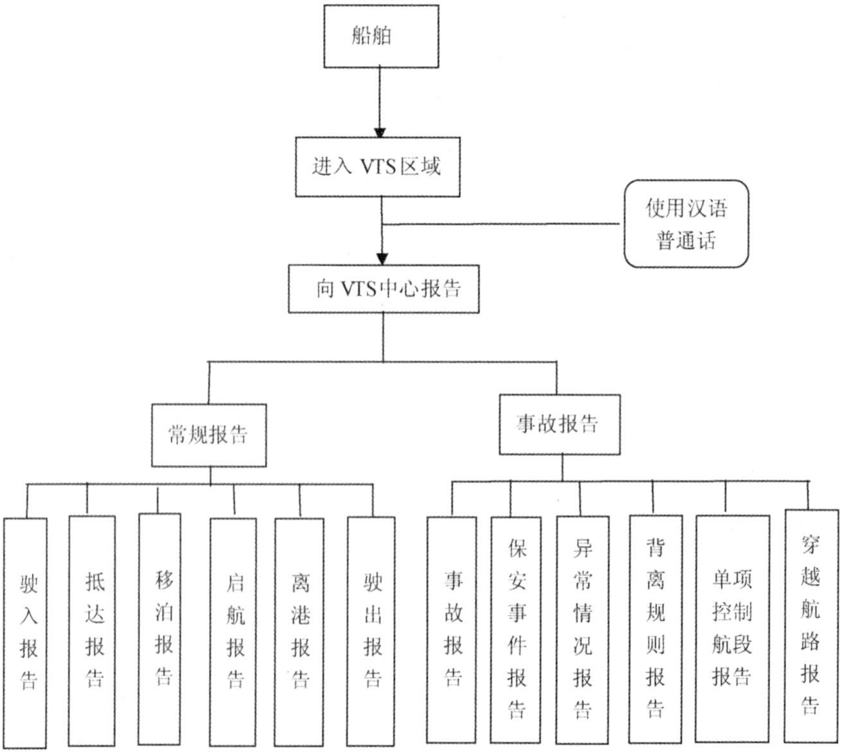

图5-19-2　VTS报告程序框图

二、VTS船舶报告内容

船舶在进入一个VTS水域前，应首先查阅该VTS用户指南，了解VTS通信及通信规则的具体要求和注意事项。鉴于各地通航环境的特殊性、航行规则的地方性等特点，各地VTS的报告制度也有所区别。一般来说，各地内河的VTS报告制度大致可分为常规报告（动态报告）和特殊报告两种情况。

（一）常规报告（动态报告）

1.报告内容

常规报告是船舶进入VTS区域时和进入后的动态报告，具体内容如表5-19-1所列。

表5-19-1　常规报告内容

报告类别	报告时间	报告内容（各地VTS有所区别）
驶入报告	船舶经VTS报告线进入VTS区域时	船名（呼号）、国籍、船籍港、船长、总吨、吃水、载货情况，始发港或上一港、下一港，以及VTS需要了解的其他信息。配备船舶自动识别系统（AIS）的船舶，在保证该设备正常运行和输入数据及时、准确的情况下，可仅报告船名（呼号）、国籍
抵达报告	船舶抵达目的地（码头、系泊浮筒、锚地等）时	船名或呼号；抵达的泊位或锚位；靠泊或锚泊时间
移泊报告	移泊前	船名、预抵泊位或锚地
启航报告	离泊或起锚或离浮筒前	船名或呼号；现在位置；预离时间；离泊吃水；动态
离港报告	船舶将要离泊或起锚前	船名或呼号；现在位置；开航申请
驶出报告	经VTS报告线离开VTS区域时	船名或呼号；现在位置；出口离港申请；下一港

2.报告手段

船舶采用VHF无线电话报告。

（二）特殊报告

1.报告内容

特殊报告是指船舶发生或发现交通事故、污染事故、保安事件、异常事件等非常规事件时向VTS所做的报告，具体内容如表5-19-2所列。

表5-19-2　特殊报告一览表

报告类别	报告时间	报告内容
事故报告	船舶发生或发现水上交通事故、污染事故、机损事故或人员意外等紧急情况时，应立即向 VTS 中心报告	船名或呼号；船旗国；事故发生的时间、地点；受损情况；救助要求；事故原因以及VTS中心要求的其他信息
保安事件报告	船舶发生或发现保安事件时，应立即向VTS中心报告	船名或呼号；船旗国；现在位置；船舶种类；船上人员和货物情况；受到的保安威胁

续表

报告类别	报告时间	报告内容
异常情况报告	发现助航标志或导航设施异常，有碍航行安全的碍航物、漂浮物，以及其他妨碍航行安全的异常情况	船名或呼号；位置；异常情况以及VTS 中心要求的其他信息
背离规则报告	船舶驾驶人员为避免危及人命财产或环境安全的紧急情况发生而背离有关航行规则时要进行背离情况报告	船名或呼号；位置；原因
单向控制航段报告	船舶进出单向控制航段前后要进行的报告	船名或呼号；位置及VTS中心要求的其他信息
穿越航路报告	穿越深水航路、推荐航路的船舶	船名、位置、目的港及VTS中心要求的其他信息

2.报告手段

表5-19-2所列报告中除事故报告、保安事件报告用一切有效手段进行报告外，其他报告用VHF无线电话进行报告。

第六篇 船舶应变部署与船舶应急处置

第二十章 船舶应变部署

船舶应当根据船舶类型、人员状况、设备配备以及货物装卸等情况编制各种应变计划，明确规定紧急情况下每个船员的应急岗位、应急职责和应具体执行的应急任务，并定期进行训练和演习，正确使用各种应急设备，有效地控制危险局面，把事故数量和损害降低到最低限度。

船舶应变部署是内河航运企业管理上的重要制度。航运主管部门统一制定了应变部署表，颁发给船舶，船舶根据本船的具体情况编排分工，填入应变部署表，公布施行。

第一节 船舶应变部署表的编制原则

内河船舶都必须编制指明所有应变任务的应变部署表，并应特别指明每一船员应到达的岗位及必须执行的任务。

船舶应变部署表由大副负责编制，船长审定签字后，用统一表格填写几份，分别公布在船员或旅客经常到达的地方，如驾驶室、机舱、会议室、餐厅、走廊、起居处的救生艇（筏）的位置，以及具体岗位、规定的警报信号等。编制的基本原则具体体现在以下几个方面：

一、应结合本船的船舶条件、船员条件、客货条件以及航区自然条件

（1）应急部署表必须密切结合船舶类型、吨位大小、操作性能、安全设备的配置等船舶基础条件。

（2）充分考虑船员职务、特长和工作能力，同时要结合船舶安全设备的性质、操作要求等，决定安排人数并选派最能承担该项工作的船员来担任。

（3）充分考虑船舶客货的装载条件。

（4）充分考虑船舶营运航线所在航区的自然条件。

船舶经营航线所在的航区自然条件往往与船舶“火灾、搁浅、救生、弃船、失控、堵漏、油品泄漏”等主要事故存在一定的关联性。

二、关键岗位与关键动作应指派技术熟练、经验丰富的人员

关键岗位与关键动作往往决定应急应变的效果，甚至从很大程度上影响到其他岗位与关联动作的执行效果，应予以特别重视。

三、根据船舶的具体情况，可以一职多人或一人多职

一职多人可以保障相关应急岗位的人员储备充足，形成替代人选，保证应急要求；一人多职，培养船员尽可能熟悉多种应变岗位，培养应变能力。

四、人员安排应有利于应急任务的完成

应急任务不同于常规工作，涉及船舶安全的方方面面，必须以保障应急任务完成为第一目标。例如，船长是当然的总指挥；大副和水手长是消防和堵漏的现场正、副指挥；放艇时进入艇内的两人应是熟练的水手；机艇上应由轮机员或机匠管理机器；报务员负责携带及使用救生发报机；业务主任和医生为救护队的正/副队长；服务部门的船员负责维护旅客的秩序，照看旅客穿着救生衣，并引领旅客走向救生艇（筏），等等。

第二节 各种应变部署要求

船舶常见的应变部署包括船舶消防应变部署、船舶救生应变部署、人员落水应变部署、进水抢险应变部署、舵机失灵应变部署等。本节分别说明其应变部署要求。

一、消防应变部署的要求

（1）不论航行和停泊中，船员发现火灾时，应立即按响警铃向驾驶室报警，同时大声呼喊“××处失火”，就近使用灭火器材进行灭火，驾驶室或值班人员应迅速向全船发出警报，组织施救。

（2）驾驶室救火警报发出后，所有船员（除值班者外）应按部署规定，在2 min内携

带救火器材赶到现场或指定的集合地点，由大副或值班驾驶员统一指挥，机舱值班人员应在5 min内开泵供水。

（3）船舶应根据本船人数和职责分工，按部署表编队（消防应变部署一般分编成消防、隔离和救护三个队），每队指定队长一人，带领并指挥本队救火。

（4）航行中发生火警时，船长（三类船舶为驾驶员）应首先弄清风向和着火部位，迅速将船舶航向转到适当方向，使火势背风，避免蔓延。当火势继续扩大危及旅客、船员生命安全时，应立即在附近安全地带触坡或搁滩收船，并一面组织救生撤离旅客，一面继续扑火。

（5）救火应变中，船员应全力扑灭火灾，未得到救生弃船命令不得擅离岗位。船长在组织指挥施救的同时，还应安排做好救生弃船的准备。

（6）在客船或客货船上，服务员应维持好旅客秩序，适当地介绍火情及施救情况，说服旅客不要惊慌乱动，禁止旅客跳水逃生。在听到弃船警报后，应按部署组织旅客转入弃船救生应变，撤离的顺序是先旅客后船员。

（7）应变中如部分人员受伤或被困，部分区域不能进行扑救时，得下令变换队形，指定某队协助另一队或参加另一队合并工作。

二、船舶救生应变部署的要求

（1）救生应变系指客船、客货船、客滚船和客渡船等载客船舶发生重大海损事故时，遇他船来救或自行搁滩收船时，先将旅客撤出险境的一种措施。船员除参加护送旅客离船者外，均应留船抢险，未得弃船命令不得擅离岗位。

（2）船长（三类船舶为驾驶员）为了保障旅客生命安全，应在指挥船员抢险的同时保障旅客有序撤离船舶。船长发出救生警报后，所有船员穿好救生衣，听候命令。除护送旅客撤离的人员外，船员按应变部署要求继续进行抢险工作，并做好弃船准备。服务员协助旅客穿好救生衣引导旅客至适当地点准备离船，并向旅客交代安全注意事项。

（3）救生艇放下时，艇内仅留2人，其余人员由搭乘甲板上下。每一艘救生艇的正/副艇长，负责维持艇内秩序，所有艇员及旅客必须服从其指挥，不得携带行李，入艇后禁止喧哗及乱动。

（4）船舶发生重大海事，经最大努力进行施救，仍不能挽救危局，有立即倾覆、沉没或火灾蔓延危及旅客或船员生命安全时，船长（驾驶员）得下令弃船。

（5）船长（驾驶员）下令弃船后，应变部署表内指定的人员应分别携带所分管的重要资料、现金账册等，报务员应拍完求救电报，经船长（驾驶员）同意后，方得离开岗位；机舱值班人员应在船长（驾驶员）两次完车通知后，方得离开岗位。如遇车钟损坏则以口令宣布。船长（驾驶员）必须待全船旅客、船员离船后，最后离船。

三、人员落水应变部署的要求

（1）人落水营救任务主要由驾驶部人员承担，在值班驾驶员的直接指挥下，由甲板部人员执行。船上的救生艇必须处于能迅速收放，随时可以使用的良好状态。警报发出后，救生舢板或救生艇应于10 min内降至水面。

（2）船员发现有人落水时，应立即投下救生圈或其他浮具营救，同时向驾驶室高呼："有人从××舷落水"（兼用手势表示，表示方法为先将两手上举，然后以一只手指向人落水的一方）或用哨子发出警报（吹口哨三长声，接吹一短声或两短声表示右或左舷），并派专人跟踪瞭望。

（3）驾驶室闻报发现人落水后，应立即就近投下救生圈，同时甩开船尾，发出人员落水报警信号，派专人于高处瞭望，夜间应打开探照灯寻找。执行营救人员应迅速放出救生艇，船艇之间须以各种方法保持通信联络，以免船舶与救生艇操纵配合不力而发生危险。

（4）在营救过程中，船长（三类船舶为驾驶员）一方面要进行营救，一方面要注意本船的安全，以防顾此失彼，扩大损失。

当船舶因海事导致严重险情，如碰撞后导致大量进水、起火爆炸、人员落水甚至伤亡等，除上述应变部署需要执行之外，总指挥（船长或驾驶员）还应做出综合部署，全面调整和安排人员，制订周密计划，以应对当时的严重局面。

四、进水抢险应变部署要求

（1）按进水抢险性质编制部署表。参加抢险任务的船员以驾驶、轮机部为主，其他部门人员也要做好准备。

（2）发现船舶进水时，如水流涌入甚猛，情势危急，船长应立即发出抢险命令和警报。必要时应发出求救信号，通知附近船舶或港口救助，同时应就附近安全地带搬滩收船。如进水程度较轻，则令大副组织人员堵漏、抽水并选择安全锚地停泊，待进水情况弄清楚后方可续航。

（3）进水报警发出后，执行抢救人员应立即携带堵漏器材、工具到达现场听候指挥。轮机长应立即到机舱组织人员泵水，保护动力设备正常运转。报务员、广播员应立即赶到工作岗候令。

（4）进水抢险中，未得救生弃船命令前，应坚守岗位、全力抢救，但在组织上，应做好救生弃船准备。

五、舵机失灵应变部署要求

（1）船舶必须定期对应急舵设备、车钟进行维修保养，使之处于良好状态。没有应急车钟设备的船舶，可利用警铃、指示灯、喊话筒等代替之，并可自定使用办法。

（2）驾驶员、舵工必须熟悉并正确掌握应急设备的换用操作规程。平时船长应有计划地部署在安全地段进行演习试用。

（3）航行中遇舵机失灵，应迅速采取应急措施，同时立即报告船长，联系机舱查清情况，待排除故障后方可续航。

第三节 各项应变警报的规定

船员必须牢记各项应变警报的规定；一方面方便正确报警；另一方面能正确识别警报和警情，保障各项应急应变的有效和及时应对。

一、应变警报规定

为通知船员和旅客在紧急情况时迅速抵达应变岗位或集合地点，我国统一规定了各项应变警报信号。相关规定如表6-20-1所示。

表6-20-1 内河船舶常用应变警报信号

警报类型	声号	信号时长要求
弃船	• · · · · · · ————	连放1 min
救生	———— · ———— ·	连放1 min
进水	———— ———— ·	连放1 min
人落水	———— ———— ————	连放1 min
人自左舷落水	———— ———— ———— · ·	
人自右舷落水	———— ———— ———— ·	
救火	· · · · · · · · · · ★ ★ ★ ★ ★ ★ ★ ★ ★ ★	连放1 min
前部失水	一阵乱钟后接敲 ★	连鸣3次
中部失火	一阵乱钟后接敲 ★ ★	连鸣3次
后部失火	一阵乱钟后接敲 ★ ★ ★	连鸣3次
机舱失火	一阵乱钟后接敲 ★ ★ ★ ★	连鸣3次
上甲板失火	一阵乱钟后接敲 ★ ★ ★ ★ ★	连鸣3次
解除警报	————————————————	连鸣1 min
油污警报	· ———— ———— ·	连鸣1 min

注：表列•表示汽笛、警报器、口哨鸣一短声；————表示一长声；★表示钟声。

各种应变信号须由汽笛施放，同时应补充其他电动信号。所有这些信号均应由驾驶台操纵或发出。

进行应变演习的警报信号，为避免其他船舶误会，只限于用口令、哨子、警铃和广播来表达。实际遇险时，应按有关规定使用信号。

二、报警方式与报警设备

常用的报警方式与报警设备如图6-20-1和图6-20-2所示。

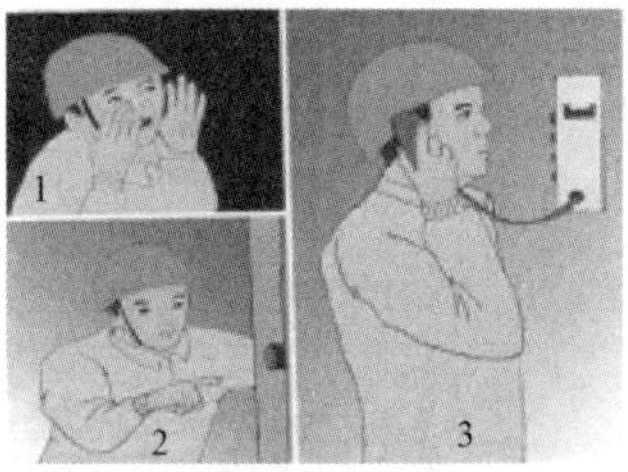

图6-20-1　常用报警方式

1—呼叫报警；2—按警报按钮报警；3—电话报警

报警开关触点

报警发声设备

图6-20-2　常用报警设备（器具）

第四节　船舶应变部署演习规定及注意事项

船舶只有平时按船舶应变部署表定期举行应变演习，才能做到在发生意外时，临危不乱。平时定期按照部署表举行各项应变演习，还可以收到检验应急设备实际性能的效果。

一、船舶应变部署演习规定

（1）结合演习检验消防、救生、堵漏、油污染处置等各种器材与设备是否处于良好状态。

（2）培养全体船员熟练地操作和使用各种器材与设备。

（3）船舶应变部署所规定的各项任务，如救火、救生、人落水营救、油污染等应变项目，一般每月应至少演习一次，并将演习结果详细记入航海日志，包括演习的时间、内容、人员赶到现场的时间、救生艇下水和消防水龙出水的时间、检查设备的情况等。

（4）演习前5 min应悬挂演习信号（“UY”信号旗组）。

（5）港内演习时必须事先征得海事管理机构允许方可举行，并须遵守港章。

（6）演习前应向旅客做一次普遍宣传，如因演习的宣传不够而造成旅客遇演习发生惊慌失措甚至酿成人员死伤事件者，船长、驾驶员及客运负责人应负责任。

（7）应对应变演习提出明确的质量要求，进行严格的考核，并拟订相应的考核标准，规定达标的期限。

（8）船员不但须熟悉本身在应变中的任务，并要求能代理任何一人的任务，在救火演习中，船长或驾驶员可假想部分人员受伤或被困，部分区域不能进行扑救时，可下令变换队形，指定某队协助或参加另一队。

二、船舶应变部署演习的注意事项

（一）演习要从实际出发

船舶应变部署演习时一定要从实际出发，可以是单项的，也可以是综合的，如由消防转入救生，或由消防转入堵漏再转入救生等。

（二）演习要着眼于实战

演习不但要在白天进行，还要在黑夜进行。

（三）领导要以身作则，严格要求

领导的垂范作用直接关系到演习的实效，严格要求应作为演习的基本功之一来打造。

（四）演习总结与点评作为规定动作要求

每次演习后应认真总结，发扬成绩，克服缺点，不断提高。

（五）在演习中坚持问题导向

在演习中检查出的有关器材与设备问题，应立即解决，并记入航海日志和演习记录簿。

第五节 船舶应变部署演习实操训练

为了应对各种复杂的紧急情况，确保船舶及人员安全，船员素质的提高是非常重要的。因此船舶必须定期通过规范的演习科目训练，培养船员熟练地掌握各种应急设施设备的使用，明确职责、练习配合，以有效地形成应急反应能力。

一、实训目的

（1）提高船员安全意识，树立居安思危、常备不懈的思想。

（2）检查、检验各类应变器材设备的技术状态，发现问题及时解决，使其保证处于随时可用状态。

（3）锻炼船员的应急处理技能，在船舶发生各种事故时，做到临危不乱，及时正确施救，减少或控制损失。

二、实训一般要求

（1）实训中的演习应尽可能模拟实际应急情况进行。

（2）应急警报发出后，全体船员应在2 min内按应变职责的规定，携带指定器材到达指定地点。

（3）消防演习时，机舱应能在5 min内开泵供水。

（4）弃船演习时，发出弃船信号后，客船和货船全部救生艇均应于30 min内降至水面，发出放艇命令后每艘艇应在5 min内放至水面。

（5）演习中使用过的设备应立即恢复到工作状态，演习中发现的问题应尽快排除。

（6）演习的日期及其细节应记载于航行日志内，如在指定的时间未能进行应变演习，应在航行日志内记述其原因。

（7）堵漏演习每3个月至少进行一次。

（8）油污染应急演习与其他演习合并举行，一般每月进行一次。

三、实训项目

（一）实训项目一　船舶消防演习

1.实训要求

（1）实训设计时长为15 min。

（2）参训人员按内河船舶应变部署的要求依演习程序展开训练。

（3）按程序正确使用器材。

（4）密切团队配合。

2.训练程序（内容）

0000：锚泊中模拟船首应急发电机室失火，驾驶台发出失火报警。

0002：所有船员按应变部署表要求携带灭火器材到船首集合。

0003：现场指挥命令探火队进行探火，同时启动应急消防泵，备妥水龙带，关闭相应通风口、水密门、防火门。

0805：应急消防泵启动正常，水龙带出水，探明火为A类普通火，驾驶员向总指挥报告火情不大，为普通火，可用消防水进行灭火，总指挥同意用此方案灭火。

0010：火扑灭。

0012：经检查无复燃可能，清点人数，驾驶员向总指挥报告一切正常。

0015：清点现场，器材归位，演习结束。解除警报，驾驶员讲评。

（二）实训项目二　船舶救生演习

1.实训要求

（1）实训设计时长为22 min。

（2）参训人员按内河船舶应变部署的要求依演习程序展开训练。

（3）按程序正确使用器材。

（4）密切团队配合。

2.训练程序（内容）

0000：发出人员左舷落水警报。

0002：全体人员按应变部署表要求携带相应救生器材到救生甲板集合，救生圈抛出。

0003：检测艇机，塞上艇底塞。

0005：放下救生艇驶向落水者。

0015：落水者被成功救起。

0016：解除报警，收妥救生艇和救生圈。

0022：驾驶员讲评，船长总评。

（三）实训项目三　弃船演习

1. 实训要求

（1）实训设计时长为25 min。

（2）参训人员按内河船舶应变部署的要求依演习程序展开训练。

（3）按程序正确使用器材。

（4）密切团队配合。

2.训练程序（内容）

0000：驾驶台发出弃船声号（七短一长）。

0002：全体船员按应变部署表要求穿好救生衣，携带相应物品、器材到艇甲板集合。

0003：驾驶员检查着装情况，检查所携带的物品是否齐全，清点人数。

0004：驾驶员报总指挥一切正常，船长通知准备放艇。

0010：驾驶员报总指挥放艇工作准备就绪，船长命令放艇。

0011：开艇机，塞上艇底塞，试验正倒停车正常，开始放艇。

0016：艇降至水面，驾驶员报一切正常，是否下水，船长通知不用下水，准备回收救生艇。

0020：救生艇回收固定系牢，船长通知器材归位，清理现场。

0025：演习结束，解除警报，驾驶员讲评。

（四）实训项目四　船舶失电，失控演习

1.实训要求

（1）实训设计时长为20 min。

（2）参训人员按内河船舶应变部署的要求依演习程序展开训练。

（3）按程序正确使用器材。

（4）密切团队配合。

2.训练程序（内容）

0000：模拟正常航行船舶失电，舵机失效导致船舶失控，驾驶台用船用广播通知全船失电、失控原因，船员做好应急准备。

0002：驾驶员甲上驾驶台用VHF发布本船失控信息，并进行相关海图作业，驾驶员乙水手长到船头待命。

0005：船长接到机舱通知，电力需修理15 min，船长决定海上漂航，通知驾驶员甲再

次发布失控漂航信息，并勤测船位。

0020：全船恢复供电，舵机正常，船长通知演习结束。

(五)实训项目五　船舶堵漏演习

1 .实训要求

（1）实训设计时长为20 min。

（2）参训人员按内河船舶应变部署的要求依演习程序展开训练。

（3）按程序正确使用器材。

（4）密切团队配合。

2.训练程序(内容)

0000：锚泊中模拟No.1舱左舷水线附近有破口，驾驶台发出堵漏警报。

0002：所有船员按应变部署表携带相应器材到堵漏点集合。

0005：经检查破口在水线上0.5 m处，暂时无进水情况，水头协助驾驶员进行堵漏。

0010：堵漏完成，工具归位。

0015：解除报警，驾驶员讲评。

0020：船长总评。

(六)实训项目六　船舶应急舵操舵演习

1. 实训要求

（1）实训设计时长为12 min。

（2）参训人员按内河船舶应变部署的要求依演习程序展开训练。

（3）按程序正确使用设备。

（4）密切团队配合。

2.训练程序(内容)

0000：模拟舵机失灵，值班驾驶员通知机舱及船长，并令水手立即转到应急操舵状态。

0002：船长上驾驶台，值班驾驶员向船长报告情况：舵机失灵，应急操舵正常，机舱正在抢修。

0010：舵机恢复正常，转带正常操舵状态，一切正常。

0012：演习结束。

(七)实训项目七　船舶断链走锚演习

1.实训要求

（1）实训设计时长为15 min。

（2）参训人员按内河船舶应变部署的要求依演习程序展开训练。

（3）按程序正确使用设备。

（4）密切团队配合。

2. 训练程序(内容)

0000：锚泊中，值班水手发现船走锚立即通知驾驶员和船长。

0001：船长命令值班驾驶员立即备车，并通知驾驶员、水手长去船首待命。

0005：车舵备妥，驾驶员报告船长锚链已断，船正向下游方向走锚。

0006：船长操船至锚地另一安全水域，并抛下另一锚，通知值班驾驶员标绘和保存断链的位置和现在的锚位。

0015：锚抓牢，一切正常，宣布演习结束。

（八）实训项目八　船舶溢油演习

1.实训要求

（1）实训设计时长为15 min。

（2）参训人员按内河船舶应变部署的要求依演习程序展开训练。

（3）按程序正确使用设备。

（4）密切团队配合。

2. 训练程序（内容）

0000：模拟加油过程中右加油孔有溢油现象，驾驶台发出溢油警报。

0002：全体船员携带相应防污染器材到达溢油点集合。

0003：轮机长现场指挥，命令切断油路，停止加油作业，堵住甲板所有下水孔和管道，防止油入海。

0005：驾驶员指挥清理甲板溢油，并做好放艇准备。

0010：溢油得到控制，无入海情况，甲板溢油清理完毕。

0015：器材归位，解除警报，船长总评。

第二十一章

船舶应急情况处置

内河船舶应急情况处置通常包括船舶碰撞应急处置、搁浅与触礁应急处置、火灾应急处置、全船失电应急措施、人落水时的应急处置、弃船时的应急处置、舵失灵及损坏时的应急处置、缆绳绞缠车叶时的应急处置、主机损坏时的应急处置、船舶发生溢油事故的应急处置、船舶走锚应急处置等内容。要求船员通过学习和训练形成良好的船舶应急情况处置能力，防控船舶水上交通事故。

第一节 船舶各种应急处置的要点

掌握船舶各种应急处置的操纵要点，对培养和提高船员应急处置能力至关重要，必须认真领会，掌握其要义。

一、船舶碰撞应急处置

（1）船舶发生碰撞事故，及时稳船，报告船长。

（2）船长弄清周围情况，派员查明碰撞部位、受损情况、人员伤亡等。如有人员重伤，应及时抢救受伤人员。

（3）派员对碰撞部位周围的各船舱进行测潮，查看是否进水。

（4）轮机长立即组织轮机部人员检查主副机是否正常运转，检查机舱各设备是否受损，并如实将检查情况记入轮机日志中。

（5）如船舶进水，采取堵漏、排水等措施；如船舶下沉，立即驶往浅区搁浅。

（6）如对方船舶处于危急状态，应在不危及自身安全的前提下先抢救他船。

（7）当与小机船发生碰撞时，还应视小机船受损情况，采取相应的救助措施，以防他船造成人员伤亡。夜间还应用探照灯，跟踪被碰小机船，以免因黑暗造成慌乱。

（8）当一船嵌入另一船，切忌盲目倒车，防止本船退出后，造成对方大量进水而扩大损失，应适当用车顶往浅区搁浅措施，如他船正快速下沉，危急本船安全时，应快速将对方船舶人员转移至本船后，再采取倒车退出，采取其他抢救措施。

（9）如实将事故发生的时间、地点等情况记入航海日志中。必要时向就近主管机关报告。

二、船舶搁浅应急处置

（1）船舶发生搁浅后，应立即停车，切忌盲目使用车舵。立即报告船长，并通知轮机长到机舱。

（2）船长指派有关人员测量船舶四周水深，查看吃水，了解搁浅部位等情况。检查船体、车舵是否受损。在判别不清、情况不明时，切忌盲目使用车舵，以避免损坏车舵扩大损失。

（3）按《内规》要求显示信号，并立即通报周围船舶，必要时向就近主管机关报告。

（4）轮机长指挥有关人员检查机器、轴系、舵设备和海底阀等有无异常，并报告船长。

（5）船长根据现场情况拟订脱浅操作方案和安全措施。

（6）若搁浅后不能短时间内脱浅，为避免受风、流、浪作用使搁浅状况进一步恶化，或底质恶劣，可能导致船体损坏时，应采取抛锚、出缆或固定船体等措施，然后制定脱浅方案。

（7）走沙期搁浅，因航槽变动剧烈，应迅速采取果断措施脱浅，防止出现新的淤积而导致船舶倾斜甚至翻覆。

（8）如实将事故发生时间、地点等损失情况记入航海日志中。

三、船舶触礁应急处置

（1）船舶发生触礁事故后，立即慢车或停车稳船，并报告船长。

（2）检查有无破损及进水情况，车舵有无异状。情况未弄清，不可盲目使用车舵摆动或进退。

（3）如果破损进水，迅速组织排水、堵漏。如破洞太大，排水堵漏困难，应立即关闭水密隔舱门，如船舶浮力损失大，有沉没危险时应迅速驶往浅区搁浅。

（4）如船体触搁在礁石上，本身无行动能力，切不可盲目动车，应设法固定船位，防止风、流影响使破洞扩大或船体断裂。

（5）如触礁情况严重，十分危险，又无自救器材，应立即报告就近主管机关和向附近船舶请求援助。

（6）若情况危急需采取弃船行动时，转入弃船应急部署。

（7）如实将事故发生时间、地点等情况记入航海日志中。

四、船舶火灾应急处置

（1）发现火情应迅速查明失火部位，立即发出火警警报，通知驾驶台，报告船长，并就近使用相应的灭火器材进行灭火。

（2）船上所有人员听到警报后，应立即按应急部署表的分工和船长的指令进行行动和全力施救。

（3）船长根据火的种类、火势大小等情况决定灭火行动，采取相应的灭火方法全力扑救，并对是否可能引起爆炸，做出判断。必要时应立即报告就近主管机关。

（4）立即切断进入火灾舱室的油路、电路，关闭所有门、窗等，以阻止空气流入助燃。

（5）船舶航行中应降低航速、减小“船风”，根据风向正确操纵船舶，使失火部位处于下风方向。

（6）机舱发生火灾时，应立即切断油的来源，隔离火场附近的油柜。若火情危及机舱安全时，可采用封舱办法，使用固定灭火系统进行灭火。

（7）如火势不易扑灭和有效控制，应不间断地将火灾情况及时报告主管机关，请求调派附近船舶援助灭火，必要时将船舶迅速驶往浅水区或触坡进行抢救。

（8）如实将事故发生时间、地点等情况记入航行日志中。

五、船舶全船失电应急处置

（1）航行中船舶失电，应立即减速或停车稳船，同时报告船长，按《内规》规定显示失控信号。

（2）船长进驾驶室，根据周围环境和本船情况采取最有利于安全的行动。

（3）机舱值班人员立即起动备用发电机组迅速供电。

（4）备用发电机组因如不能立即起动供电，应立即报告驾驶台，择好锚位抛锚检查，尽快恢复供电。

（5）对投入使用的应急系统应加强监视，保证应急系统正常运行。

（6）如失电后遥控失灵，应立即采用应急车钟指挥用车。

（7）轮机长下机舱，制定应急措施和修复方案，有效组织轮机部全体人员，全力排除故障，并将抢修情况及时报告船长。

（8）驾驶台保持与来往船舶的联系，保持正规瞭望。当有来船时应发出警告，通知附近过往船舶注意。

（9）船长根据当时具体情况，可采取锚泊等方式稳船。

（10）如实将事故发生时间、地点等情况记入航海日志中。

六、船舶航行中人员落水应急处置

（1）发现人员从船舷落水，立即停车，并向落水者一侧操舵，防止螺旋桨将落水者打伤。同时发出人员落水警报信号，报告船长，必要时向就近主管机关报告。

（2）向落水者抛投救生圈或其他浮具。抛投救生圈时应尽量抛投在落水者上风、下流的方向，同时大声呼叫“左（右）舷有人落水”，并跟踪落水者。

（3）派人携带望远镜到高处瞭望落水人员，不断报告落水者的方位，夜间开启探照灯照亮落水者周围水域，以便搜救。

（4）如果附近有船舶驶向落水者水域，应立即与他船取得联系，请求协助搜救。

（5）尽可能操纵船舶尽快接近落水者，并要注意本船的安全，防止顾此失彼，扩大损失。

（6）如有救生艇（划），条件允许立即用救生艇（划）营救。

（7）如实将事故发生时间、地点等情况记入航海日志中。

七、弃船应急处置

（1）船舶因发生事故造成船体大量进水，迅速下沉，且无法就近抢滩，或经抢滩也无法避免船舶下沉或人员面临重大危险时，船长应该当机立断发布弃船命令。

（2）尽量操纵船舶至不碍航的浅水区，选择水底较平坦的地方，必要时尽可能出缆上岸，并做好弃船标记。

（3）弃船令下达后，船员按职责分工携带国旗、航海日志、轮机日志、车钟记录、船舶印章、账簿、现金、电台执照、船舶图纸、急救药品、船舶和船员证书证件、票据等离船，并尽可能抢救贵重物品和货物。

（4）如是客船，应优先疏导旅客离船。

（5）船长发布弃船命令后，巡视全体船员撤离情况并最后离船。

（6）将弃船原因、地点和应变措施报告就近主管机关和公司。

（7）如实将事故发生时间、地点、采取的措施等情况记入航海日志中。

八、舵机失灵应急处置

（1）航行中舵机失灵后应立即使用应急舵，同时报告船长，并结合采取变动车速的行动，控制船位，必要时可抛锚稳船。

（2）按《内规》规定显示信号，并及时通知附近过往船舶，必要时报告就近主管机关。

（3）船长进入驾驶台后，迅速掌握船舶动态，正确操纵应急舵，根据周围环境对航行安全的要求，采取最有利于安全的行动，控制局面，避免事故的发生。

（4）轮机长查清故障原因，及时制定应急措施和修复方案，有效组织船员进行抢修，排除故障。

（5）如应急舵在使用时间内不能修复，应选择安全锚地锚泊。

（6）如应急舵也失灵，应正确操纵主机，使船舶尽可能保持航向稳定。

（7）如实将事故发生时间、地点等情况记入航海日志中。

九、缆绳绞缠车叶时的应急处置

（一）缆绳绞缠螺旋桨桨叶的原因

船舶在靠离码头或拖带、顶推船舶时，由于操作不慎而使缆绳落入水中绞缠螺旋桨桨叶时，应立即停车、抛锚，并设法加以清除，否则损坏螺旋桨及主机。

（二）缆绳绞缠桨叶的清解方法

（1）清解缠绕螺旋桨的缆绳时，应将留在船上的一端绳头系固，切不可松放下水。

（2）然后在机舱内用人力将地轴反转（原顺车绞缠向倒车方向旋转），每转一周，船尾的绳头收紧一次，经多次旋转和收紧后，即可解脱。

（3）如难以清解且无法在水面上清解，需派潜水员下水检查清解或压首、抬尾清解或进坞修理。

（三）防止缆绳绞缠桨叶的方法

（1）用车前，解船尾系缆必须与驾驶台保持联系。

（2）靠泊作业前，一定要把从导缆孔出的缆绳头放在船尾甲板上。

（3）离泊时迅速收起落于水中的缆绳，待全部缆绳从导缆孔收进后，才能用车。

十、主机损坏时的应急处置

（1）立即报告船长，充分利用余速和舵效控制航向，船队还应通知驳船帮舵并备锚，尽最大可能选择安全水域锚泊检修。

（2）按《内规》要求显示失控信号，并通知附近船舶注意和请求援助。

（3）船长进入驾驶室后，迅速全面掌握情况，立即根据周围环境对航行安全的要求及主机的状况，采取最有利于安全的行动，控制局面，避免事故的发生

（4）如是双车船中一部主机故障，视故障情节轻重，或单车继续航行或择地抛锚，通知轮机长立即组织轮机部全体人员抢修。

（5）全体轮机人员接到主机故障后，应迅速赶到机舱参加抢修。

（6）如系顺流航行船，根据航道情况，充分利用水流，迅速择地掉头（必要时抛锚带头），抛锚后抢修。

（7）如前方情况紧急，对安全有威胁时，必要时立即抛锚制动，防止扩大损失。必要时报告就近主管机关。

（8）如实将事故发生时间、地点等损失情况记入航海日志。

十一、船舶发生溢油时的应急处置

（一）操作性溢油

船舶在加装燃油作业期间，因管系泄漏、舱柜满溢、船体泄漏等原因而发生溢油，应立即采取以下应急处置：

（1）立即停止有关操作，关闭所有有关阀门。

（2）发出溢油报警信号，实施最初的溢油应急反应程序，防止溢油扩散，实施溢油

回收。

（3）将事故情况通知供油船（设施）。

（4）查明泄漏的原因，进行溢油清除工作。

（5）将溢油驳入空油舱或其他燃油舱。

（6）清理中收集的残油应妥为保管，以待日后处理。

（7）如果溢油较大，仅由本船船员组织反应难以获得理想效果，应通过代理或公司联系专业清除队伍予以协助。溢油妥善处置后，必须得到当地主管当局的允许，方能继续进行正常作业。

（二）海损事故性溢油

船舶发生搁浅、火灾/爆炸、碰撞、船体损坏、严重横倾等海损事故造成或可能造成溢油事故，应立即采取以下应急处置：

（1）发出应急警报，实施应急反应程序，同时对海损事故和溢油事故做出应急反应。

（2）根据船舶所发生的事故类型针对性地开展船舶受损情况、溢油情况、天气情况、水域环境情况等方面的调查。

（3）按应变部署表规定的人员职责，采取措施控制排放。船长（驾驶员）任总指挥，主要负责操控船舶、对外联系等工作；驾驶员（应变部署表中指定人员）任现场指挥，主要负责向船长（驾驶员）报告险情，现场指挥施救等工作；轮机长（轮机员或指定人员）主要负责管系阀门的关闭、消防泵的启动等工作。

（4）如果溢油量较大，仅由本船船员组织反应难以获得理想效果，应通过代理或公司联系专业清除队伍予以协助。

十二、船舶走锚时的应急处置

（1）发现船舶走锚应立即紧急备车，同时报告船长，通知轮机长和水手长等相关人员，并告诉本船尾部其他船舶。

（2）船长充分了解四周情况及船舶（队）所处的状态，如锚地周围条件较好，应松长锚链，增加抓力。

（3）机舱值班人员接到报警后，应以最快速度启动主机待用。

（4）如本船是单锚泊船，可以抛下另一只锚控制船位。船队可增加抛锚只数。

（5）必要时适当用车、用舵稳船，并考虑是否需要绞起重新抛锚等。

（6）如锚地环境和底质不好，应另选择锚地抛锚。

（7）如实将事故发生时间、采取的措施等情况记入航海日志中。

第二节 ◉ 船舶应急处置实操训练

船员应急处置能力的培养无法通过常规操作积累实现，必须根据船舶应急处置训练科目逐一有计划地开展实操训练才能得到能力的提升，做到应急不惊、沉着应对。

不论船舶发生哪种紧急情况需要应急，船舶在应急时不论采取哪种具体应急方案，其应急行动的基本程序大体相同。船舶应急处置实操训练可按以下三个方面展开。

一、初始阶段的应急处置训练

在船舶应急的初始阶段，应急处置训练按本章中应急处置内容开展以下训练：

（1）发现险情者报警。

（2）对险情进行初步控制。

（3）确定紧急情况的性质。

（4）通过一定手段获得与险情有关的信息以及应急处置所需要的信息。

（5）组建应急反应小组，准备应急设备和器材。

（6）确定应急方案。

（7）召集船员按应急预案或商定的应急方案进行应急处置。

二、应急阶段的处置训练

在船舶应急阶段，应急处置训练按本章中应急处置内容开展以下训练：

（1）实施应急预案或商定的应急方案。

（2）对实施应急预案或商定的应急方案的效果予以评估。

（3）必要时调整应急方案和应急处置行动。

（4）必要时寻求外部援助。

（5）必要时，为保护人命安全而采取某些特别行动（如弃船等）。

三、善后阶段处置训练

在船舶应急收尾阶段，应急处置训练按本章中应急处置内容开展以下训练：

（1）现场检查，消除隐患。

（2）记录与报告。

（3）恢复船舶的正常航行或停泊状况。

第七篇 船舶维护与修理

第二十二章 船舶日常维护保养

船舶维护与修理是保证船舶技术状况和经济指标的必要措施与重要手段。船舶维护主要包括船体与设备维护；船舶修理主要介绍计划修理与临时修理以及保证修理质量的船舶检验要求。

船舶日常维护保养包括船舶设备的日常维护保养和船体保养两部分。船舶设备的日常维护保养主要涉及甲板设备、应急设备和助航设备的日常维护保养。船体保养即有关船体、甲板、甲板设备和舱室等的清洁、除锈、涂漆、润滑加油等维护保养工作。经常加强船舶的维护保养工作，是保持船舶良好技术状态，发挥其使用效能，降低修理费用，延长使用年限的重要环节。

第一节 船舶设备日常维护保养

一、甲板设备日常维护保养

（一）锚设备日常维护保养

（1）检查锚、锚链、转环、锚卸扣、连接链环（或卸扣）等是否有裂纹、弯曲扭变、横挡松动及脱落情况，以及制链器与连接甲板的牢固性。

（2）锚链标记是否清晰，如有脱落应及时补做。

（3）锚机每次使用前应对轴、轴承及传动齿轮等处加油。检查刹车的有效性以及离合器动作的可靠性。锚机使用前应暖车、试运转，检查运转部位是否正常。

（4）制链器、导链滚轮等部分加油润滑。

（5）在平时应轮流使用左、右锚，厂修时第一节锚链与最后几节锚链有计划地调换使用，以免锚链磨损集中。深水锚抛锚使用锚机松出锚链，以防撞坏锚或崩断锚链。

（6）起锚时不要硬绞，必要时应用车舵配合。如绞不动，应将刹车刹牢，脱开离合器（必要时加刹制链器），开动主机用慢车将锚拖动后再绞。

（二）系泊设备日常维护保养

1.缆绳

在系泊设备日常维护保养中，系船缆始终是关注的重点，应从以下几个方面落实养护工作：

（1）航行时卷车应罩好。

（2）带缆进应注意缆绳的走向与出缆孔位置，避免系缆被坚硬物切割。

（3）倒缆常常用于协助离泊，受力很大，应保证有足够的强度。

（4）系泊中，化纤缆在受力很大时，应检查挡鼠板，避免它被风吹得荡来荡去而切割系缆。如果船舶摇摆剧烈而使系缆在导缆孔处频繁摩擦，应提早将该处缆绳用帆布包好。

（5）在内河浅窄水域系泊时，若发现附近有其他船舶快速通过，应及早调整好系缆，以免断缆。

（6）化纤缆应尽量避免在受力很大时快速通过导缆孔，以防其摩擦部位熔化。

（7）采用自动绞缆机时，其系缆应合理配备，即前端20 m左右为化纤绳，以后均为钢丝绳。这样系缆与导缆器接触部位是钢丝绳缆，且系缆在卷筒上的圈数也可增加。

2.系、导缆装置

所有滚轮、滚柱均应经常加油润滑，使其转动灵活。缆桩的基座应经常除锈并油漆。

3.绞缆机械

（1）使用前加油润滑并试车。

（2）液压绞缆机械冬季使用前应对液压油加温。

（3）在风浪航区或雨季应对电器设备所用防潮电阻加温，以提高电气绝缘值。

（4）如果使用自动绞缆机，应松开刹车，以免造成刹车损坏。

4.缆车与系泊属具

缆车的转动部位应定期检查和加油润滑。撇缆绳应盘排清楚，防止扭缠。

系泊设备的检查与养护要点如表7-22-1所示。

表 7-22-1　系泊设备的检查与养护要点

序号	名称	养护周期	检查要点	养护要点
1	钢丝缆	3个月	锈蚀和断丝情况，绳内油麻芯含油量	除锈上油，断丝超过规定的换新或插接
2	植物纤维缆	3个月	外表磨损情况	洗净晾干后收藏，股内发黑者不能用
3	合成纤维缆	3个月	外表磨损情况（测量粗细）	洗净晾干后收藏
4	绞缆机械	3个月	刹车是否可靠，离合器是否灵活，自动带缆绞车是否有效，卷筒损坏、磨损、腐蚀情况，操纵器的水密情况	失灵的换新或修理，活络处加油，自动装置失效的应及时修复
5	缆索卷车	6个月	外壳、地脚螺栓锈蚀情况，卷筒轴是否活络	除锈、油漆，加油润滑
6	导缆钳、导向滚轮	6个月	本体锈蚀、磨损情况，卷筒轴是否活络	除锈、油漆，做好磨损记录，加油润滑，销轴弯曲应修理
7	系缆桩、导向滚轮	6个月	锈蚀、磨损	除锈、油漆，做好磨损记录
8	制缆装置	每航次	甲板眼环是否锈蚀、磨损，链（索）是否变形、腐蚀和磨损	除锈、油漆，磨损变形严重的换新
9	撇缆、碰垫、防鼠板	每航次	是否齐全和损坏	丢失补充，损坏换新

（三）拖顶设备的日常维护养护

1.拖曳设备日常维护养护

（1）拖曳设备中的拖钩、拖缆承梁及拖缆桩较易磨损，平时对它们经常进行保养，如有磨损则用焊补法修复。

（2）白棕绳主拖缆应用旧帆布全部包住扎紧，在与拖缆承梁接触处再包上竹片垫料。钢丝与拖缆承梁接触处，用厚橡皮包扎紧。白棕绳与钢丝绳接触处用旧帆布条包扎并用旧白棕绳小股缠紧，以防白棕绳被钢丝绳割断。在航行中，要经常检查包扎部分，如因摆动造成损坏或松动应进行修整。

（3）拖缆承梁表面要经常涂以牛油，以减轻拖缆磨损。

（4）每个航次对拖钩的轴、销、弹簧以及远距离控制脱钩装置等部分进行检查，摩擦部分加油润滑。

2.顶推设备的日常维护保养

（1）顶推设备的日常养护与系泊设备相同，应经常对各装置、构件等进行清洗、加油、除锈、油漆。

（2）各部件如有磨损、变形、转动不灵等，应立即修复。

（四）舵设备日常维护保养

（1）每次开航前对舵设备进行检查和试舵：

①检查舵和舵机转动范围内有无其他物品阻碍转动，各转动部分是否灵活，有无咬死和卡阻，并逐件加油润滑；液压管路阀门有无漏泄油现象以及是否处于正常位置；电传动部分及电动舵机的电路是否可靠。

②试舵俗称“活舵”，先慢慢地将舵轮向左或向右转动，转动的角度由小到大；然后向反方向进行一次；再用快速试舵一次。在试舵的同时，要校验三线和舵角。三线即舵轮、舵机、舵叶的零位要一致。舵角指示器与舵叶的实际位置要一致。

（2）日常性的管理和保养工作：

①随时注意舵机、转舵装置的运转与舵效是否正常，如发现问题及时与轮机部门联系，密切配合，以保证舵机和转舵装置的正常运转。

②经常巡视检查各系统有无漏泄油现象，系统压力（主要检查压力表的指示压力水平是否正常）是否符合规定要求。

③按时进行各转动部位的加油（保障润滑）和清洁工作，保持舵机室干燥，以防电动机受潮。

（3）操纵舵轮时不宜过急转动，以防损坏机件。

（4）在航行中，值班驾驶员应经常检查油压、电源和操舵情况。遇大风浪时，检查舵机室内可移动物体是否绑扎固定妥当。

（5）停靠码头空载时，查看舵叶、舵杆及其连接法兰的情况。尤其经大风浪或冰区航行、脱浅或其他海事后，应特别仔细地检查。

（6）停航不使用时，要关闭电源，将舵轮固定，以防转动舵轮而联动转舵装置引起机件损坏，必要时将舵机与传动装置脱开。

二、应急设备日常维护保养

适用于内河船舶的各种应急设备包括救生设备、消防设备、堵漏设备与器材、应急发电机、应急空压机、油类速闭阀、机舱应急吸入阀、主机旁应急操作装置、应急舵、机舱风机、应急关闭装置、机舱水密门、机舱安全通道等。

（一）救生设备的维护保养

1.救生艇的检查保养和试验

（1）救生艇的检查保养

①每季度对全部属具详细检查一次，有短缺则补充，不合格者予以换新。

②艇内储备的淡水要经常更换，罐头食品每6个月要打开抽查有否变质。

③艇的帆布制品及绳索在天气良好时，要进行通风晾晒。

④吊艇索如是白棕绳，应隔6个月调头使用，每年视情况加以换新，如是钢丝绳则要保持不锈和润滑。

⑤吊艇架上各活动部分不应涂油漆，要经常加润滑油，以保证转动灵活。

⑥如是木质艇，因日晒过久会爆裂漏水，故各艇应轮流下水浸泡，但艇内积水应及时排除。夏季每天早晚要在艇壳外洒水，预防爆裂。

⑦救生艇的空气箱不得涂油漆，维修时应试验其气密性。

⑧机动艇应每隔3~4天发动一次，运转几分钟（应注意试车时不可缺乏冷却用循环水）。

（2）救生艇的试验

①救生艇的稳定性试验

救生艇应有足够的稳性。当艇正浮于水面上，载足全部核定乘员和属具，乘员质量以每人65 kg计算，全部核定乘员质量的重心应按实际乘坐情况分布于横座板与下座板上0.3 m，此时初稳心高度*GM*应不小于按下式计算所得：

$$GM = 0.15B+0.2(L/B-3)^2\ (\mathrm{m})$$

式中：L——艇长，系量自艇壳板内表面与艏艉柱在舷顶处交点的水平距离，m；

B——艇宽，系量自艇壳板内表面的最大宽度，m；

救生艇稳定性试验应在静水中进行。力求避免受潮流及水流的影响；试验时艇应正浮；在艇内载足全部乘员定额及属具的质量（可用压铁代替），乘员质量和重心位置应符合上述规定；进行倾斜试验，（其倾斜试验）倾斜力矩所采用的移动质量取艇满载排水量的4%，将其分为两组，分别置于艇中部两舷处；试验时移动质量可用边座板上乘员质量代替；用悬锤（长度为2 m）测定艇的倾角；所测倾角值应满足按上式计算所得的要求；试验时艇内设备、属具及代替乘员质量的压铁（除作移动质量者外）不得移动；如试验不合格则改装后再试，直至合格为止。

②救生艇的强度试验

救生艇的强度试验（strength test of lifeboat）是在超载25%的情况下进行静负荷强度试验。试验荷重按下式计算：

$$W = 0.25G_1+1.25(G_2+G_3)\ (\mathrm{kg})$$

式中：G_1——空艇质量（称重所得），kg；

G_2——属具质量（包括机动艇艇机设备），kg；

G_3——放艇人员质量，取G_3=130 kg。

试验步骤：A.将空艇吊起后，沿龙骨拉线并测量艇宽；B.将试验负荷平均分布于艇内；C.利用艇钩将艇吊起，5 min后测量艇宽及龙骨中垂与空艇时相比较，其变形量各不得超过1/400；D.取出荷重后，艇不应有永久变形；E.强度试验不合格时，允许修理后重试，直至合格。

③救生艇的水密试验

强度试验后救生艇须做水密实验；船体不应油漆，艇内保持清洁；机动艇在安装机器前灌水至满载水线，经2 h后不漏水为合格。

（3）救生艇吊艇架保养与试验

①救生艇吊艇架、动力机械、吊艇索、滑车及其属具应定期检查保养，如有损坏应及时修理或换新。

②按规定要求对吊艇架进行强度试验和降落试验。

2.救生舢板的检查、保养、试验

（1）救生舢板的检查保养

①经常保持清洁

每次使用完毕后必须做好清洁工作，清除污垢，并用抹布擦干，吊回甲板上，待干燥后罩好帆布盖并系牢。

②定期检查保养

对长期没有使用过的舢板，在晴朗天气，可揭开帆布罩取出艇内属具进行清洁和晒干，如涂料失效应重新涂刷。

对吊艇架、吊艇索、滑车、舢板及其属具应定期检查，如有损坏应及时修理或换新。

木质舢板应经常轮流下水浸泡，夏天更应经常用水冲洗，以防干裂漏水。

（2）救生舢板的试验

①稳性试验

救生舢板应有足够的稳性。当舢板正浮于静水面上，载足全部核定乘员和属具，乘员质量及全部乘员质量重心均按救生艇的规定，其初稳心高度GM应不小于按下式计算所得之值：

$$GM = 0.165B \text{（m）}$$

救生舢板稳性试验的方法和要求与救生艇的试验规定相同。

②救生舢板的强度试验与救生艇相同。

③水密试验

对木质舢板，当其载足全部核定乘员和属具的质量，浮于水上2 h后，舢板内任一点的积水不得超过20 mm。

对玻璃钢舢板，应在舢板内灌水至满载水线，经2 h后不漏水为合格。

3.其他救生设备的检查、保养、试验

（1）救生衣的检查与保养

①每3个月进行一次检查，如包布、缚带等有霉烂、发脆、损坏，应立即修补、清洗、换新。

②检查各人的救生衣放置位置地点及保管是否妥善。

③救生衣必须保持清洁干燥，每一个月应暴晒一次。

④每年可抽出一部分进行浮力试验：

i.成人救生衣加铁块7.5 kg浮于淡水中24 h不沉为合格。

ii.儿童救生衣加铁块5 kg浮于淡水中24 h不沉为合格。

iii.木棉救生衣的浮力试验应拆除其防水内套后进行，如不拆除则应加铁块7.5 kg浮于淡水中24 h不沉后再加铁块1.6 kg继续浮15 min才算合格。

iv.修船时要全部整理晾晒，按规定补足缺损差额，以备应用。

（2）救生圈的检查与保养

①每3个月检查一次救生圈的外表有否腐蚀、标记是否清晰、把手绳是否牢固以及救生圈架子是否完好，发现不良立即检修。

②进行投水试验以检查其强度。

③抽查部分的浮力，即进行浮力试验：将救生圈加挂14.5 kg的铁块，浮于淡水中至少24 h不沉为合格。

④核对救生圈配备的数量及放置位置，如不符合规定应补充和调整。

（3）救生浮具的检查、保养、试验

①每3个月对救生浮具进行一次外部检视，看外表有否损伤、标记是否清晰、绳网及木格板是否霉烂腐蚀、把手绳及浮子是否完好，并进行整理和整修。

②检查救生浮具的数量、放置情况及技术状况，必要时进行浮力试验和投掷试验。

救生浮具是否符合技术要求，可进行以下鉴定试验：

i.浮力试验

浮具须能于淡水中支承乘员定额数，以每人14.5 kg的铁块计，至少达一昼夜之久。

ii.投掷试验

从存放甲板把救生浮具以各种不同角度投入水中，其结构不得松散、损坏和永久变形；如有空气箱，则不得有任何损伤。

iii.稳性试验

将救生浮具置于静水中，在浮具的任何一个边缘，每30 cm的长度按7 kg铁块计算，将计算所得的质量挂于该边缘的救生索上。此时，该救生浮具挂重一边的上边缘不得没入水中，如进行试验一边的边缘长度为1.2 m，则所挂质量不小于30 kg。

iv.空气箱密性试验

救生浮具以空气箱为浮体者，应鉴定其气密性是否可靠。方法一：在空气箱上设置一只外径为13 mm的气压试验接头，接入6 kPa（0.06 kgf/cm^2）的压缩空气，要求在5 min内不得有压力下降现象。方法二：把空气箱浸泡在0.6 m深的水下，经过1 h后，取出衡定其质量，若质量不变即为合格。

（4）救生筏的试验

①气密试验

i.硬质救生筏的每一空气箱（用浮力材料代替者除外），应进行压力为6 kPa（0.06 kgf/cm^2）的气密试验。

ii.气胀救生筏的浮胎及篷柱至少应进行工作压力80 mmHg的气密试验，历时2 h后，其压力均不得降低超过10%。试验时气温不得超过3 K（3 ℃），温度每升降1 K（1 ℃），其压力相应增减3 mmHg。浮胎及篷柱还应进行3倍工作压力时，其安全阀应自动开启。

②气胀救生筏充气试验

i.气胀救生筏（存放在容器内者应包括容器）应能通过拉绳充气成型。常温293±2 K（20 ℃）的充气时间应不超过1 min；低温243 K（−30 ℃）经24 h后，其充气时间应不超过3 min。还应在高温338 K（65 ℃）经6 h后充气试验。经上述试验的救生筏接缝不得有滑动、漏气或其他影响使用性能的缺陷。

ii.气胀救生筏还应从18 m高度处抛投下水，在常温条件下充气成型，并且不影响筏体和属具的正常使用。

iii.气胀救生筏载足全部额定乘员及属具的代替荷重，经受住海上30天的暴露漂浮试验后，应不影响其使用性能。

（二）堵漏设备与器材日常维护保养

船舶配备的堵漏器材必须妥善保管，即使“备而不用”也必须“常备不懈”。其保管要求如下：

（1）对堵漏器材的保管实行“三专”，即指定专人负责保管和保养各种堵漏器材；堵漏器材存放在专门规定的地点；任何堵漏器材专用于船舶堵漏，平时不准移作他用。

（2）对铁制堵漏器材，应经常保养，防止生锈，活动部分应经常加润滑油，以保持灵活。

（3）所有纤维材料，如堵漏毯、帆布、麻絮、棉絮、破布等要经常暴晒、通风，保持干燥，防止霉烂。

（4）木质器材，如木楔、木塞、木支柱等，不可存放在高温或潮湿的地方，以防烘脆和霉烂。

（5）水泥应放在空气畅通的干燥地方，以防受潮变质。日常检查发现变质应立即更换，并制订定期更新计划确保实施。

（6）橡胶部分不可涂油。

（三）消防设备日常维护保养

1.主要灭火系统的维护保养

（1）水灭火系统的日常维护保养

①在日常检查中，发现有损坏立即修复。每次演习时检查出水情况，包括出水时间及喷射距离。

②消防栓附近不得堆积物体。船舶装载甲板货时，不得压盖或阻碍消防水带的连接和使用。

③消防栓平时应盖上盖头，保护接头不受损伤，并防止堵塞。

④消防带摊开重卷时，注意变换折痕。使用或受潮后应吊高晾干，不可暴晒或烘烤，也不得移作他用。

⑤冬季消防水管和消防栓应做防冻包扎，使用后放尽残水。

（2）CO_2灭火系统的维护保养

二氧化碳系统操作室应保持清洁和良好通风，要有可靠照明和通信设备。室内保持0~45 ℃，室内不应存放其他物品，无关人员不得入内。气瓶每两年检查称重一次，如灭火剂少了总重的1/10，应即充加并做记录，管系每两年做一次畅通试验。随着大型船舶的出现，当CO_2数量超过10 t时，可采用低压系统，使系统更简单且安全可用。

（3）干粉灭火系统的日常维护保养

①检查干粉储存装置外观状态，保证储存装置固定牢固，标志牌清晰。

②检查灭火控制器运行情况和启动气体储瓶和驱动气体储瓶压力状况，保证启动气体储瓶和驱动气体储瓶压力符合规定要求。

2.灭火器的日常维护保养

（1）灭火器外壳、挂钩、托架等应纳入日常检查内容，如有损坏应立即修理或更换。

（2）灭火器筒体保持清洁，油漆应显明。

（3）灭火器盖必须旋紧，销子必须插好并铅封（但不能锈死）以防漏气，顶部开关应保持灵活。

（4）喷嘴口、橡皮管及喇叭头必须畅通无阻。

（5）备用药剂应放在干燥地方，以免失效。

（6）各类灭火器都应放置在固定地点，切勿把筒身缚死，以免在紧急情况下不能立刻使用。

（7）冬季寒冷，应注意保温以防药液冻结。

（8）CO_2灭火器不能置于高温（40 ℃以上）地点及人员居住舱室内，避免受热膨胀而发生爆炸。

（9）船舶年度修理时，应将日常检查中发现的筒身状况较差的灭火器做水压试验，以

2.4 MPa的压力，历时1~3 min不漏为合格。

3.消防用具的日常维护保养

（1）应急消防泵及消防泵随时处于可用状态，每周校用试验并记录。

校用试验时，在最高位置的消防栓上应能维持两股射程不少于12 m的水柱或消防栓处的压力为0.28 MPa。

（2）黄沙箱应保持不漏水，并须加盖，外漆红色，白漆标明“黄沙”及编号。

日常检查中如发现黄沙结块立即更换，沙箱漏裂立即修复，缺沙立即补上。

（3）消防水桶必须经常盛满清水，不得移作别用；水桶外漆红色，白漆标明“太平桶”及编号。应分置于船上适当地点，如有损漏，立即修理或更换。

（4）太平斧放置于固定易取地点，不得任意移动或作他用。斧柄漆红色，斧头漆成黑色，斧柄上白漆标明编号，斧锋上贴上油纸使其不生锈，损坏时即修理补充。

（四）船舶防污染设备维护保养

船舶防污染设备主要包括生活污水装置、油水分离器、焚烧炉，这些设备主要是用来保证船舶处理船上生活污水、机舱污水及污油和垃圾时能够满足水污染防治法要求，以达到保护水域环境的目的。

1. 船舶生活污水装置的维护保养

（1）主管人员每天应对其进行一次全面检查并记录生活污水处理装置日志。

（2）为了维持细菌的生命活动，系统应尽量保持连续运行并且不能停止空气的供应。

（3）每周自生活污水处理装置的排出口取样进行化验，根据具体化验结果进行投药消毒处理，化验和投药应记入生活污水处理装置日志。

（4）每年应对生活污水处理装置的各腔室及空气扩散元件进行彻底清洁一次。清洁时切勿损伤内部防腐保护层，清洁后按说明书的要求对细菌进行培养。

（5）解体、检查排污泵磨损情况。检查空压机运行和空气滤网情况。

（6）及时清通排污泵起、停控制装置管路，防止污水溢出。

（7）检查生活污水处理装置的各联通和排出管路，腐蚀严重的及时换新。

（8）禁止在生活污水处理装置本体上进行动火作业。

（9）清洁厕所时禁止使用化学药剂，防止杀死耗氧菌。

2. 油水分离器维护保养

（1）使用油水分离器进行排放操作前应报告轮机长并通知驾驶员核对船位后方可操作。每次完成污水处理作业后应及时记录油类记录簿。

（2）每次使用前以及抵港前应试验15ppm的显示、报警装置，污油自动排放阀、污水三通阀或污水排放自动关闭系统的工作情况。使用完毕应使用江水冲洗运行半小时，停止运行后分离筒内部应充满清水，以保障设备的效能。

（3）运行中，注意油水分离器内温度，以防过热产生故障。严禁分离器内部无水时启动加热器；进出分离器的压力应保持在说明书的规定值，当压力出现波动、压差过大或排出压力过低时，应查明原因并消除故障。

（4）排出污水浓度不能满足要求时，应注意清洁或更换滤芯，检查油分监测装置的检测玻璃管的状况。船上必须保持有一套滤芯备件。

（5）对油水分离器的维修保养和备件更换应做好相应记录。换下的滤芯妥善保管，做退岸处理。

（6）机舱舱底水管系设置与船级社确认的图纸应一致，严禁在油水分离器系统上加装接头和旁通软管。

（7）严禁在油水分离器筒体外动火，防止破坏油水分离器内部的防腐层。

（8）严禁将洗涤剂倒入舱底，避免油水分离器的水样监控装置工作失灵。

3.垃圾焚烧炉的维护保养

（1）每次焚烧作业完成后应按照要求记录垃圾记录簿。

（2）焚烧前应尽量除去焚烧炉废油柜中的水分。

（3）在使用焚烧炉焚烧油污或固体垃圾时请参照《防止船舶大气污染的须知》。

（4）及时清洁燃烧器、布风器，炉膛内清灰（正确存放），检查炉内耐火材料发现脱落及时修补。

（5）按照说明书要求和实际工况解体维修点火油泵和废油泵（点火油泵、废油泵及雾化油嘴按规范存有备件）。

（6）责任管理人员必须对仪表、应急切断、报警和保护装置定期进行效用试验，记录“设备警报和安全保护装置检查、试验记录表”。

（五）应急舵日常维护保养

（1）检查主操舵系统与备用及应急操舵系统互相转换工作的迅速可靠性。

（2）按规定要求（每季度）进行应急舵操作试验，张贴操作规程，并做好试验记录。

（3）检查驾驶室进行辅助操舵装置控制可靠性和舵机室控制操舵可靠性，同时确认驾驶室与舵机室间的通信设施的有效性。

（4）在驾驶室和舵机室内应有永久显示操舵装置控制系统和操舵装置/动力装置转换程序的简单操作说明，并附有方框图。有关水手和驾驶员应熟悉装在船上的操舵系统的操作，以及系统之间的转换程序等。

（六）应急发电机日常维护保养

（1）随时处于可用状态，每周校用试验并记录。

（2）每周起动试验并记录，及时补充燃油和润滑油并放燃油柜的凝结水。

（3）保证低温起动性能（在0℃时应有冷机起动能力）。

（4）30 min内能够连续起动3次。

（5）自动起动、人工起动功能正常。

（6）在主电源断电后45 s内能及时供电。

（7）应急情况下，保证3 h、18 h有关场所的照明。

（8）应急情况下，保证18 h供电的设备包括：航行灯、信号灯、船内通信设备、探火和火灾报警系统、应急状态下需要的舱内信号设备和消防设备、白昼信号灯、船舶号笛、手动失火按钮、航行设备。

（9）应急情况下，自动供电并保证舵机至少连续工作30 min。

（七）应急配电盘日常维护保养

（1）板内外清洁，接线正确，螺母无松动。

（2）每月至少试验一次，检查应急起动应符合要求。

（3）每年进行一次试验，检查与主配电板联锁装置动作应正常。

（八）蓄电池日常维护保养

（1）蓄电池在使用过程中应保持清洁。在充电完毕旋上注液孔塞后，可用蘸有碳酸钠溶液的抹布擦去电池外壳、盖子和接线头的酸液与灰尘。

（2）极柱夹头和铁质提手等零件表面上应保持一层凡士林油膜，如有氧化物必须刮除，接线头和电池极柱保持紧密接触。

（3）注液孔上胶塞必须旋紧，以免电解液溢出，透气孔必须畅通。

（4）为了消除极板磁化现象，应按时进行过充电和定期进行全容量放电，以便使作用物质得到充分的、均匀的活动。

（5）蓄电池应严禁烟火并保持通风良好。

（6）电解液每月测量一次比重，发现异常应及时处理。

（7）储藏室中应备有合格的硫酸和纯水，工具齐全。

（8）比重计、温度计、电压表等测量仪表应定期校验。

（九）应急空压机日常维护保养

（1）始终处于立即可用状态，每两周校用试验并做记录。

（2）每季度进行充气试验，记录应急气瓶充气压力和所需时间。

（十）油类速闭阀日常维护保养

（1）每半年进行就地及机舱外遥控关闭试验并记录。

（2）及时保养集控箱连结索，保持其装置操作灵活，外观完好。

（十一）机舱应急吸入阀日常维护保养

（1）机舱大量进水时的操作步骤。

（2）始终处于立即可用状态。

（3）每季度进行开关活络检查。

（4）每年打开彻底检查，清洁保养、涂油，保证其效能。

（十二）主机旁应急操作装置日常维护保养

每半年操作试验，张贴操作规程，并做好试验记录。

（十三）机舱应急风机维护保养

按规定要求（每半年）进行切断电源试验并记录。

（十四）机舱天窗、烟囱百叶窗速闭装置维护保养

按规定要求（每季度）进行开关试验并记录。

（十五）机舱水密门维护保养

机舱水密门是设置在水密舱壁上，用于船舶破舱进水时进行水密封舱的设备。常用的有铰链式（手动）和滑动式（手动和动力）水密门两大类。前者结构轻便、启闭简便；后者用于有耐水压要求和地位受限制的处所，结构牢固，但需配控制系统。内河船舶上基本采用铰链式水密门。任何水密门操作装置，无论是否为动力操作，均须于船舶横倾15° 时能将水密门关闭。按规定要求每季度进行开关试验并记录。

（1）任何水密门操作装置，均须于船舶横倾15° 时能将水密门关闭，并且可在门两侧

操纵；

（2）滑门完全关闭所用时间：手动时不超过90 s；液压操作不超过60 s。

三、助航设备日常维护保养

（一）甚高频无线电话日常维护保养

船用甚高频无线电话在湿度大、温差变化范围较大和振动的环境中工作，因此在日常的维护、保养中应特别注意以下几点：

（1）开机前，必须接好天线、送（受）话器和直流电源。

（2）使用中应做好防水、防潮、防振和防尘工作。

（3）保持机器的清洁，随时检查主机到各部分电缆的接头接触是否良好。

（4）避免受阳光直接照射，每周至少通电保养一次。

（5）更换保险不能超过规定值。

（二）雷达的日常维护保养

1.雷达的日常维护、保养

（1）严格遵守开、关机程序。根据雷达的型号的不同，在通电2～5 min后，倒计时完毕或发射指示灯亮后，才能将雷达开关从“等待”转到“发射”位置。

（2）当湿度超过80%，或温度低于−20 ℃时，在开机之前应先开“加热”开关，待升温干燥后再开机。

（3）保持收发机和显示器的清洁。高压导线和低压导线不应太近，以防发生打火和电晕。

（4）荧光屏要避免受阳光或灯光直接照射。平时不用时，应用罩子罩好。

（5）雷达的开机间隔时间不应超过一周。

2. 雷达的定期维护、保养

在对雷达进行定期维护、保养工作时，应切断雷达的总电源，并且在雷达电源总开关处和显示器上挂警告牌禁止开机。在维护收发机和显示器时，应先将高压储能器件对地放电，防止高压触电。

（1）雷达天线的维护、保养工作：

①辐射窗每半年用清水软布清洁一次，油污不能用酒精以外的清洁剂。

②每半年检查一次天线底座、波导连接和水密情况，并用厚白漆封固。

③天线电动机应保证水密并经常清洁直流电动机，应定期更换炭刷。

④波导管、天线外罩、机座等每半年除锈涂油漆保养一次，但不得在天线辐射窗上涂油漆。

⑤防止撞击波导，注意变形开裂等异常情况。

⑥齿轮箱定期加注防冻润滑油。

（2）收发机的维护、保养工作

①每三个月检查一次各种电缆接头和连接器是否牢固可靠。

②每三个月检查一次雷达的工作情况（测试电表数据），每次测试应在雷达工作半小时后进行，使雷达各项指标在正常范围内。

③每半年用软毛刷清除一次收发机箱内灰尘。

④若收发机正常而回波明显减弱，检查波导管内是否积水。

⑤当更换磁控管后，应“预热”半小时以上再加高压，或按该磁控管的技术要求进行“老练”。

⑥更换主要部件后应调试并做好记录。

（3）显示器的维护、保养工作

①每半年用软毛刷清除一次显示器内部灰尘。

②用干软布轻轻抹去荧光屏的表面灰尘。

③检查各连接电缆和插头是否牢固可靠并保证接触良好。

④当发现高压帽周围打火时，应在对地充分放电后，再用蘸有无水酒精的软布清除高压帽周围的尘污。

⑤旋转线圈应定期按规定加油和去污。

（4）雷达电源（中频逆变器）的维护、保养工作：

①每三个月应检查一次各种电缆接头是否牢固可靠。

②定期用软毛刷去除逆变器内的尘灰。

（三）磁罗经日常维护保养

（1）经常保持清洁。罗盆轴、常平环、减振系统等活动摩擦部分应经常加油保持润滑。

（2）防止受高温退磁。标准罗经应避免太阳曝晒，不用时除盖上罗经罩外，还应加盖帆布罩。

（3）防止振动退磁。不许敲击磁罗经，驾驶室内及附近也不能敲击和敲锈，避免磁罗经受振动。

（4）保持罗经指向准确。罗经校正后，不许移动磁棒、软铁球（片）及佛氏铁等校正器，罗经柜门应锁紧。不许带铁器进驾驶室，以免影响罗经的准确性。

（5）定期检查罗经是否有气泡、地脚钉是否松动等，冬季还应防冻，保持罗经技术状态良好。

（6）磁罗经应安装于观测方便之位置。操舵罗经根据需要可安装于中纵剖面上或其附近一侧。安装于中纵面上的罗经称为正装罗经，装于中纵面附近的罗经称为偏装罗经。罗经的指向基线应与中纵面重叠或平行，其误差应小于0.5°。

（7）磁罗经应保持正平、牢固。罗经柜的轴线应与船的水平剖面相垂直，罗经底座应用垫板和铜螺钉固牢。

（8）磁罗经周围经常移动的物体如门窗等，应避免用铁材。

（9）磁罗经与带磁性器件如扬声器、雷达、回声测深仪、电动操舵器、探照灯、栏杆、支柱等，均应保持一定距离。

（10）靠近磁罗经的电线应双线并列，避免电磁对罗经的影响。

（四）船舶AIS日常维护保养

（1）船舶在航行和进出港口时应保证AIS的正常使用，如基于安全的原因关机，应将关机的原因和时间记录在航海日志中。

（2）驾驶员负责AIS设备日常管理和维护保养。开航前将有关数据输入AIS中，包括目的港、预计到港时间、货物种类、船舶吃水、船上人员数量等静态信息；日常检查设备的原始数据是否正确；外接GPS（北斗）和罗经信号、交直流供电是否正常；室外天线、馈线情况，并记录在航海日志中。

（3）驾驶员间交接班时也应该交接AIS设备工作是否正常，本船输入的信息是否正确，并记录在航海日志中。

（4）船舶在港期间，应将发射功率调至低功率。

（5）船舶应妥善保存AIS的船检产品证书或产品型式认可证明，以备检验。

（6）AIS的使用和维护要严格按照操作说明书进行，发现故障但无法自行解决的要及时送到专业维修单位进行维修，或通知维修人员上船进行修理。

第二节 船体保养

现代船舶均系钢铁建造，船舶锈蚀不可避免。一般钢质船舶如不采取防锈措施，不到几年就可全部锈烂报废。但是如果保养得好，则能使用长达几十年。因此，为了防止船体及其他金属构件表面锈蚀，在进行涂漆保养前，都要除锈。涂漆后一旦发现再度锈蚀也要及时地进行清除。

一、船体锈蚀原因与防锈方法

（一）船体锈蚀的原因

现代船舶大多系钢质结构，船体与水、空气等介质接触，这些介质中含有氧气和酸、碱等物质，会与钢质的船体发生化学反应或电化学反应而造成化学腐蚀或电化学腐蚀，即船体锈蚀。简言之，船体锈蚀是由于船体与外部介质发生化学作用或电化学作用而引起的破坏现象。

1.化学腐蚀

化学腐蚀是金属与周围介质直接发生化学而引起的腐蚀。它主要包括金属在干燥气体中的腐蚀、金属在非电解质溶液中的腐蚀和金属遇腐蚀性物质的腐蚀。氧化是金属最常见的化学腐蚀。

2.电化学腐蚀

电化学腐蚀是指金属与电介质发生电化学作用而发生的腐蚀。电化学腐蚀的产生必须具备以下两个条件：

（1）有电位不同的两种金属相接触或有电位不同的同一种金属，如表7-22-2所示。

表7-22-2　几种金属的标准电极电位

电极反应	电极电位/V	电极反应	电极电位/V
镁 $Mg\rightarrow Mg^{2+}+2e$	−2.340	铬 $Cr\rightarrow Cr^{3+}+3e$	−0.710
铝 $Al\rightarrow Al^{3+}+3e$	−1.670	铁 $Fe\rightarrow Fe^{3+}+3e$	−0.036
铅 $Pb\rightarrow Pb^{2+}+2e$	−0.126	铜 $Cu\rightarrow Cu^{2+}+2e$	+0.345
锌 $Zn\rightarrow Zn^{2+}+2e$	−0.762	银 $Ag\rightarrow Ag^{+}+e$	+0.799

（2）被电解液浸湿。

钢质船舶电化学腐蚀比化学腐蚀更为普遍、厉害，而且电化学腐蚀与化学腐蚀往往是同时进行的。

3.生化腐蚀

生化腐蚀是指由于水生生物寄生在钢质船体上，产生排泄物，其化学成分对船体表面产生的腐蚀。生化腐蚀与船舶污底现象有直接关系。

船体保养的实践证明钢质船体的电化学腐蚀比化学腐蚀有更大的危害性。

（二）船体防锈方法

1.电化学保护法

（1）牺牲阳极保护法

电化学保护法具体实施时，常采用牺牲阳极保护法（亦称电极防护法或保护板法）。即在船体构件上（如船尾螺旋桨附近的艉轴架和船壳外板等处）安置电位比钢铁低的小块锌板（Zn）或镁板（Mg），使电化学腐蚀集中在锌或镁板上，以减轻钢铁船体和构件的腐蚀。因此，在修船时必须检查保护板腐蚀情况，决定是否换新。

（2）外加电流保护法

外加电流保护法原理与牺牲阳极保护法完全一样，但它不是利用宏观电池来提供电流，而是将船舶直流电源的负极接在船壳上，正极接至外加的阳极上，以形成向船壳提供负电压的回路。通过控制设备使整个船体部分成为处于一定负电压的回路中，从而达到保护船体钢板的目的。其工作原理如图7-22-1所示。

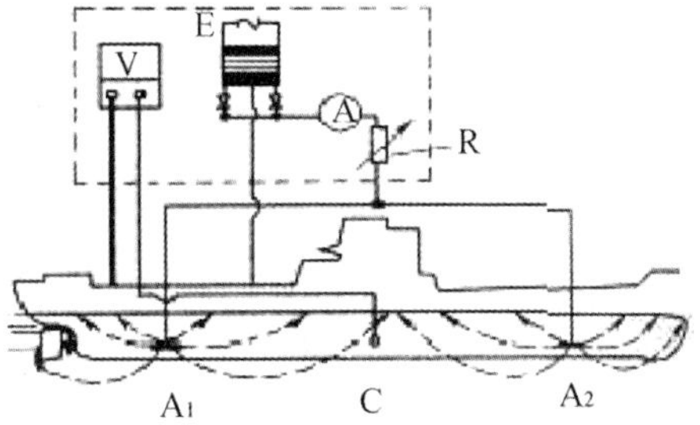

图7-22-1　外加电流阴极保护法原理图

A_1，A_2—辅助阳极；C—参比电极；E—恒电位仪低压直流电源；

R—恒电位仪可变电阻；A—恒电位仪直流电流表；V—恒电位仪真空管电压

外加电流保护法的辅助阳极与牺牲阳极的金属材料不同。外加电流保护的阳极应具有耐腐蚀的性能，表面电阻小、不易极化、沾有污物也不影响其性能，且机械程度较高，经久耐用，故采用铅银合金和二元合金。

2.涂层保护法

涂层保护法即在钢铁表面涂装涂料、油脂、水泥或塑料薄膜等非金属保护层，使金属表面和外界的电解液等腐蚀性物质隔开而避免腐蚀。最常见的是涂以涂料（俗称船用油漆），也曾试验在油船的货油舱内壁炀一层塑料薄膜，效果很好。

有些船用钢铁用品还在其表面镀一层抗腐蚀性较强的金属保护层（如锌、铝、铜等），如钢丝绳镀锌等。

二、船体除锈方法和注意事项

（一）船体除锈方法

船舶常用的除锈方法包括手工除锈、机械除锈和化学除锈。

1.手工敲铲除锈工具与除锈方法

（1）手工除锈的主要工具

用手工除锈工具敲击、铲刮、磨刷钢材表面，除去锈层、旧漆和污物的方法，适用于小面积、拐角以及不易使用各种机械除锈的金属面。常用的手工除锈工具有：敲锈榔头、刮刀、铲刀、钢丝刷等，如图7-22-2所示。

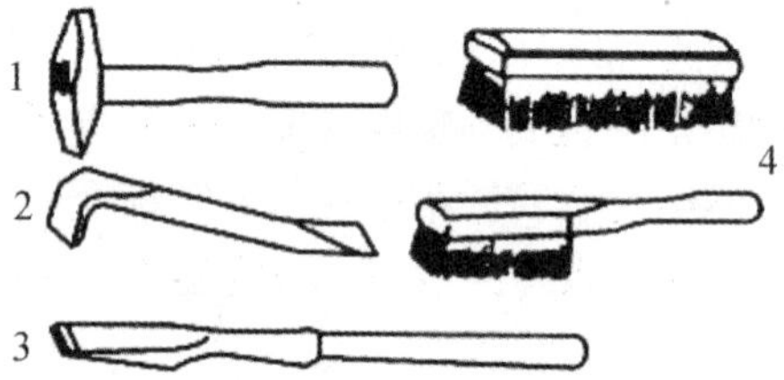

图7-22-2　手工除锈工具

1—敲锈榔头；2—刮刀；3—铲刀；4—钢丝刷

①敲锈榔头：两端有互相垂直的刀口，可用于敲除厚锈。直刀口用于敲除直缝的锈，横刀口用于敲除横缝的锈。

②铲刀或刮刀：用于除薄锈和旧漆。目前船员多采用锋钢刀口的铲刀，工作效率较普通铲刀高。

③钢丝刷：用于除薄锈和锈粉。

（2）手工除锈作业要求

手工除锈作业劳动强度大、效率低，一般为0.2~0.5 m^2/h，而且环境恶劣，难以除去氧化皮等污物，除锈效果不佳，难以达到规定的清洁度和粗糙度，已逐步被机械方法和化学方法所替代。但在修船和船体保养过程中，对局部缺陷的修补，常采手工除锈方法；对于机械除锈难以达到的部位，如狭小舱室、型钢反面角隅边缘等机械作业困难区域，也多采用手工除锈。因此，在船舶修理和船体保养中对手工除锈作业提出了明确的要求。

①准备好工具。铲刀要磨快，榔头把装紧，榔头两端的刀口不能太钝，也不能太锋利。

②敲锈用力要适当。既要把锈敲除，又不能损坏钢板和留下刀痕，尤其在敲水线下和焊缝等处的锈时更要小心，避免敲出漏缝。

③注意安全。敲锈时人与人不要相距太近，不要面对面敲铲，敲锈时必须戴上防护眼镜和防护手套。

④从上到下、从里到外依次清除彻底，不要遗漏。

⑤除锈后应及时涂漆。如当天不能涂底漆可先涂漆油，以防生新锈。

2.机械除锈设备与除锈方法

除锈方法的用机械冲击、磨刷、敲打金属面除去锈层、旧漆和污物。机械除锈的工具和工艺较多，其中主要的有以下四种：

（1）小型风动或电动除锈

小型风动或电动除锈主要以电或压缩空气为动力，装配适当的除锈装置，进行往复运动或旋转运动，以适应各种场合的除锈要求。如角向磨光机、钢丝刷、风动针束除锈器、风动敲锈锤、齿型旋转除锈器等，属于半机械化设备，工具轻巧、机动性大，能较彻底去除锈、旧涂层等，能对涂层进行打毛处理，效率大大提高，可达12 m^2/h，但不能除去氧化皮，表面粗糙度较小，不能达到优质的表面处理质量，工效较喷射处理低。小型风动或电动除锈可在任何部位使用，特别在修船过程中得到广泛应用。其中，比较实用的有电动机械除锈机，是一种轻便的手推式除锈装置。它由电动除锈拷铲头、车轮和中间摇摆支架三部分组成，除锈速度为8~10 m^2/h，有效改善了内河中小型船舶船体除锈的施工条件。其结构原理图如图7-22-3所示。

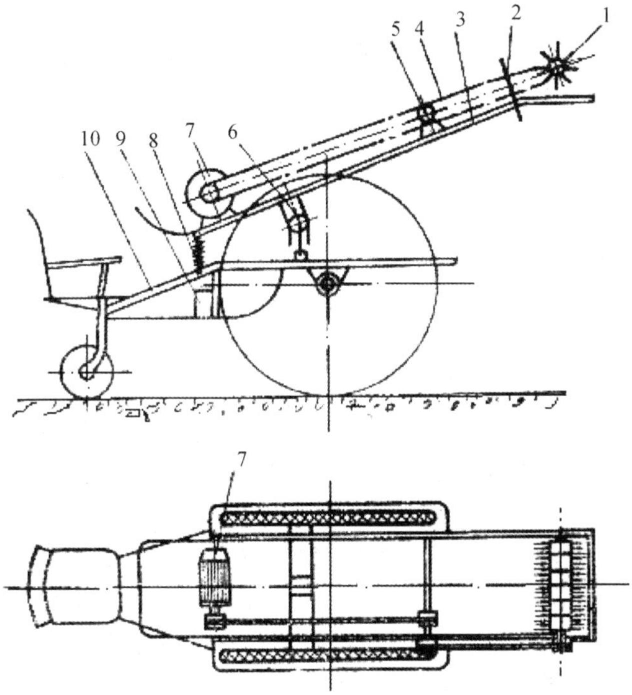

图7-22-3　船底电动除锈机结构原理图

1—除锈装置；2—防护挡板；3—座架；4—三角皮带；5—中间轴承及皮带轮；6—摇摆支架；7—电动机；8—拉紧弹簧或橡皮带；9—倒顺组合开关及电源插座；10—行走支架

（2）喷丸（砂）除锈

喷丸（砂）除锈主要利用颗粒喷射冲蚀作用，以达到表面清洁和适宜的粗糙度，设备包括敞开式喷丸（砂）机、密闭式喷丸（砂室）机、真空喷丸（砂）机。敞开式喷丸（砂）机应用较为广泛，能较为彻底地清除金属表面所有的杂质，如氧化皮、锈蚀和旧漆膜，除锈效率高达45 m^2/h，机械程度高、除锈质量好。但磨料一般不能回收，对其他作业有影响，清理现场难度大，导致环境污染较重，近年来逐渐被限制使用。图7-22-4为甲板喷砂除锈作业图。

图7-22-4　甲板喷砂除锈作业图

（3）高压水磨料除锈

高压水磨料除锈是指利用高压水射流的冲击作用（加上磨料的磨削作用）和水撬作用破坏锈蚀和涂层对钢板的附着力。其特点是无粉尘污染，不损伤钢板，大大提高除锈效率，可达15 m^2/h以上，除锈质量好。但除锈后的钢板易返锈，须涂装专门的带湿除锈涂料，对一般性能涂料的涂装有较大影响。

（4）抛丸除锈

抛丸除锈是一种对船体钢料进行除锈的较为先进的机械处理方法。它是利用压缩空气把铁丸从喷管喷出，达到除锈的目的。喷丸室是船体部件和分段除锈的工场，工场是封闭的，喷出的除锈铁丸有自动回收装置。在船坞内对船舶进行舷部除锈时，可采用专用的抛丸除锈升降车，车的下部设置走轮，顶部设抛丸室。因此，抛丸除锈不仅生产效率高，而且费用低、自动化程度高，可实现流水线操作，环境污染轻，但仅能在室内操作。

机械除锈的效率高，适用于大面积除锈，被船舶修造厂广泛应用。

3.化学除锈法

化学除锈法习惯称为酸洗除锈。钢质船体的锈蚀产物主要是金属的氧化物（碱性氧化物）和氢氧化物，化学除锈就是利用酸液与这些金属氧化物和氢氧化物发生化学反应，使部分金属锈蚀产物被溶解下来，而部分则由于这种溶解作用时产生的氢气泡的机械作用脱落下来，从而比较彻底地除掉钢质船体表面的锈蚀产物。

化学除锈有除锈液除锈和除锈膏除锈两种，其配方示例如表7-22-3所示。

表7-22-3　化学除锈液和除锈膏配方示例

配方		处理时间/min	处理温度	说明
除锈液	硝酸5%	1.0~1.5	室温	去锈后先用水冲洗一遍，继之用2%碳酸钠水溶液中和2 min，最后用水冲洗干净。适用于钢质板材除锈
	磷酸5%			
	铬酐10%			
	重酪酸钾3%			
	水77%			
除锈膏	盐酸40%	20.0~60.0	室温	
	水58%			
	六甲基四胺2%			
	细锯木适量			
	耐火泥适量			

化学除锈是船舶常用的除锈方法，但由于酸洗废料收集处理困难，存在严重的环保问题，只能在车间内操作。

（二）船体除锈的注意事项

（1）根据船体保养具体要求合理选择除锈方法，一般采用手工除锈、机械除锈和化学除锈等多工艺结合开展除锈作业。使用机械除锈和化学除锈必须充分做好作业水域环境保护。

（2）船体除锈现场作业人员必须穿戴人身防护套装，包括防护眼镜、防护手套及舷外安全作业装备等。

（3）严格执行除锈安全操作规程，防止除锈设备和器具伤人，做到既注重保护除锈设备、器具，又不致损伤船体。

（4）修船时用于船壳主体的新钢板，必须经过除锈工序，彻底除去钢板表面的氧化皮和锈蚀。

（5）船体旧钢板，必须用手工、机械（电动、喷丸、抛丸或高压水）除锈方法，除去钢板表面及腐蚀凹坑内的锈蚀。用高压水除锈方法仍然除不掉的底漆，可以保留，不必出白。

（6）除锈后钢板表面的粗糙度应控制为40~75 μm。

（7）除锈质量应符合国家标准。规范性引用文件《涂装前钢材表面锈蚀等级和除锈等级》（GB 8923—1988），《涂装前钢材表面粗糙度等级的评定》（GB/T 13288—1991）。

三、内河船舶常用涂料

内河船舶常用涂料是用于船舶及水运工程结构物各部位，满足防水、耐大气腐蚀和水生动植物附着及其他特殊要求的涂料的统称。它是一种具备保护和装饰作用的工程材料，属高分子胶体化合物。一般由油料、树脂、颜料、辅助材料等成分组成，即主要成膜物质（油料和树脂）、次要成膜物质（颜料）和辅助成膜物质（如稀料、催干剂等）三部分。由于早期多采用天然树脂和动植物油脂作为主要原料，故称为“油漆”。随着科学技术的发展、各种有机合成树脂的广泛应用，油漆原料已趋向少用或不用天然树脂和油料，使油漆的品种增加，油漆这一名词已不能概括所有产品，因而统称为“涂料”更准确。但对具体涂料的命名，除粉末涂料外，内河船员在日常船舶保养中仍习惯采用“油漆”一词。

（一）船用涂料的性能与用途

船用涂料只是涂料品种中的一小部分，按其性能、使用部位和用途可分为以下几种。

1.水线漆

水线漆是指用于船舶空载水线和重载水线间的船壳外板部分的涂料，由酚醛漆料或氯化橡胶液等加防锈填充料制成。它具有干燥快、附着力较好、漆膜坚韧、抗油污、耐干湿交替、耐气候性好、耐水的侵蚀和浪的冲击、耐摩擦等特点。一般水线漆有酚醛漆、醇酸漆、丙烯酸树脂漆、氯化橡胶漆等，防污水线漆有氯化橡胶类油漆、乙烯类油漆等。如天津灯塔牌F41-31各色酚醛水线漆具有良好的耐水性、耐机油性能、耐干湿交替性能，与酚醛、醇酸底漆具有良好的配套性和层间附着力且具有良好的施工性能。

2.甲板漆

甲板漆是指用于船舶甲板上的防护涂料，由酚醛或醇酸、环氧等漆料，加入填充料及颜料等制成。它具有很好的附着力、耐摩擦、耐日晒、耐海水、耐洗刷和耐化学腐蚀等，如酚醛甲板漆、醇酸甲板漆、环氧树脂甲板漆、丙烯酸树脂甲板漆、氯化橡胶甲板漆等。常用的酚醛甲板漆型号多为F42-31（各色酚醛甲板漆），具有良好的耐磨性、耐洗刷性、耐水性和耐油性、附着力和流平性，适用于船舶钢铁或木质甲板上。

3.船壳漆

船壳漆是指用于船壳重载水线以上部分。用酚醛树脂或醇酸树脂与干性油等配制而成。它具有附着力强，漆膜光亮，耐气候性好，能经受风雨、日晒，具有柔韧性和快干等特点，如醇酸船壳漆、氯化橡胶船壳漆、丙烯酸树脂船壳漆、环氧树脂船壳漆、乙烯类船壳漆等。常用的F43-31各色酚醛船壳漆由酚醛树脂、干性植物油合成的漆料、耐磨性优良的颜料、体质颜料、催干剂及溶剂等组成，具有良好的耐磨性、耐洗刷性、耐水性、耐油性、附着力和流平性等特点。

对于船舶上层建筑及居住舱室的涂料，要求装饰美观，室外部位的漆膜还应有良好的耐气候性。铜质面一般用防锈漆打底，再选配F04-1各色酚醛磁漆、F03-1各色醇酸磁漆罩面。室外部位最好用醇酸磁漆罩面，以保证其耐气候性。室内木质面可涂F60-1各色酚醛防火漆。室内地板可选用F80-1酚醛地板漆。船舶各舱室不得使用硝酸纤维或其他易燃物为基料的油漆。

4.船底漆

船底漆是指用于船体轻载水线以下部分，包括舵叶、导流管等长期浸没于水中部位的涂料。它具有防锈、防污、耐久、快干、附着力强等特性。船底漆包括以下三种：

（1）打底漆：在除净铁锈的船底钢板上涂刷两度，具有防锈、防水、防盐分渗透和附着力强等特性，如磷酸锌防锈漆、锌黄防锈漆、红丹防锈漆等。常用的打底漆是铝粉沥青船底漆（L44-1）。

（2）船底防锈漆：它是涂刷在底漆与防污漆之间的媒介层，漆膜坚韧，能和底漆、防污漆牢固附着，并具有良好的防水性，隔绝铝粉打底漆和含铜绿的防污漆的接触，以免发生电化学作用而影响其效果，如沥青船底防锈漆、氧化橡胶船底防锈漆、环氧沥青船底防锈漆等。常用的防锈漆有沥青船底漆（L44-2）、氯化橡胶防锈漆等。

（3）船底防污漆：它是涂在船底最外层的掺有化学毒素的涂料。涂料中掺有氧化亚铜、氧化汞等毒素，防止海生物附着船体繁殖，如溶解型——沥青系氧化亚铜防污漆，接触型——氯化橡胶，乙烯类氧化亚铜防污漆，扩散型——有机锡防污漆，自抛光防污漆——有机锡高聚物防污漆等。常用的防污漆有沥青防污漆（L40-1）、松香防污漆（T40-3）等。

5.水舱漆

水舱漆是指涂施于船舶水舱部位的涂料，用以防止水舱钢板锈蚀，保证食用水的质量。常用的水舱漆是无溶剂环氧树脂水舱漆。内河船舶的水舱防锈一般采用搪水泥浆的方法。水泥浆通常采用500号或600号水泥调制，水泥与水的比例为3∶1。

6.油舱漆

油舱漆是指油船货油舱或船舶自用燃料的油舱的防腐蚀涂料。石油及其产品中的有机酸和硫腐蚀力较强，货油舱经常与压载水交替装载，或用高温高压水洗舱，都会加速油舱的腐蚀。因此，要求油舱漆具有附着力好、耐腐蚀、耐油和耐冲击的特性，如环氧树脂油漆、聚氨酯油漆等。专用的环氧油舱漆有H54-2铝色环氧沥青耐油底漆（即834环氧铝粉油舱漆）和H54-1环氧沥青耐油漆（即835环氧铁红油舱漆）。两者应配套使用。

7.烟囱漆

烟囱漆是指船舶烟囱用的防腐蚀涂料。漆膜在高温中长时间不脆裂脱落，一般由酚醛、醇酸等树脂漆料加入铝粉、石墨等耐热颜料制成。船用铝粉漆（又称银粉漆）是用30%的铝粉和70%的清漆，再加入少量的稀释剂（松香水）调制而成的。

8.防火漆

防火漆是指涂层不易燃烧或能延缓燃烧的涂料。用酚醛树脂或氯化橡胶与醇酸树脂配制而成，或用四氯化苯酐醇酸为漆料加入锑白粉配制而成。防火漆遇热分解产生不能燃烧的气体或气泡，可起隔离作用，阻止或延缓燃烧，保护涂层下面的物体。防火漆常用于涂刷船舶旅客舱室和仪器设备。

（二）船舶常用涂料

目前船上使用的保养用漆按主要成膜物质分类，广泛采用合成树脂，主要有醇酸树脂、乙烯树脂、环氧树脂、氯化橡胶、聚氨酯树脂和硅酸脂等。

1.醇酸树脂

醇酸树脂是多元醇和多元酸通过缩聚反应而制成的体型高分子量聚酯树脂。醇酸树脂涂料的优点是对大气和紫外线的作用稳定，因而具有优良的耐候性和耐久性，并具有良好的耐盐水性、可挠性和光泽保持力，还具有耐脂肪族溶剂性、耐热性和耐冲击性；但是，它的干燥时间较长，不耐酸、碱、酮等。这类漆一般用于室外，如上层建筑部和外舷部；也可用于室内，如住舱、厨房等。

2.乙烯树脂

由乙炔通入乙酸，在汞盐、硫酸等存在的条件下，反应生成中间产物乙酸乙烯，然后在过氧化物存在的条件下，乙酸乙烯经聚合反应生成乙烯树脂。乙烯树脂涂料具有良好的耐水性、耐候性和耐化学品性，并具有良好的附着力、耐热性和柔韧性，同时还能与酚醛、醇酸和氨基等树脂混溶，有着良好的配套性。所以，这类涂料广泛用于船舶涂装和保养，除常年浸水的部位外，可用于船舶的其他任何部位。

3.环氧树脂

环氧树脂是一种在分子结构中含有环氧基的高分子聚合物。当其分子量低（约350）时为液体，分子量高（17 000）时为硬质固体。涂料工业使用的环氧树脂之分子量一般为900~3 800，同时需要加入固化剂使之成膜，因而是双组分（两罐装）涂料。这类漆具有优良的耐化学品性、耐水性和耐盐性，漆膜角质厚实，附着力强，机械性能好，常用于油舱、货舱和船底部等。环氧树脂有纯环氧和焦油环氧两种。这类漆的缺点是喷涂时环境温度不能太低，否则就不能固化；同时它在固化后的复涂性也较差。

4.氯化橡胶

氯化橡胶由天然橡胶经过塑炼解聚后，溶于四氯化碳中进行氯化处理而得多孔固体，再溶于有机溶剂而制成涂料。这类涂料具有优良的耐化学品性、耐水性和耐久性，并因含氯量高而不易燃烧，漆膜层间具有互溶性而复涂性好，还由于它固体含量高，故可制成厚浆型漆。但是，它的耐油性、耐强硝酸和浓醋酸性差，也不能用高于110 ℃的温度进行烘烤。这类漆主要用于大气区，如甲板、甲板室、桅杆和吊杆等。此外，它干燥快和复涂性好，所以是一种很好的维护保养漆。

5.聚氨酯树脂

聚氨酯树脂是由多异氰酸酯与多羟基化合物反应而得的聚氨基甲酸酯，简称聚氨酯。聚氨酯涂料具有优良的快干性、耐磨性、耐油性、耐水性和耐化学品性，而且附着力强。聚氨酯涂料的品种有单组分和双组分之分，其中的双组分漆是需要固化的。这类漆主要用于外舷部、甲板部和各种液舱。

6.无机锌漆

无机锌漆由硅酸钠、硝酸钾（两者俗称水玻璃）作为成膜材料，并加入锌粉制作而成。含锌量超过70%的无机锌漆称为富锌漆，含锌量低于70%的无机锌漆则称为低锌漆。无机锌漆涂层坚韧，耐磨性好，对多种石油产品和有机溶剂的作用稳定，所含锌粉具有阴极保护作用。这类漆被广泛用作车间底漆、底漆、液舱漆和甲板漆。为了保证锌粉与钢材表面具有良好的电气接触，要求钢材表面处理应达到Sa2.5级以上。

7.沥青漆

沥青为黑色发亮的固体或半固体物质，有天然沥青、石油沥青和煤焦沥青等，能溶于苯类及石油剂中。沥青漆也称黑水罗松，是用松香改性酚醛树脂、干性油、溶剂和催干剂等制成，漆膜坚韧光亮，耐水、耐酸碱，但不耐热、不耐光，船上多用于涂刷货舱、锚、锚链、锚链舱等。

8.清漆

清漆又称假漆，是不含颜料的透明漆。涂于物面上能显出物面原来的底纹。根据所用原料不同可分为油质清漆和醇质清漆等。

（1）油质清漆，俗称凡立水，含有油、树脂和溶剂。将油和树脂熬炼成均匀的液体，再加溶剂和催干剂制成。如酚醛清漆、醇酸清漆等。

（2）醇质清漆，即将树脂溶于醇类溶剂而制成。最常见的是虫胶清漆。虫胶清漆也称泡立水，是用虫胶片与酒精调制成的。一般调配的比例是在1 kg酒精中调入200 g虫胶漆片。其漆膜透明、光亮、快干，但不耐热，可作室内木器用漆。

（三）船用颜料（次要成膜物质）

颜料的种类很多，按其作用，船用颜料可分为以下四类：

1.着色颜料

着色颜料在涂料中的主要作用是着色和遮盖物面，并能提高漆膜的耐久性、耐气候性以及增强漆膜的强度。船舶涂料中常用的着色颜料有钛白粉、锌钡白、氧化锌、铅铬黄和群青等。

2.防锈颜料

防锈颜料在涂料中的主要作用是保护金属表面，进而到防锈，防止其受大气、海水等侵蚀。船舶涂料中常用的防锈颜料有红丹、锌铬黄、氧化铁红、含铅氧化锌、铝粉等。

红丹是一种橘红色的粉末，是铅的氧化物，一种碱性颜料。在油漆中能和亚麻仁油酸结合生成铅皂，可提高漆膜的抗水性、防锈性。红丹有化学抑锈作用，在钢铁表面具有很好的防锈能力。当它和钢铁表面接触时生成铅酸铁，使钢铁表面钝化而不易锈蚀，但红丹不能作为铝等轻金属表面的防锈颜料。

3.体质颜料

体质颜料又称填充料，是加入涂料中用以改进漆膜的物理、化学、光学性能并能降低其成本的一种固体物料。船舶涂料中常用的体质颜料有滑石粉（硅酸镁粉末）、重晶石粉（硫酸钡粉末）、石粉（碳酸钙粉末）和石膏粉（硫酸钙粉末）等。

4.防污颜料

防污颜料是指建立在松香黏合剂的基础上，用氧化亚铜作为主要成分的颜料，加入涂装于船底和水下设施的涂料中，防止船舶污底和水生物寄生在船体等水下设施上对钢质船体（构件）形成腐蚀。使用防污颜料的涂料通常被称为防污漆，主要有传统型防污漆、释放型防污漆、烧蚀型防污漆、自抛光型防污漆和自释放型防污漆等几种。

（四）辅助成膜物质

船用涂料中的辅助成膜物质一般由稀释剂、增塑剂、催干剂等辅助材料构成。如稀释剂是用于溶解或稀释树脂、沥青、油类、硝化纤维等挥发性有机物质，可降低涂料的黏度，以满足涂刷或喷涂的要求。稀释剂多为具有挥发性能的液体，在施工干结成膜过程中，全部挥发掉。故在涂料组成中，又称为挥发部分。船用涂料中常用的稀释剂有松香水、松节油、二甲苯、煤焦稀释剂、硝基漆稀释剂和乙醇等。

四、船用涂料施工

船用涂料的施工方法有刷涂、喷涂、浸涂、电泳涂等。内河船员施工主要采用手工刷涂。在施工时必须熟悉相关施工要领。

（一）涂面处理

涂漆前必须对涂物的表面进行正确的处理，才能保证涂料的附着力、使用寿命和美观。这对整个涂料施工的质量关系很大。

钢铁表面在涂漆前必须除锈去污。要求较高的涂面还要将缝隙及凹陷处用油灰填平，干后磨平、磨光，然后才能涂底漆。涂漆前还必须将其表面用干布或棉纱抹干净，如有油渍可用棉纱沾汽油擦除。

木质面在涂漆前必须干燥。如果木质面在未干前就涂漆，其水分蒸发会引起漆膜起泡。

木质面在涂漆前一般必须先刮灰、打磨，然后才能涂漆。也有先涂一度底漆以后再刮灰的。调油灰的方法很多，常用的油灰是用石膏粉和熟桐油等调制而成的，称为桐油灰（也称为桐油腻子）。调配比例是：石膏粉3 kg、厚漆2 kg、光油（熟桐油）1 kg、松香水或汽油0.6 kg调和后，最后加水调成。

常用的刮灰工具有牛角刮刀、钢皮刮刀和刮灰板等，如刮圆角面可用橡胶刮刀。一般对木质面的缝、眼、截面和粗糙面都应刮灰填平，要求较高的涂面还可以进行满刮，即全部刮一遍。

当油灰全部干透后，必须用砂纸打磨，可用1号或0号砂纸包小木块顺木纹打磨。将物面磨光以后，就可以涂底漆了。

（二）涂面施工作业

1.刷涂法

（1）刷涂工具选择

在船舶涂料的施工中，刷涂法是人工使用漆刷进行刷涂的一种作业。漆刷是用猪鬃或其他兽类的毛制成的。常用的漆刷有各种尺寸的扁刷、圆刷、笔刷、弯头刷及滚筒刷等。扁刷应用较普遍，用扁刷涂刷，漆膜刷纹整齐。滚筒刷多用于船壳和甲板等大面积的涂面，涂刷效率高，涂面刷纹差。圆刷目前使用较少，常绑在长杆上用来刷高、远处。笔刷用于写水尺、载重线标志及船名等。弯头刷用于涂刷难涂的角落和缝隙。各种漆刷如图7-22-5

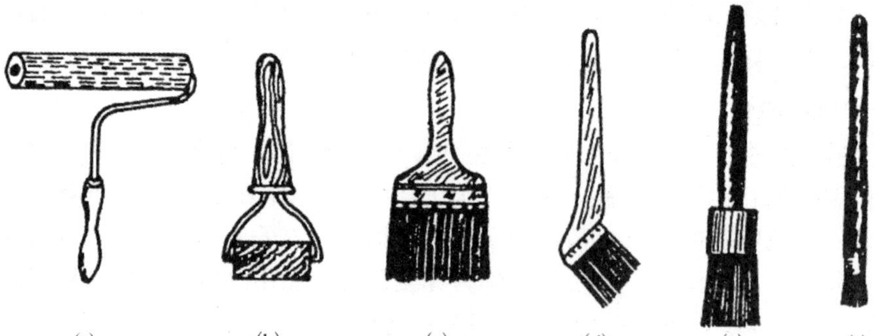

(a) (b) (c) (d) (e) (f)

图7-22-5　各种漆刷

（a），（b）—滚筒刷；(c)—扁刷；(d)—弯头刷；(e)—圆刷；(f)—笔刷

（2）刷涂施工方法要领

①涂刷油漆时，漆刷蘸油漆不宜太多，只蘸刷毛的1/3~1/2即可，特别是涂刷仰面时更应少蘸。为避免油漆下滴，漆刷蘸漆后，应让它滴一下，然后轻轻转动，将刷毛朝上拿离漆桶。涂刷几次后，将漆刷在漆桶边刮几下，以防油漆流到柄上。每蘸一次漆的涂刷面积要适当，一般应先将油漆在一定面积内涂布均匀，然后整顺刷纹。

②涂刷油漆的施工次序是：由上而下、由左向右，先里后外、先难后易，要留有退路。

③涂刷油漆时，为使漆膜刷纹整齐，应做到三顺，即一要顺水，如涂刷船壳外部采用左右横刷漆纹，这样可以减少船舶在航行中的阻力，如涂刷上层建筑则采用上下涂刷的垂直漆纹，这样在雨天或清洗油漆面时，水容易流下，平时也不易积聚灰尘；二要顺纹，如木质涂面上的漆纹应顺着木纹涂刷；三要顺光，如舱室内天花板的漆纹，应按照光线的方向涂刷，纵向或横向要一致，不可纵横交错，影响整齐美观。

④若涂面上需要涂刷两种不同颜色的油漆，如船壳轻、重载水线交接处，上层建筑的下部与甲板交接处等必须刷直。一般先刷上部的浅色漆，后刷下部的深色漆。

⑤施工表面要全部涂刷到，在洞眼、凹缝、凸出处，要用漆刷垂直旋涂，不使漏涂或积聚过多油漆而流挂、起皱。

⑥如用滚刷滚涂船体、甲板、围壁等大面积涂面，应将滚刷在盛有油漆的桶内或带孔平盘上滚动蘸漆，再移至施工面上，以轻微压力滚动，使施工面构成一均匀涂层。要防止滚刷蘸漆过多，移刷时油漆滴落下来，污染水面和甲板；也要避免油漆未涂布开，堆积在小面积内使漆膜加厚而不干或形成流挂、起皱等缺陷。涂刷大面积时，可两人或多人配合操作，以缩小同一环境的施工时间差异。

⑦刷第二道漆时必须在第一道漆干透后才能进行。一般油漆需4 h达到表面干燥，24 h达到实际干燥。

⑧涂刷时注意随时摇动桶内的油漆，防止颜料沉淀。

⑨涂漆时应采用“多度薄涂”方法。度数愈多、每度愈薄，质量愈好。如果一度涂得太厚，会产生流挂、刷痕太重和龟裂现象。漆膜涂得太薄，影响美观和效果。

2.喷涂法

（1）喷涂工具

喷涂法是利用空气压缩机产生的具有一定压力的气流，经喷枪的喷嘴喷出时，将喷液喷成雾状，均匀地涂盖在涂面上的一种涂料施工方法。其特点是施工效率高，适用于喷涂大面积的涂面。对于有缝隙或小孔、凹凸不平的涂面，都能得到均匀分布的涂层，且涂面光滑美观。喷涂工具如图7-22-6所示。

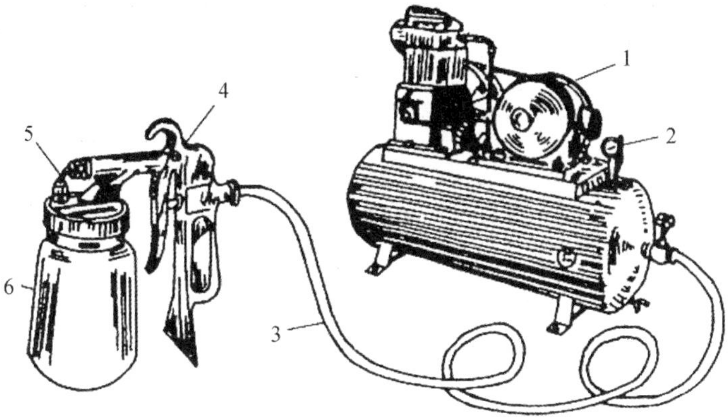

图7-22-6　喷涂工具

1—空气压缩机；2—压力表；3—软管；4—喷枪；5—喷嘴；6—漆瓶

（2）喷涂施工方法要领

①喷涂最好用硝基漆，若使用油基漆，应多加些漆油和松香水稀释，使其具有5.0%~7.5%的黏度。

②喷枪应与涂面保持20 cm左右的距离，压缩空气的压力应保持在$7.8 \sim 3.9 \times 10^5$ Pa之内。如距离太近，涂面会产生流挂现象；距离太远，会发生喷雾干结，使涂面产生漆粒的缺陷。

③喷涂前应试喷，若表面成橘皮状时应减少压力，或再加一些稀释剂，待漆膜呈平整光滑时再向工作面上喷涂。

④喷涂时，应从上向下喷成一条带状直到下边缘为止，然后将喷枪向右移动，再自上而下喷成第二条漆带，依此类推。相邻喷头要重叠约1/3，喷枪移动速度要均匀。

⑤喷涂完毕，应立即用稀释剂将喷枪中的残漆洗净，否则，油漆干燥后会使喷嘴堵塞，无法使用。

3.揩涂法

揩涂法是人工使用纱布球揩涂漆的一种作业方法。纱布球用纱布包以棉花或废丝头、细麻丝、海绵等制成。

4.刮涂法

刮涂法是用刮刀进行手工涂刮漆液的作业方法。此法适用于厚浆漆液或腻子，在面积不大的范围内施工，如刮涂甲板防滑漆。

5.静电喷涂法

静电喷涂法是指在静电场的作用下，使涂料的微粒带电，被吸附在施工面上成膜的作业方法。

（三）涂料施工中的用量估算与注意事项

1.涂料用量的计算方法

各种涂料的黏度不同、密度不同、覆盖力不同和涂刷技术不同，因而单位面积的用量也不同。一般在平滑钢板上用刷涂，每千克油漆可涂盖10 m^2左右，旧钢板涂刷面积要少些，使用滚涂面积要少6%~10%。各种涂料的单位面积用量可参阅涂料产品说明书。表7-22-4是几种常用漆的单位面积使用量，供参考。

表 7-22-4　几种常用漆的单位面积使用量

涂料名称	使用量/（g/m^2）	涂料名称	使用量/（g/m^2）
红丹油性防锈漆	200~240	沥青磁漆	≤40
铁红油性防锈漆	80	铝粉沥青船底漆（830打底漆）	≤55
各色油性船壳漆 白色油性调和漆	80~100 80~100	沥青船底漆（831黑棕船底防锈漆）	≤70
油性漆其他色漆	60~70	各色醇酸磁漆	50~80
酚醛清漆	40	铝粉醇酸耐热漆	40~60
各色酚醛内用磁漆	60~90	铁红醇酸底漆	≤150

2.船舶涂料施工的注意事项

（1）防止中毒。尤其在舱内施工应注意通风，人员在舱内施工的时间不能过长。应避免皮肤沾上油漆，使用有毒的油漆时，应按规定带上防毒口罩和封闭式眼镜。施工人员进食前，须用肥皂洗手及做好面部卫生。

（2）防止失火。涂料和溶剂都是易燃品，在存放涂料和施工等场所，禁止使用明火。凡是沾过油漆和松香水的棉纱头不能乱丢，以防自燃。

（3）注意安全。进行舷外高空作业应严格遵守操作规程，系好安全带。在甲板边缘工作应面向舷外，防止失足落水。用舢板或浮筏在船外水面涂刷船体，应备有救生圈等救生设备，工作艇、筏必须系结牢固。

（4）收工前应做好收尾工作，把剩漆集中在一个漆桶，以免几个漆桶的油漆都结皮，漆刷应浸于水中，以免干结。

（5）新漆刷在使用前，应先用热水浸透，以防刷毛脱落。

五、涂料的保管

1.严格计划，控制使用存量

涂料是化学工业制品，不宜在船上长时间存放，以免产生沉淀及变质。一般红丹漆能保存半年左右，调和铝粉漆超过3个月会泛黑，一般的调和漆、磁漆、清漆则可贮存一年左右，因此领用涂料应该按计划准确计算用量，以免造成浪费。

2.贮存时防止沉淀结块和表面结皮

涂料在贮存过程中，漆桶可以翻动颠倒存放，以防止沉淀结块。涂料开桶使用后，剩余的涂料应随时将桶封闭好，或在上面加少许松香水和漆油，以免涂料结皮。

3.控制贮存舱室温度

温度过热或过冷会使涂料发生变化，所以贮存涂料的舱室内温度要适当，最好是20 ℃左右，并避免日光照射。

4.防止渗漏

贮存过程中要经常检查漆桶下面有无生锈破漏，特别是含有毒料的涂料，毒料存底能腐蚀漆桶，更应注意。

5.防火防爆

涂料贮存间的防火工作非常重要，因为涂料所用的油料、树脂和稀释剂均为低闪点易燃品，有的涂料，如锌灰防锈漆、调和铝粉漆还能产生氢气，遇火就能爆炸，因此要经常检查漆桶有无破漏现象。涂料贮存间还须保障必要的通风条件，并严格禁止烟火，以防火灾。

第二十三章

船舶修理

船舶的管、用、养、修直接关系到船舶的技术状况和性能维持，同时也对船舶的安全航行、水域环境保护和船舶运输效益等方面产生重大影响。本章介绍的船舶修理将从船舶修理的类别、修理单的编写、甲板部修理范围及准备与验收、船舶坞修工程的注意事项等几个方面进行分析和介绍。

第一节 船舶修理的类别

船舶修理类别根据主机类型、使用情况和损耗的程度等分为航修、小修、中修和大修四种，其修理间隔期应尽量与船舶检验期结合进行。

一、航修

航修是船舶在营运中，船体或设备局部发生过度磨损或一般事故，直接影响安全航行和正常的船舶营运时，所进行的一般修理工程和一般事故修理。航修应利用船舶在港停泊的时间，由航修站（厂）、维修点协助船员进行，如遇站、点不能解决的工程，修船厂应协助解决，必要时随船抢修，尽可能不影响船舶的正常营运。

即使船舶在本航次运行正常，为确保下一航次的安全，在航次终了仍应对船舶主机等进行检查、养护。

二、小修

小修是根据主机类型、使用说明及其运转情况结合年度检验或中间检验进行的厂修工程。钢质机动船每年进行一次。

小修的目的是消除在营运过程中产生的过度磨耗，从而保证船舶到下次计划修期内的安全运转。小修包括对船体、主辅机、锅炉、轴系、舵装置、海底阀及工程专用设备等进行重点检查和修理，进行原有设备的调整、研磨、更换零部件和清洁保养工作。小修不得对生活设施及设备进行添装和改建。

对推广已鉴定合格的技术革新项目，可以列入年度计划，工厂应在规定的修期内如期完成。小修一般和坞、排修工程同时进行。工程专用船舶、挖泥船、泥驳、石驳，必要时每年可进行一次坞修检查。

在小修工程中，那些连带工程不大而又可以安全使用到下次检修解决的，可以做好记录，在下次检修时修复。

小修基本工程范围：

（1）船体有锈蚀时除锈油漆。对已超过损耗极限的壳板、甲板、船体构件或其他板材做合理的拆换或挖补，但总量机动船不超过10%，驳船不超过5%。对少量损耗过度的铆钉做合理的修换。

（2）锅炉内部清洗，检修附件，修换部分炉管、小牵条、铆钉和焊补裂缝。

（3）主机前、后齿轮箱，离合器，减速箱，调速器，鼓风机，增压器拆装校正，修换零部件。

（4）对辅机、电器、管系等进行一般检查和修换部件，但不改装移位。

（5）对工程船专用设备进行检查，修换挖泥工具、泥泵、绞机等易损部件。

三、检修

根据主机类型、使用说明及其运转情况，按规定周期每隔2~3个小修后进行一次检修。钢质机动船每4~6年进行一次。

检修是修船的最大修理类别，按规定周期结合船舶的定期检验和特别检验（换证检验），主要对船体、机炉等各主要设备系统进行一次全面、系统、正规的检查和修理，重点修复在小修时不能解决的较大缺陷和留下的工程，保持船体强度和设备系统能安全地运行到下一次检修。检修的主要工程是定期检验或特别检验（换证检验）规定的拆装和检验工程，除了小修的工程外，还包括主机解体、辅机吊厂解体检验和修理，增添改装工程等。通过修理，应达到一、二类技术状况的要求。

检修基本工程项目：

（1）“定期检验”规定的拆装工程。

（2）船体除锈油漆。对已超过损耗极限的壳板、甲板、船体构件或其他板材合理拆换，但总量机动船不超过15%，驳船不超过25%。

（3）主机更换部件，辅机必要时可以整台更换。

（4）锅炉炉胆及燃烧室局部挖补并按船舶检验规程规定限期进行水压试验。

（5）中修时一般不得对生活设施进行添装改建，对生产上有显著效果、工程量不大的改进项目，经管辖局批准，可以结合中修进行。

（6）工程船的专用设备应进行全面检查，允许更换部分挖泥、起重等主要部件及专用电器设备。

四、事故修理

事故修理是指对船舶因发生事故而损坏部分的修理。这类修理如果工程范围较大，航修难以达到修理要求的，则仍需要安排修理计划。事故修理的项目、范围和期限，一般可由船舶检验部门的验船报告所载的实际损坏情况和修复要求来确定。事故修理在实施修理之前，仍需开具修理单交给承修的船厂。对于轻微的事故损坏，在不影响适航性能、无碍安全营运的前提下，可以做好记录，待到计划养护修理时修复。事故修理项目应集中编制修理单，并注明“事故修理”，要求船厂对这部分修理费另开发票，并在发票上加盖“事故修理”字样的图章，以作为索赔的凭证。

五、坞修

对船体水下部分的构件和设备进行检查和修理的过程称为坞修。坞修常结合小修和检修进行。但重大的海损事故，水下部分严重损伤时，须进行坞修恢复适航状态。坞修的费用较高，故所有船东都尽可能缩短坞修的工期。

六、自修

船舶的设施和设备损坏由船员自己进行的修理称为自修。自修可以在营运中进行，也可以在修船时进行。自修不仅可以提高船舶营运率、降低修理费用、缩短非生产性停泊时间，还可以提高船员的业务技术水准、了解船舶各种设备和其工艺特点性能、合理地进行维护保养，及早消除隐患，使船舶保持良好的技术状态。船务公司和经营公司及船东大力鼓励船员进行自修工程，并给予一定的奖励。

小修、检修和坞修属于计划修理，是按一定周期进行的。航修和事故修理属于随机性的临时修理，常不列入计划。自修若结合维护保养的计划进行，则为有计划的修理；突发性事故引起的修理是随机性修理，是没有计划的。

第二节 船舶修理单的编写

船舶修理单是船舶和机务部门向船厂提出的修理文件，是机务部门和船厂安排季度和月度修船计划的依据，船厂凭此做好船舶进厂前的施工准备工作。

一、修理单格式

船舶修理单格式如表7-23-1所示，按项目和内容对应编写，以表格形式呈现。修理单的编写实例如表7-23-2所示。

表7-23-1　修理单格式

项目	内容

表7-23-2　修理单编写实例

项次	工程内容	
	损坏部位及情况	修复说明（或附图）
一	坞修工程	
1	钢质客货轮 船体总长：71.2 m 宽：12.5 m 深：3.4 m 吃水：前1.475 m　后3.04 m 排水量：1 360 t	（1）进出坞； （2）全部敲锈后涂红丹一度，水线上涂浅灰蓝色二度，水线下涂防锈漆二度； （3）校准前、中、后水尺及载重线标志，用白漆填妥
2	船体钢板锈蚀过度	（1）全面钻孔或探伤测厚，并做出记录交船； （2）左、右舷外板B行第7、8两块6 mm×900 mm×1 800 mm换新； （3）根据实地测厚，锈烂过薄钢板挖换或复补
3	舵设备使用过重 舵杆ϕ220 mm一根，上、下舵承衬套磨耗 空心中线舵一扇，空心边舵二扇，坞内检查	拆装检查，试验灵活程度。光车，衬套换新配合装妥。检查锈烂处，焊补或挖补，拆装。水压试验0.98 MPa（1 kg/cm^2）
4	四瓣铜车叶两个，直径2.150 m，螺距2.275 m，重量1.25 t，叶片损坏，运转振动大	换新。规格按图纸要求。螺距实际测量数据交船
5	艉轴ϕ225 mm×长9.625 m，橡皮密封装置漏水，艉轴套筒内、外两端轴瓦磨耗过度	（1）艉轴及密封装置拆装检查，艉轴如有磨痕则光车； （2）内、外端轴瓦浇软合金刮磨，配合装妥； （3）橡皮筒腐烂换新； （4）要求压油不漏
二	甲板工程	
6	船尾主甲板原厚5 mm，锈烂过薄，局部变形	（1）钢板割换一块5 mm×600 mm×900 mm电焊焊妥； （2）局部变形钢板拆装修复
三	甲板室工程	
7	三楼中部旅客男厕所铁质板壁下脚锈烂	割换4 mm×100 mm×2 000 mm钢板一块电焊焊妥
8	二楼第15弄四等客室里子板腐烂	换新三夹板一块
四	甲板设备	
9	船首带缆桩左、右各一只硬木垫板50 mm×600 mm×1500 mm二块腐烂 圆头底座螺丝连帽ϕ30×250 mm，16只	拆装换新 拆装换新
10	通风斗ϕ300 mm×高500 mm，6只， ϕ250 mm×高500 mm，三只锈坏	拆装换新

注：修理单格式中“工程内容”一栏内应包括“损坏部位及情况”和“修复说明（或附图）”两部分内容。有些修理单是将这两个内容分开写的。

二、修理单编写说明

（一）简单明了

修理单编写要简单明了，不写工艺方法，不写技术标准，不写一般附带工程，但修理项目要准确。重大工程必须和年度提出的主要工程摘要相符，机电设备、特殊材料和预制件不能随意更改。修理内容要明确，应包括修换或拆检对象的名称、部位、规格、数量、材料等，如在技术上有特殊要求的须加注明。

（二）隐蔽工程

船员平时无法拆卸检查，不能确切决定修理内容的项目，即隐蔽工程，只写“拆卸检查后决定修理内容”，但应约估需修换的部件名称、规格、数量。

（三）预制件

对可以预制的部件（包括毛坯），应在修理单上绘制草图，或机务部门供应图纸，必要时注明需船厂派人上船测绘。

（四）自修内容

船员自修的项目及需要的配件和材料，应另列清单，报机务部门，不能混写在厂修的修理单内。

（五）组织编写

修理单由船员负责按坞修、甲板、轮机、电气、工程专用设备等部分，编写一式五份，按规定时间送机务部门审核。机务部门应将审核后的修理单按规定时间送厂三份，退船舶一份。

（六）修理项目确定

船厂（站）接到修理单后，应会同机务部门上船核对。船厂（站）对隐蔽工程拆检后，应提出拆检报告，经机务部门或船员签认，作为补充修理项目。核对后的修理单，是编制施工单、估价单和签订协议（合同）的依据。

三、编写修理单的注意事项

（1）舱面工程牵涉到坞内工程时，在修理单内应注明此项目的某一项内容“需在坞修时解决”。

（2）编写坞修修理单，船身进出坞、坞内供给水电均应以单独项目列出。要求做测量或试验的内容也应以单独的项目列出。

（3）凡船舶各部位及零件的蚀耗已接近蚀耗标准，其强度又不足以支持到下次计划修理时，应在本次修理单中提出。

四、几种主要修船材料的规格及数量的写法

修船用结构材料的规格及数量的写法应规范，表7-23-3所列为几种主要修船材料的规格及数量的写法。

表7-23-3　几种主要修船材料的规格及数量的写法

材料名称	规格写法	数量写法
钢板	厚×宽×长	单件以块数计，总数以面积计
角钢	厚×宽×宽×长	总数以长度计
球角钢	厚×宽×宽×长	总数以长度计
槽钢	厚×宽×高×长	总数以长度计
肘板	厚×宽×长	单件以块数计，总数以面积计
工形钢	$\frac{厚_1\times高}{2（厚_2\times宽）}$ （注：1指竖板，2指上下水平板）	总数以长度计
T型组合钢	$\frac{厚_1\times高}{厚_2\times宽}$ 厚×宽×长	总数以长度计
木材	应注明木材种类，如松木、杉木、柏木等。壁板如用企口板亦须注明	甲板、舱底板、壁板以面积计，舱口盖板以块数计
油漆	×色调合漆，或防锈漆，或磁漆等	以涂刷面积和涂刷度数计
帆布	厚帆布号数#1~#7。薄帆布号数#21~#26	以面积计
隔热材料	玻璃丝，或石棉，或软木板等。 厚×宽×长	以厚度及面积计
青铅皮	厚或号数	以面积计

第三节　甲板部修理范围、准备、验收

一、甲板部修船范围

甲板部的修船范围包括船体、大舱、甲板设备、助航设备、仪器，以及通信设施和事务部非动力设施的修理。

（1）船体：包括船壳、各层甲板和骨架构件等。

（2）货舱设施：包括舱盖、舱口围、舱内梯子、污水沟、污水井、舱内各种管系、罩壳和双层底等。

（3）系泊设备：包括系缆桩、导缆设施（孔，钳等）、绞缆机械和缆车等。

（4）锚设备：包括锚、锚链、锚链筒、锚链管、锚链舱、制链器、弃链器和锚机等。

（5）起货设备：包括吊杆、桅、起重柱、起货机、滑车、各转动轴、羊角、地令和眼板等。

（6）舵设备：包括舵杆、舵叶、操舵传动装置和备用操舵装置等。

（7）救生与消防设备：包括吊艇架、救生艇（筏）架、各种救生用品的支架、各种固定消防系统的管路、消防用品的支架等。

（8）舱室内部：厨房设施和各食品库房。

（9）各种甲板管系及水密设施：包括通风管系，压载管系，舱底水管系，生活用水管系，排泄管系，各种水密门、水密窗和水密开口等。

（10）声光信号、航海仪器和火警监测仪等。

（11）舷梯及其附属设施。

二、修船的准备工作

（1）根据船舶状况及船检部门的要求，确定本次修船的规模及项目、修船天数、经费数额及修船日期。

（2）准备好修理工程单，报几家船厂询价。

（3）重大的备件要提前半年至一年订货，进厂前必须到货。

（4）准备好船舶有关的图纸。

（5）安排好厂修和自修工程，对船员进行组织分工，做到分工明确、互相协作，使修理工作有条不紊、忙而不乱。

（6）临进厂时的准备工作。

①船长协同公司机务总管召开部门长会议，确定各修理项目，是否有增减工程，各项目的监工和验收人员。

②进厂前，船厂来人看项目，船上各项目负责人密切配合，相互了解各工程，双方商定如何合作、各工程的拆装和修理，以及验收及其标准。

③船上一切易燃、易爆品和高压设备应妥善安排好。

④一切可以移动而暂时不用的备件、物品收藏入库，以防损坏和丢失。

⑤准备工作中，出现的垃圾、残水、残油、废弃物品，若不能及时处理，应在修理单上注明，委托厂方清除。

⑥吊杆放平，检查吊货索具及滑车是否需要换或维护保养。货舱打开，双层底舱、深舱、边舱、艏尖舱、艉尖舱、淡水舱等人孔盖打开，污水系统打开，以备检查。

⑦凡送厂修理的零部件，拆下后及时标记并挂上标记牌。

⑧海底阀应封锁好，做好标记，以防误拆修。

⑨做好安全措施，消防系统检查完好，装上通岸接头，备好消防管系，熟悉消防单位的地址和联系电话。

（7）进坞前的准备工作除做好进厂时的准备工作外，还应：

①备好进坞的有关图纸及上一次进坞坐墩的部位和有关资料，避免测深仪和计程仪的通海装置、船底塞、海底阀的出口坐落在墩上，尽可能错开上次坐墩的位置，以便船体保养。

②准备好舵结构图，以便拆装和检验。

③停止使用船用卫生间、厨房、浴室、脸盆等。

④按坞方要求，调整好船舶的纵横倾和尽可能减轻船舶重量。

⑤收妥突出舷外的设备、吊杆、舷梯、救生艇等。

⑥准备好带缆设备和船上动力设备，若出现任何异常情况，应通知船厂。

⑦船舶坐坞后，生活用水泵出和泵进，要征得坞长的同意。

⑧船用锅炉最好在进坞前熄灭，否则要注意安全。

三、修理工程的验收

修船应把好质量关，对每项工程质量都必须认真、仔细地做好验收工作。

（一）密性试验

对船体外板、双层底舱、深舱、各层甲板、舱壁、舵叶、舱口盖、舱口围板、各水密门窗及海底阀箱等水密构件和设施，在修复后都应进行密性试验，检验是否达到规定的标准。未达标准的，应修复重新试验。密性试验根据具体情况采用下述方法：

（1）灌水试验：把水注入检验的舱柜内查看有无渗漏的现象。双层底舱、水舱的水位应达空气管顶，深油舱或货油舱水位高度应至舱顶以上2.5 m，应用直径不小于50 mm的水管来调节水压力。注水15 min后，保持规定的水压高度，检查焊缝不得出现任何渗漏。

（2）冲水试验：用具有一定压力（水柱高不小于10 m）的水龙带冲射试验部位，水枪嘴直径大于16 mm，喷嘴距焊缝的距离小于3 m，正向冲射，垂直的接缝应自下而上冲射。

（3）充气试验：用压缩空气对试验舱充气，检查是否泄漏。试验压力为0.3~0.5 N，渗漏检查应该在保持上述压力15 min后进行。充气试验还应考虑结构强度是否允许，常要求钢板厚度大于6 mm。

（4）煤油试验：在焊缝的一面涂上一层白粉（无水硫酸铜），宽为50 mm以上，另一面涂上足够的煤油，经过30 min后，检查涂白粉的那一面是否有油渍渗出。

（5）淋水试验：用水淋洒在被试的接缝上，检查其渗漏情况。

各国船级社对船体各部位结构密性要求不同。我国内河船舶详细的规定和试验方法参阅《中华人民共和国内河船舶入级与建造规范》。

（二）舾装设备验收

1.锚设备

经修理后的锚和锚链应进行拉力试验，并检查锚链的节数、标记、长度是否正确及连接链环的安装质量等。对锚机进行不少于30 min的跑合运转试验，并进行效用试验，检查锚机及其附属设施是否处于良好状态。最后进行抛起锚试验，起锚速度大于9 m/min。

2.舵设备

舵系统经修理后，应进行性能试验。查阅各部件的检验报告、密性试验报告、质量验收报告、系统整体检查验收报告，校正记录、间隙记录和安装记录等。在坞内进行转舵试验和校对舵角，在整个舵角范围内，舵应转动灵活、平稳，无卡滞及振动等现象。舵叶的实际位置和舵角指示器指示数值应在船级社允许的误差范围内。在码头边应进行转舵试验和主、辅操舵装置转换试验，检查操舵装置、舵机工作性能和舵角限制器及制动装置的效能。

3.系泊设备

检查修理后的系泊设备布置是否符合要求。绞缆机应进行效用试验，并检查其制动及过载保护装置的性能。

4.起货设备

经修理后的起货设备应按规范进行全面的检查和试验。首先查阅各部件的各种试验报告和合格证，然后进行起货机运转试验，吊重试验，带负荷的变向、变速、刹车试验等。

经修理后的舱盖，表面应平整，轨道应平直，舱盖动作应平稳，无卡滞与撞击现象。舱盖应进行冲水试验。

5.消防、救生设备

检查各种消防、救生设备的布置、数量和种类是否符合规范要求。检查烟雾探测器及其各探头管路是否正常，船用大型灭火系统的状况及灭火剂是否充满。修理后的艇架要进行强度试验和吊放艇试验，以检查其效能。气胀式救生筏架应检查其是否灵活，动作是否可靠。

6.管系和舷梯

经修复的消防、压载、污水、通风和甲板泄水管系应进行系统检查，保证其符合规范布置要求。对管路进行试压和效用试验。测量管和空气管应检查管口的盖子和封闭装置是否完好。舷梯大修后，应进行强度试验。

7.航行设备、信号设备和通信设备

各种助航设备和仪器进行效用试验，其误差应符合规范的要求。信号灯、旗、型的位置、数量、规格和能见距离应符合规则的规定。救生信号的配备应满足规范的要求。通信设备应检查配备的种类、数量，并进行效用试验。船内通信设备均需进行效用试验。

（三）航行试验

经过检修和较大修理的船舶，除在坞内和码头检查与检验外，还要进行航行试验，检查各设备的修理和安装质量，使用情况和工作可靠性，主要项目如下：

（1）主机试验：测定主机功率，在各挡速度时顺车与倒车的转速，转速表的正确性，主机启动与停车所需时间及可靠性，主机换向所需的时间、灵活性及可靠性。

（2）操纵性试验：测定船舶操纵性能。船舶操纵性是指船舶用其车、舵改变或保持航向、航速、航行状态的性能。它是船舶重要的性能之一，它包括船舶的航向稳定性、旋回性和转首性三个方面的内容。操纵性试验的方法共有八种，它们是旋回试验、回舵试验、零速启动旋回试验、Z形试验、螺旋试验和逆螺旋试验、变航向试验、制动试验和横推试验。

（3）惯性试验（冲程试验）：测定船舶主机从全速前进到停止或全速倒车，船舶重心所留下的惯性轨迹。冲程的大小，取决于船舶排水量、航速、载重量和方形系数等。

（4）抛锚试验：抛锚试验主要测试锚机的负荷，各附属件是否合适，常包括深水单锚起落试验、浅水双锚绞起试验。

（5）助航仪器和通信试验：测试各种助航仪器性能是否达到规定的标准和误差是否在允许的范围内。通信试验是在水上进行实际的船岸通信和应急通信的效用试验。

第四节 船舶进出坞及上下排的注意事项

一、船舶进坞、上排前的准备工作

（1）卸出船上不必要的物料、燃料和存油、存水，油舱须进行洗舱并测爆，调整好前后吃水不使有纵、横倾（使纵倾不超过百分之一的船长，横倾不超过1°）。

（2）将进坞图交给厂方，以便按船型安排坞墩。船底装有回声测深仪收发器、水压式计程仪、船底塞等突出物应向厂方交代清楚，以防坐墩后上述设备受到损坏。前、后两次坐墩位置不能重复，以防该处长期得不到除锈油漆。

（3）标出水线记号、肋骨号数以及外列板编号，特别是需要钻眼测厚的钢板更应标明，以防钻错。

（4）船上主机、舵机、锚机如能使用，需准备就绪。如不能使用，应事先通知厂方。

（5）所有可移动物件，如锚、救生艇、吊杆等应放置牢固。收进突出舷外的设备，如长靠把等。

（6）封闭船上的厕所及各污水管，停止使用厨房，同时安排好船员生活。

（7）准备好带缆设备，清除跳板口附近障碍，准备搭跳板。

（8）检查船上防火设备是否处于适用状态。

二、船舶在坞内或在排上修理时的注意事项

（一）安全注意事项

（1）船体搁置在墩上的横倾度不得超过1.0°~1.5°；检查撑木垫墩是否牢靠；船舶必须均匀地平卧在船墩上，不允许有腾空现象。如有不正常现象，应向船坞主修提出。

（2）注意防火，要加强预防措施和检查监督。每天厂方收工后，船方应检查遗留火种和易燃物品是否妥善处理，烧电焊时应派人监督照顾。

（3）遵守船坞或船排制度的特殊要求。不得使用厕所、炉灶和乱倒垃圾污水。

（4）注意用电、照明，舷梯处的防滑、防冻及高空舷外作业的安全。

（二）坞修工程注意事项

（1）上坞或上排后，应对水线以下的外板、舵叶、海底阀等进行检查并逐项核对坞修工程，如有增减项目，应进行追补或减除。

（2）会同厂方做好钻孔测厚记录、舵叶测厚及密性试验记录、海底阀的修理记录。

（3）电航仪器的船底通道或其他不能做一般性敲铲油漆的设备，进坞或上排后必须用封条封好。

三、船舶出坞、下水时的注意事项

（1）全面检查坞修工程项目是否完工，车舵是否已装置正常。检查时应逐一清点验收。

（2）海底阀是否已全部关闭。测厚孔是否已全部补好。双层底应将人孔盖好，螺栓上紧并保证水密。

（3）厂方设备工具及有关工作用的绳索全部拆除，可移动的物件固定妥当。

（4）向坞内放水时，检查各双层底、舭水沟、艏尖舱、艉尖舱是否漏水，做好起浮或下水后的量潮工作，密切注意船是否发生倾斜。

（5）向坞内放水起浮后，记下船舶前、后、左、右的吃水。根据本船的稳性，必要时在出坞前调整压载水。

第二十四章

船舶检验

船舶检验是指海事局认可的船舶检验机构按照国际公约和国家规范与规则的要求，对船舶的设计、制造、船用材料、机电设备、安全设备、技术性能及营运条件等所进行的审核、测试、检查和鉴定的总称。船舶检验是对船舶技术状态进行鉴定和监督的过程，船舶只有经过检验，才能取得相应的船舶技术证书。因此，船舶检验的意义在于使船舶处于良好的技术状态，以保证船舶安全航行，为办理船舶登记、保持航区、降低保险费率、索赔、处理海事等提供依据，保证政府对船舶的管理和控制。船员通过对船舶检验基础知识的学习，掌握船舶检验的种类、特点、要求及营运船舶定期检验的间隔期限，配合海事机构对船舶的管理和控制，确保船舶处于适航状态。

第一节 船舶检验的种类、间隔期限、证书分类

《中华人民共和国内河交通安全管理条例》第六条第一款规定：船舶必须经海事管理机构认可的船舶检验机构检验并持有合格的船舶检验证书，方可航行。我国交通运输部2016年5月1日起实施的《船舶检验管理规定》和国家海事局《内河船舶法定检验技术规则》对内河船舶检验的种类、间隔期限、证书分类等都有明确规定。

一、船舶检验的种类

船舶检验按其性质可分为入级检验、法定检验和公证检验三大类。

（一）入级检验

入级检验是指应船舶、水上设施的所有人和经营人自愿申请，按照拟入级的船舶检验机构的入级检验技术规范（如中国船级社《内河船舶入级规则》），对船舶、水上设施进行的检验，并取得入级船舶检验机构签发的船级证书和入级标识。入级检验是船舶所有人为了投保、索赔和处理海事纠纷的便利而自愿进行的技术鉴定性检验，船级检验通常由船舶所有人自愿选择船级社进行。中国籍船舶、水上设施经入级检验符合相关的检验技术规范要求并取得法定检验证书的，船舶检验机构方可签发入级检验证书或者技术文件。

1.入级检验的类型与范围

（1）建造船级检验和初次船级检验。

（2）特别检验和年度检验。

（3）坞内检验、螺旋桨轴检验和艉轴检验、锅炉检验。

船舶入级的范围包括船体（包括设备）、船舶机械（包括电气设备）和货物冷藏装置，凡符合中国船级社《钢质内河船舶入级与建造规范》或等效要求者，CCS将授予相应的船舶并载入CCS的船舶名录。船舶如未能取得船体（包括设备）入级时，船舶机械（包括电气设备）也不能入级。船舶在营运中必须遵守规定的装载（包括核定的载重线）和附加标志限制的条件，并应进行正常的运行和CCS批准的船舶运行的环境条件。

2.入级检验的对象

除另有规定外，下列中国籍内河船舶，必须向CCS申请入级检验：

（1）载重量1 000 t及以上的油船；

（2）滚装船、液化气体运输船和散装化学品运输船。

3.保持船级的定期检验种类

已在CCS入级的船舶，为保持其已获得的船体级和机械级，必须按CCS规定履行下列保持船级的各种定期检验：

（1）年度检验；

（2）坞内检验；

（3）特别检验；

（4）螺旋桨轴和艉管轴检验；

（5）锅炉检验；

（6）蒸汽管检验；

（7）惰性气体系统检验。

（二）法定检验

法定检验是船旗国政府法律、法规规定的监督检验，由政府指定的验船师或授权的组织和人员执行。

法定检验的依据是船旗国政府颁布的法律、法规和批准或接受的国际公约以及据以制定的规范与标准。法定检验包括三个阶段：

（1）审查批准船舶设计图纸；

（2）船舶建造中的检验；

（3）船舶投入营运后的定期检验。

法定检验是政府为保证船舶安全而强制实施的；是国家主管机关按有关规定要求对船舶结构、稳性、锅炉及其他受压容器、主辅机、电气设备、无线电通信设备、救生消防设备、航行设备、信号设备、防止污染设备和载重线等进行的技术监督检验；是对船舶管理和控制的手段。

（三）公证检验

公证检验是船级社应客户的申请，指派验船师对所申请检验的项目进行的一种证明客观技术状况的检验。公证检验包括海损检验、索赔检验、起租退租检验、船舶状况检验、货损检验等。

公证检验中，验船机构以第三者（公证独立）的身份对某种情况进行鉴定认可，出具有证明效力的检验报告。如船舶发生海损、机损事故后，受船方或保险公司的申请，或制造厂商为了推销其产品的申请，进行原因分析，确定损坏部位范围和损坏修理工程项目内容或产品安全性的检验。船舶检验部门进行公证检验后所提出的报告，可以作为交接、计费、理算、索赔等行为或产品技术鉴定的有效凭据。

除上述的公证检验外，船舶的起（退）租检验、对船存油水数量的测定、废钢船钢铁重量的核定等，均属于公证检验范围。

二、船舶证书

船舶证书（即船舶技术证书）是证明船舶技术状况的文件。船舶只有通过相应的船舶检验，才能取得必要的技术证书或保持技术证书继续有效。船舶经建造检验、初次检验、换证检验、特别定期检验和试航检验合格后，应签发相应证书。临时检验合格后，如有必要，亦应签发相应证书。证明其符合我国政府的有关法令、条例和中国海事局有关规定与标准要求，适合在预定用途的内河水域航行、停泊和作业。

（一）证书分类

目前在法定检验合格后应签发下列相应的法定证书。

1.法定证书簿的格式

（1）格式ZSB-1证书簿

格式ZSB-1证书簿适用于船长30 m以上的自航船和主机单机额定功率220 kW以上（或主机总额定功率440 kW）的船舶。

（2）格式ZSB-2证书簿

格式ZSB-2证书簿适用于船长10~30 m、单机功率220 kW及以下的自航船舶和船长10 m以上的非自航船舶。

2.船舶主要的法定证书

（1）“内河船舶安全与环保证书”；

（2）“船舶起重设备证书”；

（3）“船舶试航证书”；

（4）“内河船舶装运危险货物适装/推或拖证书”；
（5）“内河船舶临时证书”；
（6）“京杭运河型船舶航行证书”；
（7）“川江及三峡库区船舶航行证书”。

（二）证书的有效期

（1）船舶吨位证书是船舶检验部门根据船舶吨位丈量规范进行丈量、核定并签发的，一般长期有效。

（2）船舶载重线证书是船舶检验部门根据船舶稳性和载重线规范核定并签发的，一般长期有效。

（3）船舶适航证书是船舶检验部门对船舶检验合格后签发的证书，该证书有一定的有效期限。

（4）乘客定额证书是船舶检验部门根据船舶乘客定额与舱室设备规范核定并签发的，规定船舶允许载客人数。该证书一般长期有效。

（5）临时乘客定额证书。客船如因特殊需要除固定的载客处所取得乘客定额外，还可利用其他非固定载客处所载客；以及货船因特殊需要，利用装货处所载客，均须向船检部门申请临时乘客定额。船检部门经过丈量后，签发临时乘客定额证书。该证书除规定临时乘客定额外，还规定了航行区段和航行期限，超区、逾期失效。

（6）内河船舶适推/拖及装运危险货物适装证书。该证书有效期一般在单航程内。如果船舶在短期内连续装/推或拖运固定货品，则可根据船舶技术状况适当延长有效期，但最长不超过三个月；对于在固定的装货处所载运固定货品，且其航线固定的船舶，可签发有效期最长不超过一年的危险货物适装证书。该证书与船舶适航证书一并使用方为有效。

（7）内河船舶散装运输化学品适装证书。该证书有一定的有效期限，并与船舶适航证书一并使用方为有效。

（8）防止油污证书。220 kW及以上的船舶须持有船舶检验部门核发的防止油污证书，该证书签发后应进行年度检验。22 kW以下采用简易有效设施贮存含油舱底水的小功率船舶，可免除防止油污证书的要求。进行船舶检验时，注意检查其简易有效设施的可靠性，检验合格后应在“适航证书”上签注。

（9）油污损害民事责任保险或其他财务保证证书或油污损害民事责任信用证书。自1980年10月1日起我国航行国内航线载运2 000 t以上散装货油的船舶，如已投保油污险，海事机构可按规定给予办理油污损害民事责任保险或其他财务保证证书。如尚未投保，作为临时措施，船舶所有人需到船籍港海事管理机构办理油污损害民事责任信用证书，该证书有效期为3年，但若船舶更换所有人，该证书即自行作废，须由新的船舶所有人重新办理。

内河船舶适航证书、内河船舶载重线证书、内河船舶防止油污证书有效期限不超过表7-24-1中换证检验的间隔期；免除证书的有效期限应不超过与其相关证书的有效期。

（三）证书的发放、保存与保持证书有效性的条件

1.证书的发放、保存

（1）船舶检验机构应将各种法定证书（正本）发放给申请人。
（2）船舶检验机构应将各种法定证书（副本）保存备查。

（3）船上应妥当保存所持有的各种有效法定证书，并随时可供检查。

2.保持证书有效性的条件

（1）船舶已按规定进行检验和证书签署，并处于良好技术状态，适用于预定用途。

（2）船舶按证书限定的航区和条件进行营运或作业。

第二节 内河营运船舶的法定检验

中华人民共和国海事局是对我国内河航行船舶执行法定检验的主管机关。根据中华人民共和国交通运输部颁布的《船舶检验管理规定》（交通运输部令2016年第2号）和中华人民共和国海事局发布的《内河船舶法定检验技术规则》的规定，凡在我国内河航区（包括江河、湖泊和水库）航行，船长大于10 m的民用营运船舶（但帆船、运动竞赛艇除外），都应该按照内河营运船舶的技术监督检验的范围、内容和要求进行检验，以保持安全航行和作业的技术条件。

一、法定检验的概念

（一）法定检验的概念

法定检验是指船旗国政府或者其认可的船舶检验机构按照法律、行政法规、规章和法定检验技术规范，对船舶、水上设施、船用产品和船运货物集装箱的安全技术状况实施的强制性检验。法定检验必须由政府主管机关或其授权的组织或个人进行，法定检验大多由政府授权船级社进行，中华人民共和国海事局是中国船舶法定检验的主管机关。

法定检验主要包括建造检验、初次检验、定期检验、临时检验、拖航检验、试航检验等。

1.建造检验

为了使船舶满足《钢质内河船舶建造规范》及相关规定的要求，验船机构对新建船舶，从审查设计图纸和技术文件开始，在船舶建造过程中进行检验、试验和试航，直至签发各种船舶证书为止的一系列工作称为船舶建造检验。对入级船舶，建造检验又称为建造入级检验。

影响船舶建造质量的因素概括起来主要有5个方面，即船舶设计、船舶审图、船舶建造、建造检验、船用产品质量。这5个方面是船舶建造质量的5个质量链环，环环相扣，任何一个环节出现问题都会影响到船舶建造质量。船舶设计的责任在设计单位，船舶建造的责任在造船企业，船用产品质量的责任在产品厂家，而船舶审图和建造检验的责任在船舶检验机构。

2.初次检验

初次检验是船舶在投入营运之前，对与某一特定证书涉及的所有项目进行一次完整的检查和必要的试验，以保证这些项目符合有关法规的要求，并且能满足船舶要从事的营运业务。对船舶入级的检验，又称为初次检验。申请初次检验时，须将该船原有船舶证书、证明文件及有关技术资料提交验船机构审查。对要求取得船级的船舶，初次检验的项目、内容和要求，验船机构将根据船舶的具体情况，按《内河船舶入级规则》的规定办理。船舶投入营运以前的检验，也称初次检验。初次检验包括：新船的初次检验、现有船舶的初次检验。

船舶处于下列情况之一时，应申请初次检验：

（1）外国籍船舶改为中国籍船舶；

（2）体育运动船艇、渔业船舶改为本法规适用的船舶；

（3）营运船舶检验证书失效时间超过一个换证检验周期的；

（4）老旧运输船舶检验证书失效时间超过一个特别定期检验周期的。

3.定期检验

定期检验是验船机构对营运中的船舶按规定的间隔期限对其有关航行安全的项目所进行的检验。定期检验目的在于检查船舶的技术状况及主要部分的损耗程度，以确定是否具备保持安全航行所必需的技术条件。除初次检验外，规定相隔一定期限的检验，均称为定期检验。定期检验合格后，应签发和签署相应的船舶证书。

4.临时检验

根据《船舶检验管理规定》，中国籍船舶、水上设施的所有人或者经营人，有下列情形之一的，应当向国内船舶检验机构申请临时检验：

（1）因发生事故，影响船舶适航性能；

（2）改变证书所限定的航区或者用途；

（3）船舶检验机构签发的证书失效时间不超过一个换证周期；

（4）涉及船舶安全的修理或者改装，但重大改建除外；

（5）变更船舶检验机构；

（6）变更船名、船籍港；

（7）存在重大安全缺陷影响航行和环境安全，海事管理机构责成检验的。

5.拖航检验

我国管辖水域内对移动式平台、浮船坞和其他大型船舶、水上设施进行拖带航行，起拖前应当申请拖航检验。

6.试航检验

在船舶试航前的检验，确认其处于良好状态，适于船舶预期的试航。

（二）法定检验的要求

法定检验要求对船舶结构、稳性、锅炉及其他受压容器、主辅机、电气设备、无线电通信设备、救生消防设备、航行设备、信号设备、防污染设备和载重线等进行技术监督性质检验，以达到对船舶进行管理和控制的要求。

1.建造检验

船舶建造或者重大改建，应向建造或者改建地船舶检验机构申请建造检验。建造检验的范围有以下四个方面：

（1）审查船舶的有关图纸资料和技术文件，以证实构造、机械和设备满足特定证书的有关要求。

（2）检查构造、机械和设备以确保其材料、尺寸、建造和布置都与批准的图纸、图表、说明书、计算书和其他技术文件相符，并且工艺和安装在各方面都令人满意。

（3）核查所有证书、记录簿、操作手册以及特定证书所要求的其他须知和文件都已放置于船上。

（4）现有船舶重大改建时，对重大改建及其相关部分应按建造检验的要求进行检验。

2.初次检验

（1）审查船舶的有关图纸资料和技术文件，以证实结构、机械和设备满足特定证书的有关要求。

（2）确认与船舶安全有关的检验和试验报告，以及主要的产品证书。

（3）签发各种法定证书的检验中对换证检验的范围进行一次全面检查确认其符合法规的有关规定。其中尚应包括船底外部检查、稳性校核和锅炉的检验。必要时，应进行确认试验和/或检验。

（4）对于检验证书失效时间超过一个换证检验周期的营运船舶或检验证书失效时间超过一个特别定期检验周期的老旧运输船舶，初次检验完成后，新的检验周期按照原证书检验周期计算。

3.定期检验

船舶投入营运后，应申请定期检验。定期检验包括年度检验、中间检验、换证检验、船底外部检查和特别定期检验。接受定期检验的船舶应予适当维修保养，以使船舶的技术状况处于良好状态，并适合预定用途。

（1）换证检验

换证检验在船舶证书到期之前，对与特定证书有关的项目进行检验以确保其处于良好状态，并且适合船舶预期的营运业务，并颁发一份新证书。

换证检验是定期对船体、轮机、电气及其他设备进行全面和详细的检查，其目的在于查明各部分的蚀（磨）耗及损坏程度，确定能否保持安全航行作业的技术条件。

（2）中间检验

中间检验在两次换证检验中间实施，对与特定证书有关的指定项目进行检验，以确保其处于良好状态，并且适合船舶预期的营运业务。

（3）年度检验

年度检验是对与特定证书有关的项目进行总体检查，以确保其处于良好状态，并且适合船舶预期的营运业务。

中间、年度检验是定期对船体、轮机、电气及其他设备进行检查和了解使用情况。其目的在于查明船舶是否能继续安全航行。

（4）船底外部检查

该项检查是对船舶水下部分和有关项目进行的检查，以确保其处于良好状态，并且适合船舶预期的营运业务。

内河营运船舶在换证检验间隔期内应至少进行两次船底外部检查，其中一次应结合换证检验进行，另一次一般结合中间检验或在两次中间检验之间进行，且两次船底外部检查的间隔期不超过换证检验间隔期的2/3。高速船应每年进行一次船底外部检查。

（5）特别定期检验

对于《老旧运输船舶管理规定》中涉及的内河船舶，船舶所有人或经营人应按该规定要求向船舶检验机构申请特别定期检验。实施老旧运输船舶检验时，按其船舶种类达到规定的船龄之日起，对与特定证书有关的项目进行检验，以确保其处于良好状态，并且适合船舶预期的营运业务，并颁发一份新证书。

二、内河营运船舶法定检验间隔期限要求

内河营运船舶法定检验间隔期限要求如表7-24-1所列。

表7-24-1　内河营运船舶法定检验间隔期限

船舶种类	检验类型	第一次	第二次	第三次	第四次及以后各次
客船、餐饮趸船、油船（包括沥青船）、油推（拖）船、化学品船、液化气体船	换证检验 中间检验 年度检验	6 3 1	6 2 1	6 2 1	4 2 1
高速船	换证检验 中间检验 年度检验	4 2 1	4 2 1	4 2 1	4 2 1
以上未包括的其他自航船	换证检验 中间检验 年度检验	6 3 1	6 3 1	6 3 1	4 2 1
油驳、油趸、车客渡驳	换证检验 中间检验 年度检验	8 4 2	8 4 2	4 2 1	4 2 1
非自航工程船	换证检验 中间检验 年度检验	8 4 —	8 4 2	8 2 —	4 2 —
以上未包括的其他非自航船	换证检验 中间检验 年度检验	8 4 —	8 4 2	8 2 —	6 2 —

根据船舶的技术状况，验船部门可以缩短相应检验的间隔期限。

船舶换证检验和中间检验一般应结合进坞或上排进行。经验船部门同意，中间检验和非机动船的第一次换证检验可在水上进行。年度检验时可允许在水上进行，但必须处于空载状况。

趸船（包括油趸，但不包括由旧船改造的趸船）的前两次换证检验可在水上进行。但在实际检查过程中若发现危险的隐患时，必须上排或进坞消除隐患。

船舶换证检验一般不应展期。如船东提交检验确有困难，可向验船部门申请展期。对申请展期的船舶，验船师应登船做临时检验。展期一般不得超过3个月。

船舶中间/年度检验可在证书到期前后1个月内进行。

第八篇 轮机基础

第二十五章 船舶动力装置

轮机常识主要通过对船舶动力装置、船舶辅机与机舱管理、船舶电气、船舶应急设备等机舱设施、设备及相关管理要求的介绍，使甲板部（驾驶部）船员掌握必要的轮机管理基础知识，为实际船舶管理工作中轮机、驾驶工作的有效配合打下基础。

船舶动力装置是为了保证船舶正常营运而设置的动力设备，主要介绍船舶柴油机、汽油机以及电力推进装置的基本结构、工作原理以及日常的运行管理等内容，使驾驶部船员了解船舶动力装置的主要功用及运行管理要求。

第一节 柴油机概述

一、柴油机常用名词

柴油机是以柴油或劣质燃油为燃料、压缩发火的往复式内燃机，是目前船舶应用最为广泛的动力装置。柴油机基本结构参数如图8-25-1所示。

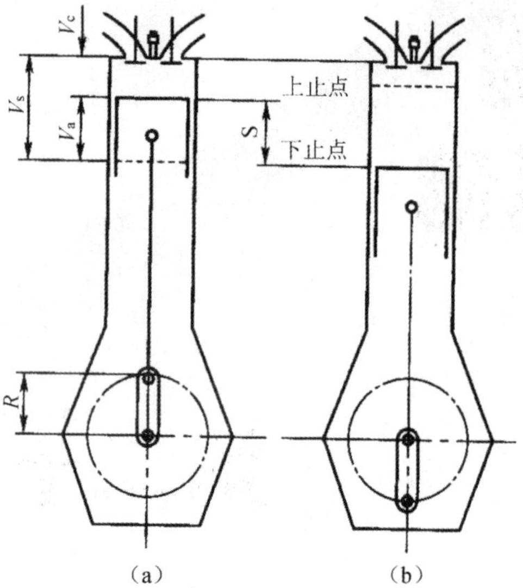

图8-25-1　柴油机基本结构参数

（一）上止点

上止点（Top Dead Center，TDC）是指活塞在气缸中运动的最上端位置，也就是活塞离曲轴中心线最远的位置。

（二）下止点

下止点（Bottom Dead Center，BDC）是指活塞在气缸中运动的最下端位置，也就是活塞离曲轴中心线最近的位置。

活塞在上（下）止点时将改变其运动方向，此瞬间的活塞速度为零，所以称为上（下）止点或死点。

（三）行程

行程（Stroke，用S表示）是指活塞从上止点移动到下止点的直线距离。活塞移动一个行程，相当于曲轴转动180°CA（曲轴转角）。所以行程S等于曲轴回转半径（曲柄半径R）的两倍，即$S = 2R$。

（四）缸径

缸径（Diameter，用D表示）即气缸的内径。

（五）压缩室容积

压缩室容积V_c是指活塞在上止点时，活塞顶、气缸盖底面与气缸套表面之间所形成的空间容积，又称燃烧室容积或气缸余隙容积。

（六）余隙高度

余隙高度（顶隙）是指上止点时活塞最高顶面与气缸盖底平面之间的垂直距离。

（七）气缸工作容积

气缸工作容积（V_s）是指活塞在气缸中从上止点移动到下止点时所扫过的容积。即：

$$V_s = \frac{\pi D^2}{4} \cdot S$$

(八)气缸总容积

气缸总容积（V_a）是指活塞在气缸内位于下止点时，活塞顶以上的气缸全部容积，亦称气缸最大容积，显然：

$$V_a = V_c + V_s$$

(九)压缩比

压缩比（ε）：气缸总容积与压缩室容积的比值，亦称几何压缩比或理论压缩比，即：

$$\varepsilon = \frac{V_a}{V_c} = \frac{V_c + V_s}{V_c} = 1 + \frac{V_s}{V_c}$$

压缩比表示活塞从下止点运动到上止点时，把缸内空气压缩了多少倍，表示缸内工质被压缩的强烈程度。压缩比大说明缸内空气被压缩得厉害，压缩终点的温度和压力就高，以利于燃油的燃烧和柴油机的起动，并可提高热效率。

二、柴油机工作原理

内河船舶广泛采用四冲程柴油机作为船舶主动力推进装置。下面以四冲程柴油机为例说明柴油机工作原理。

柴油机的基本工作原理是采用压缩发火方式使燃料在缸内燃烧，以高温高压的燃气作工质，在气缸中膨胀推动活塞往复运动，并通过活塞–连杆–曲柄机构将往复运动转变为曲轴的回转运动，从而带动工作机械。

根据柴油机的工作特点，燃油在柴油机气缸中燃烧做功必须通过进气、压缩、燃烧、膨胀与排气五个过程。包括进气、压缩、混合气形成、着火、燃烧与放热、膨胀做功和排气等在内的全部热力循环过程，称柴油机工作过程；包括进气、压缩、膨胀和排气等过程的周而复始的循环叫工作循环。

如果柴油机工作循环的五个过程是通过进气、压缩、膨胀和排气四个行程来实现的（曲轴转动720°CA），这种活塞在四个行程内完成一个工作循环的柴油机叫作四冲程柴油机。其曲轴与凸轮轴转速比为2∶1。

三、工作过程

图8-25-2中的四个简图分别表示四个活塞行程的进行情况以及活塞、曲轴、气阀等部件的有关动作位置。

第一冲程——进气冲程：空气进入气缸时相应的活塞行程。

作用：气缸吸入新鲜空气。

活塞从上止点下行，进气阀a打开。由于气缸容积不断增大，缸内的气体压力降低，由于进入气缸的新鲜空气流经进气管、进气阀时存在一定的阻力，因此进气压力线（1–2）低于大气压力线，依靠气缸内气体压力与大气压力的压差，新鲜空气经进气阀被吸入气缸。进气阀一般在活塞到达上止点之前一定角度即提前打开（曲柄位于点1），下止点之后一定角度延迟关闭（曲柄位于点2）。到下止点时，缸内气压为0.080～0.095 MPa，温度为30～70 ℃，此时，排气阀和喷油器均关闭。曲柄转角$\varphi_{1\text{-}2}$（图中阴影线所占的角度）表示进气持续角$\Delta\varphi_i$，为220°～250°CA。

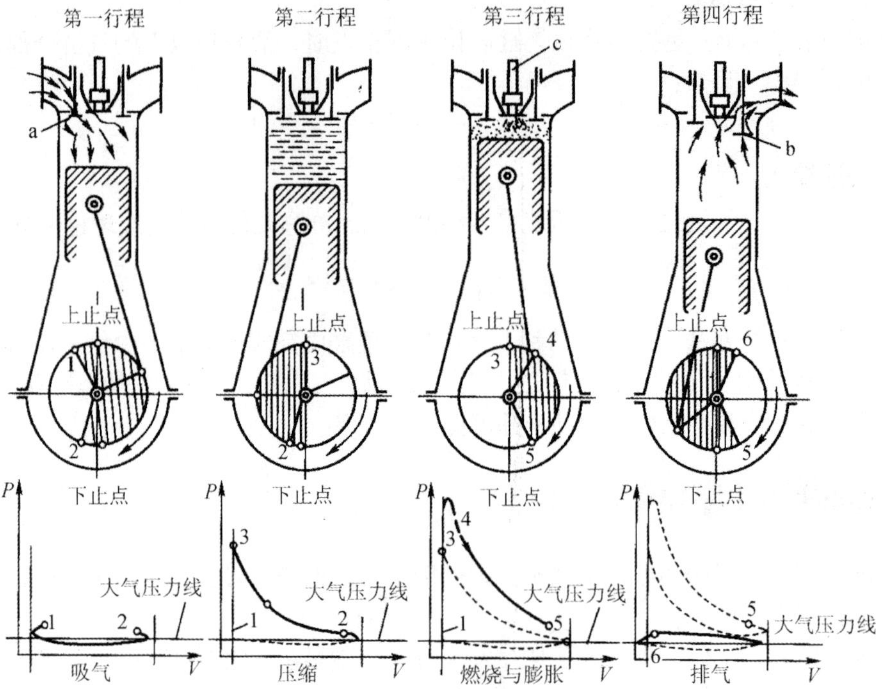

图8-25-2　四冲程柴油机的工作原理图

第二冲程——压缩冲程：工质在气缸内被压缩时相应的活塞行程。

作用：吸入气缸的气体被压缩，产生高温、高压气体。

活塞从下止点向上运动，自进气阀a关闭（点2）才开始压缩，一直到上止点（点3）为止。第一行程吸入的新气经压缩后，压力增高到3 ~ 6 MPa，温度升高到600 ~ 700 ℃，此温度可以保证喷入气缸的雾状燃油自燃（燃油的自燃温度为210 ~ 270 ℃）。压缩终点的压力和温度分别用符号p_c和t_c表示。在压缩过程的后期，由喷油器（c）喷入气缸的燃油与高温空气混合、加热，并自行发火燃烧。曲柄转角φ_{2-3}（图中阴影线所占的角度）表示压缩过程，为140° ~ 160℃A。

第三冲程——燃烧和膨胀冲程：工质在气缸内燃烧膨胀时相应的活塞行程。

作用：气体膨胀做功。

活塞在上止点附近，由于燃油强烈燃烧，气缸内的气体温度和压力急剧升高压力为5 ~ 8 MPa，甚至高达15 MPa以上，温度为1 400 ~ 1 800 ℃或更高些。在此压力推动活塞下行，带动曲柄转动，从而输出机械功。燃烧时产生的最大压力称为最大爆发压力p_z，它一般出现在上止点后的某一曲柄转角位置上（一般在上止点后10° ~ 15℃A）。气缸内的最高温度T_z一般出现在上止点后的某一曲柄转角位置上（一般不超过上止点后40°CA）。由于气缸容积逐渐增大，压力下降，在上止点后某一时刻（点4）燃烧基本结束。膨胀一直到排气阀b开启时结束，膨胀终了时的气缸内的气体压力为250 ~ 450 kPa，气体温度为600 ~ 700 ℃。与进气阀相同，排气阀b总是在下止点前提早开启（点5）。曲柄转角φ_{3-4-5}（图中阴影线所占的角度）表示燃烧和膨胀过程，为130° ~ 150℃A。

第四冲程——排气冲程：燃烧后的废气从气缸内排出时相应的活塞行程。

作用：做完功的气体排出。

在上一行程末活塞尚在下行，排气阀b开启，废气靠气缸内、外压力差经排气阀排出，废气的压力迅速下降。当活塞经下止点上行时，废气被活塞推挤出气缸，此时的排气压力略高于大气压力（1.05~1.10个大气压），且是在压力基本保持不变的情况下进行的。为了尽可能将废气排除干净，排气阀一直延迟到上止点后（点6）才关闭。曲柄转角φ_{5-6}（图中阴影线所占的角度）表示排气持续角$\Delta\varphi_e$为230°～260℃A。

进行了上述的四个行程，柴油机就完成了一个工作循环。当活塞继续运动时，另一个新的循环又按同样的顺序重复进行，以维持柴油机的连续运转。

四冲程柴油机每完成一个工作循环，曲轴需要回转两转（720℃A），活塞运行四个行程。每个工作循环中只有第三行程（膨胀行程）是做功的，其他的三个行程都是为膨胀行程服务的，都需要消耗能量。柴油机常做成多缸的，这样进气、压缩、排气行程需要的能量借助其他正在做功的气缸或飞轮来供给。如果是单缸的柴油机，则由相对较大的飞轮来提供。

四、柴油机主要部件及功用

柴油机由固定部件、运动部件和工作系统组成。下面介绍柴油机主要部件及功用。

（一）固定部件

柴油机的固定部件构成柴油机的外形尺寸与大小，支撑柴油机的所有附件和附属设备。图8-25-3为柴油机固定部件的组成图，主要包括气缸盖、机体和机座等。

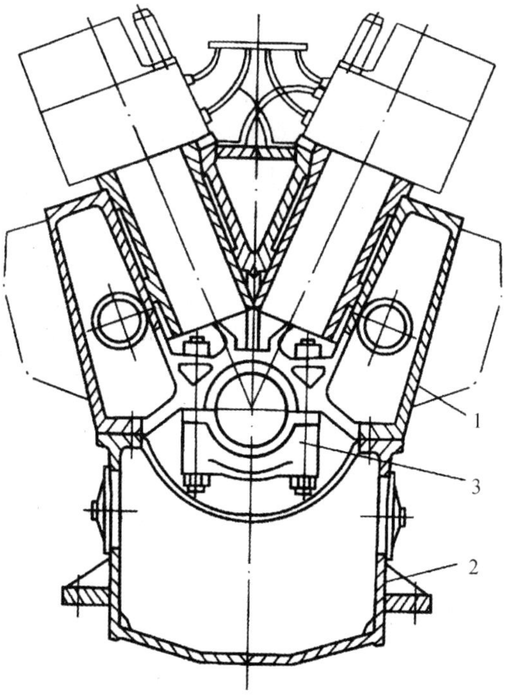

图8-25-3　柴油机（V形机架）固定部件图

1—机体；2—机座；3—主轴承

1.气缸盖

气缸盖是组成柴油机重要的部件，其构造、工作条件和受力复杂。气缸盖通常采用合金铸铁、球墨铸铁等材料铸造而成。气缸盖按其类型分为：单体式气缸盖、合铸式气缸盖和组合式气缸盖。内河小型或微型柴油机很多采用单体式或合铸式气缸盖。

气缸盖的功用主要包括以下几方面：

（1）封闭气缸套顶部，与活塞、气缸套共同组成气缸工作空间；

（2）安装喷油器，进、排气阀，气缸起动阀，示动阀和安全阀等附件；

（3）布置进、排气道，冷却水道等，在采用分隔式燃烧室时，还需要设置燃烧室。因此它是柴油机中结构最复杂的机件之一。

2.机体

小型柴油机的机体，为了结构紧凑，减小重量和外形尺寸，提高刚性，简化加工手续，大多数将气缸体与机架制成一体，常称为机体，一般多采用箱形结构。大型柴油机将气缸体和曲轴箱加工成一体。

机体的功用主要包括以下几方面：

（1）安装于机座上平面，用于支撑气缸套；

（2）机体顶部安装气缸盖；

（3）机体内部安装凸轮轴等；

（4）机体外侧安装高压油泵等。

3.气缸套

气缸套是一个圆筒形零件，置于机体的气缸体孔中，上由气缸盖压紧固定。活塞在其内孔做往复运动。气缸套应有足够的强度、刚度和耐热性能，还应具较好的耐磨性能。工作中应有良好润滑和冷却。

气缸套的功用主要包括以下几方面：

（1）与缸盖、活塞共同构成气缸工作空间。

（2）筒形活塞柴油机的气缸套承受活塞侧推力，成为活塞往复运动的导承。

（3）将活塞组件及本身的热量传给冷却水，使其工作温度适当。

（4）二冲程柴油机的气缸套布置有气口，由活塞启闭， 实现换气。

4.机座

机座位于柴油机的下部，是所有机件安装的基础，柴油机也靠它安装到船体的基座上。它是主轴承及曲轴安装的依据，机座受力大且较复杂，要求机座必须具有足够的刚性及强度，以免机座变形造成曲轴挠曲变形以及活塞、曲柄连杆机构与气缸的位置精度变坏而发生机件异常等事故。

机座的功用主要包括以下几方面：

（1）承受整机的质量；

（2）承受气缸内燃气压力；

（3）承受运动部件的惯性力；

（4）收集和储存润滑油。

5.主轴承

柴油机中相对转动的机件间都设有轴承，其中用于支撑柴油机曲轴的轴承称为主轴承。主轴承按其结构分为滚动轴承和滑动轴承；按功用分为普通主轴承和止推主轴承两种；按主轴承盖布置的情况可分为正置式和倒置式两种。主轴承以滑动轴承使用较为广泛，滑动轴承主要由轴承座、轴承盖、轴瓦及轴承螺栓等组成。

主轴承的功用主要包括以下几方面：

（1）改善润滑状态、减轻磨损和延长使用寿命；

（2）保持运动部件间正确的相互位置关系；

（3）保证运动部件间良好的技术状态。

（二）运动部件

柴油机的运动部件是将热能变为机械能，使活塞往复运动变为曲轴回转运动的机构。运动部件主要包括活塞组件、连杆组件和曲轴组件等。

1.活塞组件

如图8-25-4所示为筒形活塞组件。筒形活塞组件主要包括：活塞本体、活塞环（气环和油环）及活塞销等。

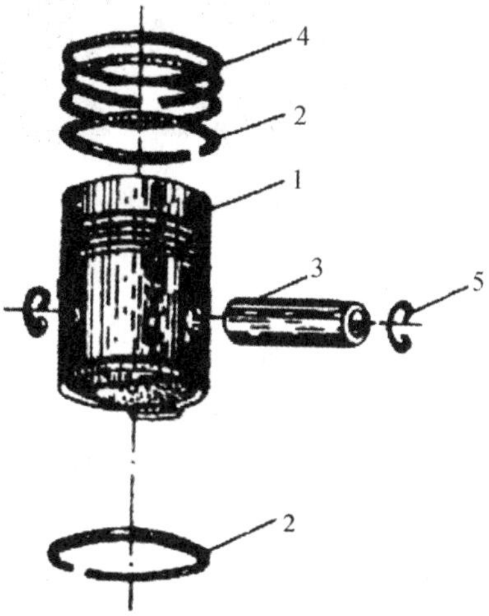

图8-25-4 筒形活塞组件

1—活塞；2—刮油环；3—活塞销；4—气环；5—卡簧

活塞组件的功用主要包括以下几方面：

（1）与气缸套、气缸盖共同组成密闭的气缸工作空间。活塞顶面就是燃烧室底壁，活动地装在环槽中的活塞环为密封元件；

（2）活塞接受缸内气体向下的作用力，并汇于活塞销（或十字头）传递给连杆，将气体能量变为机械功；

（3）筒形活塞在工作中将连杆小端的侧推力由裙部传给气缸套壁，使自身及连杆小端保持直线运动；

（4）二冲程柴油机中，活塞顶部和裙部还起着启闭气缸套气口、控制换气的作用。

2.连杆组件

连杆组件包括连杆和连杆螺栓。连杆是活塞（或十字头）与曲轴的连接件，它将活塞的往复运动转变为曲轴的回转运动。连杆由大端、小端和杆身三部分组成，如图8-25-5所示。连杆大端与曲轴的曲柄销相连，小端通过活塞销与活塞相接。连杆在工作中，受周期性的拉、压和弯曲载荷，因而要求连杆重量小，有足够的强度、刚度和良好的韧性。

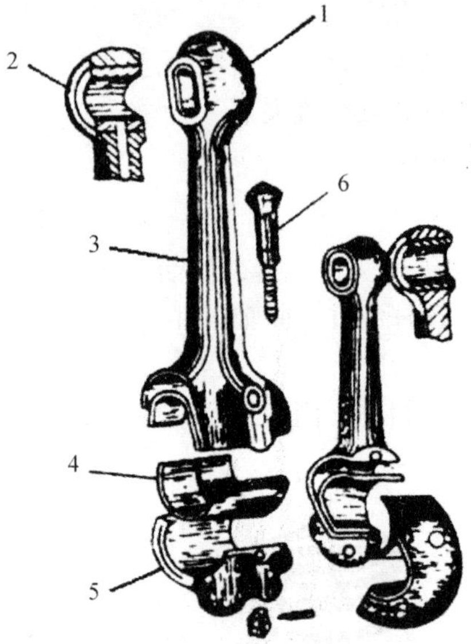

图8-25-5 连杆组件

1—连杆小端；2—衬套；3—连杆身；4—轴瓦；5—连杆大端盖；6—连杆螺栓

连杆组件的功用主要包括以下几方面：

（1）连杆组件将活塞与曲轴连接成一体；

（2）将活塞的往复运动转变为曲轴的回转运动；

（3）将气缸内燃气压力经活塞传递给曲轴，使曲轴以转矩的形式输出机械功。

3.曲轴组件

柴油机曲轴组件由曲轴和飞轮组成。曲轴是柴油机最重要和贵重部件，形状复杂、制造工艺高，造价约占柴油机总造价的20%。曲轴的结构有整体式、套合式和分段式等种类。

曲轴组件的功用主要包括以下几方面：

（1）汇集柴油机各缸功率，以回转运动形式输出；

（2）带动各种附件工作，如喷油阀、水泵、滑油泵等；

（3）增大曲轴组件的转动惯量，提高转速的均匀性及输出扭矩的均匀性。

五、燃、润油料基本知识

（一）燃油基本知识

1.燃油的主要性能指标

燃油是船舶最重要的物料。它不仅对柴油机动力装置的工作产生影响，同时也会给海洋环境造成污染。船舶燃油主要特性指标大致可分为三类：

（1）影响燃油燃烧性能的指标，如十六烷值、柴油指数、热值和黏度等。

（2）影响燃烧产物成分的指标，如硫分、灰分、沥青分、残炭值、钒和钠含量等。

（3）影响燃油管理工作的指标，如闪点、密度、凝点、倾点、浊点、水分、机械杂质等。

船舶燃油的使用和管理中经常涉及下列几个性能指标：

（1）影响燃油燃烧性能的指标

①十六烷值

十六烷值是评定燃油自燃性能的指标。其定义为在标准的四冲程柴油机上，将所试柴油的自燃性（通常以滞燃期长短计量）同正十六烷（十六烷值定为100）与α甲基萘（十六烷值定为0）的混合液相比较，当两者相同时，混合液中的正十六烷的容积百分比即为所试验燃料的十六烷值。

柴油机对燃油的十六烷值要求：通常，高速柴油机使用燃油的十六烷值在45~60；中低速柴油机在40~50；对于燃用重油的大型低速柴油机，其十六烷值应不低于25。

②热值

1 kg燃油完全燃烧时放出的热量称为燃油的热值，单位用kJ/kg表示。其中不计入燃烧产物中水蒸气的汽化潜热者称低热值，用符号*Hu*表示。重油的基准低热值*Hu*=42 000 kJ/kg，轻油的基准低热值*Hu*=42 700 kJ/kg。

③黏度

燃油在管路中输送的流量和压差、燃油在喷射时的雾化质量、燃油对喷油泵偶件的润滑能力等都与黏度有密切关系。液体的黏度值有绝对黏度和条件黏度（又称相对黏度）两种表示法。绝对黏度表示内摩擦系数的绝对值，相对黏度是在一定条件下测得的相对值，并因测定仪器而异。属于绝对黏度的有动力黏度和运动黏度；属于相对黏度的有恩氏黏度、赛氏黏度和雷氏黏度。

i.动力黏度。动力黏度是两个相距为1 cm、面积为1 cm^2的液层，相对运动速度为1 cm/s时所产生阻力的数值。工程单位制为g/（cm · s），国际单位制为Pa · s，1 Pa · s=10 g/ cm · s。

ii.运动黏度。运动黏度是动力黏度与同温度下液体密度之比。国际单位制为m^2/s或mm^2/s。通常在实际中使用厘斯（cSt，工程单位），1 cSt=10^{-6} m^2/s=1 mm^2/s。

iii.恩氏黏度。恩氏黏度是200 cm^3液体在特定温度下，从恩氏黏度计流出所需的时间与蒸馏水在20 ℃时流出相同体积所需的时间之比。它是一个无因次量，符号为°E。恩氏黏度曾是我国和欧洲部分国家常用的黏度表示法。

iv.赛氏黏度。赛氏黏度是液体在37.8 ℃（100 °F）温度下从赛氏黏度计流出60 cm^3所需的时间（s）。

赛氏黏度和雷氏黏度是美、英国家常用的黏度表示法。各种黏度表示法的换算关系如下：

恩氏黏度（°E）=0.132×运动黏度（mm^2/s）

雷氏黏度（s）=4.05×运动黏度（mm^2/s）

赛氏黏度（s）=4.62×运动黏度（mm^2/s）

ISO规定，自1977年10月开始采用50 ℃时的运动黏度值（mm^2/s）作为燃油的黏度值。

④密度

燃油在温度*t*（℃）时单位体积的质量称密度ρ_t。常用单位是kg/ m^3或g/ cm^3。在20 ℃时的密度称标准密度ρ_{20}。燃油的密度随温度而变，其温度修正公式如下：

$$\rho_t = \rho_{20} - 0.000\,672\,(t - 20)$$

（2）影响燃烧产物成分的指标

①硫分

燃油中所含硫的质量分数叫硫分。燃油中含硫的危害如下：

i.液态的硫化物（如硫化氢等）对燃油系统的设备有腐蚀作用。

ii.燃烧产物中的SO_3和水蒸气（H_2O）在缸壁温度低于其露点时，会生成硫酸附着在缸壁表面产生强烈的腐蚀作用。由于这一腐蚀只发生在低温条件下，故称为低温腐蚀。

iii.燃烧产物中的SO_3，能加速碳氢化合物聚合而结炭，而且此结炭较硬，不易清除。

iv.硫燃烧后产生的SO_2，是柴油机排放的主要有害成分。

②灰分

灰分是在规定条件下燃油完全燃烧剩余物的重量百分比。燃烧后残存的灰分中含有的各种金属氧化物，可造成燃烧室部件的高温腐蚀和磨料磨损，加剧气缸的磨损。

③钒、钠含量

燃油中所含钒、钠等金属的质量浓度用10^{-6}（ppm）表示。钒以金属有机化合物形式存在于原油中。一般其熔点最低，仅为300 ℃左右。当排气阀和缸壁的温度过高而超过这些化合物的熔点时，它们就会熔化附着在金属表面上，与金属表面发生氧化还原反应而腐蚀金属。由于这种腐蚀只发生在高温条件下，故称为高温腐蚀。由此，为了控制此种腐蚀，应限制排气阀和缸套表面的最高温度。

④沥青分

沥青分表示沥青占燃油重量的百分数。沥青是多环的大分子量芳香烃，悬浮在油中呈胶状。沥青不易燃烧，导致滞燃期长，产生后燃，冒黑烟；使用中易形成沉积胶膜和结炭，增加磨损并使喷油器偶件咬死。

⑤残炭值

燃油在隔绝空气条件下加热干馏，最后剩下的鳞片状炭渣物就是残炭。残炭占试验油重量的百分数称残炭值。残炭值表示燃油燃烧时形成结炭、结焦的倾向，并不表示形成结炭的数值。残炭值中包括了机械杂质和灰分。当燃用残炭值较大的燃油时，将在燃烧室产生较多的结炭使热阻增加，引起过热、磨损，缩短柴油机的维修周期。

（3）影响燃油管理工作的指标

①闪点

燃油在规定条件下加热到它的蒸汽与空气的混合气能同火焰接触而发生闪火时的最低温度称闪点，根据测试仪器的不同，分为开口闪点和闭口闪点。闭口闪点低于开口闪点。闪点是衡量燃油挥发成分产生爆炸或火灾危险性的指标。按国内外船舶建造规范规定，船舶使用的燃油闭口闪点不得低于60 ℃，从防爆、防火的观点出发，在低于燃油闪点17 ℃的环境温度倾倒燃油或敞开容器才比较安全。

②凝点、倾点和浊点

凝点、倾点和浊点都是说明燃油低温流动性和泵送性的重要指标。

燃油在试验条件下冷却至液面不移动时的最高温度称为凝点。燃油的凝点取决于它的成分和组成结构。含石蜡较多的燃油在低温下由于石蜡结晶而形成网状晶架，从而使燃油失去流动性，称为结构凝固；含石蜡较少的燃油在低温下由于黏度增大而失去流动性，称黏温凝固。

燃油尚能够流动的最低温度称倾点。

燃油开始变混浊时的温度称浊点。

通常，燃油的浊点高于凝点5~10 ℃，倾点高于凝点3～5 ℃。燃油的温度低于浊点时将使滤器堵塞，供油中断。燃油温度低于凝点时，将无法泵送。从使用观点，浊点是比凝点更重要的指标。燃油的使用温度至少应高于浊点3~5 ℃。

③机械杂质和水分

燃油中所含不溶于汽油或苯的固体颗粒或沉淀物的质量分数称为机械杂质。轻质燃油不允许含机械杂质，重质燃油允许含有少量机械杂质。

燃油中的水分以容积百分数表示。燃油中的水分能降低燃油的低热值，破坏正常发火，甚至导致柴油机停车。如含有海水将会造成腐蚀，加剧缸套磨损。因此应限制燃油中的水分，尤其对轻柴油应限制其水分不大于痕迹（即不大于0.025%）。

在船舶上可以使用燃油净化措施降低燃油的机械杂质和水分。

2.燃油的选用

（1）轻柴油

我国生产的轻柴油有国家标准规定。轻柴油产品按凝点不同分为10号、0号、−10号、−20号及−35号五个等级，也就是说它们的凝点分别高于10 ℃、0 ℃、−10 ℃、−20 ℃和−35 ℃。所以选用轻柴油要根据当地冬天最低环境温度而定，一般最低环境温度应高出凝点温度5 ℃以上。

轻柴油是质量最好、价格最高的柴油机燃料，适用于高、中速柴油机。救生艇柴油机一般选用−10号轻柴油，应急发电柴油机和高速发电柴油机可用0号轻柴油。

（2）重柴油

按国家标准规定，重柴油按凝点不同分为10号、20号及30号三个牌号。重柴油的主要特点是凝点高。使用重柴油的柴油机应有完善的预热设备，低速及民用中速大功率柴油机由于经济关系，一般都燃用价格低廉的重柴油。一般10号重柴油适用于500~1 000 r/min的中速机，20号重柴油适用于300~700 r/min的柴油机，而30号重柴油适用于300 r/min左右的柴油机。

（3）重油（燃料油）

重油按80 ℃时的运动黏度分为20、60、100及200四个牌号，可供船舶锅炉使用。

（4）船用燃料油

船用燃料油由渣油、重油与重柴油调制而成，专供远洋船舶使用。目前尚无国家标准，一般执行炼油厂与有关单位商定的协议标准，也可自行调制。

（二）润滑油的基本知识

1.润滑油理化性能指标

（1）颜色

润滑油的颜色与基础油的精制深度及所加的添加剂有关，在使用或贮存过程中则与油品的氧化、变质程度有关。如呈乳白色，则有水或气泡存在；颜色变深，则氧化变质或污染。

（2）黏度

黏度是润滑油最重要和最基本的性能指标。大多数润滑油按运动黏度来划分牌号。润滑油的黏度越大，所形成的油膜越厚，有利于承受高负荷，但其流动性差，这也增加了机械运动的阻力，或者不能及时流到需要润滑的部位，以致失去润滑作用。

（3）黏温特性

温度变化时，润滑油的黏度也随之变化。温度升高则黏度降低，反之则相反。润滑油黏度随温度变化的特性称为润滑油的黏温特性，它是润滑油的重要指标之一。

表示润滑油黏温特性的方法有两种：一种是黏度比，另一种是黏度指数*VI*。黏度指数是由两种标准油的假定黏度指数演算而得的。一种油的*VI*值越大，表示它的黏度随温度的变化越小，通常认为该油品的黏温特性越好。

（4）凝点和倾点

凝点是指在规定的冷却条件下油品停止流动的最高温度，一般润滑油的使用温度应比凝点高5～7 ℃。

倾点是油品在规定的条件下冷却到能继续流动的最低温度，也是油品流动的极限温度，故能更好地反映油品的低温流动性，实际使用性比凝点好。润滑油的最低使用温度应高于油品倾点30 ℃以上。

（5）闪点

闪点是表示油品蒸发性的一项指标。油品蒸发性越大，其闪点越低。同时，闪点又是表示石油产品着火危险性的指标。在选用润滑油时，应根据使用温度和润滑油的工作条件进行确定。一般认为，闪点比使用温度高20～30 ℃即可安全使用。

（6）酸值

酸值是指中和1 g油样中全部酸性物质所需的氢氧化钾的毫克数，单位是mgKOH/g。对于新油，酸值表示油品精制的深度或添加剂的加入量（当加有酸性添加剂时）；对于旧油，酸值表示氧化变质的程度。一般润滑油在贮存和使用过程中，由于在一定的温度下与空气中的氧发生反应，生成一定的有机酸，或由于碱性添加剂的消耗，油品的酸值会发生变化。因此，酸值过大说明氧化变质严重，应考虑换油。

（7）水溶性酸碱（又称反应）

这主要用于鉴别油号在精制过程中是否将无机酸碱水洗干净；在贮存、使用过程中，有无受无机酸碱的污染或因包装、保管不当而使油品氧化分解，产生有机酸类，致使油品产生水溶性酸碱。一般来讲，油品中不允许有水溶性酸碱，否则，与水、汽接触的油品容易腐蚀机械设备。

（8）机械杂质

机械杂质是润滑油中不溶于溶剂的沉淀物或胶状悬浮物的含量。它们大部分是砂石和铁屑之类，或由添加剂带来的一些难溶于溶剂的有机金属盐。机械杂质将加速机械设备的正常磨损，严重时将堵塞油路、油嘴和过滤器，破坏正常润滑。此外，金属碎屑在一定的温度下对油起催化作用，会加速油品氧化变质。

（9）水分

水分是指润滑油中含水量的重量百分数。润滑油中的水分，一般以三种状态存在：①游离水；②乳化水；③溶解水。润滑油中水分的存在会破坏润滑油膜，使润滑效果变差，加速有机酸对金属的腐蚀作用，还会使添加剂（尤其是金属盐类）发生水解反应而失效，从而产生沉淀，堵塞油路，妨碍润滑油的循环和供应。此外，在使用温度接近凝点时，会使润滑油流动性变差，黏温性能变坏。当使用温度高时，水汽化，这不但破坏油膜，而且产生气阻，影响润滑油的循环。

（10）灰分

灰分是指在规定的条件下，灼烧后剩下的不燃烧物质，以质量分数表示。灰分一般是一些金属元素及其盐类。对基础油或不加添加剂的油品来说，灰分可用来判断油品的精制深度。对于加有金属盐类添加剂的油品（新油），灰分就成为定量控制添加剂加入量的参照，此时的灰分不是越少越好，而是不得低于某个指标。例如，在内燃机油的产品标准中，既规定了基础油的最高灰分，又规定了最低灰分。

2.润滑油的选用

船舶润滑油品种很多，主要分为四类：

Ⅰ类：汽缸油，用于大型低速十字头式柴油机活塞与汽缸套之间的润滑。

Ⅱ类：系统油，用于大型低速十字头式曲轴箱润滑。

Ⅲ类：中速机油，用于中速筒状活塞式柴油机润滑。

Ⅳ类：其他小品种油，用于不同机械不同部位的透平油、液压油、冷冻机油、齿轮油、压缩机油、导轨油、艉轴管油等。

前三类主要用于船舶主柴油机和发电柴油机，占船用润滑油总用量的90%～95%，Ⅳ类仅为5%～10%。

国产润滑油品牌主要有：昆仑（中石油）、长城（中石化）。国外润滑油品牌主要有：Exxon Mobil（美国）、Shell（荷兰）、Total（美国）、Castrol（英国）、Bp（英国）。

六、柴油机的运行管理

船舶在航行中，务必保证柴油机可靠及经济地工作，使其最大限度地延长使用寿命。为此，这就要求轮机管理人员能正确操纵和严格管理好柴油机。

（一）开航前的准备（备车）

开航前的准备是船舶技术管理的重要环节之一，运营船舶都必有这一过程。其目的是使柴油机装置处于随时可起动和投入运行状态。一般来说，开航前的准备工作需1～2 h完成。由于机型不同，装置中各系统组成有别，加上气候情况，备车的工作量和顺序也不尽相同。备车的基本内容有：

1.暖机和油料的加热

若外界气温较低，主机停机后应注意保持机舱温度，主机起动前要做暖机工作。暖机的目的是使柴油机易于起动，减小活塞和气缸套等机件的热应力以及硫化物对缸套内壁及活塞顶部的腐蚀。暖机则靠加热冷却水和滑油，并使其在柴油机中循环来完成。在起动柴油机前2 h，应逐渐加热冷却水和滑油。当其温度达到20～30 ℃时，可起动冷却水循环泵和滑油泵，使水、油在柴油机中循环，并继续加热水和滑油，一直至机器升温，冷却水及滑油的温度达到正常运行为止。使用重质燃油时，需预先加热燃油，使其保持一定流动性。

2.各工作系统的准备

为了使柴油机能起动并投入正常运行，柴油机各工作系统，如燃油、滑油、冷却水、空气压缩机等各系统应处于正常工作状态。

燃油日用油柜加温，使油温达到正常运行所需温度，对油柜放残。开车前，起动低压燃油输送泵，驱赶系统空气，将泵调至规定压力，使燃油在日用油柜与喷油泵循环，对油泵进行加热。

滑油系统的温度和压力应处于规定值，并注意油柜油位是否正常。

冷却水系统的膨胀水柜水位及各阀门位置正确，冷却水已在机器内循环，并且其压力和温度应符合正常要求。

按规定将压缩空气起动系统的空气瓶打满，压力达3 MPa，并放泄瓶内残水及油，打开气瓶出口与主起动阀间的有关阀门，打开汽笛出口阀，供驾驶台使用。

供电系统也要准备好。因为在备车过程中，机舱要起动空压机、应急鼓风机，绞缆机、锚机也要开动，所以此时应加开一部发电机，保证电力供应。

3.试车

在上述工作准备完毕后，通常在开航前15 ~ 30 min进行试车。试车前驾驶员应检查船首、船尾情况，确认正常后试车方可进行，其程序如下：

（1）转车

利用撬车装置或盘车机转动柴油机两圈以上。其目的是检查各运动部件和轴系回转情况及缸内有无大量积水。

（2）冲车

转车若曲轴回转自如，脱开盘车机，在切断燃油供应情况下，利用压缩空气驱动柴油机，吹除缸内杂质、积油和积水，从而检查起动系统工作是否正常。

（3）试车

冲车正常后，关闭示功阀，正倒交替起动，供油发火，各运转几转。在这一过程中机舱用车钟向驾驶室通知机器正倒车动向，只有驾驶室回了车钟后，才可按车钟指示进行每一项操作。双主机时，两台应同时试车，并一正一倒，然后交换方向进行。试车的目的是检查起动、换向、燃油系统，油量调节机构及调速器等是否正常，各缸发火是否正常及运转中有无异响。当试车完毕后，机舱即可将车钟放回停车位置，表示试车结束。即此，备车工作宣告完毕，驾驶台随时可用车。

（二）运行中的工作

当接到驾驶室的车钟命令开动机器，在船舶进出港、移泊、浅水及狭窄航道的航行中，柴油机工况多变，轮机人员必须进行正确的操纵及管理。

起航和加速中不要突然加大油门，以防柴油机超负荷。

倒车操作时，为避免柴油机超载，倒车起动油门不可过大，其加速过程不宜过快。

船舶航行于浅水区，鉴于船舶阻力大，必须降油门运行，以防主机超载。

在大风浪中航行，为防止主车飞车和超载，务必把设定的飞车转速降低及降油门运行。

船舶从起航到定速，时间不可过短，通常主机运行1 ~ 2 h后方可满载运行。在这一过程中，应逐渐加速，不可将油门立即拉到满载位置，以免引起柴油机超热负荷，缸套产生裂纹。

船舶在正常航行中，轮机人员应按时检查并记录柴油机装置中各部分压力和温度及注意机器运行情况，发现不正常状态必须及时处理，如减速或停车时，应先通知驾驶室，亦可先处理然后立即通知。当驾驶室要改变机器转速或停车时，也应提前通知机舱，以便做必要的准备工作。若情况紧急，也可先发停车命令，机舱即可停车。

（三）到港后的工作

船舶抵达港口，驾驶室通知完车后，主机停止工作，但滑油和冷却水系统应继续运行，待机器温度较为均匀地下降后，其系统方可停止。燃油系统及空气起动系统在主机停车后即可停止工作，并关闭其相应阀门。

到港后，应根据航行中发现的柴油机装置问题及时进行检查并做相应处理。同时，还需据停港时间，按照检修周期规定，对机器及其系统进行检修，为下次航行做好充分准备。

七、柴油机在各种航行条件下的操纵要求

船舶需在各种要求和外界各种自然条件下航行，要能正确地操纵主机，必须了解各种航行条件下主机的运转状况。

（一）船舶在起航时主机的操纵

船舶起航时，其瞬时船速为零，然后逐渐增加。待船速增加后，再逐渐增加供油量。

（二）船舶加速过程中主机的操纵

当船舶驶离港口后，需加大供油量提高转速，使船全速航行。在这一过程中若主机操纵不当会引起主机超载。加速过程中主机的正确操纵，应该是缓慢加大供油量，主机转速、船的航速成比例地增大。

（三）船舶转弯时主机工况

船舶转弯时，由于船舶阻力增加，螺旋桨转速下降，主机在供油量不变的情况下，其转速会自动降低，而转弯结束之后又恢复原值。所以船舶转弯时，柴油机转速下降也不应加大供油量。倘若主机装有全制式调速器，船舶转弯时，供油量会自动加大，此时应限制供油量，以防主机超载。

（四）船舶由深水进入浅水和大风浪中航行时主机的工况

船舶由深水进入浅水区航行时，摩擦阻力增大，供油量虽然不变，但柴油机转速、船的航速都会自动下降。船舶在大风大浪中航行，船舶的空气阻力、波涛阻力均会增加。为保证既定航线，舵须偏转一个角度，这又使船的阻力增大。同时，大风浪中螺旋桨工作于斜水流之中，使桨效率变低。上述种种均使螺旋桨特性曲线变陡，主机及船速自然下降。由此可见，在船舶由深水进入浅水区域和在大风浪中航行时，航速下降为正常现象，船舶不应保持原来船速航行，以防主机超载。

（五）主机换向及船舶倒航时主机工况

船舶靠离码头或遇到避碰的紧急情况时，需改变主机转向，使前进船舶迅速停下改为倒航，或与此相反。为安全起见，换向时应尽快使主机反转，并且尽量不使主机超载。

一般主机停车后等到螺旋桨自行停止后再开倒车，这样主机才不会超载，但船舶惯性滑行距离可能为船长的5～6倍，这么大的滑行距离，对于避碰的紧急情况是危险的。为尽快使主机开出倒车，阻止船舶前进，应采用压缩空气制动法停车。

压缩空气制动法：当船全速前进中需后退时，立即将操纵手柄移至停车位置，当螺旋桨转速降至额定转速的60%～70%后，可将操纵手柄移到倒车位置，当换向机构换向完

毕，即可倒车起动。压缩空气按倒车定时进入气缸，可强制主机停止转动。若一次不成功，必须停车，待船速进一步降低后，再次以此法制动一次。螺旋桨从正转降为零，又变倒转后，将手柄朝加油方向移动。此时，主机倒车运转，但必须注意的是，即使已开出倒车，也只能低速运行。

船舶倒航时，由于船舶阻力大，螺旋桨效率低，所以螺旋桨特性曲线变陡。为使倒航时主机不至于超载，必须使倒车最大转速不超过额定转速的70%～80%，具体情况视排烟温度来确定。

第二节 汽油机概述

汽油机与柴油机在结构上的不同包括多了一套点火系统和油气混合装置即化油器。图8-25-6为汽油机的结构图。

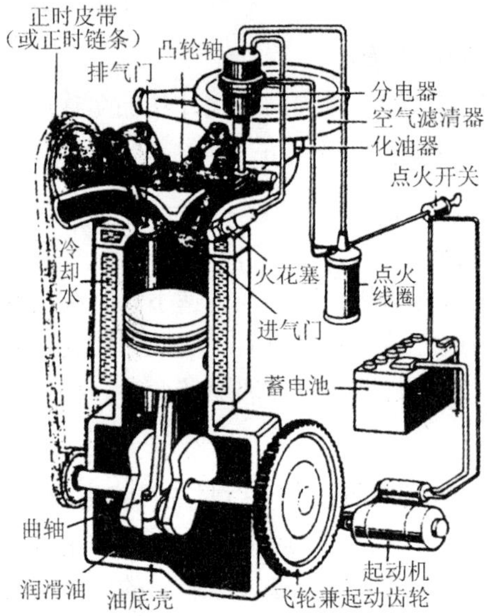

图8-25-6 汽油机结构图

一、汽油机工作原理

其简单工作原理是实现燃油和空气的雾化、混合，并将其压缩到一个密闭气缸中使可燃混合气着火，燃烧膨胀产生相当大的力推动活塞下行，并通过曲柄连杆机构将活塞的直线运动变成曲轴的旋转运动而输出动力。为了保证工作循环的继续进行，还必须将燃烧产生的废气排出气缸，为下一循环的进行做好准备。每一工作循环都会经历4个冲程，曲轴回转两周。

汽油机与柴油机的工作原理基本相同，其不同点在于：（1）在进气冲程，汽油机进气是油和气的混合气，而柴油机进气是新鲜空气；（2）压缩冲程，压缩比汽油机（6～10）比柴油机（14～22）小；（3）燃烧膨胀冲程，汽油机的膨胀比比柴油机小，膨胀终了温度比柴油机高。

二、汽油机维护保养要求

（1）汽油机外部及周围必须保持清洁，定期清洁或更换空滤器。

（2）检查汽油机各附件、部件的连接处及汽油机在机架上的紧固处，不能有松动现象。

（3）整个油路上的接头要保持密封，不得有渗漏现象。

（4）经常注意保持机油油面处于油塞两刻线之间。

（5）使空气滤清器处于良好状态，保持进气清洁。

（6）经常注意排气烟色、调速器是否灵活、转速是否稳定，发现问题应及时停机进行调整或更换。

（7）注意汽油机的声响，当发现有不正常情况时，必须立即停机进行检查并排除。

（8）定期更换机油、检查气体门与挺杆间隙是否符合规定、清洗沉淀杯和化油器浮子室、清除火花塞积炭等。

第三节 电力推进装置概述

一、电力推进装置基本结构

船舶电力推进装置是指采用电动机带动螺旋桨来推进船舶运动的装置。如图8-25-7所示，电力推进装置一般由下述几部分组成：螺旋桨、电动机、发电机、原动机以及调节控制设备。其中原动机Y将燃料的化学能转变为机械能，发电机G将原动机供给的机械能转化成电能，电动机M将电能再转化为机械能以带动螺旋桨J，推动船舶运动。电力推进的原动机可以采用柴油机、蒸汽轮机和燃气轮机。发电机可以采用直流或交流发电机。电动机可以采用直流或交流的同步或异步电动机。

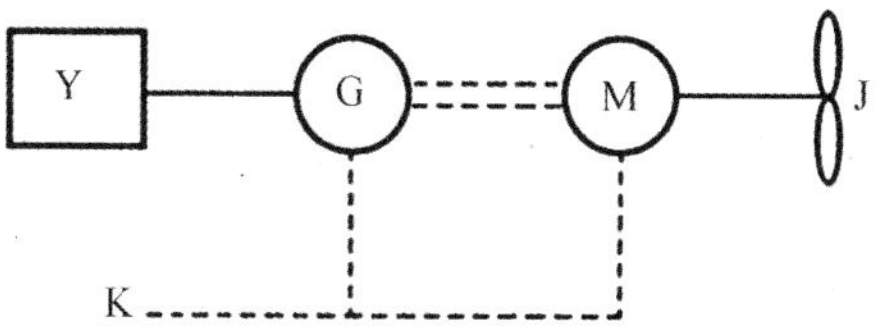

图8-25-7 电力推进装置简图

Y—原动机；G—发电机；M—电动机；J—螺旋桨；K—控制设备

电力推进装置操纵灵活、机动性好，易于获得理想的拖动特性，提高船舶的战术技术性能。推进装置总功率可以由好几个机组承担，增加了设备选择的灵活性，延长了船舶的生命力。原动机同螺旋桨间无硬性连接，有利于减低振动、降低噪声，可使原动机与螺旋桨分别处于各自最佳转速下工作，且使主轴长度大大缩短，动力装置的布置更加灵活。但电力推进装置的重量大，中间损耗大，初投资大，需要维修管理人员的技术水平高。

二、电力推进装置维护保养要求

（1）操持整个装置清洁而干净。

（2）保证原动机及各部件与系统连接坚固。

（3）油、水、气量在规定的要求范围内。

（4）各系统进行定期的保养，如滑油滤器、空滤器等的更换。

（5）在工作过程中，应对油温、水温、排气温度等进行严密的监督并记录。

（6）经常对发电机与电动机的电压、电流、工作温度、轴承温度和负荷大小进行监视，防止超负荷工作。

（7）定期对发电机与电动机的绝缘性能进行测量。

（8）定期向各轴承、传动装置添加润滑油，保证润滑良好。

第二十六章

船舶辅机与机舱管理

船舶辅机是指除了主机以外的船舶所有辅助机械和设备。大部分集中于机舱，少部分则布置于甲板上。其主要内容包括以下几方面：船舶发电机组、船用泵、液压甲板机械、空气压缩机械、制冷和空调装置、辅助锅炉、海水淡化装置、防污染装置等设备和设施。机舱管理则是根据船员岗位职责要求，依据相关管理制度与技术规范对机舱设备与设施实施运行管理、使用保养与维护。

第一节 船舶发电机作用

一、船舶电力系统的构成

船舶电力系统是由电源装置、配电装置、船舶电力网和负载，按照一定方式连接的整体，如图8-26-1所示。它是船舶上电能产生、传输、分配和消耗等全部装置和网络的总称。其中船舶电源装置是将机械能、化学能等能源转变成电能的装置。船舶常用的电源装置是船舶发电机组（主电源）、船舶应急发电机（大应急）和蓄电池组（小应急）。船舶配电装置是接收和分配电能，并对电源、电力网和负载进行保护、监视、测量和控制的装置。船舶电力网是电力系统的中间环节，起连接电源和负载的作用，将电能传送给负载，将电能转换成其他形式的能量。船舶发电机是船舶电力系统的基础，通常有交流发电机，也有直流发电机。由于柴油机热效率比较高、启动快、机动性好，因此在民用运输船舶上发电机的原动机多采用柴油机。

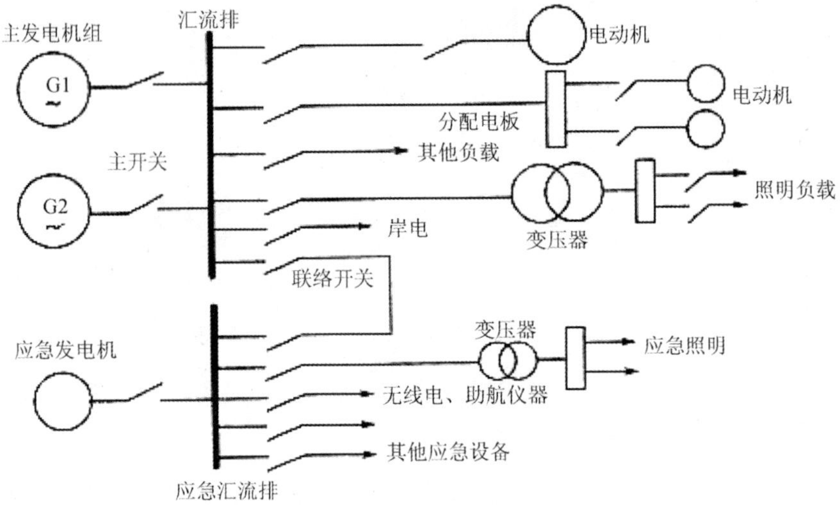

图 8-26-1　船舶电力系统作用原理图

二、船舶发电机组的构成

内河船舶发电机根据船型、装载货物与航线的不同，可分为交流同步发电机和直流发电机。

交流电气设备（相对于直流电气设备而言）具有结构简单、造价和维修费用低、故障少、可靠性能好、体积小、重量小、维修工作量小等优点。所以，目前船舶大多采用交流电力系统。

船舶发电机组（主电源）、船舶应急发电机（大应急）和蓄电池组（小应急）作为提供能量的装置，是船舶电力系统的主要组成部分，是保证供电质量的关键，是船舶电站的核心。考虑到船舶电气设备的工作条件比较复杂、工作环境比较恶劣，船舶电站容量相对较小等因素，根据"满足船舶在各种运行工况下的用电量，并有适当的裕量，以保证连续可靠的供电"的基本原则，通过一定的计算并考虑其他因素来确定船舶电站的容量 。一般船舶电站设置2~3台同型号、同容量的机组作为主电源，另外设置1台应急发电机作为应急之需，同时设置一定数量的蓄电池作为小应急照明电源。

三、船舶发电机的作用

（一）主发电机的作用

维持供电电压和频率的稳定，保证连续可靠的供电，是船舶发电机的主要作用。自励恒压装置是船舶发电机的核心组成部分。其应具有自励起压、强行励磁、符合要求的静态电压调整率和符合要求的动态电压调整率并能按各发电机的容量比例合理分配无功功率等功能。常用的有三相交流同步发电机和直流发电机两类。

1.三相交流同步发电机

三相交流同步发电机是利用柴油机、主柴油机轴带驱动发电机运转，将柴油机输出的机械能转换成电能（三相正弦交流电）。

（1）为船舶机舱辅助机械（水泵，油泵，锚机，舵机，空气压缩机，制冷装置，空调装置，通风机）等动力装置提供稳定、可靠的三相交流电源。

（2）通过变流、变压器为船舶工作、生活区域（场所）提供照明电源（分为常规和应急）。

（3）为船舶机舱与驾驶台之间的遥控装置提供驱动电源。

（4）为船舶通信设施与设备提供电源保障。

（5）为船舶导、助航设备提供电源保障。

（6）为船舶蓄电池组提供充电电源保障。

2.直流发电机（小型、区间航线船舶）

直流发电机利用柴油机驱动直流发电机运转，将柴油机输出的机械能转换成标准、稳定、可靠的直流电能。为船舶各类辅助机械、通信设备、助航设备、照明系统、生活设施与设备等提供直流电源保障。

船舶发电机作为船舶电站的核心设备，主要有外部短路保护、过载保护、欠压保护、逆功率保护等继电保护。这些保护都可由“综合保护装置”或由自动空气断路器的“过电流脱扣器”“失压脱扣器”“逆功率继电器”等元器件来实现，以确保安全可靠的供电。船舶发电机既保证电能质量，又兼顾经济运行。船舶电力系统的继电保护主要包括：船舶发电机的保护、船舶变压器的保护、船舶电网的保护和船舶电动机的保护。

（二）应急发电机的作用

船舶应急发电机应具备的作用主要有以下几个方面：

（1）能检测出主电网断电，自动延时发出起动应急发电机的信号。

（2）起动成功经过延时后，自动向应急电网、应急负载供电。

（3）应急发电机正常运行时，能对原动机的油压、冷却水温度进行检测，发现异常时能自动发出报警信号。

（4）主电网恢复供电，应急发电机应自动退出。

无论是船舶发电机组、船舶应急发电机还是蓄电池，都是船舶核心的电气设备和系统。集发电、输电、配电、用电“四位一体”的船舶电站，是船舶安全航行和经济航行的重要保障。

第二节 ◉ 离心泵、往复泵、齿轮泵概述

一、船用泵的功用、分类与性能参数

（一）船用泵的功用

泵是用来提高液体机械能（位能、动能、压力能）并输送液体的设备，泵在现代船舶上有着十分广泛的应用。

（二）船用泵的分类

1.按泵的应用或输送工质分类

（1）船舶主、辅动力装置用泵：有燃油泵、滑油泵、海水泵、淡水泵、舵机或其他液压甲板机械中的液压泵、锅炉给水泵、制冷装置中的冷却水泵、海水淡化装置中的海水泵和凝水泵等。

（2）船舶安全及生活设施用泵：有舱底水泵、压载水泵、消防水泵、日用淡水泵、饮用水泵、热水循环泵，还有兼作压载、消防、舱底水泵用的通用泵等。

（3）特殊船舶专用泵：某些特殊用途的船舶，还设有为其特殊营运要求而设置的专用泵，如油船的货油泵、挖泥船的泥浆泵、打捞船上的打捞泵、喷水推进船上的喷水推进泵等。

2.按泵的工作原理分类

（1）容积式泵

容积式泵依靠工作部件的运动造成泵工作容积的周期性变化来向液体提供压力能并吸入和压出液体，根据运动部件的运动方式不同分为往复泵和回转泵（齿轮泵、螺杆泵、叶片泵、水环泵等）两类。容积式泵主要使液体的压力能提高。

（2）叶轮式泵

叶轮式泵依靠叶轮带动液体高速回转而把机械能传递给所输送的液体，根据叶轮和流道的结构不同分为离心泵、轴流泵、混流泵和漩涡泵等。叶轮式泵主要使液体的速度能增加并部分转换成压力能。

（3）喷射式泵

喷射式泵依靠工作流体产生的高速射流引射需要排送的流体，然后通过动量交换向其传递能量并将其排出，根据所用工作流体不同有水喷射泵、空气喷射器、蒸汽喷射器等。

（三）船用泵的性能参数

为了表明泵的性能，便于比较和选用，在泵的铭牌和说明书上通常给出以下性能参数：

（1）流量——泵单位时间内所排送的液体量，分为体积流量和质量流量。体积流量用Q表示，单位是m^3/s或L/min、m^3/h，公式计算用m^3/s。质量流量用G表示，单位是kg/s或kg/min、t/h。

（2）扬程——单位重量液体在泵的吸、排口间增加的机械能（单位为N · m，焦尔），用H表示，单位为m（液柱），可由N · m / N导出。扬程俗称压头。

（3）功率和效率

功率有输出功率和输入功率之分。

输出功率：又称有效功率，是指泵在单位时间内实际传给排出液体的能量，用P_e表示，单位是W或kW。

输入功率：也称轴功率，即单位时间内原动机传给泵轴的功率，用P表示。

效率（总效率）：泵的输出功率和输入功率之比，即$\eta=P_e/P$。

（4）转速：（泵的转速）是指泵轴每分钟的回转数，用n表示，单位是r/min。

（5）允许吸上真空高度：泵在额定工况下保证不发生汽蚀时泵进口处能达到的最大吸入真空度，用H_s表示，单位是MPa。

二、泵的基本结构与应用

（一）离心泵

1.离心泵的基本结构和工作原理

离心泵属于叶轮式泵，在船舶上应用最广，根据其安装形式分为立式和横卧式两种；按泵壳的形式分为蜗壳式和叶轮式两种；按级数分为单级和多级两种。

图8-26-2为蜗壳式离心泵结构图，从图中可知，蜗壳式离心泵由叶轮1、叶片2、泵壳3、吸入接管4和扩压管5、泵轴6及轴封等所组成。叶轮用键和固定螺帽7固定在泵轴6的一端，轴的另一端穿过填料函伸出泵壳由原动机驱动右旋回转，固定螺帽7通常采用左旋螺纹，以防反复起动因惯性而松动。

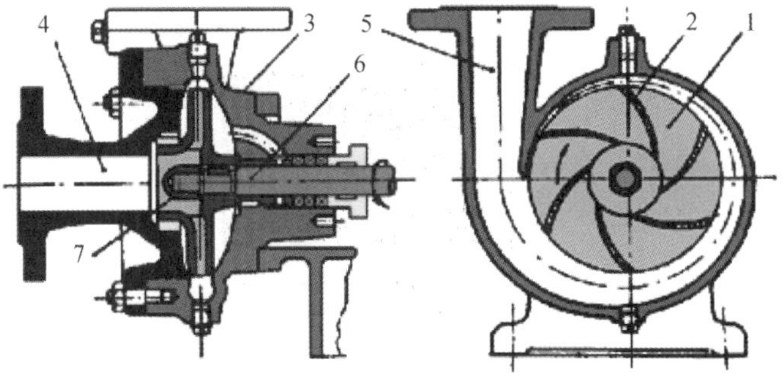

图8-26-2　单级蜗壳式离心泵结构图

1—叶轮；2—叶片；3—泵壳；4—吸入接管；5—扩压管；6—泵轴；7—固定螺帽

图8-26-3为离心泵工作原理图。在泵内充满水的条件下，离心泵工作时，高速旋转的叶轮及其叶片带动叶间的液体一起回转，在离心力作用下，液体从叶轮的中心向四周甩出，然后由具有渐扩截面的泵壳流道汇集，经扩压管降速，将其中的大部分的速度能变成压力能（以减少因高流速而造成的阻力损失），从排出管排出。与此同时，叶轮中心处形成一定的真空，液体在吸入液面和叶轮中心处形成的压力差作用下吸入离心泵叶轮。只要叶轮能保持匀速的回转，离心泵就可以连续不断地吸排液体。

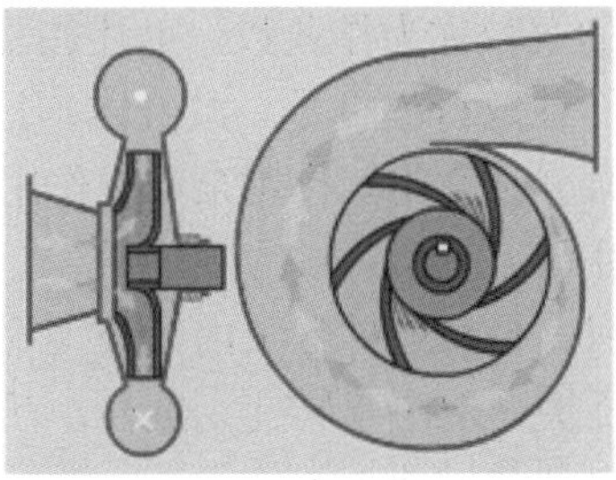

图8-26-3　离心泵工作原理图

2.离心泵的工作特点与应用

离心泵的工作原理和结构决定了它有以下特点：

（1）吸排连续，排量均匀，适用范围广。

（2）转速高，可直接与原动机相连，尺寸小，重量小，造价低。

（3）可抽送含杂质的污水。易损件少，管理和维修简便。

（4）泵的流量随工作压头而变，便于调节流量。

（5）泵能产生的额定压头主要决定于叶轮的外径和转速，单级泵特别适合中、大排量和中压头。离心泵能产生的最大压头为“封闭”压头，其值有限，故无须设安全阀。

（6）离心泵的轴功率，在流量为零时最小，故适用于封闭起动。

（7）无自吸能力。但采用专用的抽空装置和特殊的泵壳结构，也可具有自吸能力。

目前，船上的海淡水泵、压载泵、消防泵等大部分泵用离心泵。现代船舶用深井式离心泵作为主机滑油泵。

（二）往复泵

1.往复泵的基本结构与工作原理

图8-26-4是单缸双作用往复泵的工作原理图，它主要由活塞、泵缸、吸入阀和排出阀等部件组成。

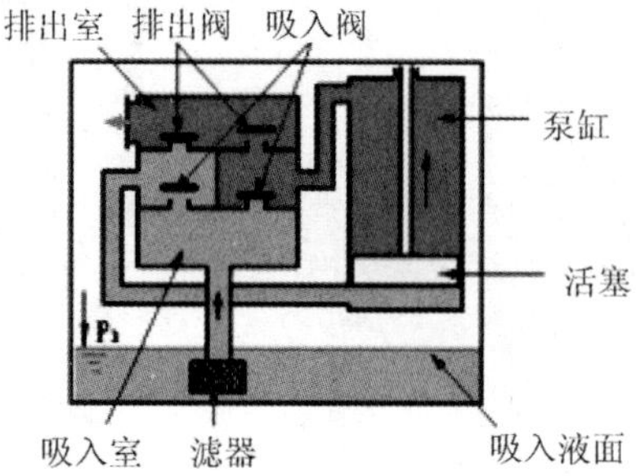

图8-26-4　单缸双作用往复泵工作原理图

当活塞从下向上运动时，泵缸上腔容积减少，上腔和与之相通的阀箱中层内的气体压力随之升高，顶开右侧排出阀，经阀箱上层排出室的排出管排出。相反，泵缸下腔容积增大，下腔和与之相通的阀箱中层内的气体压力降低，阀箱下层吸入室中的气体顶开左侧吸入阀，进入泵缸。于是吸入室和吸入管中压力也就降低，液体在吸入液面上的气压作用下，将沿吸入管上升。当活塞反向向下运动时，代之开启的是右侧吸入阀和左侧排出阀，而前述开启的吸、排阀将关闭，泵经吸、排口的吸排方向不变。这样活塞连续往复运动，吸入管中气体将不断被排往排出管，最后液体将进入泵缸，泵就开始排送液体。

往复泵曲轴每转吸排液体的次数称为作业数。上述往复泵每一往复行程活塞两侧各吸排一次液体，是双作用泵。每一往复行程吸排一次液体，是单作用泵。由两个双作用泵缸或三个单作用泵缸组成的往复泵分别称为四作用泵和三作用泵。

2.往复泵的工作特点及应用

（1）有自吸能力，即起动时，自身能抽除泵内与吸入管路中的空气吸上液体的能力。

（2）理论流量与工作压力无关，取决于转速、缸径、活塞行程和作用次数。

（3）额定排出压力与泵的尺寸和转速无关。

（4）流量不均匀。

（5）转速不能太高。电动往复泵的转速一般为200～300 r/min，最高不超过500 r/min。

（6）不宜输送含有固体杂质的液体。

（7）结构较复杂，易损件较多。

往复泵属于容积式泵，具有较强的自吸能力，在船上一般用作舱底水系统的污水泵和油水分离器的输送泵。

（三）齿轮泵

1.齿轮泵的基本结构和工作原理

齿轮泵是常见的回转式容积泵，其主要工作部件是互相啮合的齿轮。齿轮泵按其啮合的方式可分为外齿轮泵、内齿轮泵以及转子泵等；按齿轮的形式可分为直齿轮泵、斜齿轮泵以及人字齿轮泵等。

如图8-26-5所示为国产CB-B型外啮合齿轮泵的结构图。图中互相啮合的主动齿轮7和从动齿轮9结构相同，分别用键安装在平行的主动轴6和从动轴8上，而轴6、8的两端则由滚针轴承2支承。齿轮的齿顶和端面分别被泵体3和前、后端盖4、1所包围。

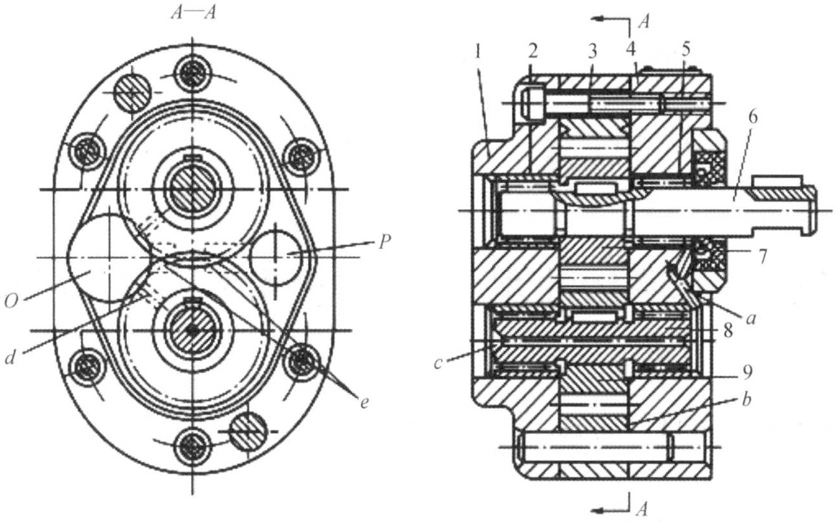

图8-26-5　CB-B型外啮合齿轮泵结构图

1—后端盖；2—滚针轴承；3—泵体；4—前端盖；5—传动轴；6—主动轴；7—主动齿轮；8—从动轴；9—从动齿轮；*a*、*c*、*d*—孔道；*b*、*e*—卸荷槽；*O*、*P*—吸、排口

图8-26-6为外啮合齿轮泵工作原理图。主、从动齿轮分别被齿轮泵泵壳和两侧端盖所包围，形成密封空间，啮合的齿轮又把密封空间分割为左、右两个舱室。当主动齿轮和从动齿轮旋转时，齿轮轮齿退出啮合的一侧工作容积将增加，压力将降低，从而将液体吸入齿谷空间并随齿轮旋转被带到另一侧；齿轮轮齿进入啮合的一侧工作容积将减少，被齿谷带来的液体就从泵壳上的出口被挤出，这样便形成了连续地吸入与排出。

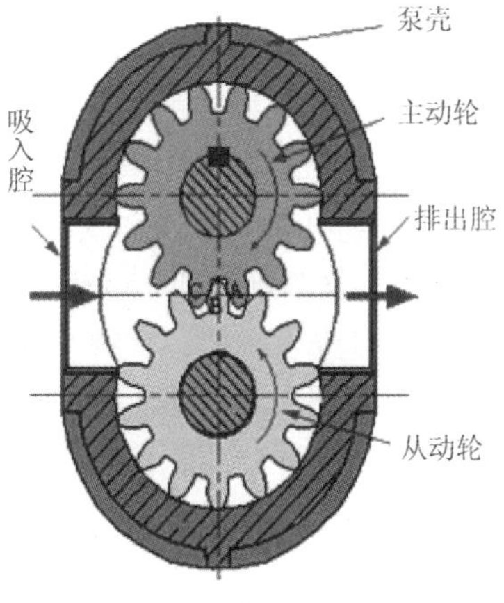

图8-26-6　外啮合齿轮泵工作原理图

显然，齿轮轮齿退出啮合的一侧为吸入侧，进入啮合的一侧为排出侧。

2.齿轮泵的工作特点与应用

（1）具有容积式的共同特性（能自吸、可产生很高的压力、理论流量与工作压力无关）。

（2）齿轮泵的吸、排方向取决于原动机的回转方向，故齿轮泵不能反转。

（3）流量连续，但存在脉动。流量脉动率与齿数和齿形有关。齿数多，脉动率小。

（4）主、从动齿轮存在不平衡径向力。这是由于沿主、从动齿轮圆周液压分布不均匀。工作压力越高，不平衡的径向力就越大。常采用缩小排油口油液的作用面积，以减小径向力。

（5）结构简单，价格低廉。

（6）摩擦面较多，且密封间隙较小，宜输送润滑性的油液。

齿轮泵属于回转式容积泵，在船上一般用作燃油驳运泵、燃油输送泵、燃油增压泵以及滑油驳运泵等。

第三节 船用油水分离器与污水（油）柜概述

一、船舶油污水处理的方法

（一）油水分离器配置要求

根据《内河船舶法定检验技术规则》及相关修改通报的要求，除按规则规定设置污油水舱（柜），将含油舱底水贮存在船上，排放给接收设备的船舶外，主辅柴油机总功率220 kW及以上的船舶，至少装设一套油水分离设备，该设备应按国际海事组织所推荐的规格进行设计、制造和试验，并取得认可；主辅柴油机总功率在22 kW及以上，但不足220 kW的船舶，至少装设一套额定处理量为0.04 m^3/h的油水分离设备，该设备的试验条件应符合海事局的相关规定，并经认可。

凡150总吨及以上的油船和400总吨及以上的其他船舶，应配有海事局规定的油类记录簿和“船上油污应急计划”。

（二）船舶油水分离的方法

我国有关船舶防污染法规规定，船舶排放的处理水含油量不应超过15ppm，凡150总吨及以上的油船和400总吨及以上的非油船，机舱必须设置油水分离装置和油分浓度报警器。机舱含油污水经油水分离器分离处理，使其油分浓度小于15ppm（1ppm等于百万分之一，即10^{-6}）再排放到舷外，当油分浓度大于15ppm时，油分浓度报警器发出警报，并自动关闭舷外排出阀或停止污水泵运转。

油水分离的方法很多，但基本上可分为物理分离法、化学分离法和电气分离法三种。在船上油水分离多采用物理分离法，物理分离法包括重力分离、过滤分离、吸附分离、离心分离、气浮分离和超声波分离等。

二、ZYF-Z-1型舱底水分离器结构与工作原理

（一）结构特征

设备主要由左右、上下壳体和盖板组成。柱塞泵、电控箱、电磁阀、止回阀等配套件及管路均与壳体组成整体，如图8-26-7所示。内腔由斜板组及过滤层、滤料层组成。在设备顶部装有液位电极，通过电气控制箱控制系统使设备进入正常的舱底水处理过程。当处理水超标时，设备自动进入反冲洗，反冲洗水返回舱底。壳体上有液位计，便于观察壳体内液面状况。壳体装有电加热器，有温度计自动控制，工作温度可调节为5～40 ℃。设备具有自动、手动反冲洗功能，具有自动、手动排油功能。

图8-26-7　ZYF-Z-1型舱底水分离器

（二）工作原理

设备管路安装就位后，接通电源，启动设备，反冲水进口的电磁阀自动打开。反冲水进入主壳体，直至设备充满清水。

（1）设备充满清水后，自动进入分离工况：柱塞泵启动，排放水电磁阀打开，其余电磁阀关闭，舱底水经滤器泵入设备，进行舱底水的粗分离；由于油水比重不同，大油滴逐渐地浮至设备顶部；含有小颗粒油的舱底水向下进入特制的斜板组，在内部进行聚集分离，形成较大的油滴浮止顶部；含有细小颗粒油的舱底水继续向下进入有聚丙烯颗粒组成的过滤层；然后进入由两组多层滤料包组成的处理罐，进行舱底水聚集分离净化，经处理后符合排放标准的水排至舷外，具体如图8-26-8所示。

（2）当分离出的污油在设备顶部聚集到一定高度（液位）时，设备自动进入排油工况：柱塞泵停止运转，排放水电磁阀关闭，处理后的排放水停止排放；反冲水电磁阀及排油电磁阀打开，反冲水进入腔体，使油层上浮；污油在反冲水向上压的过程中，从设备顶部排出壳体，流入集油柜；当污油层排完后，设备自动进入分离工况。

（3）当排放水超标，舱底水报警装置（油分浓度计）报警时，设备自动进入反冲洗工况；这时柱塞泵停止运转，反冲水进口电磁阀及反冲洗排放水电磁阀打开，其余电磁阀关

闭；反冲水对主壳体及相应管路进行冲洗，反冲洗水自动返回舱底；反冲洗时间由时间继电器控制，反冲洗时间到达设定的时间，并且排放水达标，设备自动进入分离工况。

（4）设备的排油功能及反冲洗功能均具有自动和手动两种控制转换型式。

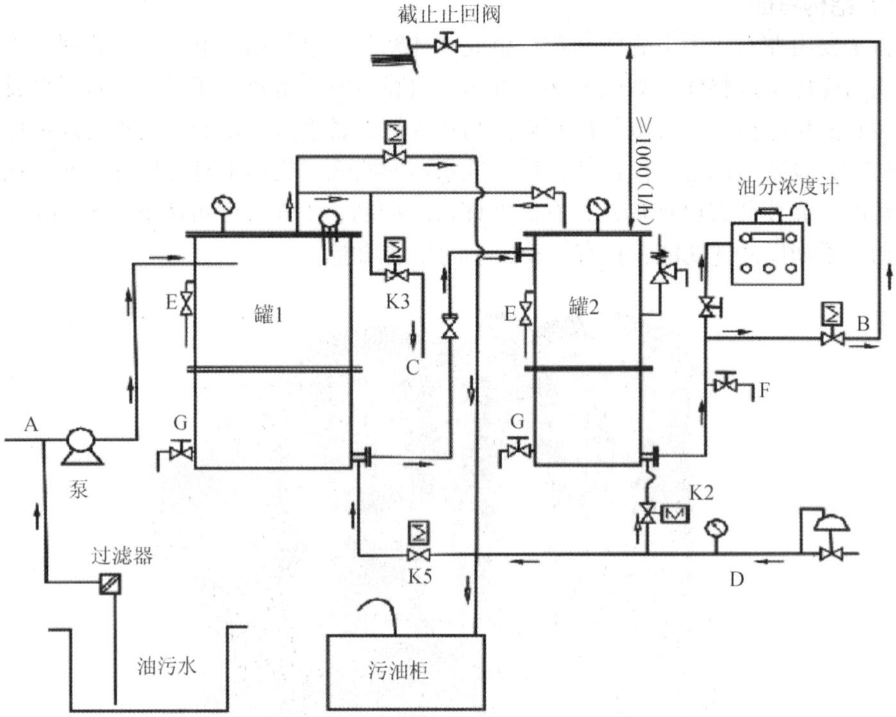

图8-26-8　ZYF-Z-1型舱底水分离器流程图

A—油污水进口；B—处理后合格水排放；C—污油出口；D—反冲水进口；
E—反冲洗水出口；F—取样用考克；G—放泄口截止阀

（三）油分浓度监测装置（15ppm报警装置）

公约规定，船舶油水分离器必须在有油分浓度监测装置时才能使用，以便对排放水的含油浓度、排放总量及瞬时排放率进行测定、记录和控制。若排放水中含油浓度超过规定的标准，检测器就发出声光报警，并自动切断舷外排放。轮机人员应立即检查舱底水处理系统的工作情况，并排除故障，直到水中含油浓度符合标准为止，具体如图8-26-9所示。

图8-26-9　XOC-01型舱底水报警装置

三、油水分离器的管理

（一）使用前的准备、检查

（1）设备在使用前，应仔细阅读操作规程，并了解和熟悉本设备的基本结构和各配套件的位置和作用。

（2）检查设备管路连接是否正确、无渗漏。

（3）检查电制与设备是否一致，电器接线是否正确。

（4）检查泵、仪器、仪表等配套件是否正常完好。

（二）操作程序

（1）关闭设备上的放泄阀；打开设备出口的截止阀。

（2）将电控箱上的上排油、反冲洗水转换开关置于自动位置。

（3）调整反冲洗水压力满足0.15 ~ 0.20 MPa 的要求。建议压力调至0.2 MPa。

（4）打开设备的电源开关，按下设备启动按钮。

（5）需停机时，按下设备关闭按钮，关闭设备的电源开关。

（三）注意事项

（1）为尽快排尽设备中的空气，可用反冲洗工况操作。

（2）设备停机或暂不使用前，应进行手动反冲洗操作。

（3）设备使用时，放泄阀一般不要开启。

（4）设备停用一段时间，一般不需放空。

（四）维护与保养

（1）日常维护与保养

定期清洗液位电极（设备暂停时进行），每月至少清洗一次；定期进行润滑和保养，详见泵的使用说明书；定期清洗预过滤器。

（2）长期停放时的维护与保养

当设备长期停止工作时，应冲洗干净并放尽设备中的水，泵的运转部分注上润滑油。未喷油漆的金属表面用油封保护。每半年保养一次。

四、污水油水舱(柜)的应用

（一）设置污油水舱（柜）

根据《内河船舶法定检验技术规则》及相关修改通报的要求，相关船舶应该按规则规定设置污油舱（柜）。

（1）航行于三峡库区和京杭运河的船舶，应设置污油水舱（柜），将含油舱底水贮存在船上，排放给接收设备。严禁将污油水直接排往舷外，污油水舱的容积应满足以下要求：

$$V=2\times\frac{0.6P+35}{24}t\ (\mathrm{L})$$

其中：P—船舶主/辅柴油机总功率（kW）；

t—船舶计划排放污油水的时间间隔（h）。

（2）其他航区的船舶，若港口设有污油水接收设备，根据设备的接收能力，到港船舶可设置污油水舱（柜）。严禁将污油水直接排往舷外。

（3）主辅机总功率低于22 kW的船舶，可采用经同意的其他简易有效设施储存含油舱底水，定期排放给接收设备，严禁将污油水直接排放于舷外。

（二）污油水的接收

船舶污油水的接收必须由具备海事、港口、海关、环保、边防等有关部门颁发的污油水接收作业资质，并符合海事、港口、海关、环保、边防等有关部门的要求，具备污油水接收能力（车、船、设备），不延误船期，妥善处理有关部门审批、许可等手续，确保作业顺利进行的单位实施。和船公司签订相应的污油水接收协议，明确船舶油柜的清洗、机舱污油水的回收、物料供应和船舶维修工作等各个环节的责任和义务。污油水接收单位保证污油水作业完成后及时为船舶提供海事局出具的中英文版的“船舶残油接收处理证明”，并具有义务协助甲方船舶做好海事部门要求的油类记录簿签注工作。

接收方负责向海事局办理清洗油舱、接收污油水、物料供应和船舶维修作业的手续和有关准备工作，负责进行测爆、办理明火作业许可证和出具污油水接收证明。

第二十七章

船舶电气

内河船舶驾驶部船员应当掌握船舶电气的基础知识，提高船舶安全管理水平。船舶电气主要介绍船舶安全用电常识、柴油机电系的基本组成及功用、蓄电池的正确使用与测量方法及日常维护管理等相关内容。

第一节 船舶安全用电常识

如果缺乏安全用电常识或对电气设备的使用管理不当（主观原因），触电事故特别容易发生。在客观上电气设备的绝缘损坏使不带电的物体带电，这是发生触电的最大隐患。环境条件对造成触电事故有着重要影响，人体任何两点直接触及（或通过导电介质连通）不同电位的带电体都可能发生触电事故。钢质船舶的整个建筑是一个良导体，且空间狭窄、设备密布，人体经常碰触到电气设备的金属壳体或构架，加之高温、潮湿等恶劣环境条件，容易造成绝缘损坏，或安全接地因腐蚀或锈蚀而失去保护作用。因此，船舶属于触电危险场所，需要特别重视船舶安全用电常识的学习和普及。

一、船舶用电知识

（一）人体触电电流与安全电压

1.人体触电电流

触电对人体伤害的程度与通过人体电流的大小、种类、路径和持续时间有关，电流的大小决定于人体两点的接触电压和人体电阻。人体总电阻是皮肤角质层电阻和体内电阻之和。皮质电阻为40～100 kΩ，而体内电阻仅为600～800 Ω，但皮肤潮湿、不洁净或有伤口时，皮质电阻可下降到1 kΩ左右。因此人体电阻不是固定的常数，而且实际触电时的人体电阻和电流还与人体的触电部位、接触面积和接触紧密程度等有关。

直流电对人体血液有分解作用，交流电对人的神经有破坏作用，通常交流电对人体伤害程度要大于直流电。

危险的触电电流（交流）通过人体，首先是使肌肉突然收缩，使触电者无法摆脱带电体，以至麻痹中枢神经，导致呼吸或心脏跳动停止。通过人体的工频交流电流为0.6～1.5 mA时人开始有感觉；8～10 mA时手已较难摆脱带电体；几十毫安通过呼吸中枢或几十微安直接通过心脏均可致死。因此电流通过人体的路径不同，其伤害程度不同。手和脚间或双手之间触电最为危险。

触电伤害程度还与交流电流频率有关，50 Hz或60 Hz的工频电流对人体的伤害最大。当频率增高到2 000～2 500 Hz时，对人的危害降低。频率再增高时，电流对人的伤害程度就大大降低。

安全电压是指对人体不产生严重反应的接触电压。根据触电时人体和环境状态的不同，其安全电压的界限值不同。

2.安全电压

（1）国际上通用的可允许接触的安全电压分为三种情况：

①人体大部分浸于水中的状态：其安全电压小于2.5 V；

②人体显著淋湿或人体一部分经常接触到电气设备的金属外壳或构造物的状态：其安全电压小于25 V；

③除以上两种以外的情况，对人体加有接触电压后，危险性高的接触状态：其安全电压小于50 V。

（2）我国根据发生触电危险的环境条件将安全电压分为三个类别，其界限值分别为：

①特别危险（潮湿、有腐蚀性蒸汽或游离物等）的建筑物中为12 V。

②高度危险（潮湿、有导电粉末、炎热高温、金属品较多）的建筑物中为36 V。

③没有高度危险（干燥、无导电粉末、非导电地板、金属品不多等）的建筑物中为65 V。

安全电压是相对的，在某种状态或环境下是安全的，当状态或环境发生变化时就可能是危险的。特别是触电作用时间为触电安全的重要因素，即使是可摆脱的电流，若在20～30 s内未能摆脱，也会由于电流的热效应、化学效应等，使人体发汗，电阻下降，以及一系列的病理变化，仍会造成伤亡事故。

（二）触电的急救措施

发现有人遭受触电伤害时，应设法迅速切断电源。如果人在高处触电，切断电源时，还应采取安全措施，防止触电者松手后从高处坠落，造成摔伤。

如触电者伤害较轻，神志清醒，只有心慌、无力、肢体发麻等感觉，可让其在通风处静卧休息，一般在2～3 h后即可恢复。

如触电者伤害较严重，出现失去知觉、停止呼吸、心脏停止跳动等现象，则应及时采取人工呼吸和人工心脏按压进行抢救，并及时护送到医院救治。

（三）安全用电规则

（1）工作服应扣好衣扣，必要时扎紧裤脚，不应把手表、钥匙等金属带在身边，工作时应穿电工绝缘鞋。

（2）检查自己的工具是否完备良好，如各种钳柄的绝缘、行灯、手柄、护罩等，如发现有欠缺，应及时更换。

（3）电气器具的电线、插头必须完好，插头应与插座吻合，无插头的移动电器不准使用，36 V以上的电器外壳必须安全接地。

（4）不要先开启开关后接电源（指手提电器），禁止用湿手或在潮湿的地方使用电器或开启开关。

（5）在任何线路上修理时，应从电源进线端拿走熔断器，并挂上警告牌。修理完毕后，在通电前应先查看相关线路上有无其他人在工作，确定无人后，才可装上熔断器，合上开关。

（6）换熔丝时，一定要先拉断开关，并换上规定容量的熔丝，不得用铜丝或其他金属丝代替。

（7）检查电路是否带电，只能用万能表、验电笔和灯，在未确定无电前不能进行工作，带电作业必须经由电气负责人批准，作业时必须有两人一同进行。在带电作业时，尽可能用一只手触及带电设备及进行操作。

（8）在带电设备上严禁使用钢卷尺等金属尺进行测量工作。

（9）高空作业（离地1 m以上）时，应系安全带，以防失足或触电坠落，同时要注意所携带的工具、器材，防止失手落下伤人和损坏设备。

（10）在维修和检查有大电容的电气设备时，应将电容器充分放电，必要时可先予以短接。

（11）在机舱工作时，应有适当的照明，所用灯具电压应符合安全标准。

（12）工作完毕后，应检查清点工具，不要遗留。特别是在配电板、发电机等重要设备附近工作时更应注意。另外，工作完毕后应注意把不必要的灯或未燃尽的火熄灭。

（13）严禁使用四氯化碳作为清洁剂。

（四）触电原因、预防措施

1.触电原因

触电的主要原因是缺乏安全用电意识；违反操作标准或误操作；遇到紧急修理情况，紧张过度，举措失当，意外触及带电体而触电；电器设备年久失修，绝缘破坏，且未妥善接地，人体接触到此类设备的金属外壳而触电。

2.预防措施

强化安全用电意识；强化应急应变能力的训练；沉着冷静，忙而不乱；严格遵守安全操作规程；做好电器设备的维修保养工作，发现问题及时解决。

二、船舶电器设备防火、防爆常识

为了防止电气设备引起的火灾，在设计、制造、安装和使用船舶电气设备时，应按规范规定和国家船用电工专业有关标准的规定进行，主要做好下列安全防范工作：

（1）电气设备应由耐久、滞燃和耐潮的材料制成。

（2）电器设备的连接和紧固等要牢固，应有防止其受振动而脱落的措施。电器设备的金属外壳应有可靠的接地设备。

（3）要严格按照环境条件选择电气设备和电缆的防护形式。在易燃易爆场所，必须使用防爆式电气设备。

（4）电气设备的操作手轮或手柄的温度不得超过60 ℃。当电气设备的外壳温度超过80 ℃时，应采取防护措施。

（5）调节电阻、起动电阻、电器器具等在工作时能产生高温的电气设备，安装时应有防止导致附近物体过热或起火的措施。

（6）电气设备和电缆，不应直接安装在船壳板上，防止机械碰伤，破坏绝缘。

（7）限制电气设备的负荷量及电缆的载流量在额定值以下，不得长期超载运行。

（8）按要求定期测量绝缘电阻，发现绝缘电阻下降到最低要求值以下时，应查明原因，及时处理。

（9）注意日常维护、保养和清洁工作，及时排除电机及电器等的故障。

第二节 柴油机电系的基本组成及功用

一、柴油机电系的基本组成

6135G柴油机电系的组成如图8-27-1所示。其主要组成部件包括蓄电池1、继电调节器9（节压器、限流器、断流器）、充电发电机13、起动机2和起动按钮4等。

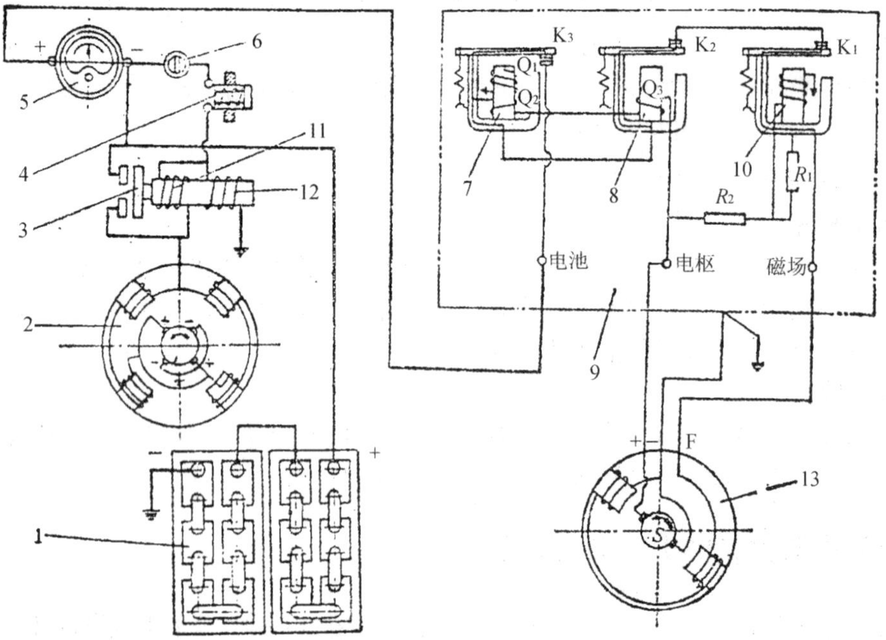

图8-27-1 6135G柴油机电系线路图

1—蓄电池；2—起动机；3—电磁开关；4—起动按钮；5—电流表；6—电路钥匙；7—断流器；8—限流器；9—继电调节器；10—节压器；11—吸引线圈；12—保位线圈；13—充电发电机

二、各组成部分的功用

（一）蓄电池

蓄电池为起动电动机提供电源。

（二）继电调节器

继电调节器保证充电发电机对蓄电池充电过程的可控性。

（1）节压器：保证充电发电机发出的电压能符合蓄电池的标定值。

（2）限流器：保证充电电路中的充电电流满足标定值。

（3）断流器：保证蓄电池的供电电流不会逆流到发电机端。

（三）充电发电机

充电发电机在柴油机正常运转时能对蓄电池提供稳定的充电电流和标定的充电电压。

（四）起动电动机

起动电动机在通电状态时旋转并通过驱动机构的作用，保证柴油机正常起动。

（五）控制按钮

控制按钮是接通蓄电池与起动电动机线路的控制开关。

第三节 蓄电池的正确使用、测量方法及日常维护管理

一、蓄电池的正确使用

1.配制和灌注电解液

（1）电解液应用蒸馏水和相对密度为1.83（15 ℃）的纯净硫酸配制。

（2）配制电解液时应在耐酸的玻璃、瓷质、铅金属等器皿内进行。

（3）配制电解液时必须先将蒸馏水加入容器，再将硫酸徐徐加入，并需不停搅动。

2.充放电过程

（1）将蓄电池的正、负极与充电电源的正、负极对应相接。

（2）注意选择充电电压。

（3）根据不同的充电阶段控制合适的充电电流。

（4）蓄电池应定期进行充放电。

二、充放电结束时的测量方法

（一）相对密度计法（比重计法）

用比重计对电解液的相对密度进行测量，并根据所测数值，对蓄电池的放电情况做出正确的判断：

（1）测得的比重计读数值在1.25~1.30时，表明蓄电池的电量“已充足”。

（2）测得的比重计读数值在1.15~1.25时，表明蓄电池的电量“存一半”。

（3）测得的比重计读数值在1.10~1.15时，表明蓄电池的电量“已用完”。

（二）放电仪法

放电仪法是指用放电仪在强电流情况下放电，测出此时蓄电池的端电压，根据所测数据判断蓄电池的放电程度，具体判断方法如下：

（1）测得单格电压，放电仪读数为1.7 ~ 1.8 V时，表明蓄电池已充足电。

（2）测得单格电压，放电仪读数为1.6 ~ 1.7 V时，表明蓄电池已放电25%的容量。

（3）测得单格电压，放电仪读数为1.5 ~ 1.6 V时，表明蓄电池已放电50%的容量。

（4）测得单格电压，放电仪读数为1.4 ~ 1.5 V时，表明蓄电池已放电75%的容量。

三、蓄电池的日常维护管理

（1）蓄电池应置于干燥通风处，且场所温度保持在20 ℃，并距离热源1 m以上。

（2）注液孔盖应旋紧密封，并注意螺帽上的通气孔应保持畅通。

（3）长期不用时，应每半月进行一次维护充放电。

（4）应经常检查电解液的相对密度。

（5）定期检查电解液的液面高度（高出极板15 mm），及时补充蒸馏水。

（6）定期检查蓄电池极柱和连接线的紧密性，并对极柱表面涂以凡士林防腐。

（7）不得将金属物体置于蓄电池上，以免造成蓄电池短路。

第二十八章

船舶应急设备

船舶应急即船舶进入或临近进入某种事故或紧急状态时所采取的应对措施和行动的活动过程。船舶应急的目的是使海上人命、财产及海洋环境能摆脱或远离事故危险，尽快恢复安全状态。船舶应急通过应急设备的有效使用来实现。内河船舶常用的应急设备包括应急舵机、应急电源、消防泵等。

第一节 船舶应急设备的种类

机舱应急设备的种类按功能可分为：应急动力设备、应急消防设备、应急救生设备和其他应急设备。它们是在机舱主设备出现故障或因其他因素而无法启动时保证船员和船舶安全的重要设备。

一、船舶应急的基本条件

船舶成功的应急必须具备四个基本条件：

（1）完备的船舶应急设备与设施。

（2）训练有素的人员。

（3）高效的应急预案。

（4）正确果断的指挥和组织，良好的群体协作和配合。

二、船舶应急设备分类与组成

船舶应急设备按其功能不同可分为下列几种：

（一）主要应急设备

主要应急设备包括应急电源、应急操舵装置、油路紧急切断装置、脱险通道、风机油泵速停装置、通风筒挡火板及机舱天窗应急关闭装置等。

（二）其他应急设备

1.应急动力设备

应急动力设备包括应急电源、应急空气压缩机等。

2.应急消防设备

应急消防设备包括应急消防泵、燃油速闭阀、风油应急切断开关、通风筒防火板和机舱天窗应急关闭装置等。

3.应急救生设备

应急救生设备包括救生艇发动机和脱险通道（逃生孔）等。

4.机舱进水时的应急设备

机舱进水时的应急设备包括应急舱底水吸口及吸入阀、水密门等。

第二节 应急舵机、应急电源、消防泵

一、应急舵机

（一）应急舵机的作用

应急操舵装置用于主操舵装置损坏或失灵后，在应急情况下操纵船舶。为了保证航行安全，除主操舵装置能正常工作外，应急操舵装置也必须能在应急情况下正常地工作。

（二）应急舵机的使用要点

（1）每艘船舶应配置主操舵装置和辅（应急）操舵装置，并且两者之一发生故障时不会导致另一装置不能工作。

（2）应急操舵装置应能于紧急时迅速投入工作，并能在船舶最深航海吃水和以最大营运航速一半前进时，在60 s内将舵自一舷15°转至另一舷15°。

（3）应急操舵装置，小型船舶可由人力操纵；较大船舶应由动力操纵。

（4）应急操舵装置，既能在舵机室操纵也能在驾驶室操纵。

（5）驾驶室与舵机室之间应备有通信设施。

在驾驶室进行应急操舵时，要求在主操舵不能正常操舵时应能立即转换为应急操舵。在舵机室进行应急操舵时，应先将操纵系统与驾驶台脱开，使用通信设施，根据驾驶人员下达的操舵命令，轮机人员在舵机室进行人力操舵。

二、应急电源

（一）应急电源的作用

应急电源是在船舶主发电机故障而造成全船停电时，能自动接通供临时照明和一些设备的用电。应急电源可由一台应急发电机或一组有足够容量的蓄电池组供电。对于内河船舶，基本是以蓄电池组为应急电源，主要供应急照明、航行电子设备用电和应急操舵装置用电等。

（二）应急电源的使用要点

（1）一切客船和500总吨及以上的货船均应设独立的应急电源。

（2）应急电源应布置于经船级社同意的最高一层连续甲板以上和机舱棚以外的处所，使其确保当发生火灾或其他灾难致使主电源装置失效时能起作用。整个应急电源的布置，应能在船舶横倾22.5°和纵倾10°时仍起作用。

（3）应急电源可以是发电机——由一台具有独立的冷却系统、燃油系统和起动装置的柴油机驱动，如图8-28-1所示。原动机的自动起动系统和原动机的特性均应能使应急发电机在安全而实际可行的前提下尽快地承载额定负载（最长不超过45 s）。

（4）应急电源也可以是蓄电池组，当主电源供电失效时，自动连接至应急配电板。它应能承载应急负载而无须再充电，并在整个放电期间保持其电压在额定电压的±12%之内。应急蓄电池组如图8-28-2所示。

（5）应急电源功率应满足SOLAS公约和船级社对不同类型船舶的规定。

（6）应急照明即船上常称的小应急，是由蓄电池供给的低压照明电。

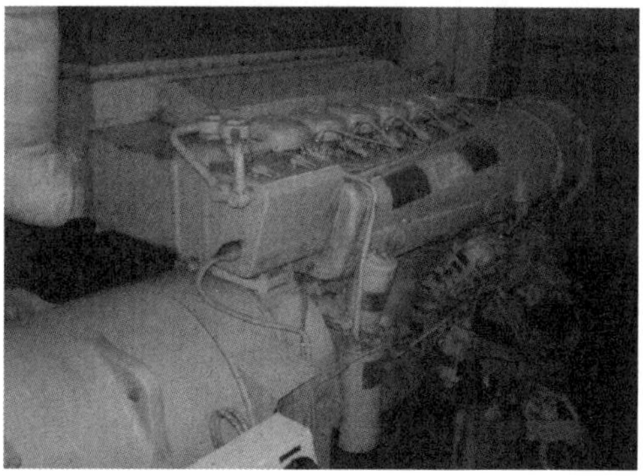

图8-28-1　应急发电机

图8-28-2　应急蓄电池组

三、消防泵

（一）消防泵的作用

消防水泵俗称救火泵，由独立的机械驱动，主要用于提供消防水，用于灭火的水泵，是当机舱进水、失火或全船失电时，用来提供消防水的设施。2 000总吨以下船舶的应急消防泵可为可携式，常采用汽油机驱动的离心泵，2 000总吨及以上船舶应设固定式应急消防泵。固定式应急消防泵应设在机舱以外，其原动机为柴油机或电动机，如图8-28-3所示。电动应急消防泵须由主配电板和应急配电板供电。应急配电箱如图8-28-4所示。

图8-28-3　应急消防泵

图8-28-4　应急配电箱

（二）消防泵的使用要点

（1）应急消防泵的排量应不少于所要求的消防泵总排量的40%，且任何情况下不得少于25 m³/h。应急消防泵按要求的排量排出消防水时，在任何消火栓处的压力应不少于规范规定的最低压力。

（2）用于驱动应急消防泵的柴油机，在温度降至0 ℃时的冷态下应能用人工手摇曲柄随时起动。若不能做到，或可能遇到更低气温，则应设置经主管机关认可的加热装置，以确保随时起动。如人工起动不可行，可采用其他起动装置。这些起动装置应能在30 min内至少使动力源驱动柴油机起动6次，并在前10 min内至少起动2次。任何燃油供给柜所装盛的燃油，应能使该泵在全负荷下至少运行3 h；在主机舱以外可供使用的储备燃油，应能使该泵在全负荷下再运行15 h。

参考文献

［1］中华人民共和国海事局. 中华人民共和国内河船舶船员适任考试大纲［M］. 大连：大连海事大学出版社，2016.

［2］《水运技术词典》编委会.水运技术词典（上、下册）［M］. 北京：人民交通出版社，2000.

［3］高等学校交通运输类专业教学指导委员会航海技术教学指导分委员会. 船舶结构与货运［M］. 大连：大连海事大学出版社，2018.

［4］高等学校交通运输类专业教学指导委员会航海技术教学指导分委员会. 船舶管理［M］. 大连：大连海事大学出版社，2018.

［5］杜嘉立. 船舶原理［M］. 大连：大连海事大学出版社，2016.

［6］谢世平. 船舶结构与设备管理［M］. 北京：人民交通出版社，2004.

［7］谢世平，陈金福. 船舶驾驶与管理［M］. 大连：大连海事大学出版社，2016.

［8］中国海事服务中心. 船舶管理［M］. 北京：人民交通出版社，大连：大连海事大学出版社，2012.

［9］朱建元. 船舶柴油机［M］. 北京：人民交通出版社，2008.

［10］韩厚德，杨万枫. 船舶辅机［M］. 北京：人民交通出版社，2009.

［11］刘先栋. 职务与法规［M］. 北京：人民交通出版社，2001.

［12］蒲上忠. 船舶辅机［M］. 北京：人民交通出版社，1998.

［13］杨星. 船舶结构与设备［M］. 2版. 武汉：武汉理工大学出版社，2016.